ENTRE RISCOS, DANOS E CONTRATOS

A INTELIGÊNCIA ARTIFICIAL NAS RELAÇÕES PATRIMONIAIS

MARCOS EHRHARDT JÚNIOR

MARCOS CATALAN

Coordenadores

ENTRE RISCOS, DANOS E CONTRATOS

A INTELIGÊNCIA ARTIFICIAL NAS RELAÇÕES PATRIMONIAIS

Belo Horizonte

FÓRUM
CONHECIMENTO JURÍDICO

2024

FÓRUM
CONHECIMENTO JURÍDICO

Luís Cláudio Rodrigues Ferreira
Presidente e Editor

Coordenação editorial: Leonardo Eustáquio Siqueira Araújo
Revisão: Érico Barboza
Capa e projeto gráfico: Walter Santos
Diagramação: Derval Braga

Rua Paulo Ribeiro Bastos, 211 – Jardim Atlântico – CEP 31710-430
Belo Horizonte – Minas Gerais – Tel.: (31) 99412.0131
www.editoraforum.com.br – editoraforum@editoraforum.com.br

Técnica. Empenho. Zelo. Esses foram alguns dos cuidados aplicados na edição desta obra. No entanto, podem ocorrer erros de impressão, digitação ou mesmo restar alguma dúvida conceitual. Caso se constate algo assim, solicitamos a gentileza de nos comunicar através do *e-mail* editorial@editoraforum.com.br para que possamos esclarecer, no que couber. A sua contribuição é muito importante para mantermos a excelência editorial. A Editora Fórum agradece a sua contribuição.

Dados Internacionais de Catalogação na Publicação (CIP) de acordo com ISBD

E61 Entre riscos, danos e contratos: a inteligência artificial nas relações patrimoniais / Marcos Ehrhardt Júnior, Marcos Catalan (coord.). Belo Horizonte: Fórum, 2024.

318p. 14,5x21,5cm
ISBN impresso 978-65-5518-837-0
ISBN digital 978-65-5518-835-6

1. Direito civil e tecnologia. 2. Novas tecnologias. 3. Inteligência artificial. 4. Direito e tecnologia. 5. IA e direito. 6. Responsabilidade civil e tecnologia. 7. Contratos eletrônicos. I. Ehrhardt Júnior, Marcos. II. Catalan, Marcos. III. Título.

CDD 342.085
CDU 347

Ficha catalográfica elaborada por Lissandra Ruas Lima – CRB/6 – 2851

Informação bibliográfica deste livro, conforme a NBR 6023:2018 da Associação Brasileira de Normas Técnicas (ABNT):

EHRHARDT JÚNIOR, Marcos; CATALAN, Marcos (coord.). Entre riscos, danos e contratos: a inteligência artificial nas relações patrimoniais. Belo Horizonte: Fórum, 2024. 318p. ISBN 978-65-5518-837-0.

BREVÍSSIMAS NOTAS INTRODUTÓRIAS ALGO RESTOU ESQUECIDO NA CAIXA DE PANDORA

O filósofo francês Luc Ferry, em recentíssimo trabalho vertido ao vernáculo, retornou a alguns dos temas mais originais da mitologia grega buscando explorar a atualidade de personagens gestadas pelo intelecto humano na antiguidade clássica. Dentre essas figuras literárias, muitas delas marcadas por personalidades notadamente complexas, o pensador gaulês revolve o mito de Pandora, inspirando-se na versão de Hesíodo, para salientar, ao lado de outras questões deveras relevantes, sua íntima conexão com a esperança.

A narrativa tem início na tarefa atribuída por Zeus a Prometeu, que deveria sacrificar um boi e dividi-lo, equitativamente, entre os deuses do Olimpo e os seres humanos, partilha que estabeleceria o modelo a ser doravante observado, uma espécie de lei sobre o assunto; afinal, Zeus buscava, naquele instante, fomentar a harmonia no mundo. Ocorre que Prometeu, ardilosamente, escondeu sob repugnantes vísceras bovinas os melhores nacos de carne e, ao lado deles, ossos alvos recobertos por grossas capas de gordura deveras perfumadas pelo crepitar do fogo intenso. Prometeu acreditava que assim beneficiaria os seres humanos – pelos quais tinha predileção –, sem notar que Zeus havia identificado o embuste ao qual, para a surpresa de quem não conhece esse mito, intencionalmente aderiu. O detalhe aqui é que a atenção ao comando dado não afetaria em nada a consequência desejada pelo comandante do Olimpo; afinal, "só aqueles que vão morrer precisam se alimentar" para que possam assim "regenerar suas forças".

Como se pode imaginar, a despeito de se deixar levar pela impostura prometeica, Zeus restou deveras irritado, o que o levou a privar a humanidade de acesso ao fogo dos céus, ato que levou Prometeu a roubá-lo do Olimpo para restituí-lo aos seres humanos, crime gravíssimo pelo qual recebeu dupla punição: além de ser acorrentado ao Cáucaso pela eternidade para ter suas entranhas devoradas por uma águia monstruosa e, em seguida, regeneradas ao longo da noite – alimentando esse eterno retorno –, o filho de Chronos solicitou à Hefesto a fabricação de uma mulher que faria qualquer homem se arrastar aos seus pés.

Além de toda a dedicação e cuidado de Hefesto, Pandora recebeu ainda, a pedido de Zeus, dos demais deuses que habitavam o Olimpo, um dom, um atributo singular, dado que justifica seu nome, em grego, aquela que possui todos os dons.

Com tantos atributos, encantou Epimeteu – o irmão néscio de Prometeu –, sendo por ele desposada em seguida para, pouco tempo depois, retirar a tampa de uma jarra empoeirada e encardida, que jazia, a mando de Zeus, em um canto do palácio que habitavam, liberando males e infortúnios incomensuráveis, sentimentos e sensações até então ignorados pela humanidade, que revoaram deixando apenas a esperança naquele frasco hodiernamente conhecido como a caixa de Pandora.

Zeus descontou na humanidade toda a sua ira em um tempo que desconhecia aspectos fundidos, graças aos avanços civilizatórios, ao direito contemporâneo. Essa reflexão prefacial – mormente por conta do viés incorporado ao livro por ela inaugurado – não abordará temas como a individualidade das penas ou a vedação de sanções perpétuas, tampouco, explorar a inimputabilidade de Epimeteu.

O fato, porém, é que o homem prometeico é, sem dúvidas, capaz de inovar, de inventar constantemente, de fabricar máquinas e artifícios, que um dia, talvez, irão "libertá-lo de todas as leis do cosmos". E isso se deu graças a Prometeu, que lhe permitiu dominar o fogo e, com isso, desenvolver a agricultura, a culinária e a metalurgia.

O homem prometeico, entretanto, também é capaz de incidir na *hybris*, ensejando simbolicamente respostas irascíveis de distintos deuses do Olimpo e, naquilo que mais interessa a quem tiver contato com este livro, fenomenicamente "perturbar e, até mesmo, destruir a natureza", o que aliás, notadamente, tem ocorrido de forma nem sempre silenciosa.

Este livro encontrou nessa personagem típica da Modernidade uma premissa velada, bem como identificou na esperança algo que alimenta a inércia e a apatia, o que explica por que esse sentimento teria permanecido na caixa de Pandora, um legado de um Zeus irritadiço para a humanidade, ao contrário do que se costuma afirmar.

Também tem fundido ao seu DNA a percepção surgida alguns milênios mais tarde, que identifica que o avanço da técnica vem em ondas tão imprevisíveis como incontroláveis e, por vezes, ameaçadoras, como sugere Nick Bostrom e, mais recentemente, Leopold Aschenbrenner, nascendo da fusão de pesquisas desenvolvidas por talentosos profissionais espalhados pelas cinco regiões do Brasil, parte deles unidos pelos laços que dão vida à rede de pesquisas Agendas de Direito Civil Constitucional.

Em síntese, entre outros temas igualmente relevantes, a obra discute os problemas e soluções potencialmente alimentados pela atribuição de personalidade jurídica à inteligência artificial, o potencial preventivo do *disgorgement* algorítmico – quiçá, uma prática que venha a ser, um dia, normativamente imposta *by design* no Brasil –, os riscos fundidos à discriminação em cenários virtuais, questões deletérias imantadas à automação na concessão de créditos e, ainda, parte da problemática inerente ao advento da internet das coisas, microcosmo que também experimenta os paradoxos da facilitação tecnológica, outro dos assuntos abordados no livro. As relações entre a inteligência artificial, a tutela da privacidade e a proteção de dados pessoais é outro tema fundido ao livro por conta de sua inconteste atualidade, ladeado pelo sempre relevante mote da responsabilidade das instituições financeiras, neste caso, sob lentes que exploram falhas em seus sistemas de segurança.

Estudos com viés mais dogmático também são encontrados, dentre eles um artigo que trata do dever de transparência nas relações jurídicas tocadas por sistemas de inteligência artificial e o instigante texto que procura avaliar a possibilidade de posse de bens incorpóreos. Referida perspectiva metodológica também permeia estudos explorando o contrato de seguro e, ainda, possíveis situações de incumprimento contratual no ambiente virtual.

Finalmente, não podemos deixar de sublinhar e agradecer o comprometimento e cuidado de cada pessoa envolvida neste livro, que procura conectar a inteligência artificial ao cotidiano vivenciado por toda pessoa que trabalha ou deseja conhecer melhor o direito privado.

E é por isso que registramos, aqui, nossa profunda gratidão a autores, autoras e a toda a equipe da Editora Fórum, que segue acreditando que juntos podemos moldar um mundo menos injusto.

Nossos corações estão em júbilo e pululam alegremente.

Que as pessoas que de algum modo venham a ter contato com esta obra possam experimentar a mesma sensação, eis nosso mais sincero desejo, em especial quando relembramos o compromisso que temos com a qualidade das pesquisas e ensaios fundidos a este livro, algo que sempre tivemos como inegociável, desde o momento em que o projeto editorial foi concebido.

Marcos Catalan
Marcos Ehrhardt Junior

RESPONSABILIDADE CIVIL PELA UTILIZAÇÃO DE INTELIGÊNCIA ARTIFICIAL NO CONTEXTO DE PROTEÇÃO DE DADOS PESSOAIS

IZAAC DUARTE DE ALENCAR

MARCOS EHRHARDT JR.

1 Introdução

As tecnologias digitais evoluem rapidamente e seu avanço ocorre de forma geométrica. Diariamente, surgem novos dispositivos, novos *softwares* e novos protocolos de comunicação que facilitam as atividades das pessoas em inúmeras vertentes de atuação. Essas mesmas atividades estão em movimento migratório para um ambiente digital, intensificando-se com a pandemia de COVID-19. A internet concentrou o lazer, o trabalho, o consumo, as relações de negócio e outras atividades de igual relevância.

No Brasil, a *web*[1] se popularizou no final dos anos 1990 e atraiu a adesão de usuários finais e instituições públicas e privadas, transformando o espaço digital em um lugar de expressão e ação. Esse movimento se intensificou com a chegada das tecnologias de banda larga,

---

[1] A *World Wide Web* consiste em um serviço que funciona sob a internet, possibilitando o acesso a documentos de hipermídia (SOUZA; ALVARENGA, 2004).

ou seja, conexões mais rápidas e estáveis. Em razão dessas tecnologias, foram feitos investimentos na construção de ferramentas digitais cujas funcionalidades impulsionaram o surgimento de uma sociedade digital advinda da era da informação.

Dentre as ferramentas digitais de maior relevância estão as tecnologias de inteligência artificial, que utilizam os mais variados tipos de dados, incluindo os dados pessoais, para trazer um elevado grau de eficiência e eficácia para o contexto de seu funcionamento. Entretanto, esses tipos de sistemas podem causar impacto em todo o ordenamento jurídico brasileiro, em especial nos direitos e garantias fundamentais. É necessário que o direito acompanhe de perto o uso e a evolução dessas tecnologias digitais – esse diálogo entre computação e direito deve ser perene.

Diante de todo o potencial de influência do uso de IA dentro da sistemática social, cabe o questionamento de como se dará o regime de responsabilidade civil no contexto da proteção de dados pessoais por danos causados na utilização de IA no tratamento automatizado desses tipos de dados. Indaga-se, então, qual regime de responsabilidade civil seria mais adequado para esses cenários.

Dessa forma, a insegurança jurídica pode ser uma das principais consequências identificadas, assim como outras igualmente significativas, tais como: quantidade crescente de processos judiciais, vulnerabilidade tecnológica para os titulares de dados, exclusão social e discriminação algorítmica/*software*, controle de comportamento social, etc. O impacto nas relações sociais é relevante ao ponto de justificar movimentações do Poder Legislativo para a regulamentação da IA no ordenamento jurídico brasileiro.

A partir do problema exposto, trabalha-se com as seguintes hipóteses: (i) a aplicação do regime de responsabilidade civil subjetiva, trazendo a necessidade de averiguação da culpa, aponta para os artigos 186 e 187 do Código Civil; (ii) a aplicação do regime de responsabilidade civil objetiva deve ser adotada com base no Código Civil, art. 927, §1º, devido ao risco da atividade e no potencial danoso da utilização da IA; (iii) um suporte para um sistema múltiplo de responsabilidade civil, a depender da relação jurídica em caso concreto.

Na primeira hipótese, a aplicação da responsabilidade jurídica objetiva implica a responsabilização de todos os atores relacionados à IA, desde a fase de projeto até o responsável por sua utilização em ambiente de produção. Na segunda hipótese, a aplicação da responsabilidade civil subjetiva implica a constatação da culpa para todos aqueles que compõem a cadeia de existência do sistema de IA. No que concerne à terceira hipótese, um sistema que abarca múltiplos regimes de responsabilidade civil pode ser mais adequado, pois cada relação que compõe a interação com o sistema de IA deve ser analisada em caso concreto.

O principal objetivo deste trabalho é analisar as múltiplas relações jurídicas contidas na cadeia de existência da IA e os regimes de responsabilidade civil aplicáveis quando da utilização de sistemas de IA no tratamento de dados pessoais. Para esse fim, foi utilizado método hipotético-dedutivo, iniciando-se pela observação do problema a partir da literatura e da formulação de hipóteses com base no problema identificado. As hipóteses, por sua vez, foram testadas através de validação lógica, utilizando o raciocínio dedutivo.

1.1 Metodologia utilizada no desenvolvimento da pesquisa

A metodologia adotada contou com quatro fases bem definidas. São elas: (i) revisão de literatura narrativa sobre IA e responsabilidade civil, cujo propósito reside em fornecer suporte teórico suficiente para o entendimento dos temas; (ii) coleta de documentos, instrumentos legais e regulatórios referentes aos temas de IA e responsabilidade civil; (iii) análise documental e confronto com a literatura; e (iv) testes das hipóteses levantadas segundo os resultados obtidos na fase de análise.

Um protocolo simplificado para a revisão de literatura narrativa foi criado e executado. Nesse protocolo, as buscas foram realizadas por trabalhos publicados *online* e impressos. As buscas *online* foram realizadas a partir de motores de buscas automatizados em repositórios acadêmicos. As seguintes fontes foram utilizadas: IEEE Xplore,[2] ACM Digital Library,[3] Scopus,[4] Web of Science,[5] Google Acadêmico,[6] Periódicos Capes[7] e bases mantidas por universidades. Os parâmetros para a busca e coleta se deram pelas palavras-chave *"artificial intelligence"*, *"automatic data processing"*, *"data and personal data"*,

---

2 https://ieeexplore.ieee.org/Xplore/home.jsp.

3 https://dl.acm.org/.

4 https://www.scopus.com/home.uri.

5 https://login.webofknowledge.com.

6 https://scholar.google.com.br.

7 https://www-periodicos-capes-gov-br.ezl.periodicos.capes.gov.br.

"inteligência artificial", "tratamento automatizado de dados" e "dados". Os tipos de trabalhos aceitos nessa revisão foram: artigos científicos indexados, artigos de conferência, artigos científicos não indexados, teses, dissertações e monografias e demais publicações classificadas como literatura cinzenta.

Para que os trabalhos fossem considerados para essa revisão, foi necessário estipular critérios básicos tanto para sua inclusão quanto para sua exclusão. Os critérios de inclusão foram: (i) trabalhos que contenham em seu título as palavras-chave definidas no protocolo; (ii) trabalhos que contenham em seu resumo as palavras-chave definidas no protocolo; (iii) trabalhos em inglês e português; e (iv) trabalhos publicados de 2017 até 2022, com exceção das publicações julgadas essenciais por serem seminais. Nos trabalhos que não continham resumo e as palavras-chave no título, foram analisadas a introdução e a conclusão para investigação de aderência com a revisão.

Os critérios de exclusão foram: (i) trabalhos em idiomas diferentes dos definidos no critério de inclusão; (ii) trabalhos publicados antes de 2017; e (iii) trabalhos que apenas comentem os temas e não os discutam. Os critérios para a extração de dados foram estabelecidos com base nos objetivos deste trabalho. Elementos como conceitos, aspectos, paradigmas, modelos de IA, sua relação com dados e ambiente digital são necessários para o entendimento das próximas seções.

Em relação aos documentos, também foram estabelecidos critérios para sua inclusão e análise: (i) ter relação direta com a proteção de dados pessoais; (ii) ter relação direta com a responsabilidade civil; (iii) em termos de legislação, estar em vigor; e (iv) ter disponibilidade *online*. Por fim, foi realizada uma análise básica do conteúdo dos documentos para confronto com a literatura identificada nesse protocolo.

1.2 Limitações e dificuldades do estudo

Esta subseção descreve as limitações e dificuldades encontradas durante o desenvolvimento da pesquisa. Houve limitação quanto ao alcance da revisão de literatura: não houve tempo para a realização de uma revisão de literatura aprofundada e sistemática; por isso, foi realizada uma revisão narrativa de literatura menos rígida. Houve limitação quanto à maturidade do tema Direito e IA na proteção de dados: embora exista significativa quantidade de estudos sobre IA em áreas diversas do direito, não se pode afirmar a existência de maturidade no entendimento de IA na literatura direcionada às ciências jurídicas e à proteção de dados pessoais e, portanto, foi necessário incluir trabalhos de áreas com maior maturidade, como a computação. Houve limitações quanto aos documentos coletados: não há, até a data deste estudo, uma regulamentação da IA no ordenamento jurídico brasileiro, apenas projeto de lei que visa a esse objetivo, sendo as demais normas jurídicas vagas e inconclusivas.

2 Considerações iniciais acerca dos computadores digitais e inteligência artificial

O ser humano utiliza dados para a organização em sociedade há milênios. Isso foi possível devido ao desenvolvimento de tecnologias analógicas, como a escrita e o suporte físico, para sua persistência. A escrita permite a representação de símbolos, cujo significado pode sofrer variação em sua riqueza semântica, a depender do agrupamento desses. Tais agrupamentos permitiram registrar dados para as mais variadas aplicações de registro e controle. No entanto, pela natureza do ambiente em que se encontram esses dados, seu tratamento é limitado a poucas variantes, inclusive em termos de quantidade.

Com o advento dos computadores digitais,[8] os dados agora podem ser representados não somente por símbolos escritos em ambiente analógico, como também em *bits*, elementos fundamentais que constituem o cerne do ambiente digital. Nesse estágio inicial de migração para o ambiente digital, os dados eram tratados a partir de um esforço de programação significativo, pois os paradigmas de programação e o poder computacional das máquinas naquele momento ainda não forneciam as ferramentas necessárias para extrair o máximo potencial de processamento de dados.

A forma de armazenamento e processamento de dados tornou-se mais eficiente devido à evolução da tecnologia digital. Em relação ao armazenamento de dados, no primeiro momento, somente arquivos comuns de sistema eram utilizados para mantê-los, sem uma estrutura bem definida, o que limitava a quantidade de dados armazenados, assim como elevava o custo de processamento e de programação para

---

[8] Computadores digitais surgiram a partir da invenção dos transistores, em uma segunda geração de computadores. Substituíram os computadores analógicos, que funcionavam com base na mecânica, hidráulica e eletricidade. Os transistores deram o impulso para os processadores atuais. De mesmo modo, podiam realizar e encadear cálculos matemáticos como um computador humano (SEHN, 2018; SILVA; ARRUDA, 2016).

tratamento. Com o desenvolvimento de sistemas de gerenciamento de banco de dados (SGBD),[9] os dados começaram a ser armazenados de forma estruturada, com mapeamentos relacionais entre si, contando com mecanismos mais eficazes de manipulação, no que concerne à inserção, recuperação, alteração, exclusão, junção e outras atividades pertinentes à governança e gestão de dados.

Os dados e seus tipos, no estágio mencionado no parágrafo anterior, eram utilizados para auxílio à tomada de decisão, e sua produção começou a escalar. Dados transacionais, dados históricos, dados mestres, dados pessoais e os demais tipos de dados começaram a ser produzidos e armazenados em sistemas distribuídos graças à disseminação do acesso à rede mundial de computadores, a internet (BARBIERI, 2019). Os programas de computadores, que antes somente forneciam interface de interação com o usuário no próprio *desktop* no qual estavam instalados, passaram a ter uma interface de interação com usuários conectados à internet na forma de páginas *web*, em uma estrutura cliente-servidor.[10]

A quantidade massiva de dados produzidos e armazenados impactou a sociedade e permitiu que novos modelos de atividades de negócio emergissem. Plataformas como Facebook, YouTube e outros serviços *online* influenciaram o comportamento das pessoas e das instituições, coletando, tratando e disponibilizando dados e informações direcionadas e personalizadas. Essa quantidade de dados aumenta a cada momento e de maneira cada vez mais veloz à medida que novos modos de produção digital de dados são utilizados, a exemplo da internet das coisas[11] (*internet of things* – IoT). Assim sendo, essa quantidade volumosa de dados (*big data*)[12] não poderia ser tratada

---

9 Um sistema de gerenciamento de banco de dados é projetado para auxiliar a manipulação de vastos conjuntos de dados através de várias ferramentas que o compõem (RAMAKRISHNAN; GEHRKE, 2008).

10 Uma arquitetura cliente/servidor consiste na divisão do processamento de dados em módulos. Um módulo tem como responsabilidade a manutenção dos dados, o servidor (dispositivo que provê serviços), e outro módulo responsável para obtenção destes dados, o cliente (dispositivo que solicita e faz uso do serviço) (TORRES, 2001).

11 A internet das coisas consiste em uma arquitetura de informação global disruptiva e emergente, baseada na internet, por meio da qual se facilita a troca de bens e serviços. A IoT é uma plataforma complexa para conexão de objetos inteligentes com base em marcadores de identificação e sensores que interagem com elementos e outras tecnologias (WORTMANN; FLUCHTER, 2015).

12 *Big data* é um termo que se refere a um conjunto de dados massivos, com grandes variações e complexidade, o qual apresenta dificuldades no armazenamento, análise e visualização para processos e resultados (SAGIROGLU; SINANC, 2013).

e processada satisfatoriamente através de técnicas tradicionais de programação, requerendo uma mudança de paradigmas e técnicas de desenvolvimento.

Nesse cenário, modelos e técnicas de inteligência artificial (IA) sobressaem em *performance* e resultados no tratamento de volumes massivos de dados. Embora existam diversos paradigmas de IA, foi a aprendizagem de máquina[13] (*machine learning* – ML) que permitiu que os sistemas inteligentes pudessem se adaptar ao contexto encontrado no meio em que está aplicado, e isso se traduz em eficácia e eficiência no seu funcionamento. Contudo, os efeitos da utilização de sistemas que podem aprender e, a partir disso, alterar seu comportamento, mesmo que de forma limitada, podem resultar em situação desconhecida e incerta. Assim, esses sistemas podem causar danos para os indivíduos e para a sociedade, qualitativa e quantitativamente.

A base para o funcionamento dos sistemas com aprendizado de máquina são os dados, os quais são consumidos como combustível (VIANNA, 2021). Dessa forma, os dados passaram a ter um papel de protagonismo dentro de um tecido socioeconômico, pois, através deles, há decisões que afetam diretamente toda a sociedade, direcionando comportamentos, incluindo e excluindo pessoas, otimizando processos, entre outras atividades de impacto relevante.

3 Aspectos fundamentais sobre inteligência artificial

O principal objetivo desta seção é fornecer o *background* necessário para o entendimento dos pontos relevantes sobre inteligência artificial, sua relação com os dados e como, a partir deles, pode-se alcançar a inteligência, que neste contexto se materializa através da tomada de decisão direta ou na recomendação de ações, como apoio ao ser humano.

3.1 Do ambiente digital, dados e inteligência artificial

O ambiente digital é constituído por elementos lógicos executados em suporte físico, tanto de interação quanto de armazenamento e comunicação. Não há digital sem um suporte analógico para seu

---

13 A aprendizagem de máquina consiste em uma subárea da IA, cujo objetivo reside no desenvolvimento de técnicas computacionais referentes ao aprendizado para construção de sistemas capazes de adquirir conhecimento de forma automatizada, decidindo com base em experiências acumuladas através de soluções que foram bem sucedidas de problemas anteriores (MONARD; BARANAUSKAS, 2003).

funcionamento, pois dispositivos informáticos são construídos como *hardware* e é através deste que o usuário interage com os *softwares*.

O ambiente analógico é aquele em que se podem encontrar infinitos valores; portanto, produz dados classificados como contínuos.[14] Já o ambiente digital é um ambiente limitado, em que não se pode representar com exatidão tudo o que se encontra no ambiente analógico, trabalhando-se com dados classificados como discretos.[15] Essa limitação torna o ambiente digital restrito ao poder computacional e de processamento do atual estado tecnológico. Apesar dessa distinção, ambos coexistem em um estado de simbiose, pois o *software* precisa do *hardware*, assim como o *hardware* precisa do *software*.

FIGURA 1 – Relação entre os ambientes digital e analógico

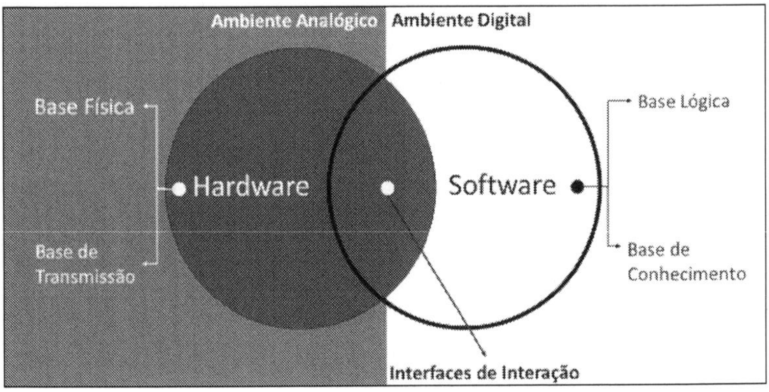

Fonte: O autor.

Na figura 1, é possível visualizar uma relação de coexistência entre o ambiente digital e o ambiente analógico. No ambiente analógico, composto por base física e base de transmissão, estão todos os *hardwares* e a infraestrutura de comunicação necessária para processamento e transmissão da comunicação entre dispositivos. É nesse ambiente em que estão os dispositivos de entrada e saída de dados, os quais formam a base para as interfaces de interação entre ser humano e máquina. No ambiente digital, por outro lado, composto por base lógica e base de conhecimento, estão os *softwares*, protocolos de comunicação, dados e

---

[14] Os valores considerados contínuos são aqueles que podem assumir qualquer valor em certo intervalo, e essas variáveis, em geral, provêm de medições (FALCO, 2016).

[15] Variáveis discretas assumem apenas valores inteiros e é possível enumerar todos os valores dentro de um intervalo (FALCO, 2016).

informação. Nesse ambiente, encontram-se os sistemas operacionais, os aplicativos, os protocolos para funcionamento dos dispositivos interligados em rede de computadores, sistemas de inteligência artificial e os mais diversos tipos de *softwares*.

O ambiente digital é representado por diversas máquinas de computação, as quais lidam exclusivamente com sinal digital, isto é, elas falam uma única linguagem em comum, o binário – zeros e uns. A modelagem da máquina leva em consideração entradas, saídas, valores em memória, conjunto de operações predefinidas e conjuntos de testes predefinidos, que podem ser representados formalmente através da 7-tupla[16] $M = \{V, X, Y, \pi_x, \pi_y, \Pi_F, \Pi_T\}$, sendo o *software* de computador compreendido pela máquina nesses moldes (DIVERIO; MENEZES, 2009).

Traz a teoria da computação que um *software* de computador é definido como um conjunto de operações e testes organizados em uma estrutura de controle de fluxo que manipula estrutura de dados (DIVERIO; MENEZES, 2009). A definição de programa de computador relaciona-se diretamente com a definição formal de máquina, igualmente trazida pela teoria da computação e apresentada no parágrafo anterior como a descrição de sua modelagem. Todos os *softwares* funcionam com essa base, desde básicos até sistemas complexos com técnicas de IA. Por essa razão, por ser o ambiente digital limitado, por consequência, os *softwares* também são limitados.

FIGURA 2 – Modelagem de máquina

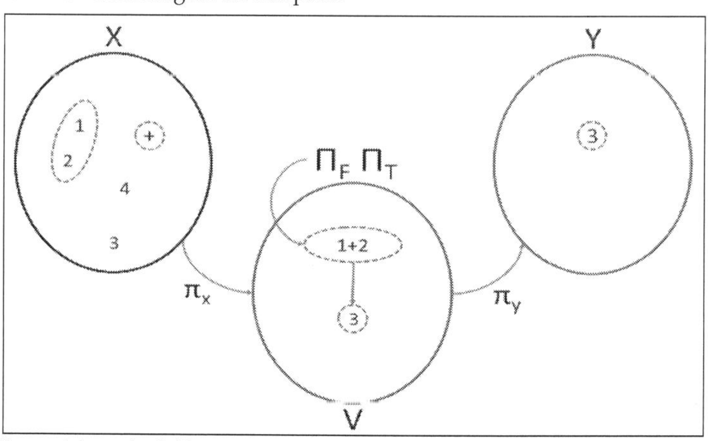

Fonte: Adaptada de Diverio e Menezes (2009).

[16] Uma tupla consiste em uma sequência de valores imutável e uma 7-tupla consiste em um conjunto finito de sete valores imutáveis.

A figura 2 mostra o esquema gráfico que liga as entradas, processamento e saídas dentro de uma máquina – ou computador digital. O modelo é constituído por um conjunto de valores em memória (V), conjunto de entradas (X), conjunto de saída (Y), função de entrada (π_x), função de saída (π_y), interpretação de operadores (Π_F) e interpretação de testes (Π_T). As funções de entrada e saída, assim como os interpretadores de operações e testes, já se encontram predefinidas e é por essa razão que todo *software* construído deve seguir tais diretrizes, pois o *hardware* tem sua concepção baseada nesse modelo.

Ainda na figura 2, é possível visualizar os dados de entrada contidos no conjunto X = {1, 2, 3, 4, x}, no qual a função de entrada π_x encaminha os dados selecionados para o conjunto de valores em memória V para processamento, o qual ocorrerá a partir de um interpretador de operações Π_F, resultando em um dado que será encaminhado para o conjunto de saída Y, através da função de saída π_y. A escolha da função de entrada π_x determinará a ordem dos dados que serão encaminhados para a memória da máquina. Cabe ao programador indicar essa escolha através do algoritmo.

Apesar da limitação do digital, *softwares* diferentes podem possuir diferentes níveis de acurácia, resiliência e autonomia, a depender da forma de sua construção. Na fase de desenvolvimento da tecnologia de *software*, os projetistas avaliarão a melhor técnica a ser adotada para as necessidades do negócio. Para isso, constroem algoritmos representados em diversas formas antes de traduzi-los para alguma linguagem de programação.

A definição de algoritmo frequentemente está associada a um conjunto de instruções organizadas com o objetivo de resolver problemas específicos. Essas instruções precisam ser finitas, logicamente encadeadas e sequenciais. Tal definição não está adstrita à computação e pode ser aplicada amplamente, desde instruções para montagem de algum móvel ou receita de bolo até complexas atividades empresariais (MEDINA; FERTING, 2006). Especificamente, algoritmos computacionais precisam ser traduzidos para uma linguagem de programação, resultando no código-fonte do *software*, e, após essa tradução, convertidos para a linguagem de máquina, criando o *software*. Nesse estágio, o algoritmo é absorvido pelo produto de *software*, fazendo parte dele, porém não deve ser confundido com o *software* em si, como ilustrado na figura 3.

FIGURA 3 – Processo de conversão do algoritmo para *software*

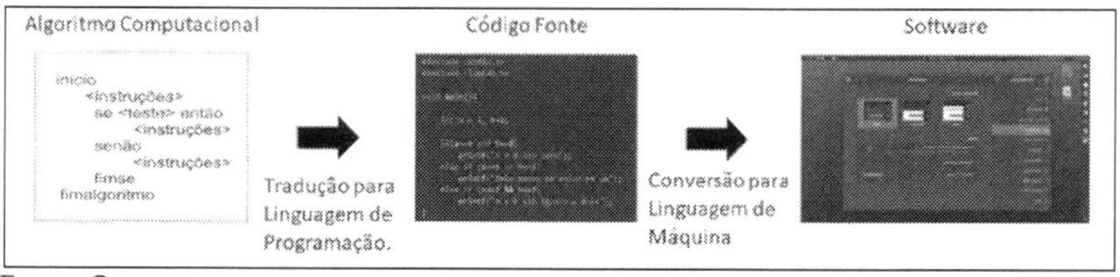

Fonte: O autor.

Softwares de computadores podem ser construídos a partir de algoritmos tradicionais, com base em estruturas condicionais, como a lógica de SE-ENTÃO-SENÃO, quando é preciso alterar seu comportamento em tempo de execução em um formato menos flexível; ou podem ser construídos com técnicas de programação com maior flexibilidade, sendo os modelos de IA enquadrados nesse último caso.

A IA pode ser considerada sob diversos aspectos: filosófico, sociológico, computacional, econômico e muitos outros. No campo da IA, existem várias definições. Trabalhos clássicos, como o de Norvig e Russell (2013), trazem conceitos de IA a partir de agrupamentos com base no processo de pensamento e raciocínio, como também em comportamento. Dessa forma, sistemas ditos inteligentes podem simular o pensamento humano ou racional e agir como seres humanos ou de maneira racional. Essa definição não leva em consideração o paradigma evolucionário, por exemplo, o qual se baseia na teoria da evolução de Darwin e em nada se relaciona com comportamento racional ou pensamentos racionais ou humanos, e sim com a aptidão para adaptação ao meio. Não há uma definição única e exata sobre IA nem entre aqueles que estudam e desenvolvem a tecnologia diretamente. Apesar disto, Turing (1997), na metade do século XX, estabeleceu critérios para avaliar o nível de inteligência de uma máquina em comparação com o ser humano.

O teste de Turing tem por objetivo aferir se uma máquina possui um nível de inteligência suficiente em comparação à inteligência natural do ser humano, fornecendo uma definição satisfatória e operacional de inteligência, na perspectiva de um sistema que possa agir como um ser humano. Para isso, são estabelecidos atributos a partir dos quais é possível estabelecer parâmetros comparativos com o humano. São eles, segundo Norvig e Russell (2013):

- Processamento de linguagem natural: característica que permite à máquina se comunicar com o ser humano através do idioma de alto nível, isto é, o natural, como o português.

- Representação de conhecimento: característica que permite que a máquina armazene o que sabe e o que ouve.
- Raciocínio automatizado: característica que permite à máquina utilizar o conhecimento armazenado para chegar a conclusões e responder ao ser humano.
- Aprendizagem de máquina: característica que permite à máquina extrapolar o conhecimento representado, adaptando-se a novas circunstâncias, além de reconhecer padrões.
- Visão computacional: característica que permite à máquina perceber objetos.
- Robótica: característica que permite à máquina manipular objetos e até se movimentar.

Os atributos levantados no teste de Turing podem direcionar para uma classificação da tecnologia de IA entre inteligente ou não, porém não é a única classificação encontrada na literatura especializada. Tecnologias de IA podem ser igualmente classificadas de acordo com seu grau de desenvolvimento, autonomia e abrangência na resolução de problemas. Uma das classificações mais relevantes categoriza a IA em dois grupos. São eles:

(i) IA Fraca: comportamentos inteligentes podem ser modelados para a resolução de problemas complexos e específicos (COPPIN, 2004).

(ii) IA Forte: alcance da autoconsciência, possuindo pulsos cognitivos genuínos. Os pesquisadores que seguem esta linha defendem que, fornecendo poder computacional suficiente e inteligência, dispositivos computacionais poderão pensar como o ser humano (COPPIN, 2004).

A IA Forte reside apenas na esfera da ficção científica, dadas as limitações explicadas neste trabalho. Atualmente, no atual estado de desenvolvimento da técnica da IA, implementa-se a IA Fraca, cujo objetivo está na resolução de um ou mais problemas finitos e específicos.

Mesmo para IA Fraca, os paradigmas atribuídos à IA se aplicam, e os mais relevantes são o simbólico, o conexionista e o evolucionário, embora existam outros. O paradigma simbólico faz uso de regras simbólicas, utilizando lógica proposicional para a transformação desses símbolos. Os sistemas especialistas são exemplos de aplicação mais utilizados e conhecidos desse paradigma. Sua composição arquitetônica consiste em uma base de conhecimento, extraída-modelada-representada de um especialista humano e uma camada de raciocínio que utilizará a base de conhecimento para inferências e classificação. Isso torna os sistemas especialistas limitados em sua aplicação e dificulta sua migração para outra área de domínio. Caso exista uma mudança de domínio de aplicação, de um sistema especialista na área do direito para um sistema especialista na área médica, a base de conhecimento deverá ser refeita e a aquisição de conhecimento se dará a partir de um profissional da área médica. Para esse paradigma, existe a possibilidade tangível de compreensão e explicação de todo o processo, desde o modelo até em uma operação específica. São exemplos de sistemas especialistas *softwares* de recomendação, de apoio à tomada de decisão, entre outros.

O paradigma conexionista inspira-se na forma em que as conexões entre neurônios se dão dentro do cérebro humano, simulando sua capacidade associativa. As redes neurais artificiais (RNA)[17] são a expressão desse paradigma. Essa forma de IA faz uso de modelos matemáticos simples que funcionam em conjunto, possibilitando a resolução de problemas complexos por partes representadas por caminhos formados por esses mesmos neurônios. Modelos de IA conexionistas se utilizam de dados para seu funcionamento e não mais é preciso da pessoa do especialista para extração do conhecimento (POERSCH, 2004).

Por sua vez, o paradigma evolucionista simula o mecanismo de evolução dos seres vivos. Os algoritmos genéticos são um exemplo da implementação desse paradigma; neles se encontra a estrutura de simulação de cromossomos, populações, gerações, mutações e cruzamentos (POZO *et al.*, 2005). Algoritmos genéticos são utilizados para o enfrentamento de problemas de otimização. São exemplos de implementação desses algoritmos a simulação para criação de vacinas, a definição do melhor caminho entre origem e destino ou melhor rota para entregas, etc. Contudo, não há impedimento à utilização de mais de um paradigma na construção de uma solução de *software* e, nesse caso, a combinação de vários paradigmas acaba por formar um novo paradigma denominado Ensemble. Paradigmas são importantes para definir quais modelos e técnicas serão utilizados para desenvolvimento da tecnologia.

3.2 Dos dados, informação e inteligência

Os dados são apenas símbolos sem significado relevante quando isolados; porém, quando agrupados com outros dados que

[17] Uma rede neural artificial consiste em um modelo de sistema projetado para simular a forma como o cérebro humano realiza uma tarefa específica (FLECK *et al.*, 2016).

contenham alguma relação, enriquecem o valor semântico, formando uma informação. Dados, portanto, são elementos que constituem a informação, ou seja, seu processamento resulta em informação. Ao adicionar um contexto mais amplo à informação, é possível adquirir conhecimento, que é a base para inteligência e tomada de decisão (SIRIHAL; LOURENÇO, 2002).

O dado também pode ser definido como uma sequência de símbolos quantificáveis ou quantificados (SETZER, 1999) que pode representar determinado fato, texto, gráficos ou sinais que resultam em informação após o processamento (BARRETO, 2005). O dado constitui apenas um átomo ou um fato nuclear e elementar desprovido de significado imediato, sendo perceptível, porém com baixo teor semântico (SEMIDÃO, 2014).

Modelos de aprendizagem de máquina lançam mão de dados para seu treinamento e teste, assim como para seu pleno funcionamento em ambiente de produção. Os dados precisarão ser preparados para adentrar no modelo de IA, pois podem levar a um resultado enviesado, longe de representar o cenário esperado. A figura 4 ilustra uma arquitetura simplificada dos modelos com aprendizagem de máquina.

FIGURA 4 – Arquitetura simplificada de sistema de IA com aprendizagem de máquina

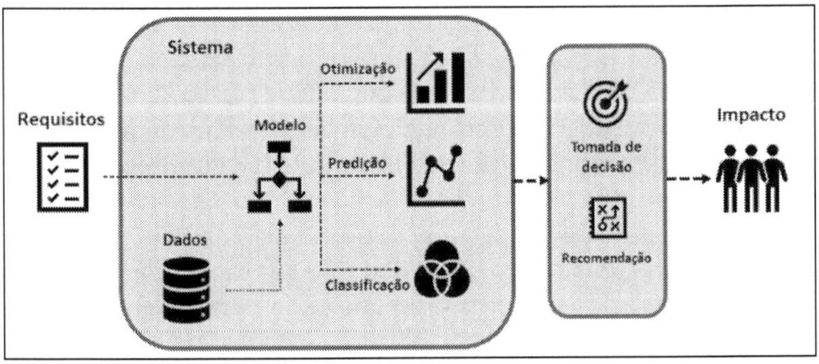

Fonte: O autor.

A figura 4 expõe a interação entre os requisitos de funcionamento do sistema, definidos por aqueles que idealizaram o sistema; o modelo definido pelos projetistas e engenheiros de IA; os dados que servirão como treinamento e teste; as saídas, que podem ser classificação, predição e otimização dentro deste exemplo; e, por fim, a interferência no ambiente analógico na forma de tomada de decisão otimizada ou recomendação de ação – destinada ao indivíduo para que ele tome a decisão –, impactando o indivíduo e a sociedade.

A classificação remete ao reconhecimento de padrões dentro do conjunto dos dados, a fim de agrupá-los por características similares, criando perfis que direcionarão a tomada de decisão. Isso pode ser realizado a partir de rótulos predefinidos pelos projetistas, o que se chama de abordagem de aprendizado de máquina supervisionada, ou deixado a cargo do próprio modelo de IA para rotular a partir de padrões encontrados nos conjuntos de dados consumidos, em uma abordagem de aprendizado de máquina não supervisionada. Há também a combinação dessas duas abordagens, o aprendizado de máquina semisupervisionada, a partir do qual os projetistas definem rótulos; porém, o modelo pode descobrir novos rótulos não previamente definidos pelos implementadores.

Quanto à otimização, o modelo de IA buscará a melhor solução para determinado cenário. Isso envolve a análise do contexto de funcionamento, a fim de reajustar todo o sistema para conseguir a maior eficácia e eficiência possível em tempo de execução. A otimização pode incidir sobre um sistema, melhorando o funcionamento; um processo de negócio, tornando-o mais eficiente; ou uma atividade direcionada ao aplicativo que influencia o indivíduo. Como exemplo, um processo de contratação para determinado cargo pode ser otimizado através da análise de atributos – como certificações internacionais, títulos acadêmicos, como mestrado ou doutorado – e, assim, descartar sumariamente todos os demais que não se encaixem nessa configuração otimizada. Para isso, a abordagem de aprendizado de máquina por reforço pode ser utilizada. Nesse tipo de abordagem de aprendizado, a cada sucesso considerado existe uma compensação que reforça o comportamento; já para cada erro existirá uma penalidade, fazendo com que o sistema não escolha ações que resultaram em falha. Em relação à predição, utilizada para prever comportamento de variáveis com base nos dados, modelos de IA podem realizar recomendação com base em técnicas de regressão, antecipando possíveis situações futuras.

Da aprendizagem de máquina, surgiu a aprendizagem profunda[18] (*deep learning*), a qual faz uso de *big data*. O modelo de IA capaz de lidar com esses volumosos conjuntos de dados são as redes

[18] A aprendizagem profunda ou *deep learning* é um termo para indicar a problemática do treinamento das redes neurais artificiais, cujo aprendizado de características ocorre de maneira hierárquica, construindo características de alto nível a partir de características de níveis mais baixos (BEZERRA, 2016).

neurais profundas, modeladas com várias camadas intermediárias de neurônios (*hidden layer*). A camada de entrada de dados recebe como *inputs* os dados preparados; somente valores matemáticos adentram em redes neurais artificiais (EDWARDS; VEALE, 2017). Ao final, a camada de saída indica o resultado de todo o processamento do modelo, direcionando-o para otimização, predição ou classificação, etc.

FIGURA 5 – Modelo de rede neural artificial profunda para aprendizado profundo

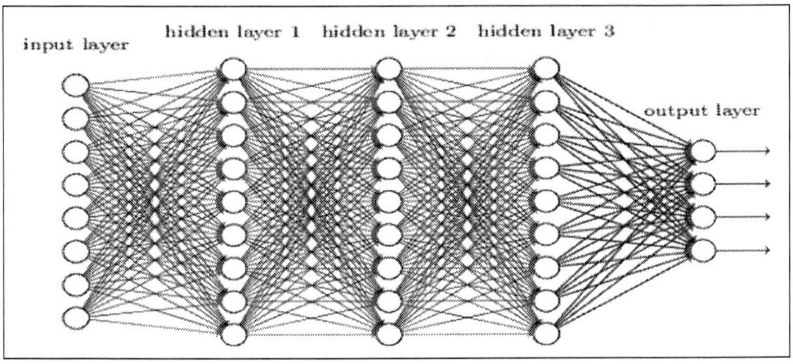

Fonte: CETAX (2022).

A figura 5 mostra um modelo de IA baseado em aprendizagem profunda que possui três camadas ocultas, intermediárias, com uma camada de entrada de dados e uma camada de saída de dados. Suas inúmeras ligações ilustram a complexidade do modelo, tornando o resultado por muitas vezes inexplicável. Sua construção dependerá do domínio do problema a ser resolvido. Cada unidade esférica no modelo da figura 5 constitui um neurônio artificial, como mostrado na figura 6.

FIGURA 6 – Modelo de neurônio artificial

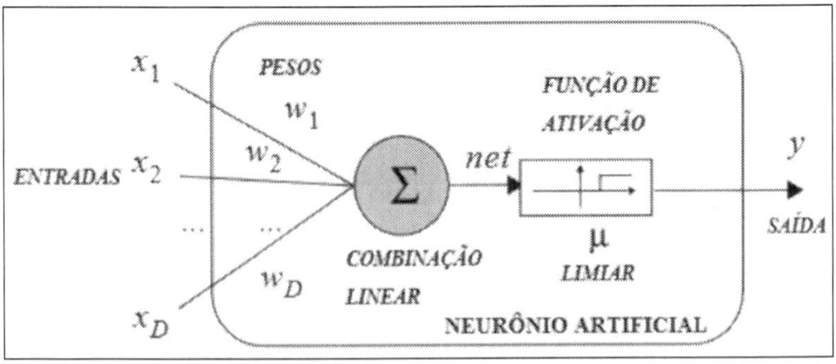

Fonte: RAUBER (2005).

Na figura 6, é apresentado um modelo de neurônio artificial, no qual cada neurônio possui um conjunto de entradas x, e cada entrada será multiplicada por um peso – valor matemático que será responsável pela aprendizagem propriamente dita, pois, a partir dos ajustes e correções dos pesos, o modelo responderá com maior acurácia - w correspondente. Após, os resultados de cada multiplicação serão somados – o que equivale à *combinação linear* no modelo –, e o resultado dessa soma será levado até a *função* (matemática) *de ativação*. A resolução da *função* será a saída do neurônio, representada por w. Essa saída pode ser direcionada para a entrada de outro neurônio, como no modelo da figura 5, ou ser processada para alguma finalidade, como a classificação de algo, por exemplo. Importante ressaltar que somente valores matemáticos adentram em redes neurais artificiais para processamento e aprendizagem; portanto, configura-se em uma calculadora que realiza cálculos complexos para chegar a uma conclusão.

Existem modelos específicos para cada um dos objetivos citados nos parágrafos anteriores. A decisão de utilizar determinado modelo em detrimento de outros cabe aos projetistas na fase de projeto, em um ambiente de desenvolvimento. O processo inicia-se com a modelagem, tendo como base os requisitos do sistema, ou seja, o que o sistema deve atingir. Após, decidida a utilização de técnicas de IA com aprendizado de máquina, inicia-se a construção da base de dados, que deve ser preparada para o treinamento do modelo e testes posteriores. Caso o *software* esteja construído e validado, ele entrará em ambiente de produção. Nessa etapa, o *software* influencia o meio em que está. Todavia, o processo de aprendizagem perdurará para o aperfeiçoamento do sistema, mesmo estando em um ambiente de produção.

Na cadeia de existência da IA, diversos atores interagem: idealizadores, projetistas (dentre eles, os engenheiros de IA, analistas, implementadores, cientistas de dados, engenheiros de dados) e utilizadores – os responsáveis pelo funcionamento, os usuários, os consumidores, etc.

Os idealizadores são os que detêm o poder de decisão sobre os requisitos da atividade. Já os projetistas, normalmente uma equipe constituída por profissionais especializados, são formados por: engenheiros de IA, responsáveis por desenvolver o modelo, implantar e testar os sistemas inteligentes; analistas de sistemas, que auxiliam na modelagem dos requisitos de atividade para a adaptação aos modelos de IA; implementadores, responsáveis pela construção do código-fonte dos *softwares*; e cientistas de dados, responsáveis pela construção da base de conhecimento e por sua preparação para utilização dentro do modelo de IA. Dentre os utilizadores, têm-se: os responsáveis pelo funcionamento da IA e seu uso; os usuários, aqueles que usam o sistema, como os funcionários de uma instituição; e os usuários externos, como consumidores, que se utilizam de algum serviço ou produto advindo de IA.

A figura 7 mostra o relacionamento entre os atores da fase de desenvolvimento da IA e o ator responsável pelo funcionamento na fase de produção do sistema inteligente.

FIGURA 7 – Cadeia de IA – funcionamento

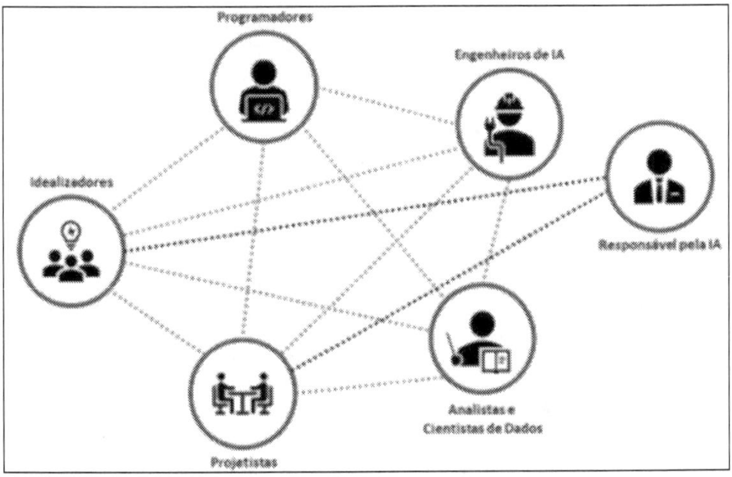

Fonte: O autor.

A construção desta seção objetivou fornecer o mínimo necessário ao entendimento do ambiente em que os sistemas de *softwares* funcionam. Da mesma forma, buscou-se expor as limitações do ambiente digital e, por consequência, dos *softwares* de computadores. Assim, foi possível apontar que não há um conceito único sobre IA e que, pelo atual estado da tecnologia, sua implementação é limitada em resolução de problemas específicos, não atingindo o *status* de autoconsciente. Mostrou-se que a aprendizagem de máquina é fundamental para que os sistemas de IA possam se adaptar ao meio em que se acham. Pode existir uma cadeia complexa de construção de funcionamento de sistemas de IA, contando-se com a atividade de diversos atores.

Passa-se agora ao estudo das relações jurídicas quanto à proteção de dados no que tange às decisões automatizadas e, após, ao estudo da responsabilidade civil envolvendo IA.

4 Responsabilidade civil e proteção de dados pessoais

O objetivo desta seção consiste em identificar o contexto das relações entre atores da cadeia de existência da IA para a análise do regime de responsabilidade civil a partir do microssistema de proteção de dados pessoais no uso de sistemas de IA.

4.1 Responsabilidade civil e relações jurídicas da IA no microssistema de proteção de dados pessoais

Dentro do microssistema de proteção de dados pessoais, não há indicação expressa de qual regime de responsabilidade civil foi adotado. Dessa forma, aponta-se como regra a responsabilidade civil subjetiva, observando os artigos 186 e 187 do Código Civil. Não existe, contudo, uma posição pacífica nesse sentido, tampouco um posicionamento maduro dentro dos tribunais brasileiros, pelo menos até a conclusão deste estudo. Por essa razão, cabe inicialmente a análise dos pontos em que a responsabilidade civil é trazida na legislação específica. Na Lei nº 13.709/2018, Lei Geral de Proteção de Dados Pessoais (LGPD), a Seção III do Capítulo VI, que é formada pelos artigos 42 a 45, cujo título é "Da Responsabilidade e do Ressarcimento de Dados", trata especificamente de responsabilidade civil.

De fato, os parágrafos do artigo 42 definem regras para direcionamento de responsabilidade, distribuindo-as entre controladores[19] e operadores,[20] assim como apontamentos para a possibilidade de inversão do ônus da prova dentro do processo judicial, além do direito de regresso. Os pontos de maior relevância para a responsabilidade civil residem no *caput* do artigo 42 e nos artigos 43, 44 e 45. No *caput* do art. 42, consta a alocação de responsabilidade para os agentes de tratamento em casos de violação à legislação de proteção de dados, obrigando-os a reparar os danos causados por sua atividade de tratamento.

---

[19] O controlador configura-se como um agente de tratamento responsável pela tomada de decisão referente ao tratamento dos dados pessoais, definindo a finalidade deste tratamento (ANPD, 2022). Já a definição legal encontra-se no art. 5º, VI, da LGPD: "Pessoa natural ou jurídica, de direito público ou privado, a quem competem as decisões referentes ao tratamento de dados pessoais" (BRASIL, 2018).

[20] O operador consiste em um agente de tratamento responsável pela realização do tratamento de dados em nome do controlador e em conformidade com as indicações por ele delimitadas (ANPD, 2022). A definição legal está no art. 5º, VII, da LGPD: "Pessoa natural ou jurídica, de direito público ou privado, que realiza o tratamento de dados pessoais em nome do controlador" (BRASIL, 2018).

No que concerne ao artigo 43 da LGPD, encontram-se as excludentes de responsabilidade que podem ser invocadas pelos agentes de tratamento nas situações em que não realizaram o tratamento em si ou que, embora tenham realizado algum tratamento, não houve violação da legislação de proteção de dados, ou ainda em que o dano foi decorrente da culpa de terceiros ou dos próprios titulares dos dados. O artigo 44 define responsabilidade por tratamento irregular de dados quando os agentes deixam de cumprir a legislação ou não fornecem a segurança esperada para realizar a atividade de tratamento. O parágrafo único desse artigo obriga os agentes de tratamento a observarem o disposto no artigo 46, referente aos controles de segurança de dados, que previnem as situações chamadas acidentais e ilícitas que ocasionem tratamento inadequado.

Tornam-se relevantes alguns aspectos circunstanciais que impactam a análise de tratamento irregular. Algumas delas são trazidas nos incisos I, II e III do art. 44: o modo como o tratamento é realizado em caso concreto; a resultante desse tratamento e os riscos esperados; e o atual estado da técnica utilizada à época do tratamento. Já no artigo 45, a responsabilidade pelo tratamento de dados no âmbito das relações de consumo é direcionada à legislação específica; consequentemente, toma-se por referência o Código de Defesa do Consumidor.

Retoma-se a cadeia de existência da IA apresentada na subseção 3.1 para confronto com os dispositivos contidos na LGPD, no que tange ao controlador e ao operador. Ambos podem figurar como atores em diversos pontos dessa cadeia, tanto no ambiente de desenvolvimento quanto no ambiente de produção. A seguir, apresenta-se graficamente a dinâmica da cadeia de existência da IA.

FIGURA 8 – Cadeia de existência de IA

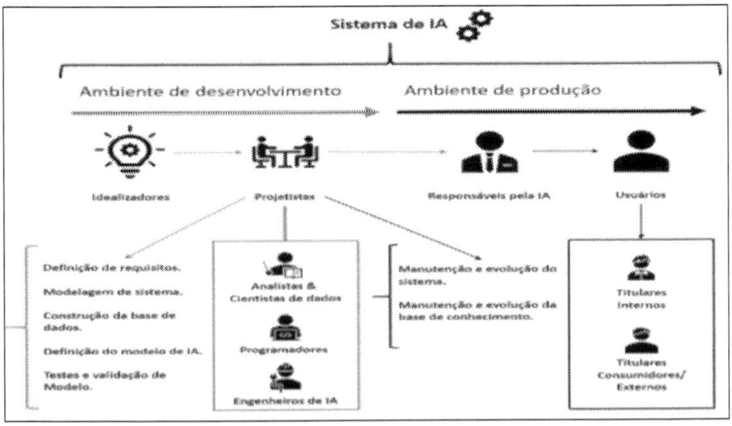

Fonte: O autor.

Na Figura 8, é mostrada a cadeia de existência da IA, relacionando as etapas de desenvolvimento e produção e os respectivos atores e atividades. Contudo, não identifica todos os atores dentro da sistemática da LGPD. Ressalta-se que as atividades exercidas pelos projetistas, sempre em nome dos idealizadores, ultrapassam o ambiente de desenvolvimento, seguindo o que usualmente é feito em projetos de *software*. Isto é, o sistema será acompanhado pelos projetistas que realizarão a manutenção do *software* para corrigir erros de funcionamento e de segurança e para evolução do *software*, adicionando novas funcionalidades e aprendizagem a partir de novos dados coletados. Os atores apresentados como projetistas são meramente exemplificativos, isso porque a composição de equipes interdisciplinares pode requerer profissionais diversos.

No ambiente de desenvolvimento, o controlador pode idealizar o projeto e decidir como o sistema deverá funcionar para atender as expectativas da atividade final. Pode, igualmente, ele próprio implementar a tecnologia sem depender de outros atores, desde que exista *expertise* para isso. Também pode utilizar a tecnologia desenvolvida diretamente em suas atividades ou negócios, saindo do ambiente de desenvolvimento para o ambiente de produção. Ainda nesse ambiente, o controlador pode figurar apenas como o responsável pelo funcionamento da IA em seu ambiente, portanto, não fazendo parte de nenhuma das fases de desenvolvimento.

O operador pode figurar no papel de projetista no ambiente de desenvolvimento e, nesse caso, desenvolverá a tecnologia em nome do controlador. Destarte, pode continuar na manutenção e evolução da IA em ambiente de produção, pois, em sistemas de IA baseados em aprendizagem de máquina, por exemplo, há uma constante retroalimentação de dados para o aperfeiçoamento do sistema inteligente. Ainda na fase de desenvolvimento, o operador assumirá atividades diferentes ou delegará, por contratação de terceiros, atividades que requerem certo grau de especialização, tendo como finalidade o auxílio e suporte no desenvolvimento da IA, surgindo a figura do "suboperador", nem sequer previsto em lei, porém trazido por guia orientador da Autoridade Nacional de Proteção de Dados (ANPD), que o define como "[...] aquele contratado pelo operador para auxiliá-lo a realizar o tratamento de dados pessoais em nome do controlador" (ANPD, 2022). Hipótese alternativa dentro desse contexto requer a interação de diversos operadores atuando em atividades interdisciplinares, a depender da finalidade do sistema inteligente.

No ambiente de produção, o sistema de IA será utilizado e impulsionado por usuários, que podem compor os quadros do controlador ou do operador (em nome do controlador), assim como diretamente pelos titulares de dados em cenário de consumo ou em outros tipos de cenário. Em todo caso, os titulares de dados serão afetados em maior proporção, pois não apenas seus dados serão utilizados como fonte primária do funcionamento desses sistemas, como também serão os alvos de seus resultados – *outputs*.

Percebe-se a existência de múltiplas relações a partir do panorama exposto dentro da cadeia de existência da IA; da mesma forma, existirão múltiplas relações jurídicas. Parece provável encontrar relações entre controladores e operadores, operadores e suboperadores, controladores e funcionários, operadores e funcionários, colaboradores e titulares consumidores, operadores e titulares consumidores, entre outras possíveis composições. Essas relações podem ser categorizadas a partir da cadeia de existência da IA pelas fases de desenvolvimento e de produção.

FIGURA 9 – Múltiplas relações na cadeia de existência de IA

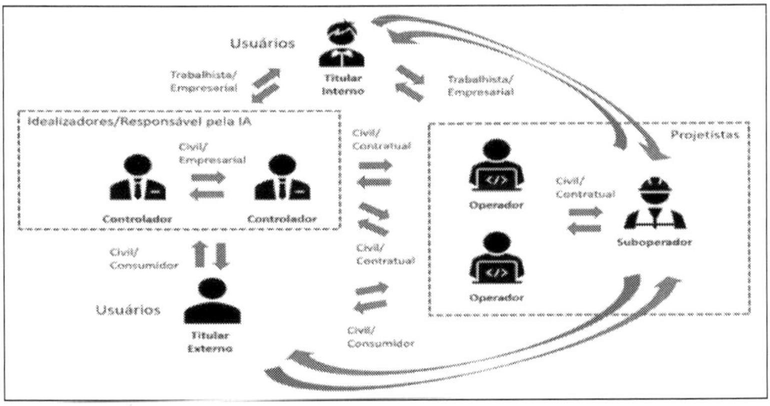

Fonte: O autor.

A figura 9 exemplifica as relações jurídicas entre os atores que constituem a dinâmica da construção e funcionamento dos sistemas de IA; relações de parceria entre controladores idealizadores/responsáveis pela IA; relações trabalhistas que podem ser encontradas entre controladores/operadores e titulares internos que são funcionários; relações contratuais entre controladores e operadores, assim como relação entre operadores e suboperadores, relações de consumo entre controladores/operadores e titulares externos, entre diversas outras.

Diante dessa cadeia complexa, com múltiplos atores – cada um com seu devido papel (que pode se confundir) e, ainda, múltiplas relações jurídicas –, o exame da responsabilidade civil é igualmente complexo. Ainda mais porque sistemas de IA com aprendizagem de máquina ou aprendizagem profunda não oferecem, por padrão de desenvolvimento, a certeza de resultado – e, a depender do modelo utilizado, nem a explicação de como se deu o processo. Há de se evidenciar os riscos na utilização desse tipo de tecnologia digital devido à incerteza de seu resultado. Mesmo que todo o processo de desenvolvimento tenha sido realizado com cuidado e cautela, observando todos os pontos necessários para preservação da privacidade dos dados, com o modelo de IA testado e validado, assim como os dados utilizados para treinamento e para testes "saudáveis" e sem vieses, em ambiente de produção, os dados que retroalimentam o sistema para aprendizagem contínua podem pender para um estado enviesado caso não haja o devido controle e auditoria.

Um produto de *software* inteligente que apresenta vício na qualidade por insegurança não pode ser admitido em ambiente de produção ou no mercado, cabendo ao idealizador fornecedor intervir com a finalidade de solucionar, minimizar ou extinguir os riscos provenientes do produto de IA entregue por eles à sociedade. Cria-se, então, uma obrigação para o idealizador fornecedor em encontrar o responsável pelo uso da tecnologia para que os vícios sejam sanados. Isso pode ser feito através do *recall* (ALBUQUERQUE; EHRHARDT JÚNIOR, 2018). Cabe ao responsável pela IA, em ambiente de produção, observar o chamado do idealizador fornecedor e proceder com as instruções necessárias para a correção dos vícios. Caso o responsável pela IA não atenda ao *recall*, esse deve atrair para si maior responsabilidade em caso de danos pelo uso do sistema.

Não restam dúvidas de que a utilização de sistemas inteligentes que fazem uso de IA ocasiona o dever de reparar pelos danos causados por tratamento irregular ou indevido. O apontamento de qual regime de responsabilidade civil deve ser aplicado é o problema relevante nesse contexto. Isso porque o tratamento realizado por IA advém de automatização massiva de processos que, não raro, classificam pessoas em perfis para auxílio ou tomada efetiva de decisão. Isso retira o elemento humano do direcionamento da ação, aumentando a quantidade e o alcance desse tratamento. Esse modo agressivo de tratamento é uma circunstância relevante para avaliar se o responsável pela IA está fornecendo a segurança suficiente para o titular de dados, condizente com o inciso I do artigo 44 da LGPD.

Utilizar a aprendizagem de máquina através de modelos de IA, os quais até então não possuem uma explicação suficiente de seu funcionamento, ainda mais não garantindo um resultado esperado, enquadra-se num nível de risco significativamente elevado – outro ponto de relevância para avaliação de segurança trazido pelo inciso II do artigo 44. Ainda não há um padrão de explicabilidade para aferição da acurácia ante a finalidade da utilização da maioria dos modelos de aprendizagem de máquina e aprendizagem profunda, e isso deve adentrar na verificação das circunstâncias do artigo 44, especificamente no inciso III.

Entender a cadeia de existência da IA e seus atores possibilita uma análise de responsabilidade civil mais precisa, pois tais atores têm papéis e funções diferentes. Esta subseção teve como objetivos: identificar esses atores e suas possíveis relações de fato e jurídicas; expor a complexidade dessas relações; e relacionar o tratamento automatizado por IA com os apontamentos de responsabilidade civil contidos na LGPD.

Passe-se, na próxima subseção, à análise sobre o possível regime de responsabilidade civil aplicável à IA.

4.2 Responsabilidade civil em decisões e perfilamento automatizadas

Como mencionado na subseção 4.1, não há definição explícita sobre regime de responsabilidade civil dentro da LGPD. Contudo, a técnica legislativa brasileira, na falta de expressões como "independentemente de culpa" ou "responde objetivamente", usualmente considera o regime subjetivo de responsabilidade civil como regra. Na LGPD, são definidos deveres para os agentes de tratamento, cuja inobservância resultaria em violação à legislação, tornando o tratamento irregular. Esses mesmos deveres apontam para uma preocupação do legislador ordinário em se fazer entender, no sentido de que não haveria razão para atribuí-los caso o regime de responsabilidade civil fosse diverso do subjetivo. Logo, como não existe sistema totalmente seguro, devido à inviabilidade técnica de assim o torná-lo, mesmo existindo o dano e o nexo de causalidade, caso os agentes de tratamento tenham se utilizado de todo o aparato possível para evitar prejuízos, não deveria incidir responsabilidade e essa verificação estaria no contexto da culpa.[21]

---

[21] São expoentes dessa corrente Guedes (2019) e Bioni e Dias (2020), que direcionam seus argumentos para uma responsabilidade civil com grau relevante de objetividade.

A intenção do legislador é reafirmada no substitutivo do Projeto de Lei nº 20/2020, que visa regulamentar a utilização de IA no Brasil. No artigo 6º, inciso VI, traz como proposta explicitamente a atribuição da responsabilização subjetiva na medida da participação dos atores dentro da cadeia de existência da IA. Segue o trecho do projeto de lei:

> VI – responsabilidade: as normas sobre responsabilidade dos agentes que atuam na cadeia de desenvolvimento e operação de sistemas de Inteligência artificial deverão, salvo disposição legal em contrário, pautar- se na responsabilidade subjetiva e levar em consideração a efetiva participação desses agentes, os danos específicos que se deseja evitar ou remediar e a forma como esses agentes podem demonstrar adequação às normas aplicáveis, por meio de esforços razoáveis compatíveis com os padrões internacionais e as melhores práticas de mercado (BRASIL, 2020).

Assim sendo, a imprescindibilidade da culpa é requisito fundamental para responsabilidade civil, devido às relações complexas estabelecidas quando se utiliza IA, diante dos papéis bem delimitados para cada ator. Cada um desses atores precisará mostrar que não houve negligência, imprudência ou imperícia, além do atendimento adequado às normas aplicáveis, e o sistema normativo de proteção de dados pessoais está dentro dessa conjuntura.

Outra preocupação para os que defendem o regime subjetivo de responsabilidade civil está no engessamento do avanço da tecnologia, em especial, da IA, pois, se assim fosse, haveria inibição na utilização dela. Todo ecossistema de inovação que usa a tecnologia considerada disruptiva desaceleraria, impactando nos setores econômico, social e educacional e em diversos outros setores significativos. Isso porque, quando há responsabilidade civil subjetiva, a atividade tem um risco menor, o que incentivaria a tecnologia ser desenvolvida. Por outro lado, caso exista responsabilidade objetiva, o risco da atividade seria significativo, e isso reduziria tal incentivo.

Estabelecer o regime subjetivo de responsabilidade civil como direcionador dos sistemas com IA implicaria, sempre, a análise da existência de culpa para todos os envolvidos dentro da cadeia de existência de IA e, diante do potencial prejuízo ante o que esses tipos de sistema podem fazer, penderia a balança sempre em favor dos controladores/operadores/suboperadores e responsáveis pela IA em detrimento do titular de dados pessoais, que aqui possui atributo semelhante ao do consumidor: a vulnerabilidade. Essa vulnerabilidade se intensifica pela utilização de IA com técnicas e modelos em que não se pode extrair explicação satisfatória do tratamento automatizado.

Fator relevante reside na possibilidade de enviesamento do sistema de IA com base nos dados que são consumidos em ambiente de produção, pois seu comportamento pode ser alterado, restando a atividade de monitoramento e o constante saneamento dos dados de vital importância para um funcionamento dentro da normalidade. Alguns aspectos de responsabilidade subjetiva devem ser reconhecidos, pois a dinâmica das relações atrai a necessidade de identificação do quanto cada um detém de responsabilidade e se cumpriu com cuidado suas atividades.

Para a responsabilidade objetiva,[22] posição majoritária na literatura especializada, os argumentos giram em torno primordialmente da interpretação sistemática da LGPD e do Código Civil no que aponta para o risco da atividade, com base no parágrafo único do artigo 927 do Código Civil de 2002 (BRASIL, 2002). Para as relações de consumo entre titulares de dados e fornecedores de produtos e serviços por intermédio de IA, a responsabilidade objetiva trazida pelo Código de Defesa do Consumidor se aplica com direcionamento dado pelo artigo 45 da LGPD. Para o poder público, o tratamento automatizado por IA também atrai a responsabilidade objetiva, naturalmente por força do artigo 37, §6º, da Constituição de 1988.

A própria limitação de justificativas de tratamento indica um risco intrínseco em relação ao tratamento de dados pessoais, considerando os danos em escala expressiva, a atingir direitos difusos (TAMBOSI, 2021). O estado de vulnerabilidade do titular de dados, em comparação com a sistemática do microssistema de consumo, seria suficiente para a aproximação do regime objetivo de responsabilidade civil, tornando a culpa um requisito irrelevante para o dever de reparar pelo dano. Afinal, os idealizadores e projetistas se encontrariam em posição favorável para a prevenção de possíveis danos em comparação com o titular de dados, não devendo este último suportar o prejuízo, uma vez que aqueles se beneficiam com a utilização da tecnologia.

Outro indicativo está no artigo 43, referente às excludentes de responsabilidade que guardam similaridades com as excludentes do sistema de consumo. Como o próprio corpo da lei traz hipóteses restritas de exclusão de responsabilidade, isso indicaria o direcionamento para a

---

[22] Defendem essa visão Mulholland (2020) e Gondim (2021), com base no risco da atividade, principalmente.

adoção do regime de responsabilidade objetiva. Ao adotar estritamente a responsabilidade objetiva para os controladores, operadores, agentes de IA, ignora-se a cota-parte de responsabilidade de cada um deles, da mesma forma, sendo irrelevante observar os deveres impostos pela legislação, como já mencionado nesta seção. Mesmo que determinado ator tenha realizado sua atividade de forma perfeita, responderá por falha de outros que assim não o fizeram.

No entanto, estabelecer um regime de responsabilidade único em uma estrutura tão complexa quanto a que se apresenta na produção da IA, sem ao menos tomar como referência a relação jurídica observada, indicará instabilidade e insegurança jurídica. A aplicação de um regime de responsabilidade civil múltiplo tem potencial para solucionar esse problema. Como ponto inicial, a relação jurídica precisaria ser identificada e, após, o exame da responsabilidade poderia ser definido, assim como a medida para cada um dos atores envolvidos. Essa investigação partiria do caso em concreto. O grau de autonomia do sistema, da mesma maneira, precisa ser aferido, pois quanto maior o nível de autonomia o sistema detiver, maior o risco envolvido. Nesse aspecto, seguir de uma responsabilidade subjetiva para uma objetiva parece razoável.

A adoção de múltiplos regimes de responsabilidade também pode ser observada no âmbito da União Europeia, como expõe o trabalho de Medon (2022), no qual é mostrada, através do Regulamento do Parlamento Europeu de 20 de outubro de 2020, a sugestão para adoção de um sistema tripartite, que engloba: (i) regime de produtos defeituosos; (ii) regime dual, que depende da tipologia da IA, pois podem ser sistemas que apresentam baixo e alto risco; e (iii) regime subjetivo, de forma subsidiária, levando em consideração os ordenamentos jurídicos dos países-membros. Ressalta o autor que ainda existe a responsabilidade de natureza contratual.

Diante de múltiplas relações jurídicas, por conta de múltiplos atores dentro do espectro da cadeia de existência da IA, cabe evidenciar as múltiplas causas ensejadoras de danos decorrentes do uso da tecnologia. O próprio modelo pode não funcionar de maneira adequada e esperada, os dados utilizados em ambiente de produção podem direcionar o sistema para uso enviesado ou viciado, os próprios requisitos de sistemas impõem, desde sua concepção, um funcionamento direcionado, que pode resultar em mau funcionamento, entre outros potenciais cenários causadores de prejuízos. Todos os exemplos de causas citadas podem coexistir ao mesmo tempo, não existindo, portanto, um único fator de origem para o dano. Destarte, dentre as causalidades múltiplas, a causalidade alternativa[23] pode descrever um cenário de incerteza em relação à causa quando há duas ou mais potenciais causas.

5 Considerações finais

Este estudo teve como objetivo enfrentar o problema de identificação das relações jurídicas para estabelecimento de responsabilidade civil dentro do microssistema de proteção de dados pessoais, no contexto de utilização de sistemas inteligentes construídos com base em IA. Foi realizada, em primeiro lugar, uma revisão de literatura narrativa, para apresentar o ambiente em que sistemas de IA existem, o ambiente digital, assim como suas limitações. Também foi mostrada a base de modelagem de um dispositivo computacional e como os programas de computadores devem se moldar a essa premissa, sendo irrelevante se é um programa simples ou complexo, a exemplo da IA. Igualmente, houve exposição dos diversos paradigmas de construção de IA, os quais nos permitem fornecer autonomia aos sistemas, separando-os da necessidade direta do ser humano para sua evolução em aprendizagem.

Essa base permitiu examinar as diversas relações existentes na cadeia de existência da IA. Destarte, foi possível identificar relações jurídicas múltiplas advindas das relações entre os atores que lidam com IA. Diante disso, pela complexidade e diversidade das relações jurídicas, aponta-se que um sistema múltiplo de responsabilidade civil é mais apropriado para o cenário de uso de IA. O exame do regime de responsabilidade civil deve ter início, primeiramente, pela identificação do tipo de relação jurídica e, só após, deve ser conferida a atribuição de responsabilidade. Por consequência, será possível avaliar a medida de responsabilidade de cada ator em decorrência do dano causado pela IA. Isso pode trazer equilíbrio entre o incentivo em desenvolver e trabalhar com a tecnologia e a segurança que o titular espera e de que precisa.

O diálogo entre computação e direito deve ser constante, pois as tecnologias digitais, em especial a IA, formam um pilar importante em vários aspectos dentro da sociedade moderna. Contudo, tais tecnologias não podem ser desenvolvidas e aplicadas sem a observância dos direitos e obrigações existentes no ordenamento jurídico, pois os danos causados por elas podem ser significativos em termos de alcance social. Nesse

---

[23] Ocorre a causalidade alternativa quando não existe certeza de qual causa deu origem ao resultado (SANTOLIM, 2014).

aspecto, o direito pode trazer um direcionamento para a integração dessas tecnologias de impacto na sociedade de maneira satisfatória.

Referências

ALBUQUERQUE, Paula Falcão; EHRHARDT JÚNIOR, Marcos. Quais as consequências do não atendimento do recall pelo consumidor? *Revista Jurídica Luso-Brasileira*, n. 3, 2018.

AUTORIDADE NACIONAL DE PROTEÇÃO DE DADOS – ANPD. *Guia orientativo para definições dos agentes de tratamento de dados pessoais e do encarregado*. Brasília: ANDP, 2022. 26 p. Disponível em: https://www.gov.br/anpd/pt-br/documentos-e-publicacoes/Segunda Versa o do Guia de Agentes de Tratamento retificada.pdf.

BARBIERI, Carlos. *Governança de dados*: práticas, conceitos e novos caminhos. Rio de Janeiro: Alta Books, 2019. 288 p.

BARRETO, Angela Maria. Informação e conhecimento na era digital. *Transformação*, Campinas, v. 17, n. 2, p. 111-122, 2005.

BEZERRA, Eduardo. Introdução à aprendizagem profunda. *In*: *XXXI Simpósio Brasileiro de Banco de Dados*. [S.l.: s.n.], 2016.

BIONI, Bruno; DIAS, Daniel. Responsabilidade civil na proteção de dados pessoais: construindo pontes entre a lei geral de proteção de dados pessoais e o código de defesa do consumidor. *Civilistica.com*, v. 9, n. 3, p. 1-23, 2020.

BRASIL. *Lei nº 10.406, de 10 de janeiro de 2002*. Código Civil. Brasília: Senado Federal, 2002. Disponível em: http://www.planalto.gov.br/CCivil 03/Leis/2002/L10406.htm.

BRASIL. *Lei nº 13.709, de 2018*. Lei Geral de Proteção de Dados. Disponível em: http://www.planalto.gov.br/ccivil 03/ ato2015-2018/2018/lei/L13709compilado.htm.

BRASIL. *Substitutivo do Projeto de Lei 20/2020*. Brasília: Senado Federal, 2020. 11 p.

CETAX. *Deep Learning*: O que é, conceitos e definições. 2022. Disponível em: https://www.cetax.com.br/blog/o-que-e-deep-learning/.

COPPIN, Ben. *Artificial intelligence illuminated*. [S.l.]: Jones & Bartlett Learning, 2004.

DIVERIO, Tiarajú A.; MENEZES, Paulo B. *Teoria da Computação – UFRGS*: Máquinas Universais e Computabilidade. [S.l.]: Bookman Editora, 2009.

EDWARDS, Lilian; VEALE, Michael. Slave to the Algorithm? Why a Right to Explanation is Probably Not the Remedy You are Looking for. *SSRN Electronic Journal*, v. 2017, 2017. ISSN 1556-5068. Disponível em: https://www.ssrn.com/abstract=2972855.

FALCO, Javert Guimarães. *Estatística aplicada*. 2016.

FLECK, Leandro *et al*. Redes neurais artificiais: Princípios básicos. *Revista Eletrônica Científica Inovação e Tecnologia*, v. 1, n. 13, p. 47-57, 2016.

GONDIM, Glenda Gonçalves. A responsabilidade civil no uso indevido dos dados pessoais. *Revista IBERC*, v. 4, n. 1, p. 19-34, 2021.

GUEDES, Gisela Sampaio da Cruz. Regime de responsabilidade adotado pela lei de proteção de dados brasileira. *Caderno especial LGPD*, p. 167-182, 2019.

MEDINA, Marco; FERTING, Cristina. *Algoritmos e programação*: teoria e prática. [S.l.]: Novatec Editora, 2006.

MEDON, Filipe. *Inteligência artificial e responsabilidade civil*: autonomia, riscos e solidariedade. Salvador: Editora JusPodivm, 2022.

MONARD, Maria Carolina; BARANAUSKAS, José Augusto. Conceitos sobre aprendizado de máquina. Sistemas inteligentes-Fundamentos e aplicações. *Manole*, v. 1, n. 1, p. 32, 2003.

MULHOLLAND, Caitlin. Responsabilidade civil por danos causados pela violação de dados sensíveis e a Lei Geral de Proteção de Dados Pessoais (Lei 13.709/2018). *In*: MARTINS, Guilherme Magalhães; ROSENVALD, Nelson (Coords.). *Responsabilidade civil e novas tecnologias*. Indaiatuba, SP: Editora Foco, 2020.

NORVIG, Peter; RUSSELL, Stuart. *Inteligência artificial*. Tradução: Regina Celia Simille de Macedo. Consultoria Editorial e Revisão técnica: Dr. Flavio Soares Corrêa da Silva, Dra. Leliane Nunes de Barros and Dra. Renata Wassermann, v. 3, p. 13-31, 2013.

POERSCH, José Marcelino. Simulações conexionistas: a Inteligência artificial moderna. *Linguagem em (Dis)curso*, Universidade do Sul de Santa Catarina (UNISUL), v. 4, n. 2, p. 441, 2004.

POZO, Aurora *et al*. *Computação evolutiva*. Universidade Federal do Paraná, 61p. (Grupo de Pesquisas em Computação Evolutiva, Departamento de Informática-Universidade Federal do Paraná), 2005.

RAMAKRISHNAN, Raghu; GEHRKE, Johannes. *Sistemas de gerenciamento de banco de dados*. [S.l.]: AMGH Editora, 2008.

RAUBER, Thomas Walter. *Redes neurais artificiais*. Universidade Federal do Espírito Santo, v. 29, 2005.

SAGIROGLU, Seref; SINANC, Duygu. Big data: A review. *In*: *IEEE. 2013 international conference on collaboration technologies and systems (CTS)*. [S.l.], 2013. p. 42–47.

SANTOLIM, Cesar. Nexo de causalidade e prevenção na responsabilidade civil. *Revista da AJURIS*, v. 41, n. 136, 2014.

SEHN, Leandro Roberto. *Computadores e Sistemas Digitais*: Conceitos Básicos. [S.l.]: Simplíssimo Livros Ltda., 2018.

SEMIDÃO, Rafael Aparecido Moron. *Dados, informação e conhecimento enquanto elementos de compreensão do universo conceitual da ciência da informação*: contribuições teóricas. 198 p. Tese (Dissertação) – Universidade Estadual Paulista, São Paulo, 2014.

SETZER, Valdemar W. Dado, informação, conhecimento e competência. *DataGramaZero Revista de Ciência da Informação*, n. 0, v. 28, 1999.

SILVA, Geylsson Nascimento; ARRUDA, José Nilton Conserva de. Teste de turing: Um computador é capaz de pensar? *In*: CONGRESSO NACIONAL DE PESQUISA E ENSINO EM CIÊNCIAS (CONAPESC). [S.l.: s.n.], 2016.

SIRIHAL, Adriana Bogliolo; LOURENÇO, Cíntia de Azevedo. Informação e conhecimento: aspectos filosóficos e informacionais. *Informação & Sociedade*, Universidade Federal da Paraíba – Programa de Pós-Graduação em Ciência, v. 12, n. 1, 2002.

SOUZA, Renato Rocha; ALVARENGA, Lídia. A web semântica e suas contribuições para a ciência da informação. *Ciência da Informação*, SciELO Brasil, v. 33, p. 132-141, 2004.

TAMBOSI, Paulo Vitor Petris. *Responsabilidade civil pelo tratamento de dados pessoais conforme a Lei Geral de Proteção de Dados (LGPD)*: subjetiva ou objetiva? 112 p. Tese (Monografia) – Universidade Federal de Santa Catarina, Florianópolis, 2021.

TORRES, Gabriel. *Redes de Computadores Curso Completo*. Rio de Janeiro: Axcel Books do Brasil Editora, 2001. 664 p. ISBN 85-7323-144-0.

TURING, Alan. *Maquinaria computacional e inteligência*. Filosofia da Mente – uma antologia, p. 342, 1997.

VIANNA, Fernando. Se os dados são o novo petróleo, onde estão os royalties? O neoliberalismo na era do capitalismo de vigilância. *Revista Gestão & Conexões*, v. 10, n. 3, p. 123-143, 2021.

WORTMANN, Felix; FLUCHTER, Kristina. Internet of things. *Business & Information Systems Engineering*, Springer, v. 57, n. 3, p. 221-224, 2015.

Informação bibliográfica deste texto, conforme a NBR 6023:2018 da Associação Brasileira de Normas Técnicas (ABNT):

ALENCAR, Izaac Duarte de; EHRHARDT JR., Marcos. Responsabilidade civil pela utilização de inteligência artificial no contexto de proteção de dados pessoais. *In*: EHRHARDT JÚNIOR, Marcos; CATALAN, Marcos (coord.). *Entre riscos, danos e contratos*: a inteligência artificial nas relações patrimoniais. Belo Horizonte: Fórum, 2024. p. 15-45. ISBN 978-65-5518-837-0.

GESTÃO DE ILÍCITOS LUCRATIVOS NA INTERNET: DELINEAMENTOS PARA A ADEQUADA SISTEMATIZAÇÃO DO "*DISGORGEMENT* ALGORÍTMICO"

NELSON ROSENVALD

JOSÉ LUIZ DE MOURA FALEIROS JÚNIOR

1 Introdução

No primeiro volume desta série, tivemos a oportunidade de delinear as principais características do chamado "*disgorgement* algorítmico".[1] O tema avançou e, mais do que nunca, se mostra fundamental o aprofundamento de alguns conceitos relevantes para a precisa contextualização do tema. Isso porque o ritmo da inovação tecnológica tem sido muito mais rápido do que a capacidade do Estado em prover soluções jurídicas adequadas às contingências geradas pela exploração de novas modelagens das atividades econômicas. Especialmente no contexto da internet, algoritmos de inteligência artificial têm produzido

---

[1] ROSENVALD, Nelson; FALEIROS JÚNIOR, José Luiz de Moura. *Disgorgement* algorítmico: técnicas de processamento de dados e a gestão automatizada dos ilícitos lucrativos na Internet. *In*: SARLET, Gabrielle Bezerra Sales; TRINDADE, Manoel Gustavo Neubarth; MELGARÉ, Plínio (coord.). *Proteção de dados*: temas controvertidos. Indaiatuba: Foco, 2021. p. 327-360.

impactos jurídicos variados, criando uma necessidade urgente de regulamentação.

Na responsabilidade contratual, os contratos inteligentes são uma possibilidade de "protocolo" executável a partir de computadores, capazes de levar automaticamente os termos de um contrato à execução. Eles são operados preferencialmente pela rede *blockchain*, o que lhes confere um elevado potencial, mas também uma grande complexidade. Na responsabilidade extracontratual, já existem algoritmos que realizam a fiscalização de ilícitos geradores de lucros indevidos e procedem automaticamente à retenção de valores e ao bloqueio de funcionalidades para garantir a reparação devida. Isso inclui o DRM e a desmonetização.

Os impactos dos algoritmos de inteligência artificial sobre a ciência do direito vão além da ficção científica e exigem a revisitação de algumas formulações clássicas para acomodar as mudanças desse novo contexto. A responsabilidade civil, por exemplo, apresenta particularidades quando analisada sob o prisma tecnológico. A reparação civil baseada no ilícito lucrativo surge como uma possibilidade de mudança de escopo da responsabilização tradicional para a efetivação do *disgorgement*. Essa lógica atualíssima permite identificar o lucro indevido, em vez do dano, para que a reparação atinja o patamar adequado em relação ao ilícito praticado. Essa abordagem vai além do tradicional direito de danos e permite outros nortes para a reparação civil.

O tema-problema pode ser sintetizado por um questionamento: a utilização do *disgorgement*, de forma automatizada e a partir de algoritmos, se convola em autotutela e, por isso, demanda sistematização própria e adequada à gestão de ilícitos lucrativos na internet? Essa abordagem demanda uma sistematização própria e adequada à gestão de ilícitos lucrativos na internet, o que será analisado neste estudo. É esse o tema que o presente trabalho analisará.

2 A acelerada evolução dos algoritmos e os novos contornos do "*disgorgement*"

A análise dos lucros cessantes é geralmente complicada, exigindo juízos de probabilidade baseados em uma análise minuciosa do nexo de causalidade. No entanto, essa complexidade não se aplica ao universo dos algoritmos e mercados ricos em dados (*data-rich markets*),[2]

2 MAYER-SCHÖNBERGER, Viktor; RAMGE, Thomas. *Reinventing capitalism in the age of Big Data*. Nova York: Basic Books, 2018. p. 7.

que permitem a criação de novas modelagens mercadológicas e o mapeamento de interesses para a captura da atenção do público-alvo. A "economia da atenção"[3] possibilita a apresentação de anúncios direcionados com maior eficácia, potencializando as estratégias de *marketing* e os lucros para quem investe em plataformas digitais. Os algoritmos intermediam a relação entre o anunciante e o usuário, tornando os mercados de múltiplos lados, originalmente chamados de mercados bilaterais ou *two-sided markets*, um ambiente propício ao desenvolvimento desses novos contornos dogmáticos.

O YouTube é um verdadeiro exemplo desse modelo de negócio, no qual os usuários podem ter acesso a um vasto conteúdo, sem a necessidade de contraprestação pecuniária. No entanto, a aparente gratuidade é camuflada pela coleta de dados pessoais dos usuários, que são utilizados em escala (*big data*) para parametrizar os resultados algorítmicos e atrair anunciantes interessados em investir. Lucros, antes difíceis de serem avaliados, agora são monitorados em tempo real![4]

Nesse contexto, o *disgorgement*, termo que significa literalmente "vomitar" em inglês, é adaptado para a ideia de "restituição".[5] Basicamente, ele se refere à restituição do proveito ilicitamente obtido pelo lesante, uma vez que é pecuniariamente mensurável em quantia muito superior[6] aos danos potencialmente compensáveis à vítima em aferição equitativa. O foco não é mais no dano sofrido pela parte lesada, mas, sim, no ilícito lucrativo e nos lucros gerados. Embora a noção de *restitutio in integrum* não seja ignorada, há uma constante preocupação com a superelevação dos ganhos.

O estudo aprofundado da questão gera discussão quanto às possibilidades de reestruturação do enriquecimento sem causa, que passa a contemplar hipóteses distintas àquelas que tradicionalmente

---

[3] WU, Tim. *The attention merchants*: the epic scramble to get inside our heads. Nova York: Vintage, 2016. p. 5.

[4] WALSH, John N.; O'BRIEN, Michael P.; SLATTERY, Darina M. Video viewing patterns using different teaching treatments: a case study using YouTube Analytics. *Realia: Research in Education and Learning Innovation Archives*, Valencia, n. 22, p. 78-95, jan./jun. 2019.

[5] HONDIUS, Ewoud; JANSSEN, André. Original questionnaire: disgorgement of profits. *In*: HONDIUS, Ewoud; JANSSEN, André (ed.). *Disgorgement of profits*: gain-based remedies throughout the world. Cham: Springer, 2015. p. 1.

[6] ROSENVALD, Nelson. *A responsabilidade civil pelo ilícito lucrativo*: o *disgorgement* e a indenização restitutória. 2. ed. Salvador: JusPodivm, 2021. p. 269. Sobre o conceito, cumpre registrar que o termo *disgorgement* é utilizado "para descrever um determinado fenômeno que contrasta com a regular indenização compensatória e, portanto, em diversos sistemas jurídicos representa uma 'anomalia', eis que ao receber valores que podem em muito exceder o montante dos danos – e sem que haja qualquer consideração em relação à sua existência ou a sua estimativa – o demandante seria aquinhoado com '*windfall profits*'".

se identificavam como desvio patrimonial e esvaziamento da esfera patrimonial da parte lesada. Assim, se necessário, os limites dessa ação devem ser reavaliados para se adequarem a novos contextos, de modo que se possa alcançar o propósito de uma proteção efetiva no âmbito civil.

Nas circunstâncias presentes, é preciso esclarecer que a restituição do lucro da intervenção, dentro dos limites das normas jurídicas, possui caráter estático, como forma de defesa do direito alheio. Uma vez verificada a apropriação indevida, a parte lesada poderá recorrer à ação *in rem verso* para obter o direito a que faz jus. Assim, embora as controvérsias sejam ainda numerosas, a fim de evitar que a parte beneficiada com o enriquecimento sem causa detenha indevidamente os benefícios a que não faz jus, é necessária a especificação jurídica adequada.

É verdade que é fundamental compreender quais condições devem ser exigidas de acordo com o contexto presente, bem como as nuances que os diferentes mercados ricos em dados exigem. A discussão empírica, contudo, sinaliza que o direito exige a identificação correta da regra aplicável, acompanhada do alinhamento das exigências legais.

3 Os limites e as possibilidades do enriquecimento na internet: contextos nos quais a responsabilização transcende o dano

Peter Birks sempre destacou que a função restitutória (*restitutio*) envolve tanto a devolução quanto a cessação ("*giving back, but also giving up*"). No entanto, o verbo "restituir" em si sugere a ideia de retorno, recomposição e restabelecimento. Como resultado, outros termos mais específicos têm sido usados pela doutrina, já que "restituir" não é um termo geralmente empregado. Dois desses termos são o *disgorgement of profits* e o enriquecimento sem causa. No entanto, entender as diferenças entre eles não é tão simples. A alocação de determinado evento danoso numa ou noutra categoria demanda esforço interpretativo da casuística à luz das diversas possibilidades apresentadas pelo ordenamento.[7]

[7] O tema sempre instigou a doutrina do *common law*. O próprio Peter Birks, por exemplo, elaborou concepção própria a partir da "ausência de base" ("*absence of basis*"), propondo metodologia taxonômica para a aplicação dos diversos remédios, típicos da tradição anglo-saxã, para o enfrentamento das diversas conjecturas geradoras de danos. BALOCH, Tariq. *Unjust enrichment and contract*. Oxford: Hart Publishing, 2009. p. 44-46.

No Brasil, o enriquecimento sem causa está tratado nos artigos 884 a 886 do Código Civil e noutras regras pontuais, como o pagamento indevido (arts. 876 e ss.). Trata-se de instituto dotado de características próprias, que não se confunde com cláusulas de responsabilidade civil decorrentes do ilícito (art. 186) ou do risco (art. 927, parágrafo único), tampouco se confunde com o abuso de direito (art. 187), embora se possa dizer que a leitura do enriquecimento sem causa guarda pertinência com a dogmática da responsabilidade civil. Suas origens remontam à cláusula *compensatio lucri cum damno*, do direito romano, e, essencialmente, trata-se de compensar "vantagens" e "prejuízos", indicando a "possibilidade de uma só conduta implicar, para a vítima, vantagens e desvantagens, sem que se possa perfazer adequadamente o escopo da responsabilidade civil ignorando-se qualquer de tais aspectos".[8]

Em suma, a doutrina moderna conceitua o enriquecimento sem causa como "a ganância que se obtenha, a qualquer título, de forma desonesta e ilegítima", sendo, pois, sinônimo de obtenção indevida, que, regra geral, não pode ser mantida. Como tal, autoriza-se concessão da tutela jurisdicional que assegure o efetivo ressarcimento no âmbito dos princípios da *restitutio in integrum*, pela qual se prioriza, a cada caso, a desconstituição daquela situação como condição de existência, se houver, de algum ganho indevidamente percebido.

No que se refere à internet, é incontestável a necessidade de um aparato que permita à administração desenvolver uma atitude mais eficiente e rígida para lidar com situações de enriquecimento sem causa, assim como para controlar e limitar os possíveis ilícitos lucrativos. Para isso, é preciso que existam ferramentas e mecanismos de autotutela que possam ser acionados para exercer as funções de mitigação de riscos e vigilância.

Pela *compensatio*, deve ser viável o fundamento da compensação entre vantagens e prejuízos; noutros termos, o enriquecimento (primeiro requisito), sem justa causa (segundo requisito) e à custa de outrem (terceiro requisito), deve se materializar para que se cogite da compensação. Naturalmente, "o que será objeto da restituição em tais casos serão as consequências apreciáveis em dinheiro, a denominada vantagem patrimonial indireta".[9] Porém, há certa controvérsia

---

8 SILVA, Rodrigo da Guia. *Enriquecimento sem causa*: as obrigações restitutórias no direito civil. 2. ed. São Paulo: Thomson Reuters Brasil, 2022. p. 120.

9 TEPEDINO, Gustavo; BARBOZA, Heloisa Helena; MORAES, Maria Celina Bodin de. *Código Civil interpretado conforme a Constituição da República*. 2. ed. v. II. Rio de Janeiro: Renovar, 2012. p. 754.

doutrinária quanto à necessidade de identificação de um elo (nexo de causalidade) entre o enriquecimento de uma parte e o empobrecimento de outra.[10] [11]

Com efeito:

> A aferição de justa causa por sistemas automatizados é uma terceira questão controversa e que (...) revela desafios inexoráveis, pois, a aplicação de sistemas automatizados para determinar a justa causa de uma violação geradora de locupletamento enfrenta algumas limitações e implicações: (i) fungibilidade dos dados, que torna difícil distinguir entre dados legítimos e não autorizados, o que pode levar a conclusões imprecisas ou injustas ao aplicar sistemas automatizados para avaliar a justa causa; (ii) complexidade das situações, derivada da dinâmica plurissubjetiva envolvendo interventor, vítima e provedor de aplicação em plataformas digitais, que é complexa e pode envolver diversas variáveis que não podem ser plenamente compreendidas ou avaliadas por sistemas automatizados; (iii) contexto específico, pois as situações de locupletamento podem variar de acordo com o contexto e a legislação de cada país ou região, o que torna difícil para os sistemas automatizados considerarem todas as nuances e particularidades de cada caso; (iv) viés algorítmico, uma vez que os sistemas automatizados podem ser influenciados por tendências e reproduzir e ampliar preconceitos e desigualdades presentes nos dados de treinamento utilizados para desenvolver os algoritmos; (v) privacidade e transparência, pois a utilização de sistemas automatizados para avaliar a justa causa pode levantar questões acerca dos critérios e do funcionamento desses sistemas; (vi) falta de contexto humano, pois a aferição de justa causa requer uma análise holística e sensível de cada caso, levando em conta aspectos humanos e éticos que sistemas automatizados não conseguem compreender; (vii) evolução das tecnologias, uma vez que o ambiente digital está em constante evolução, com novas tecnologias e práticas emergindo regularmente, o que pode tornar os sistemas automatizados rapidamente obsoletos e incapazes de acompanhar as mudanças no cenário digital.[12]

[10] Sustentando a necessidade dessa vinculação causal, conferir NANNI, Giovanni Ettore. *Enriquecimento sem causa*. São Paulo: Saraiva, 2004. p. 250; LEITÃO, Luís Manuel Teles de Menezes. *O enriquecimento sem causa no direito civil*: estudo dogmático da configuração unitária do instituto, face à contraposição entre as diferentes categorias do enriquecimento sem causa. Coimbra: Almedina, 2005. p. 24-33. Noutro sentido, analisando a prescindibilidade desse nexo, mas defendendo a existência de uma interdependência entre os dois requisitos em função de uma origem comum, conferir ALVIM, Agostinho de Arruda. Do enriquecimento sem causa. *Revista dos Tribunais*, São Paulo, v. 259, 1957. p. 59.

[11] A despeito da controvérsia doutrinária, o tema foi objeto de debates na I Jornada de Direito Civil, realizada pelo Conselho da Justiça Federal. Na ocasião, restou aprovado o Enunciado nº 35, com a seguinte redação: "A expressão 'se enriquecer à custa de outrem' do art. 844 do Código Civil não significa, necessariamente, que deverá haver empobrecimento".

[12] FALEIROS JÚNIOR, José Luiz de Moura. *Enriquecimento sem causa e sua aplicação aos bens digitais*. Indaiatuba: Foco, 2024. p. 129-130.

Trata-se de um instituto clássico, mas que apresenta suas limitações. E, para além dessa constatação, o que a doutrina aponta não é apenas uma dificuldade de correlação do empobrecimento de uma parte ao enriquecimento da outra; o problema está na aferição,[13] ou seja, há verdadeira tendência à vinculação das vantagens obtidas a partir do ato lesivo a uma conduta do próprio lesante/enriquecido, que não envolve – diretamente – a extração de valor da esfera patrimonial do lesado; não é de fácil identificação,[14] nos moldes da cláusula compensatória do artigo 884 do Código Civil, o prejuízo eventualmente compensável com o enriquecimento da parte lesante.

Segundo Rodrigo da Guia Silva, "soaria estranho, com efeito, imaginar que o causador do dano pudesse pleitear alguma restituição, tal como se lhe fosse dado determinar a destinação econômica do bem ou direito alheio".[15] Isso conduz à identificação da inadequação do enriquecimento sem causa como fator de justificação da *compensatio*. Assim, embora o instituto mereça reconhecimento, na exata medida em que proporciona uma leitura "para além do dano", fulcrada no lucro, a lógica meramente compensatória é limitante, despicienda, e o debate passa a demandar investigação diversa, mais ampla, no afã de trazer luz a um contexto específico e ainda pouco explorado da reparação civil lastreada em múltiplos remédios, cada qual funcionalmente pertinente a um ou outro contexto.

Sem dúvidas, o tema adquire contornos ainda mais acentuados quando contrastado com a peculiar lógica propiciada pelos mercados

---

[13] SILVA, Rodrigo da Guia. *Enriquecimento sem causa, cit.*, p. 124-125. Anota: "Tais razões levam a concluir que a aparente similitude entre as definições de enriquecimento (pressuposto da cláusula geral do dever de restituição) e de lucro (elemento mencionado na expressão latina *compensatio lucri cum damno*) não basta para justificar a vinculação da *compensatio* à vedação ao enriquecimento sem causa. Se não se verificam os pressupostos para a deflagração da obrigação restitutória – tarefa argumentativo-probatória para a qual a usualmente sequer se empreende maior esforço –, não parece fazer sentido a cogitação de que haveria enriquecimento (restituível) a compensar com o dano (indenizável)".

[14] A relevância da investigação casuística já é, há tempos, apontada por Burrows como um elemento essencial da investigação da solução remedial aplicável: "(...) only detailed examination of the case law will reveal, e.g. whether all kinds of mistake trigger restitution; what kinds of pressures constitute duress; and what the law means by failure of consideration and in what factual contexts it operates. (...) Similarly with regard to unjust enrichment by wrongs, only detailed examination of the cases will show which wrongs trigger restitution. For example, in English law the position is that, while equitable wrongs and some torts, especially proprietary torts, trigger restitution, restitution for breach of contract (i.e. requiring the disgorgement of gains made by breaking a contract) will generally not be awarded". BURROWS, Andrew. *Understanding the law of obligations*. Oxford: Hart Publishing, 1998. p. 62.

[15] SILVA, Rodrigo da Guia. *Enriquecimento sem causa, cit.*, p. 125.

ricos em dados (*data-rich markets*), viabilizados pela internet, nos quais a obtenção de grande lucratividade é possível em razão da escalabilidade da rede, sem que se tenha, na clássica estruturação do enriquecimento sem causa, mecanismo forte o bastante para a pacificação de eventuais conflitos.

É preciso lembrar que a internet é um ambiente marcado pela ocorrência de externalidades (*externalities*): "A operação dos sistemas de IA geralmente depende de dados e outros *inputs* coletados pelos próprios sensores do sistema ou adicionados por fontes externas. Isto acarreta problemas de causalidade incerta (...)".[16] Debates quanto aos impactos das falibilidades dos algoritmos mal alimentados[17] ou falhos em seu dever fiscalizatório (concernente à varredura da *web* em busca de conteúdos que violem direitos alheios) são relevantes; contudo, não afastam a pertinência da discussão que, primordialmente, se apresenta neste ponto: o *locus* jurídico no qual se enquadra a hipótese em que todo o trabalho de identificação da apropriação indevida de conteúdo alheio passe a gerar lucros para determinado agente, sem causa subjacente, à custa de outrem (a parte lesada), com fácil quantificação – em números – do lucro extraído, embora sem a correlata "relevância das escolhas alocativas", despicienda na estrutura lógica do enriquecimento sem causa, segundo Rodrigo da Guia Silva.[18]

---

[16] MONTEIRO FILHO, Carlos Edison do Rêgo; ROSENVALD, Nelson. *Danos a dados pessoais, cit.*, p. 8. Complementam: "(...) não apenas esses dados podem ter falhas em si, mas o processamento de dados corretos também pode ser imperfeito, devido a defeitos originais no *design* do manuseio de dados ou como consequência de distorções das habilidades de auto aprendizado do sistema devido ao volume de dados coletados, cuja aleatoriedade pode levar o sistema de IA em questão a interpretar mal e classificar incorretamente as informações subsequentes".

[17] O debate, nesse ponto, passa a impor uma releitura do papel da função preventiva da responsabilidade civil, pois, sabidamente, "o conceito, a tipologia e a gravidade dos danos que inspiram a formatação dos sistemas de responsabilidade civil ao longo dos tempos variaram sob uma perspectiva proporcional à própria transformação da sociedade". VENTURI, Thaís G. Pascoaloto. *Responsabilidade civil preventiva*: a proteção contra a violação dos direitos e a tutela inibitória material. São Paulo: Malheiros, 2014. p. 248. De acordo com Frank Pasquale, no *common law*, é de se cogitar a aplicação da função punitiva da responsabilidade civil pela má curadoria de dados ou pela má programação do algoritmo para o processamento dos dados que, no processo de tratamento afunilado, são enviesados no antecedente (coleta) e acabam por comprometer o consequente (decisão heurística). PASQUALE, Frank. Data-informed duties in AI development. *Columbia Law Review*, Nova York, v. 119, p. 1917-1940, 2019. p. 1919-1920.

[18] SILVA, Rodrigo da Guia. *Enriquecimento sem causa, cit.*, p. 125. Comenta: "A rejeição da associação entre a *compensatio* e a vedação ao enriquecimento permite compreender, ainda, a razão do descabimento, no direito brasileiro, daquilo que alhures se convencionou denominar *relevância das escolhas alocativas*. Afirma-se, a propósito, que o lesado, por ser a pessoa legitimada a determinar livremente a destinação dos seus direitos, não pode ser

O objeto da restituição, no enriquecimento sem causa, também apresenta suas peculiaridades,[19] pois eventual variação de valor da pretensão deverá ser calculada no momento da propositura da ação de *in rem verso*, a indicar a necessidade de atualização do total a ser restituído a patamares atuais. Nem sempre, porém, haverá má-fé daquele que se enriqueceu, de modo que a remoção da vantagem auferida não pode ser confundida com a tradicional reparação do dano, como se dá na responsabilidade civil tradicional.

No Brasil, uma importante base legislativa com a qual se trabalha é o artigo 210 da Lei nº 9.279, de 14 de maio de 1996 (Lei da Propriedade Industrial),[20] que, apesar da nomenclatura "lucros cessantes", versa sobre remédios restitutórios. Surge, nesse âmbito, a figura identificada pela doutrina brasileira como "lucro da intervenção", extraída de uma compreensão assertiva da dicotomia entre as categorias dos *gain-based damages* analisados pela doutrina estrangeira.[21] [22] O instituto possui raízes germânicas, remontando ao criticado § 812[23] do *Bürgerliches*

prejudicado na fixação do *quantum* indenizatório em razão de vantagens decorrentes de escolhas suas acerca do melhor modo de alocação dos bens integrantes do seu patrimônio".

19 James Edelman aponta a usual leitura que se faz do enriquecimento sem causa a partir do conceito de "pagamento indevido": "The archetypal action in unjust enrichment is an action for restitution of a mistaken payment. (...) Although it is now clear that a mistaken payment is not a wrong but an action in unjust enrichment, an attempt might have been made to characterize this cause of action as a breach of a duty to repay the money in order to suggest that the cause of action is a wrong". EDELMAN, James. *Gain-based damages*: contract, tort, equity and intellectual property. Oxford: Hart Publishing, 2002. p. 33.

20 "Art. 210. Os lucros cessantes serão determinados pelo critério mais favorável ao prejudicado, dentre os seguintes: I - os benefícios que o prejudicado teria auferido se a violação não tivesse ocorrido; ou II - os benefícios que foram auferidos pelo autor da violação do direito; ou III - a remuneração que o autor da violação teria pago ao titular do direito violado pela concessão de uma licença que lhe permitisse legalmente explorar o bem."

21 O tema se tornou especialmente relevante na experiência inglesa a partir do julgamento do *case Attorney-General v. Blake* [1998] All ER 833. Comentando o tema, Graham Virgo anota que: "The House of Lords in *Attorney-General v Blake* appeared to assume that gain-based remedies are confined to depriving the defendant of benefits actually received, by focusing on the recovery of profits. But there is no reason why the defendant should not be required to make restitution of money saved by the commission of a wrong, and a number of cases have awarded a gain-based remedy in such circumstances". VIRGO, Graham. *The principles of the law of restitution*. 3. ed. Oxford: Oxford University Press, 2015. p. 417.

22 Apontando a existência de duas modalidades de *gain-based damages*, quais sejam, os *restitutionary damages* e os *disgorgement damages*, conferir EDELMAN, James. *Gain-based damages, cit.*, p. 2-3.

23 ZIMMERMANN, Reinhard. *The new German Law of Obligations*: historical and comparative perspectives. Oxford: Oxford University Press, 2005. p. 16. Destaca: "Also, of course, it has to be acknowledged that the BGB did in fact contain a number of key provisions that were increasingly regarded as deeply unsatisfactory. They include (...) the badly coordinated restitution regimes contained in §§ 346 ff. and 812 ff. BGB".

Gesetzbuch (BGB).[24] Não obstante, havendo ganhos ilícitos, sua restituição passa a ser compreendida como um "gênero"[25] e a controvérsia se aguça, pois a experiência do *common law* é repleta de nuances muito particulares, não sendo prudente a mera importação de conceitos.

No universo dos algoritmos, soluções clássicas que envolvam a aferição de "ausência de causa" para o enriquecimento sinalizam a falibilidade de conceitos clássicos, como o contido no § 812 BGB,[26] ou mesmo o tradicional enriquecimento sem causa do Código Civil brasileiro. A definição do melhor remédio aplicável ao caso concreto desafia releituras, pois nem sempre as clássicas soluções (que envolvem o dano) serão suficientes ou facilmente identificáveis, tendo em vista que a tecnologia altera os procedimentos clássicos de aferição dos pressupostos da responsabilidade civil.

Nesse sentido, é preciso refletir sobre a natureza dos mecanismos de proteção no contexto dos novos riscos inseridos na economia digital. Assim, o estabelecimento de limites de mercado para regulamentar o emprego de variedades de tecnologia, com o intuito de trazer efeitos de tutela do equilíbrio comercial em relação ao uso de algoritmos sofisticados, passa a ser preocupação dos ordenamentos jurídicos. Nesses casos, a remediação de danos decorrentes de práticas comerciais abusivas passa a ser implementada de forma cada vez mais inovadora.

---

[24] ROSENVALD, Nelson. *A responsabilidade civil pelo ilícito lucrativo, cit.*, p. 129. Anota: "(...) em um primeiro momento a Pandectística se encarregou de agrupar toda a antiga doutrina das *condictiones* em torno de um princípio comum (que se cristalizou no § 812 BGB) e as chamadas teorias unitárias pretenderam dar uma explicação única para todas as hipóteses de enriquecimento injustificado a partir da ideia comum de um 'deslocamento patrimonial imediato, injustificado, realizado a custa de um empobrecido e a favor de um enriquecido'. Foi apenas após a II Guerra, quando *Ernst von Caemmerer* direcionou sua atenção ao enriquecimento injustificado, que as ideias de [Walter] Wilburg foram reconhecidas como valiosas. *Caemmerer* identifica a restituição nos casos de enriquecimento não participativo, com base na violação de direitos de propriedade, arguindo que a natureza da propriedade atribui um benefício ao seu titular; não apenas limitado ao direito de excluir os outros de sua esfera, como também de auferir os seus benefícios sem a sua autorização. Se, então, alguém utiliza uma propriedade alheia, ele obtém algo que se insere no conteúdo de atribuição do proprietário, constituído pelas faculdades de usar, fruir e dispor". *Idem*, p. 132-133.

[25] ROSENVALD, Nelson. *A responsabilidade civil pelo ilícito lucrativo, cit.*, p. 266-269.

[26] KREBS, Thomas. In defence of unjust factors. *In*: JOHNSTON, David; ZIMMERMANN, Reinhard (ed.). *The comparative law of unjustified enrichment*. Cambridge: Cambridge University Press, 2004. p. 79. Anota: "By § 812(1), first sentence, an enrichment is considered unjust if it lacks a 'legal cause'. In most cases, this will mean that a benefit has been transferred under a supposed legal transaction. That transaction turns out to have been void, either because it was void from the beginning, or because it has since been avoided *ab initio*. In such cases, § 812(1), first sentence, provides that the recipient has to return the benefit to the transferor. The problem with § 812(1), first sentence, is, however, that it is considerably wider than this".

No caso do enriquecimento sem causa, deve-se ter em conta a automatização levada a efeito por algoritmos de inteligência artificial concebidos e implementados por intermediários que, embora não lucrem de forma direta com as atividades desempenhadas pelo lesante – que se vale da plataforma para, por exemplo, "postar" um vídeo com violação de conteúdos de terceiros –, ao menos lucra indiretamente com o evento,[27] o que lhe impõe deveres e cautelas concernentes ao papel que desempenha no controle da plataforma.

Com essas considerações, parece-nos que o "*disgorgement* algorítmico" deve ser alocado na responsabilidade civil,[28] e não no enriquecimento sem causa do artigo 884 do Código Civil, que, no máximo, poderia fundamentar a indenização pelo preço razoável ou "justo" de uso (*reasonable fee*),[29] mas não a remoção de um lucro cujo nexo causal se estabelece com um ilícito, ainda que praticado na internet.

Propostas remediais como o *disgorgement* podem ser úteis para uma sistematização[30] que, se não revoluciona a responsabilidade civil, tampouco inutiliza o enriquecimento sem causa e ainda mantém a virtude de iluminar os caminhos possíveis da responsabilidade civil nesse contexto específico. Por outro lado, para que sejam eficazes, esses relevantes institutos estrangeiros devem estar ancorados em princípios que estabeleçam diretrizes gerais para a redução dos riscos advindos da aplicação indiscriminada de algoritmos. É necessário, assim, encontrar o equilíbrio entre o desenho de regras objetivas e a aposta em critérios subjetivos.

---

27 RUSTAD, Michael L.; KOENIG, Thomas H. Rebooting cybertort law. *Washington Law Review*, Seattle, v. 80, p. 335-416, 2005. p. 401.

28 Com efeito: "A doutrina da atribuição como fundamento para o lucro da intervenção por intromissão em direitos alheios apenas propicia fundamento dogmático à resposta da restituição do preço do uso inconsentido do bem (*reasonable fee*), enriquecimento objetivo a ser apreciado conforme o valor de mercado da faculdade dominial que foi indevidamente deslocada da esfera do demandante em benefício do infrator. Contudo, a teoria atributiva não é capaz de justificar a expropriação de ganhos ilícitos – *disgorgement*". ROSENVALD, Nelson. *A responsabilidade civil pelo ilícito lucrativo, cit.*, p. 531.

29 EDELMAN, James. *Gain-based damages, cit.*, p. 242. Anota: "This inconsistency invites a comparison with German law, which allows a claim for restitutionary damages (a fair license fee) for infringement of any intellectual property right, treating such rights as akin to other property rights".

30 O'SULLIVAN, Janet. Reflections on the role of restitutionary damages to protect contractual expectations. *In*: JOHNSTON, David; ZIMMERMANN, Reinhard (ed.). *Unjustified enrichment*: key issues in comparative perspective. Cambridge: Cambridge University Press, 2004. p. 347. Comenta: "Once again, it is important to remember that one of the huge benefits of recent English restitutionary scholarship has been the stripping away of legal fictions and the quest for appropriate categorisation of remedies and causes of action. It is with this in mind that I remain uneasy at the promotion of restitutionary answers to compensatory problems".

Em suma, é preciso entender como o direito se adapta aos novos meios, preenchendo as lacunas deixadas pela ausência de regulamentação. Aplicações de inteligência artificial e de *big data* devem ser adequadas para que se possa equilibrar a proporção entre segurança jurídica e a transformação da economia digital. Não há como esquecer que, independentemente das mudanças, o enriquecimento sem causa sempre foi e sempre será relevante enquanto instituto jurídico, ainda que demande releitura e readaptação.

4 O "*disgorgement* algorítmico" como instituto que não se confunde com a autotutela

Apesar da relevância dos nomes e vocábulos adotados para definir com maior clareza cada instituto jurídico, é preciso compreender que a definição do melhor remédio aplicável ao caso concreto, quando o enriquecimento sem causa se revelar inadequado, desafia a releitura dos institutos clássicos, pela virtude da tecnologia em alterar os procedimentos de aferição dos seus pressupostos. Enquanto isso, fica a tarefa de desenvolver mecanismos de proteção a serem implementados no contexto dos novos riscos inseridos na economia digital.

No âmbito do direito brasileiro, ainda persiste a premissa de que a responsabilidade civil clássica e suas causas se mantenham vigentes. No entanto, a velocidade com a qual se produz e se dissemina informação pela internet agrega riscos que, de certa forma, desafiam os elementos tradicionais de aferição da responsabilidade civil. Assim, fica a tarefa do direito se ajustar às exigências da tecnologia e desenvolver mecanismos para garantir a responsabilidade derivada do locupletamento nos novos meios de produção de riquezas.

Por outro lado, cabe às entidades reguladoras e ao próprio Estado se responsabilizarem pelo controle das relações econômicas, nominando agentes que promulguem regras que sejam mais equilibradas para a proteção dos direitos e interesses dos usuários e, ao mesmo tempo, que estabeleçam limites de mercado ao emprego de tecnologias mais sofisticadas.

A doutrina estrangeira é bastante categórica ao se reportar à multiplicidade de soluções remediais para as inúmeras hipóteses fáticas. James Edelman,[31] ao longo de sua emblemática obra, trabalha com possibilidades como *accounting for profits, action for money had and*

[31] EDELMAN, James. *Gain-based damages, cit.*, p. 77; 93-99; 155.

received, action for money paid, reasonable value of property and services, restitutionary damages e *disgorgement of profits*, além de outros. Prevalecem, como espécies de *gain-based damages* duas categorias preponderantes: os *restitutionary damages* e os *disgorgement damages*.

A doutrina sempre adotou a designação de uma ou outra espécie como gênero, por vezes levando a confusões sobre o correto enquadramento de uma e de outra. Peter Birks[32] sempre se reportou aos *restitutionary damages* para um gênero que abarcaria todo tipo de *wrongdoing*, ao passo que Lionel Smith[33] partia do *disgorgement* como gênero para todo tipo de evento danoso. A tipologia proposta por Birks obteve maior aceitação doutrinária.[34]

Em arremate:

> De fato, em certas situações uma pretensão decorrente de ganhos indevidos tem o objetivo de recuperar benefícios econômicos obtidos pelo demandado que não se relacionam com qualquer transferência efetuada pelo demandante. No *disgorgement* essa dissociação será possível, pois mesmo que não haja uma relação de causalidade entre o ganho financeiro de B com uma ilícita transferência oriunda do patrimônio de A, restará provado que os proveitos auferidos por B só foram possíveis em virtude da prática do ato ilícito, pois sem o cometimento do comportamento antijurídico eles não teriam sido produzidos. Destarte, a distinção entre as duas espécies de pretensões fundadas nos ganhos indevidos – sendo que ambas são restitutórias – consiste em que o *restitutionary damages* corresponde a um "*give back*" (devolução), ou seja, uma medida de aplicação do princípio de justiça corretiva pela qual será restituído ao autor da demanda o ganho do réu correspondente àquilo que ele perdeu como consequência do ilícito. Isso se insere perfeitamente no direito restitutório; já o *disgorgement* se refere ao "*give up*" (desistência), isto é, o agente renunciará aos ganhos, mesmo que eles não tenham sido diretamente obtidos da vítima. Aqui entra em cena o princípio da justiça distributiva. Apesar das diferentes justificativas para a procedência das referidas pretensões, vê-se que ambas as categorias são remédios baseados em ganhos, pois o foco é o de despojar o réu dos proveitos resultantes do cometimento do ilícito.[35]

---

[32] BIRKS, Peter. *Unjust enrichment, cit.*, p. 3.

[33] SMITH, Lionel. The province of the law of restitution. *Canadian BAR Review*, Edmonton, v. 71, p. 672-699, 1992.

[34] EDELMAN, James. *Gain-based damages, cit.*, p. 79. Anota: "A more broadly accepted alternative is that of Professor Birks. His approach, followed by numerous others, uses the term 'restitutionary damages', in the same manner as Professor Smith uses 'disgorgement', to refer to all gain-based damages for wrongdoing".

[35] ROSENVALD, Nelson. *A responsabilidade civil pelo ilícito lucrativo, cit.*, p. 270-271.

A operacionalização da reparação civil "para além do dano" tem o condão de, economicamente, resultar em indenizações muito superiores às que se obteriam, por exemplo, com a reparação do dano moral, em aferição equitativa realizada pelo julgador. Isso deve ser considerado porque, caso contrário, como ressalta Savi, se poderia criar "competição desmedida em busca do lucro e isso vai de encontro ao projeto de uma sociedade livre, justa e solidária, projetado pela carta constitucional".[36] Por tudo isso, é de se reconhecer que segurança jurídica e força normativa dos ganhos indevidos ainda serão relevantes à medida que o direito for se adaptando às novas realidades.

De fato, na internet, há inúmeras possibilidades de utilização dessa lógica para que se possa destinar lucros obtidos indevidamente a quem de direito. O tema parece dizer respeito, na maioria dos casos, à gestão da propriedade intelectual por meio de algoritmos. Porém, não se trata mais do clássico debate quanto à pirataria digital ou do compartilhamento privado de material acobertado pela proteção dos direitos de autor.[37]

Não se pode perder de vista o conceito jurídico de uso justo ("*fair use*"),[38] que garante condicionantes específicas para a produção de material lícito, não violador da proteção conferida, pelo ordenamento, ao autor.[39] Tais casos devem ser avaliados pontualmente e com base em critérios de conexão causal.

---

[36] SAVI, Sérgio. *Responsabilidade civil e enriquecimento sem causa*: o lucro da intervenção. São Paulo: Atlas, 2012. p. 43.

[37] Sobre o tema, consulte-se: VAIDHYANATHAN, Siva. *Intellectual property*: a very short introduction. Nova York/Oxford: Oxford University Press, 2017.

[38] Quanto ao instituto, Lessig anota que, "in theory, fair use means you need no permission. The theory therefore supports free culture and insulates against a permission culture. But in practice, fair use functions very differently. The fuzzy lines of the law, tied to the extraordinary liability if lines are crossed, means that the effective fair use for many types of creators is slight. The law has the right aim; practice has defeated the aim. This practice shows just how far the law has come from its eighteenth-century roots. The law was born as a shield to protect publishers' profits against the unfair competition of a pirate. It has matured into a sword that interferes with any use, transformative or not". LESSIG, Lawrence. *Free culture*: how big media uses technology and the law to lock down culture and control creativity. Nova York: Penguin, 2004. p. 111.

[39] A proteção dos direitos de autor na internet apresenta controvérsias muito particulares no Brasil, na medida em que, "em cotejo com o Marco Civil da Internet e, apesar das frequentes críticas que a Lei nº 9.610/98 recebe, é conveniente salientar que esta lei foi aprovada *após* o uso da Internet no Brasil, sendo possível considerar apenas que naquele período não seria possível vislumbrar todos os desdobramentos da Internet, mas tal argumento também poderia ser utilizado em relação ao *Digital Millenium Copyright Act (DMCA)*, aprovado no mesmo ano e que, dependendo do autor, é considerada uma lei muito adequada ao meio digital (...)". MORATO, Antonio Carlos. Os direitos autorais e o Marco Civil da Internet. *In*: PAESANI, Liliana Minardi (coord.). *O direito na sociedade da informação III*: a evolução do direito digital. São Paulo: Atlas, 2013. p. 189-190.

Na Europa, a Diretiva 2004/48/CE, concernente à propriedade intelectual, apresenta fundamentos importantes para a compreensão do tema. De igual modo, merece menção a Diretiva (EU) 2016/943, relativa às informações comerciais confidenciais de valor econômico (segredos comerciais).[40] Fato é que a facilidade de acesso à informação propiciou a ascensão de modelos negociais extremamente lucrativos em plataformas que gerenciam a veiculação publicitária. Toda essa economia da atenção despertou até mesmo novas propensões à atuação de indivíduos que se tornaram "celebridades da internet",[41] haja vista a grande base de público que consome os conteúdos que produzem e, indiretamente, os anúncios veiculados pela plataforma respectiva.

O conteúdo – crítico, informativo, humorístico etc. – é gerado por um terceiro (no exemplo acima, por um "influenciador digital"), mas a heurística aplicada aos processos de escolha do anúncio que será apresentado ao espectador não é controlada por esse produtor de conteúdo; é controlada pela plataforma! Toda a operacionalização é realizada por algoritmos sobre os quais poucos detalhes são de conhecimento geral. São "caixas-pretas" (*black boxes*),[42] para citar a expressão de Frank Pasquale que denota não serem tais algoritmos cognoscíveis nem mesmo a seus desenvolvedores, tamanho o ritmo de evolução propiciado pelas técnicas de *machine learning*.

A aplicação de sanções que vão além dos danos reais, nos moldes da reparação civil "para além do dano", bem como do *disgorgement* e do *restitutionary damages*, é uma das possibilidades que têm sido

---

40 ROSENVALD, Nelson. *A responsabilidade civil pelo ilícito lucrativo*, *cit.*, p. 428. Sobre o tema, cumpre registrar que "[o]s segredos comerciais assumem uma importância crescente no quadro de uma economia do conhecimento, que faz assentar nas atividades de inovação e investigação um dos motores para o crescimento econômico, para o progresso científico e tecnológico, para o emprego e para a competitividade das empresas".

41 KYNCL, Robert; PEYVAN, Maany. *Streampunks*: o YouTube e os rebeldes que estão transformando as mídias. Tradução: Claudia Gerpe Duarte. Rio de Janeiro: Best Business, 2019. p. 313. Comentam: "O vídeo costumava ser o jardim com muros mais elevados na área do entretenimento; era o veículo mais caro e mais difícil de penetrar. Mas a distribuição global de plataformas gratuitas como o YouTube, aliada à onipresença dos smartphones, o transformou em um livre mercado, onde praticamente qualquer pessoa pode participar da competição".

42 PASQUALE, Frank. *The black box society*: the secret algorithms that control money and information. Cambridge: Harvard University Press, 2015, p. 6-7. Anota: "Real secrecy establishes a barrier between hidden content and unauthorized access to it. We use real secrecy daily when we look our doors or protect our e-mail with passwords. Legal secrecy obliges those privy to certain information to keep it secret; a bank employee is obliged both by statutory authority and by terms of employment not to reveal customers' balances to his buddies. Obfuscation involves deliberate attempts at concealment when secrecy has been compromised".

consideradas como alternativa no contexto informacional e digital que se expande a cada dia. Isso se torna ainda mais relevante se houver necessidade de se efetivar uma punição real a condutas díspares que não se enquadrem na estrutura penal tradicional. A responsabilização dos agentes também passa pela aplicação desses institutos. Destarte, as condicionantes corretas para o emprego desses institutos impõem considerar a proteção dos interesses e das próprias prerrogativas dos usuários e, ao mesmo tempo, os limites de mercado ao emprego de tecnologias mais sofisticadas. Para a responsabilidade civil, têm-se, assim, as seguintes constatações: (i) o enriquecimento, nesses casos, é plurissubjetivo, sendo fonte de renda direta para o produtor de conteúdo (o "influenciador digital"), e, igualmente, gerador de dividendos indiretos para a plataforma; (ii) os lucros são potencializados em escala. Quanto maior o público, maior o interesse em anunciar; quanto mais receita tais anúncios geram, mais lucros os influenciadores e a plataforma auferem; (iii) eventual usurpação de direito alheio (que extrapole os limites do *fair use*), como o emprego de imagens, vídeos e músicas (e até mesmo "memes"), pode acarretar lucro da intervenção, não havendo qualquer expropriação que reduza, diretamente, a esfera patrimonial da vítima usurpada; (iv) algoritmos serão utilizados para: a) "desmonetizar" o material reputado ilícito, fazendo cessar a fonte de receitas; b) "redirecionar" a quem possui o domínio sobre a propriedade intelectual usurpada pelo criador de conteúdo os resultados decorrentes da "monetização" (inclusive pretéritos), não havendo alteração (e sequer cálculo) quanto aos lucros indiretos obtidos pela própria plataforma durante o período de malversação.

O lucro da intervenção já foi amplamente analisado pela doutrina pátria sob diferentes ângulos,[43] sendo fundamental considerar a usual obtenção de lucro sem qualquer "empobrecimento" do titular do direito violado. Tudo indica tratar-se de hipótese que se amolda com exatidão ao conceito do *disgorgement of profits*, se afastando, por definição, dos *restitutionary damages*. O objetivo é redistribuir lucros indevidos, viabilizando a cessação/desistência do *wrongdoing* gerador desses dividendos, o que realça a conclusão de que o melhor *locus* para seu enquadramento realmente está na responsabilidade civil, e não no enriquecimento sem causa.

---

[43] Conferir, a esse respeito, COHEN, Fernanda; SAAB; Rachel. Parâmetros de quantificação do lucro da intervenção. *In*: MONTEIRO FILHO, Carlos Edison do Rêgo (org.). *Problemas de responsabilidade civil*. Rio de Janeiro: Revan, 2017; LINS, Thiago Drummond de Paula. *O lucro da intervenção e o direito à imagem*. Rio de Janeiro: Lumen Juris, 2016.

Para enquadrar tal situação nos estritos contornos do ordenamento brasileiro,[44] impõe-se mencionar a compreensão mais ampla do enriquecimento sem causa, agora visto como "cláusula geral" por parte da doutrina. Foi essa a inspiração do Enunciado nº 620, aprovado na VIII Jornada de Direito Civil: "Enunciado 620 – Art. 884: A obrigação de restituir o lucro da intervenção, entendido como a vantagem patrimonial auferida a partir da exploração não autorizada de bem ou direito alheio, fundamenta-se na vedação do enriquecimento sem causa". Essa visão, todavia, não é isenta de críticas:

> Já são conhecidas as variadas razões pelas quais censuramos a aplicabilidade do artigo 884 do Código Civil no viés do lucro da intervenção, como aplicação da teoria alemã do conteúdo de atribuição, (...). Nada obstante, como já se disse em doutrina, o lucro da intervenção não é um problema, mas um conjunto de problemas que pode ocorrer em situações bastante distintas, o que acentua a generalidade e a imprecisão dos requisitos do enriquecimento sem causa, afinal, exige-se a devolução de um enriquecimento, mas há controvérsia sobre o que seja o enriquecimento, demanda-se a ausência de causa, sem definir exatamente o que seria essa causa, e ainda se afirma a subsidiariedade de sua aplicação, ou seja, ele não poderia ser invocável, quando aplicável outro instituto.[45]

Nos mercados ricos em dados (*data-rich markets*), as incertezas se acentuam, e qualquer pretensão de enquadramento de uma situação específica nos genéricos e até mesmo anacrônicos requisitos do enriquecimento sem causa poderá redundar no esfacelamento do instituto. Muitas vezes, a vítima sequer terá conhecimento da violação a direito seu até que seja notificada pela plataforma para que, ciente do fato, adote alguma das providências oferecidas pelo próprio sistema (desmonetização, suspensão do conteúdo etc.). Noutras situações, a utilização de material proprietário dentro dos limites lícitos do *fair use* não será aferida pelo algoritmo, gerando distorções. Resta saber se esse típico exemplo de *disgorgement* possui contornos próprios a ponto de demandar uma releitura especial do instituto.

Pelo que se analisou até agora, todo o escrutínio de dados passa a ser fomentado – e controlado – por quem detém o domínio da plataforma, graças ao poder da arquitetura (aqui mencionado em alusão aos

---

[44] *Cf.* ROSENVALD, Nelson; KUPERMAN, Bernard Korman. Restituição de ganhos ilícitos: há espaço no Brasil para o *disgorgement*? *Revista Fórum de Direito Civil*, Belo Horizonte, n. 14, p. 11-31, abr. 2017.

[45] ROSENVALD, Nelson. *A responsabilidade civil pelo ilícito lucrativo*, *cit.*, p. 516-517.

apontamentos de Lessig)[46] e às externalidades das redes, que formam verdadeiras estruturas econômicas baseadas na formação e exploração de perfis baseados em predileções variadas, o que acarreta desafios ao direito civil.

Em remissão ao trabalho de Viktor Mayer-Schönberger e Thomas Ramge, é possível afirmar que se está caminhando rumo a uma reformulação do capitalismo no seu sentido estrutural[47] e, evidentemente, novas contingências demandam novas soluções jurídicas. Sendo a internet um espaço recém-regulamentado e de difícil fiscalização, apuração e quantificação de ilícitos a partir do dano, a mudança de foco do dano para o lucro pode se apresentar como solução viável ao equacionamento do problema.

A principal peculiaridade parece ser a gestão de todas as etapas relacionadas ao evento gerador de lucro indevido por um provedor de aplicação, ente privado, que detém o controle da plataforma, definindo suas configurações e potencialidades. Os algoritmos são utilizados para permitir o envio de conteúdos, para filtrar tais materiais, revisá-los e auditá-los. E, na hipótese de ser identificado eventual conteúdo (imagens estáticas, vídeos ou sons) que viole propriedade intelectual de outrem, também serão tais algoritmos os responsáveis por decidir se há extrapolação do *fair use*, violação aos termos de uso da plataforma ou aos direitos de terceiros. Outrossim, caberá ao algoritmo a adoção da primeira providência para fazer cessar o ilícito lucrativo, ou seja, o *enforcement* também fica dependente de uma decisão automatizada, o que indica possível abertura à prática da autotutela (algorítmica).

Deve-se mencionar que essa situação extremamente peculiar não se confunde com a das retenções pecuniárias para tutela satisfativa, típica das relações contratuais.[48] Os limites (e potencialidades), bem

---

46 LESSIG, Lawrence. *Code, and other laws of cyberspace 2.0.* 2. ed. Nova York: Basic Books, 2006. p. 234-235. O autor explica: "Surrounding the individual now is a shield of protection, the net of law, norms, market, architecture that limits the constraints these modalities would otherwise place on the individual. I have not separated the four in the sphere of the shield because obviously there is no direct match between the modality of constraint and the modality of protection. When law as protector conflicts with law as constraint, constitutional law overrides ordinary law. These modalities function together. Some might undercut others, meaning that the sum of protections might seem to be less significant than the parts".

47 MAYER-SCHÖNBERGER, Viktor; RAMGE, Thomas. *Reinventing capitalism in the age of Big Data, cit.*, p. 87-108.

48 SALLES, Raquel Bellini. *Autotutela nas relações contratuais.* Rio de Janeiro: Processo, 2019. p. 339. A autora explica: "(...) diferenciam-se, segundo sua função, duas espécies de retenção: a retenção com função de garantia, ou direito de retenção propriamente dito, (...) e a retenção com função satisfativa. Esta última permite ao credor realizar diretamente seus

como a eventual ilicitude dessa prática, podem ser discutidos noutro estudo, inclusive à luz da internacionalização do controle praticado por provedores de aplicação estrangeiros, a envolver interessante elucidação quanto aos efeitos da transferência internacional de dados (arts. 33 a 36 da LGPD) e também tendo em vista a polêmica regulamentação da responsabilidade civil dos provedores de aplicação pelo regime do artigo 19 do Marco Civil da Internet.

Breve menção se impõe, ainda, aos riscos que a automatização desregulada do *private enforcement* pode acarretar. Segundo Lauren Scholz, "a abordagem predominante do direito contratual considera um contrato fundamentalmente como uma expressão da vontade, a intenção consciente e objetivamente manifestada de duas ou mais partes de se sujeitarem aos termos".[49]

Noutros termos, pode-se concluir que a utilização de algoritmos para a garantia do *enforcement* obrigacional não é, em si, completamente nova. Todavia, seus desdobramentos na dinâmica da responsabilização dos provedores que operam na internet, especialmente com tais implementos algorítmicos sendo baseados nas difíceis hipóteses de apuração de seus impactos, consagram tema atualíssimo. Há pouquíssimas propostas voltadas à análise de sua conjugação a partir da reformulação de institutos jurídicos como a responsabilidade civil por enriquecimento sem causa, mas nenhum com olhares especificamente voltados a uma categorização específica do *disgorgement* praticado pela *web*.

Tudo isso revela verdadeira preocupação com o uso desregulado de algoritmos e com a falta de critérios claros para seu implemento. Tanto se fala em *accountability*[50] e, mais do que prevenir danos, é preciso assumir riscos. Condutas relacionadas ao implemento de complexas ferramentas que otimizam procedimentos internos e maximizam lucros vêm atreladas a uma compreensível empolgação. Se não é concebível o

---

interesses por ter, em razão de prévio negócio jurídico, acesso a valores que pertencem ao devedor. É o que ocorre, por exemplo, quando retém quantias pecuniárias para a satisfação de dívidas, para o reembolso de despesas ou para a indenização de danos decorrentes da execução ou da extinção do contrato".

49 SCHOLZ, Lauren H. Algorithmic contracts. *Stanford Technology Law Review*, Stanford, v. 20, n. 2, p. 128-168, set./dez. 2017. p. 149, tradução livre. No original: "The predominant approach to contract law considers a contract as fundamentally an expression of will, the conscious, objectively manifested intention of two parties or more to be bound to terms".

50 COMANDÉ, Giovanni. Multilayered (Accountable) Liability for Artificial Intelligence. *In*: LOHSSE, Sebastian; SCHULZE, Reiner; STAUDENMAYER, Dirk (ed.). *Liability for Artificial Intelligence and the Internet of Things*. Baden-Baden: Nomos, 2019. p. 182, tradução livre. No original: "(...) accountability enables different layers of liability: reversal of the burden of proof, compulsory insurance, funds, regulatory constraints, criminal sanctions".

completo abandono dos algoritmos[51], também é certo que seu uso não pode passar ao largo do direito.

De fato, cumpre frisar que:

> A teoria da responsabilidade civil deve incorporar a dimensão preventiva (*accountability*), visando evitar danos futuros e promovendo a segurança e a mitigação de danos como princípios basilares. Adicionalmente, é crucial estabelecer uma relação mais estreita entre a responsabilidade civil e os diversos atores sociais, engajando as empresas e organizações a desempenharem um papel proativo na mitigação de riscos e na promoção do bem-estar geral, o que parece oferecer muito mais vantagens do que a compreensão restritiva do enriquecimento sem causa como fonte autônoma do direito das obrigações.[52]

Ficamos com a proposta de Frank Pasquale quanto à necessidade de valorização da *expertise* humana em detrimento do festejo excessivo quanto à automatização. Ao invés de substituir pessoas por máquinas, especialmente nos processos de tomada de decisão, é preciso que elas sejam ferramentas auxiliares, subsidiárias.[53]

Em um momento no qual a Lei Geral de Proteção de Dados Pessoais brasileira acaba de entrar em vigor, não basta contar com a existência do marco normativo para que deixem de ser praticados atos potencialmente ilícitos relacionados às atividades de coleta e tratamento de dados que alimentam algoritmos. A *internet of torts*[54] impõe uma revisitação contínua do tema, que não pode ser enfrentado pelas fórmulas tradicionais.[55]

---

51 KEARNS, Michael; ROTH, Aaron. *The ethical algorithm*: The Science of socially aware algorithm design. Oxford: Oxford University Press, 2020. p. 190. Os autores refletem sobre o tema, com os seguintes dizeres: "A solution that might seem attractive when one is initially bombarded with stories of algorithmic decision-making gone awry is to try to avoid algorithms altogether, at least when it comes to decisions of any importance. But while caution and prudence are warranted when deploying new technologies in consequential domains –and we are certainly far from fully understanding how machine learning interacts with issues such as fairness and others we have examined– avoiding algorithms is not a good long-term solution."

52 FALEIROS JÚNIOR, José Luiz de Moura. *Enriquecimento sem causa e sua aplicação aos bens digitais*. Indaiatuba: Foco, 2024. p. 63.

53 PASQUALE, Frank. *New laws of robotics*: defending human expertise in the age of AI. Cambridge: Harvard University Press, 2020. p. 213-217.

54 CROOTOF, Rebecca. The Internet of Torts: expanding civil liability standards to address corporate remote interference. *Duke Law Journal*, Durham, v. 69, p. 583-667, 2019. p. 619 *et seq*. A expressão é um trocadilho com *internet of things* (internet das coisas), pela qual se aproveita a sigla *IoT*.

55 VLADECK, David C. Machines without principals: Liability rules and Artificial Intelligence. *Washington Law Review*, Seattle, v. 89, n. 1, p. 117-150, 2014, p. 149-150.

Nesse sentido, os possíveis contributos da pesquisa residem na conjugação de apontamentos estruturantes e capazes de mapear e parametrizar nova formulação para a reparação civil desses ilícitos lucrativos levados a efeito na internet.

A obrigatoriedade de implementação de dispositivos internos que auxiliem na detecção precoce de atos infratores, bem como a construção de uma política de *compliance* efetiva, também constitui tema de destaque. Assim é que a correta eficácia do *private enforcement* depende do controle regulatório do uso dos algoritmos e do estabelecimento de direitos reconhecidos às vítimas em caráter de efetivo processo de reparação de danos. Uma reformulação das hipóteses de responsabilidade civil também envolve o aperfeiçoamento da teoria do enriquecimento sem causa.

5 Conclusão

Neste breve ensaio, foi destacado que a essência do *civil law*, que consiste na criação de regulamentos para resolver conflitos inter-relacionais, perde sua força com a rapidez proporcionada pelas tecnologias da informação e comunicação (TICs). Portanto, o tema não se esgota com a criação de regulamentações iniciais para o uso da internet ou com a tentativa de criar regras para dissociar o Estado da livre iniciativa. Isso ocorre porque há muitos casos de novas contingências e desafios à tutela jurídica de direitos fundamentais que precisam ser resolvidos em relação às diversas relações virtuais.

Ao analisar a transição do mundo real para o virtual, percebe-se que as iniciativas baseadas nessa lógica já são aplicadas rotineiramente e permitem a automação da execução obrigatória, que pode ou não ter sido totalmente calculada pelo usuário. Isso representa a superação de um modelo de sistematização adequado para a *web* semântica, que exige a participação humana para a execução algorítmica. Além disso, esses novos modelos não dependem da autoridade estatal para garantir a execução jurídica.

Os limites dessa prática são preocupantes devido à obscuridade dos algoritmos baseados em *machine learning*, conhecidos como "caixas-pretas", especialmente considerando que a próxima fronteira será a produção de redes neurais descentralizadas e *deep learning*, processadas pela comunicação 5G e internet das coisas, com a rede cada vez mais orientada para a criação de grandes grupos de poder.

Para conciliar a execução algorítmica sem descartar os institutos tradicionais e sem tornar obsoleta a própria transição do dano ao lucro na leitura investigativa das práticas realizadas na internet e seus efeitos, chegamos às seguintes constatações finais: (i) as plataformas de *big data*, os mercados ricos em dados, são gratuitas para o público, pois não se considera a contraprestação baseada no fornecimento de dados pessoais; (ii) o enriquecimento nesses ambientes digitais é plurissubjetivo, gerando renda direta para o produtor de conteúdo e dividendos indiretos para a plataforma, que comercializa e coordena a exibição dos anúncios; (iii) os lucros são escaláveis, pois quanto maior o público, maior o interesse em anunciar, com anúncios direcionados algoritmicamente para atender aos desejos do visualizador; (iv) a violação de direitos autorais e outras violações semelhantes representam um lucro ilícito, e a intervenção pode ser feita na modalidade *disgorgement*; (v) há preocupações quanto à automatização e ao uso de algoritmos para remover material considerado ilícito, cessando a fonte de receita ou redirecionando-a em favor do proprietário da propriedade intelectual usurpada pelo criador de conteúdo; (vi) os dividendos da monetização não são claramente apresentados pela plataforma, expondo apenas o criador de conteúdo; (viii) os requisitos anacrônicos do enriquecimento sem causa são esfacelados por estruturas complexas definidas como "caixas-pretas" (*black boxes*), cujo modo de operação inviabiliza a aferição, por exemplo, de circunstâncias de justificação para o ato gerador do enriquecimento, sendo preferível sua substituição por outras soluções remediais, como o *disgorgement*.

O "*disgorgement* algorítmico" é, portanto, uma ferramenta fundamental para combater ilícitos lucrativos praticados na internet, pois permite que autoridades e empresas recuperem os ganhos obtidos ilegalmente por meio de algoritmos, o que pode incluir, por exemplo, a manipulação de preços ou a exploração abusiva da propriedade intelectual alheia.

Com o aumento da complexidade dos sistemas tecnológicos, o "*disgorgement* algorítmico" é eficaz mecanismo para garantir que aqueles que violam direitos de outrem e prejudicam a concorrência sejam responsabilizados pelo seu comportamento, mesmo que as práticas ilícitas sejam difíceis de detectar, especialmente sob o prisma do enriquecimento sem causa definido pelo Código Civil. Além disso, o "*disgorgement* algorítmico" desempenha um papel importante na prevenção de futuros ilícitos lucrativos, desencorajando a repetição dessas práticas e protegendo, assim, a concorrência e os consumidores em mercados digitais.

Referências

ALVIM, Agostinho de Arruda. Do enriquecimento sem causa. *Revista dos Tribunais*, São Paulo, v. 259, 1957.

BALOCH, Tariq. *Unjust enrichment and contract*. Oxford: Hart Publishing, 2009.

BIRKS, Peter. *Unjust enrichment*. 2. ed. Oxford: Oxford University Press, 2005.

BURROWS, Andrew. *Understanding the law of obligations*. Oxford: Hart Publishing, 1998.

COHEN, Fernanda; SAAB; Rachel. Parâmetros de quantificação do lucro da intervenção. *In*: MONTEIRO FILHO, Carlos Edison do Rêgo (org.). *Problemas de responsabilidade civil*. Rio de Janeiro: Revan, 2017.

COMANDÉ, Giovanni. Multilayered (Accountable) Liability for Artificial Intelligence. *In*: LOHSSE, Sebastian; SCHULZE, Reiner; STAUDENMAYER, Dirk (ed.). *Liability for Artificial Intelligence and the Internet of Things*. Baden-Baden: Nomos, 2019.

CROOTOF, Rebecca. The Internet of Torts: expanding civil liability standards to address corporate remote interference. *Duke Law Journal*, Durham, v. 69, p. 583-667, 2019.

EDELMAN, James. *Gain-based damages*: contract, tort, equity and intellectual property. Oxford: Hart Publishing, 2002.

FALEIROS JÚNIOR, José Luiz de Moura. *Enriquecimento sem causa e sua aplicação aos bens digitais*. Indaiatuba: Foco, 2024.

HONDIUS, Ewoud; JANSSEN, André. Original questionnaire: disgorgement of profits. *In*: HONDIUS, Ewoud; JANSSEN, André (ed.). *Disgorgement of profits*: gain-based remedies throughout the world. Cham: Springer, 2015.

KEARNS, Michael; ROTH, Aaron. *The ethical algorithm*: The Science of socially aware algorithm design. Oxford: Oxford University Press, 2020.

KREBS, Thomas. In defence of unjust factors. *In*: JOHNSTON, David; ZIMMERMANN, Reinhard (ed.). *The comparative law of unjustified enrichment*. Cambridge: Cambridge University Press, 2004.

KYNCL, Robert; PEYVAN, Maany. *Streampunks*: o YouTube e os rebeldes que estão transformando as mídias. Tradução: Claudia Gerpe Duarte. Rio de Janeiro: Best Business, 2019.

LEITÃO, Luís Manuel Teles de Menezes. *O enriquecimento sem causa no direito civil*: estudo dogmático da configuração unitária do instituto, face à contraposição entre as diferentes categorias do enriquecimento sem causa. Coimbra: Almedina, 2005.

LESSIG, Lawrence. *Code, and other laws of cyberspace 2.0*. 2. ed. Nova York: Basic Books, 2006.

LESSIG, Lawrence. *Free culture*: how big media uses technology and the law to lock down culture and control creativity. Nova York: Penguin, 2004.

LINS, Thiago Drummond de Paula. *O lucro da intervenção e o direito à imagem*. Rio de Janeiro: Lumen Juris, 2016.

MAYER-SCHÖNBERGER, Viktor; RAMGE, Thomas. *Reinventing capitalism in the age of Big Data*. Nova York: Basic Books, 2018.

MONTEIRO FILHO, Carlos Edison do Rêgo; ROSENVALD, Nelson. Danos a dados pessoais: fundamentos e perspectivas. *In*: FALEIROS JÚNIOR, José Luiz de Moura; LONGHI, João Victor; GUGLIARA, Rodrigo (Coord.). *Proteção de dados pessoais na sociedade da informação*: entre dados e danos. Indaiatuba: Foco, 2020.

MORATO, Antonio Carlos. Os direitos autorais e o Marco Civil da Internet. *In*: PAESANI, Liliana Minardi (coord.). *O direito na sociedade da informação III*: a evolução do direito digital. São Paulo: Atlas, 2013.

NANNI, Giovanni Ettore. *Enriquecimento sem causa*. São Paulo: Saraiva, 2004.

O'SULLIVAN, Janet. Reflections on the role of restitutionary damages to protect contractual expectations. *In*: JOHNSTON, David; ZIMMERMANN, Reinhard (ed.). *Unjustified enrichment*: key issues in comparative perspective. Cambridge: Cambridge University Press, 2004.

PASQUALE, Frank. *New laws of robotics*: defending human expertise in the age of AI. Cambridge: Harvard University Press, 2020.

PASQUALE, Frank. *The black box society*: the secret algorithms that control money and information. Cambridge: Harvard University Press, 2015.

ROSENVALD, Nelson. *A responsabilidade civil pelo ilícito lucrativo*: o *disgorgement* e a indenização restitutória. 2. ed. Salvador: JusPodivm, 2021.

ROSENVALD, Nelson; FALEIROS JÚNIOR, José Luiz de Moura. *Disgorgement* algorítmico: técnicas de processamento de dados e a gestão automatizada dos ilícitos lucrativos na Internet. *In*: SARLET, Gabrielle Bezerra Sales; TRINDADE, Manoel Gustavo Neubarth; MELGARÉ, Plínio (coord.). *Proteção de dados*: temas controvertidos. Indaiatuba: Foco, 2021.

ROSENVALD, Nelson; KUPERMAN, Bernard Korman. Restituição de ganhos ilícitos: há espaço no Brasil para o *disgorgement*? *Revista Fórum de Direito Civil*, Belo Horizonte, n. 14, p. 11-31, abr. 2017.

RUSTAD, Michael L.; KOENIG, Thomas H. Rebooting cybertort law. *Washington Law Review*, Seattle, v. 80, p. 335-416, 2005.

SALLES, Raquel Bellini. *Autotutela nas relações contratuais*. Rio de Janeiro: Processo, 2019.

SAVI, Sérgio. *Responsabilidade civil e enriquecimento sem causa*: o lucro da intervenção. São Paulo: Atlas, 2012.

SCHOLZ, Lauren H. Algorithmic contracts. *Stanford Technology Law Review*, Stanford, v. 20, n. 2, p. 128-168, set./dez. 2017.

SILVA, Rodrigo da Guia. *Enriquecimento sem causa*: as obrigações restitutórias no direito civil. 2. ed. São Paulo: Thomson Reuters Brasil, 2022.

SMITH, Lionel. The province of the law of restitution. *Canadian BAR Review*, Edmonton, v. 71, p. 672-699, 1992.

TEPEDINO, Gustavo; BARBOZA, Heloisa Helena; MORAES, Maria Celina Bodin de. *Código Civil interpretado conforme a Constituição da República*. 2. ed. v. II. Rio de Janeiro: Renovar, 2012.

VAIDHYANATHAN, Siva. *Intellectual property*: a very short introduction. Nova York/ Oxford: Oxford University Press, 2017.

VENTURI, Thaís G. Pascoaloto. *Responsabilidade civil preventiva*: a proteção contra a violação dos direitos e a tutela inibitória material. São Paulo: Malheiros, 2014.

VIRGO, Graham. *The principles of the law of restitution*. 3. ed. Oxford: Oxford University Press, 2015.

VLADECK, David C. Machines without principals: Liability rules and Artificial Intelligence. *Washington Law Review*, Seattle, v. 89, n. 1, p. 117-150, 2014.

WALSH, John N.; O'BRIEN, Michael P.; SLATTERY, Darina M. Video viewing patterns using different teaching treatments: a case study using YouTube Analytics. *Realia: Research in Education and Learning Innovation Archives*, Valencia, n. 22, p. 78-95, jan./jun. 2019.

WU, Tim. *The attention merchants*: the epic scramble to get inside our heads. Nova York: Vintage, 2016.

ZIMMERMANN, Reinhard. *The new German Law of Obligations*: historical and comparative perspectives. Oxford: Oxford University Press, 2005.

Informação bibliográfica deste texto, conforme a NBR 6023:2018 da Associação Brasileira de Normas Técnicas (ABNT):

ROSENVALD, Nelson; FALEIROS JÚNIOR, José Luiz de Moura. Gestão de ilícitos lucrativos na internet: delineamentos para a adequada sistematização do "*disgorgement* algorítmico". *In*: EHRHARDT JÚNIOR, Marcos; CATALAN, Marcos (coord.). *Entre riscos, danos e contratos*: a inteligência artificial nas relações patrimoniais. Belo Horizonte: Fórum, 2024. p. 47-71. ISBN 978-65-5518-837-0.

PERSONALIDADE JURÍDICA À INTELIGÊNCIA ARTIFICIAL: REFLEXÕES E POSSIBILIDADES

JOSÉ HENRIQUE DE OLIVEIRA COUTO

ARTHUR PINHEIRO BASAN

Introdução

Não é mais novidade dizer que a inteligência artificial, antes uma utopia, torna-se cada vez mais presente na sociedade. Russel e Norvig, no livro *Artificial intelligence: a modern approach*, trabalham a inteligência artificial em quatro configurações: a) IA agindo humanamente, que deve conter o processamento dos dados, um raciocínio automatizado e a capacidade de aprender; b) IA pensando humanamente, que deve conseguir pensar de forma semelhante à do humano; c) IA pensando racionalmente, que é a efetiva afetividade considerando a lógica; d) IA agindo racionalmente, no sentido de ser possível alcançar as metas previstas.[1]

A IA é um sistema inteligente com autonomia total ou parcial para concretização de um objetivo "específico ou indefinido" no ambiente da *internet*, digital ou no mundo "real", podendo, após tratar

---

1 RUSSEL, Stuart J.; NORVIG, Peter. *Artificial Intelligence*: A Modern Approach, Global Edition. United States: Pearson Education, 2010.

dados operacionais, "tirar conclusões a partir deles e/ou decidir sobre a(s) medida(s) adequada(s) para atingir a meta e/ou propósito com base nisso ou tomar as ações correspondentes ou apoiar as pessoas na decisão ou ação correspondente e/ou mudar seu próprio comportamento em relação a medidas futuras".[2]

Nos dizeres de Selina Saadoun, a IA tem um viés prático no sentido de simular os processos e atos dos indivíduos, tendo em vista que é feita para falar, escrever, jogar, resolver problemas, diagnosticar, mover objetos ou pessoas, além de outras tarefas ou objetivos que prescindem de "pensamento, conhecimento e compreensão".[3]

Evidentemente que o viés prático da IA, no atual contexto, está limitado na maioria dos casos, dependendo a IA de inserção de informações para, assim, continuar desenvolvendo suas atividades ou outras ao interesse dos programadores; e isso, porém, está alterado no atual contexto de *internet* – potencialmente aprimorada pela conexão 5G –, porque há possibilidade de a IA ser conectada ao ambiente digital, com independência e autonomia para aprender por trilhões de dados.

Daí por que, para Yang Weiren, "agente inteligente refere-se a um sistema que pode observar o ambiente circundante e tomar ações para atingir objetivos".[4] A IA mais simples – notadamente a que depende de inserção de dados em seus sistemas para exercício das atividades – não tem a mesma capacidade da IA avançada, que, através da conexão, consegue adaptar suas atividades por meio do aprendizado (o que não impede de ser programada) para concretizar objetivos.[5]

Convém ressaltar que a inteligência artificial, nesse contexto de evolução, pode ter um aprendizado que independe do humano, uma vez que sua autonomia – quase em nível *ad infinitum* pela *internet* – consegue obter informações para entrada no sistema e pode agrupá-las

---

[2] Council of Europe, Artificial Intelligence; Mueller/Massaron, Deep Learning (2019) 10; Dürager, Jahrbuch Datenschutzrecht 2019, p. 377.

[3] SAADOUN, Selina. *A personalidade jurídica da inteligência artificial.* Especialização em direito empresarial. Mamari University, 2022, p. 11. Disponível em: https://www.ummto.dz/dspace/handle/ummto/18626. Acesso em: 30 jul. 2023.

[4] WEIREN, Yang. *Desafios de inteligência artificial e respostas de governança.* 2018. Disponível em: https://www.ly.gov.tw/Pages/ashx/File.ashx?FilePath=~/File/Attach/170539/File_193685.pdf. Acesso em: 29 jul. 2023.

[5] Marcos Ehrhardt Júnior e Gabriela Buarque Pereira Silva complementam mencionando que a IA chegará a ponto de ser "mais inteligente até mesmo que o cérebro humano em diversas áreas, incluindo habilidades sociais". EHRHARDT JÚNIOR, Marcos; SILVA, Gabriela Buarque Pereira. Pessoa e sujeito de direito: reflexões sobre a proposta europeia de personalidade jurídica eletrônica. *RBDCivil*, v. 23, 2020, p. 66.

para aperfeiçoamento de suas finalidades/objetivos.[6] Dessa reflexão, surge o seguinte problema de pesquisa: é preciso garantir a autonomia da inteligência artificial através do reconhecimento de uma verdadeira personalidade jurídica?

O trabalho justifica-se a partir do fato de que a fonte de dados da inteligência artificial poderá ser complexa, utilizando "*deep learning* (aprendizado profundo)".[7] Aqui, o aprendizado profundo tem uma estrutura própria para que a IA consiga aprender sozinha e/ou com programação por terceiros, tendo camadas de entrada, ocultação e saída, todas essenciais para correta interpretação e utilização dos dados. Nos dizeres de Paulo Sá Elias, "a aprendizagem profunda tem o seu nome em razão dessas várias camadas. A profundidade é criada com a utilização de múltiplas camadas em oposição a uma única camada de aprendizado pelo algoritmo. Esses algoritmos de aprendizado profundo formam as 'redes neurais' e estas rapidamente podem ultrapassar a nossa capacidade de compreender todas as suas funções".[8]

Assim, a IA com aprendizado aprofundado é diferente da IA com aprendizado supervisionado (cujos dados são fornecidos exclusivamente por terceiros),[9] haja vista que aquela "pode concluir tarefas de forma autônoma e pode gerar novos algoritmos por si só por meio de aprendizado profundo, não mais simplesmente ajudando humanos a concluir tarefas, mas pode substituir completamente os humanos em um determinado campo".[10]

---

6 Entretanto, os principais avanços em IA nos últimos anos foram proporcionados por uma abordagem diversa, centrada na análise de dados – o aprendizado de máquina (ou *machine learning*). Este pode ser definido, em linhas gerais, como a ciência de fazer com que computadores desempenhem determinada tarefa sem serem explicitamente programados. Em linhas gerais, tem-se que programas de computador capazes de aprender são, na verdade, capazes de extrair padrões estatísticos e correlações ocultas em seus (volumosos) dados de entrada. *In*: NEGRI, Sergio Marcos Carvalho de Ávila; LOPES, Giovana F. Peluso. Da personalidade eletrônica à classificação de riscos na inteligência artificial (IA). *Teoria Jurídica Contemporânea*, v. 6, n. 2021, p. 5.

7 BARROSO, Gabriela de Menezes; SANT'ANNA, Marília Mendonça Morais. Inteligência artificial (IA) e a ausência de personalidade jurídica. *Brazilian Journal of Development*, v. 08, n. 04, 2022, p. 24.430. Disponível em: https://ojs.brazilianjournals.com.br/ojs/index.php/BRJD/article/view/46155/pdf. Acesso em: 29 jul. 2023.

8 ELIAS, Paulo Sá. Algoritmos, inteligência artificial e o direito. *Consultor jurídico*. Disponível em: https://www.conjur.com.br/dl/algoritmos-inteligencia-artificial.pdf. Acesso em: 1º ago. 2023.

9 ZOUINAR, Moustafa. Évolutions de l'Intelligence Artificielle : quels enjeux pour l'activité humaine et la relation Humain-Machine au travail?. *Activités*, v. 17, 2020. Disponível em: https://journals.openedition.org/activites/4941#quotation. Acesso em: 29 jul. 2023.

10 Sobre o Estatuto da Pessoa Jurídica Eletrônica da Inteligência Artificial. Disponível em: http://www.fbxslw.com/dzlw/20850.html. Acesso em: 1º ago. 2023.

Desse modo, o desenvolvimento tecnológico impulsionou na evolução da IA e de seus "*softwares* de reconhecimento de textos, imagens e informações", de tal modo que há "a possibilidade de acesso a esses dados de maneira instantânea em qualquer parte do mundo por meio da internet, além do armazenamento de informações em grandes servidores de dados, também conhecida como 'computação na nuvem', tecnologias estas que impulsionaram no acesso à informação *ad infinitum*".[11]

Conforme se nota, a inteligência artificial se encontra no quarto estágio, o da superinteligência. Assim, a IA da 4ª geração é "capaz de emular o funcionamento da mente humana, incluindo não apenas a capacidade de resolver uma infinidade de tarefas, mas também sentimentos, criatividade e autoconsciência".[12] Nesse esteio, surgem correntes jurídicas defendendo que, além da inteligência artificial fraca e forte, há a superinteligência artificial, mais competente que a inteligência natural em muitos aspectos e capaz de agir com autonomia absoluta.[13] Isso significa que a inteligência artificial está cada vez mais evoluída a ponto de, além de ter crenças e objetivos (no sistema operacional), tentar concluir tais propósitos pelas vias de sua autonomia.[14]

Com esses pressupostos e seguindo a devida metodologia, o trabalho foi dividido em três partes. Em um primeiro momento, será exposta a razão de ser do reconhecimento da personalidade jurídica a um ente. Posteriormente, serão apresentados os argumentos favoráveis ao reconhecimento da inteligência artificial como pessoa, para, logo em seguida, apontar os contrapontos dessas ideias.

---

11 TOMASEVICIUS FILHO, Eduardo. Inteligência artificial e direitos da personalidade: uma contradição em termos? *Revista da Faculdade de Direito da Universidade de São Paulo*, v. 113, 2018, p. 137. Disponível em: https://www.revistas.usp.br/rfdusp/article/view/156553/152042. Acesso em: 03 ago. 2023

12 SÁNCHEZ, Mária Dolores García. Inteligencia artificial y oportunidad de creación de una personalidad electrónica. *Ius et scientia*, v. 6, n. 2, 2020, p. 85. Disponível em: https://revistascientificas.us.es/index.php/ies/article/download/14277/12772/52294. Acesso em: 1º ago. 2023.

13 VELYKANOVA, Maryna *et al*. Artificial Intelligence: Legal Status Determination. *The Law, State and Telecommunications Review*, v. 14, n. 2, 2020. p. 68-70.

14 ERHARDT, Jonathan; MONA, Martino. *Rechtsperson Roboter – Philosophische Grundlagen für den rechtlichen Umgang mit künstlicher Intelligenz*. S. Gless & K. Seelmann (Eds.). Intelligente Agenten und das Recht. Nomos Verlagsgesellschaft, 2016, p. 68.

1 A razão da personalidade jurídica

Para as pessoas, os direitos e os deveres podem ser exercidos em graus diferentes, dependendo da situação jurídica do sujeito, ou seja, ainda que exista personalidade jurídica não há singularidade entre os direitos e os deveres.[15]

Na prática, a personalidade jurídica é uma ficção criada pela Administração Pública para conceber ao sujeito (pessoa física ou jurídica) a possibilidade de exercer direitos e deveres, sejam de natureza individual ou coletiva. Vale lembrar que se vive em um cenário jurídico no qual até mesmo entes sem personalidade podem ser titulares de direitos e deveres, sendo o condomínio o exemplo mais recorrente.[16] [17]

Para Souza, "a personalidade jurídica representa apenas um instrumento, que pode ser empregado para a tutela de valores e interesses diversos; uma estrutura que pode servir a mais de uma função".[18] Desse modo, a personalidade jurídica tem a função de tutelar valores e interesses, o que implica em dizer, para o ente com personalidade, que poderá se assumir como titular de direitos e praticante de respeito aos deveres.

Na prática, humanos têm personalidade pelo fato de existirem, e as pessoas jurídicas possuem personalidade pelo fato de serem registradas em órgãos da Administração Pública, cumprindo os requisitos legais, ou seja, "todas essas são agregações de atores humanos"[19] com a finalidade de serem reconhecidas como sujeitos de direitos.

---

15 CHESTERMAN, Simon. Artificial Intelligence and the limits of legal personality. *ICLQ*, v. 69, 2020.

16 A fim de comprovar que até mesmo entes sem personalidades estão tendo direitos, cita-se um julgado do TJSP no qual um condomínio recebeu o benefício da justiça gratuita, *ipsis litteris*: "O fato do pleito não ter sido formulado por pessoa física não inviabiliza a concessão do benefício, na medida em que sua concessão pode ser extensiva às pessoas jurídicas e aos entes sem personalidade jurídica, como os condomínios, em circunstâncias especialíssimas, desde que devidamente demonstrada a situação de impossibilidade de arcar com as despesas. - Comprovada nos autos a hipossuficiência do agravante, concede-se o benefício pretendido. RECURSO PROVIDO" (TJSP - AI 2185106-79.2015.8.26.0000 - Relatora: Maria Lúcia Pizzotti).

17 APELAÇÃO CÍVEL - AÇÃO DE OBRIGAÇÃO DE FAZER - CONTRATO DE COMPRA E VENDA - TRANSFERÊNCIA DE IMÓVEL - ENTE SEM PERSONALIDADE - DANOS MORAIS - QUANTUM INDENIZATÓRIO - NEGAR PROVIMENTO. - Condomínio Edilício consiste em ente despersonalizado que, embora não tenha personalidade jurídica é detentor de direitos e deveres (TJMG - AC 5009555-46.2020.8.13.0024 - Relator: Marco Antônio de Melo - 18ª câmara - DJ.: 26/07/2022).

18 SOUZA, Eduardo Nunes de. Dilemas atuais do conceito jurídico de personalidade: uma crítica às propostas de subjetivação de animais e de mecanismos de inteligência artificial. *Civilistica.com*, v. 9, n. 2, 2020, p. 12.

19 CHESTERMAN, Simon. Artificial intelligence and the limits of legal personality. *International & Comparative Law Quarterly*, v. 69, n. 4, 2020.

2 Personalidade jurídica à inteligência artificial

As máquinas – com destaque à inteligência artificial – estão adquirindo a capacidade de aprender e aplicar sua base de alimentação na prática.[20] Conforme Gerhard:

> Agora, porém, no curso da rápida mecanização digital, aparecem novos atores que não são humanos, mas devido a uma programação complexa realizam ações que, segundo o entendimento convencional, só os humanos podem manejar: robôs, carros autônomos, drones, ou computadores que executam funções de forma independente.[21]

E Gabriela Cruz complementa: "O desenvolvimento da inteligência artificial na modernidade é de extrema importância, posto que essas novas máquinas facilitam o processamento de diversos dados, amparando o ser humano nas mais diversas áreas. Esses Sistemas Operacionais (software) e máquinas (hardware) tornam as máquinas mais inteligentes e úteis, reaplicando a tomada de decisão humana em certos problemas".[22]

Nos últimos tempos, a inteligência artificial vem desempenhando funções que há anos apenas pessoas humanas desempenhavam.

A inteligência artificial autônoma é utilizada, por exemplo, na agricultura. Está se tornando comum a utilização de drones autônomos para, a partir dos dados coletados de forma independente, fazer mapeamento do imóvel, identificar objetos, rastrear frutos, avaliar o solo e a umidade, além de comunicar incêndios pelas áreas próximas.[23] Assim, há uma autonomia do drone superinteligente no imóvel, pois exerce as finalidades inerentes com liberdade.

---

[20] SALMEN, Caroline Salah; WACHOWICZ, Marcos. A atribuição da pessoa jurídica à inteligência artificial: desafios e sua efetividade. *Brazilian Journal of Development*, v. 7, n. 7, 2021.

[21] Do original: "Seher Nun aber treten im Zuge der rasanten digitalen Technisierung neue Akteure auf den Plan, die nicht menschlich sind, aber aufgrund komplexer Programmierung Aktionen ausführen, die nach herkömmlichem Verständnis nur Menschen bewältigen können: Roboter, selbstfahrende Autos, Drohnen, oder Computer, die Funktionen selbstständig ausführen". SEHER, Gerhard. *Intelligente Agenten als "Personen" im Strafrecht?*. Intelligente Agenten und das Recht. GLESS, Sabine; SEELMANN, Kurt (Hrsg.). 2016, p. 46-47. [Tradução nossa].

[22] CRUZ, Gabriela Efigênia Alves da *et al.* O desenvolvimento da inteligência artificial e os consequentes riscos para os direitos da personalidade. *Virtuajus*, v. 6, n. 10, 2021, p. 185. Disponível em: http://periodicos.pucminas.br/index.php/virtuajus/article/view/27082/18616. Acesso em: 24 jul. 2023

[23] SOORI, Mohsen; AREZOO, Behrooz; DASTRES, Roza. Artificial intelligence, machine learning and deep learning in advanced robotics, a review. *Cognitive robotics*, v. 3, 2023.

Na atualidade, também existem os carros inteligentes e equipados com sistemas tecnológicos avançados e conectados em tempo real na internet. São veículos que, através da programação da inteligência artificial ligada na *internet*, permitem transportes sem condutores, com atualização em tempo real de rotas de fuga, rodovias, ruas e avenidas para se alcançarem endereços específicos, independentemente de programação pela quase infinita capacidade de aprender por conexão.

Desenvolveram-se sistemas físicos (*hardwares*) e digitais (*softwares*) para permitir à inteligência artificial realizar atividades complexas e de forma independente, possibilitando uma espécie de "comportamento semelhante" ao do humano.

Por certo, não é toda inteligência artificial que terá uma autonomia, existindo IA que executa tarefas puramente mecânicas e simples, não conseguindo adotar outra conduta senão mediante intervenção em seu banco de dados. Em realidade, a IA fraca se parece com um instrumento de trabalho, assim como o martelo está para um marceneiro.

Assim, conforme exposto, existem duas espécies de inteligência artificial: a fraca e a forte. A IA fraca é aquela que somente serve de auxílio aos humanos, não gozando de independência funcional. Já a IA forte é aquela com vontade independente, pois pode continuar atuando sem participação de controle,[24] notadamente em um contexto de acesso à *internet* no qual a capacidade de aprender e desaprender é *ad infinitum*.

Partindo do exposto e levando em consideração um direito civil em movimento, que deve refletir as reais demandas da sociedade por aplicação prática do princípio da operabilidade, entra-se em uma era na qual é imprescindível a concessão de personalidade jurídica à inteligência artificial forte, que é a IA com vontade independente por aprender e desaprender pelo acesso à internet lhe possibilitar um aprendizado *ad infinitum*.

O ponto central para se atribuir personalidade à inteligência artificial é observá-la como apta a cumprir dois requisitos, quais sejam: a) ter um grau elevado de autonomia, como é o caso do carro da Tesla; b) ser capaz de realizar uma ou mais finalidade com natureza complexa, ainda que inicialmente receba uma programação de pessoa física.[25] Desse modo, preenchidos o grau de autonomia e a possibilidade de realizar objetivos de forma autônoma, como um veículo inteligente

---

24 ZHAOXI, Xu. 人工智能有"法律人格"吗. *Ostheory,cn.*, 2019. Disponível em: http://www.qstheory.cn/llwx/2019-11/06/c_1125198103.htm. Acesso em: 25 jan. 2024.

25 VELYKANOVA, Maryna *et al*. Artificial Intelligence: Legal Status Determination. *The Law, State and Telecommunications Review*, v. 14, no. 2, p. 77.

da Tesla, é imprescindível a atribuição da personalidade jurídica à IA forte porque são verificadas consequências potenciais à sociedade e ao corpo coletivo.

Vive-se em uma era na qual a pessoa humana, as organizações empresariais, os entes sem personalidade, a Administração Pública e os órgãos internacionais são afetados direta e indiretamente pela inteligência artificial forte, responsável por praticar múltiplas tarefas e com capacidade de reinventar o *modus operandi* pelo acesso à internet, com até dispensa de participações de pessoas físicas.

Nessa rubrica é que a IA forte deve receber personalidade jurídica pela Administração Pública, haja vista que é um agente inteligente e interativo, conseguindo afetar terceiros com seu *modus operandi*. Nos dizeres de Luzan, "um agente é racional (agindo como um agente racional agiria) e interativo (interagindo com outros agentes), então pode ser atribuída responsabilidade e dotado de personalidade devido à sua capacidade de afetar o ambiente social".[26] E González complementa: "A personalidade eletrônica pode ser aplicada naqueles casos em que os robôs tomam decisões autônomas inteligentes ou interagem com terceiros de forma independente".[27]

Hodiernamente, em uma sociedade do risco marcada por incertezas e inseguranças, não pode a Administração Pública continuar omissa e não conceder personalidade à IA forte, sendo questão de tempo para a intensificação dos impactos da IA forte nas relações privadas e/ou públicas – e é aqui que se insere a necessidade da segurança jurídica atravessar as fronteiras do "medo do novo", permitindo ao núcleo individual e à coletividade ficarem sobre o manto da previsibilidade, podendo estabelecer relações jurídicas mais seguras.

Enquanto a Administração Pública continua omissa em atribuir personalidade jurídica à IA forte, questões práticas e com reflexos múltiplos (*v.g.* patrimoniais ou sociais) continuam a surgir e outras já existentes se tornam constantes, sendo nítido que a personalidade eletrônica contribuiria para:

a) evitar possíveis decisões divergentes de tribunais, tais como sobre a legitimidade ou não de uma IA forte ser parte processual. Inclusive, o Tribunal Constitucional Alemão,

---

[26] LUZAN, Tetiana. *Legal personhood of artificial intelligence*. University of Helsinki, 2020, p. 43.

[27] GONZÁLEZ, Laura Barros. *El debate sobre la personalidad jurídica y la responsabilidad de los robots inteligentes*. Grado en Derecho, Universidade de Cantabria, 2019, p. 5. Disponível em: https://repositorio.unican.es/xmlui/bitstream/handle/10902/18140/BARROSGONZALEZLAURA.pdf?sequence=1. Acesso em: 1º ago. 2023.

em 27.02.2008, reconheceu, por sentença, a aplicação de direito de personalidade aos sistemas de tecnologia da informação, dentre os quais pode ser incluída até a inteligência artificial[28] – e certamente referida questão chegará, no Brasil, em tempos próximos;

b) prevenir situações ilícitas através de um comando normativo que tornaria obrigatória uma primeira programação da IA forte para que tenha um padrão mínimo de compromisso com o ético. Aqui, vale ressaltar o caso do *Correctional Offender Management Profiling for Alternative Sanctions* (Compas), uma IA que realizava discriminação com pessoas negras por apontá-las como mais propensas ao crime.[29] Desse modo, a personalidade jurídica acompanhada de outros regulamentos direcionados à IA forte para fins de aproximação da ética muito provavelmente traria mais segurança jurídica, principalmente à pessoa humana;

c) garantir maior controle pela Administração Pública, pois a atribuição da personalidade eletrônica da IA forte seria acompanhada de criação de departamentos para tratar de assuntos patrimoniais, sociais, individuais e coletivos relativos à IA forte, assim como já ocorre com pessoas jurídicas que, por exemplo, para aprovarem loteamentos, precisam fazer requerimentos em secretarias específicas para atendê-las.

d) evitar conflitos entre pessoas físicas e jurídicas, pois é certo que a IA forte, no mais das vezes, tem peças e *softwares* de múltiplas pessoas, podendo envolver até mesmo a utilização de patentes de terceiros. Nessa ótica, a criação de personalidade eletrônica acompanhada de regulamentos sobre extinção ou desligamento da IA forte garantiria segurança jurídica e amenizaria o risco de conflitos genéricos em eventual fim da IA forte.

e) a IA forte ser titular de direitos e deveres contratuais, inclusive de direitos de propriedade e direitos reais. Somente haveria possibilidade da IA fazer um registro no cartório

---

28 BUNDESVERFASSUNGSGERICHT. Urteil vom 27. Februar 2008 - 1 BvR 370/07. Disponível em: https://www-bundesverfassungsgericht-de.translate.goog/SharedDocs/Entscheidungen/DE/2008/02/rs20080227_1bvr037007.html?_x_tr_sl=de&_x_tr_tl=pt&_x_tr_hl=pt-BR&_x_tr_pto=sc. Acesso em: 29 jan. 2024.

29 Machine Bias: There's software used across the country to predict future criminals. And it's biased against blacks. *Pro Publica*, 2016.

de imóveis de compra e venda, por exemplo, se tivesse personalidade, o que certamente traria uma segurança aos vendedores, compradores e terceiros. Certamente, a atribuição da personalidade eletrônica deveria ser acompanhada de questões de legitimidade de representação da IA para celebração de contratos, tal como o proprietário ou terceiro indicado em instrumento e registrado em eventual departamento da IA.

f) utilizar-se das ferramentas disponibilizadas pela Administração Pública, tal como uma IA forte, se valendo do Instituto Nacional de Propriedade Industrial (INPI) para conseguir um registro de nome, podendo ser identificada perante a coletividade e até contratantes, gerando uma segurança jurídica maior porque teriam a certeza da entidade com que fizeram um contrato.

g) ter seus algoritmos e sistemas respeitados pela coletividade, não sendo possível ser desligada por *hackers* sem autorização do proprietário inscrito em eventual departamento, sob pena de ação de indenização por lucros cessantes e/ou danos emergentes em um cenário de lesão patrimonial.

h) possibilitar que a IA tenha legitimidade e interesse processual ou, nos dizeres doutrinários: "A capacidade de ser processado é um dos principais atrativos da personalidade para sistemas de IA, como reconheceu o Parlamento Europeu".[30]

Percebe-se, assim, que a atribuição de personalidade eletrônica tem múltiplas funções, sendo relevante frisar a relativa à "neutralização da insegurança". Isso porque atribuir à IA uma personalidade garantirá segurança jurídica nas relações particulares e públicas, pois permitirá aos agentes e pessoas ter ciência, quando atingidos pelas atividades e relações da IA, sobre os regimes de responsabilidade, legitimidade, competência para ingressar em vínculos e assuntos semelhantes.

É no contexto de aumento exponencial de pessoas e coisas atingidas pela inteligência artificial que a personalidade eletrônica ganha importância, indicando a necessidade de um marco legislativo para proteger terceiros e bens da tecnologia, além de tutelar a inteligência artificial nas suas relações, em uma via de mão dupla.

---

[30] CHESTERMAN, Simon. Artificial intelligence and the limits of legal personality. *International & Comparative Law Quarterly*, v. 69, n. 4, 2020.

Desse modo, é nítido que a atribuição da personalidade jurídica à IA forte contribuiria com a segurança jurídica e com a majoração da transparência, notadamente considerando as extensas cadeias relacionais que causam na sociedade.

3 Contrapondo argumentos de não atribuição de personalidade à inteligência artificial

Há corrente doutrinária apontando que a inteligência artificial não deve ter personalidade jurídica.[31] O primeiro argumento contrário à atribuição da personalidade à IA é que esta não tem patrimônio. Porém, a IA não tem patrimônio justamente porque não tem personalidade jurídica, não possuindo autonomia para, através de representantes inscritos em departamentos, celebrar contratos de empréstimos, financiamentos, doações, compra e venda, e outros que possibilitem captar recursos. Especificamente, esse argumento também não tem amparo lógico, porque é possível exigir, para a atribuição de personalidade, um capital mínimo em nome da IA, assim como já ocorreu com a extinta Empresa Individual de Responsabilidade Limitada (EIRELI).

O segundo argumento contrário à atribuição da personalidade eletrônica é que isso auxiliaria a esquivar da responsabilidade civil, mas referida linha de argumentação se esquece da possibilidade de aplicação por analogia dos institutos da desconsideração da personalidade jurídica em caso de inexistência de patrimônio, notadamente considerando a sociedade complexa na qual os contratos são massivos e feitos para atender a majoritária relação do século XXI: a de consumo. É dizer que, na atual sociedade, os contratos são de massa, e a grande maioria das relações é de consumo, seja por destinação final, equiparação, lesão ou vulnerabilidade. Nessa égide, seria possível a aplicação da desconsideração da personalidade eletrônica para fins de reparação caso a IA não tivesse patrimônio suficiente para indenizar.

E pensando além, o segundo argumento é contrário à lógica, porque, na prática, a IA com personalidade poderia granjear patrimônio por desempenhar serviços para terceiros (*v.g.* Uber em um Tesla). Nesse esteio, cite-se que a Europa já está dando os primeiros passos em direção à atribuição da personalidade eletrônica da IA para fins de responsabilização, através da Resolução do Parlamento Europeu 2015/2013:

---

[31] HANZL, Martin; REINISCH, Fabian. *Rechtsfähigkeit von KI.* Hanzl/Pelzmann/Schragl (Hrsg), Handbuch Digitalisierung, Linde, 2021, p. 487-489.

> Item 59: Insta a Comissão a explorar, analisar e ponderar, na avaliação de impacto que fizer do seu futuro instrumento legislativo, as implicações de todas as soluções jurídicas possíveis, tais como:
> F: "criar, a longo prazo, um estatuto jurídico especial para os robôs de forma a que pelo menos os robôs autónomos mais sofisticados possam ter o estatuto de pessoa eletrônica responsável pela reparação de eventuais danos por eles causados, e eventualmente a aplicação de um personalidade eletrônica para casos em que os robôs tomam decisões autônomas ou interagem de forma independente com terceiros".

Na Europa, a inteligência artificial com um grau maior de autonomia, em breve, receberá um regime de responsabilidade civil. Percebe-se que isso, além de gerar segurança jurídica, será útil ao desenvolvimento da sociedade, concretizando uma maior estabilidade para melhor desenvolvimento das relações privadas e públicas.

O terceiro argumento contrário à atribuição de personalidade eletrônica é que se trata de uma grande inovação nas estruturas jurídicas, e o direito ainda não está pronto para isso. Essa argumentação é contrária ao direito civil que é pautado no princípio da operabilidade, e não pode a Administração Pública continuar a ser omissa, incumbindo as instituições legislativas a criarem normas jurídicas eficientes não apenas para atribuição da personalidade eletrônica, como também para permitir a efetiva responsabilidade civil da IA, trazer segurança jurídica à sociedade através de mecanismos processuais para buscar reparações (*v.g.* aplicação da desconsideração da personalidade jurídica), entre outras medidas acessórias. Se se considerarem as inovações imunes ao direito, certamente estaremos em um *Estado sem direito*.

O quarto argumento contrário à atribuição da personalidade é que a IA somente é uma ferramenta de trabalho. Tal linha jurídica desconsidera que a IA se desenvolve a ponto de agir de forma independente muitas das vezes.[32] Há o exemplo do carro da Tesla, que pode trafegar sem motorista, com autonomia para escolher a rota.

Um quinto argumento para afastar a aplicação da personalidade eletrônica é que isso causaria dificuldade nas questões de responsabilidade civil, mas referida argumentação desconsidera que a inteligência artificial autônoma é fruto da própria sociedade do risco, na qual a responsabilidade é objetiva porque não se analisa a culpa, mas, sim, o

---

[32] ZENG, Yuan. Exame da personalidade jurídica limitada da inteligência artificial. *Eastern Law*, n. 5, 2017. Disponível em: http://lawyeredu.pkulaw.cn:8091/index.php?m=content&c=index&a=show&catid=11&id=241. Acesso em: 27 fev. 2024.

ato ilícito, o dano, o nexo de causalidade e a inexistência de excludente de responsabilidade civil. Desse modo, ao se considerar que a inteligência artificial autônoma é fruto do próprio risco, é aplicável o regime de responsabilidade objetiva em demandas que envolvam reparações.

Ainda tratando desse quinto argumento, Diogo Rais e Abrusio mencionam que "a personalidade eletrônica não é instrumento de isenção de responsabilidade de grandes corporações, mas sim um meio de permitir a responsabilização dentro de um contexto de inescrutabilidade da fonte do problema dentro dos diversos ramos algorítmicos".[33]

Considerações finais

As pessoas jurídicas possuem um sistema de registro extrajudicial para melhor controle da atividade econômica e exercício de direito. Exemplificando, uma sociedade anônima é fiscalizada pela Comissão de Valores Mobiliários, dependendo até de autorização para emitir ações, e uma sociedade limitada adquire personalidade após o registro do ato constitutivo, em regra.

Com base nisso e com o fim de traçar possíveis considerações finais, é possível dizer que deve se dar à IA a mesma lógica, pois é essencial que terceiros e até a Administração Pública tenham ciência acerca da origem, identificação e objetivo da IA. Assim, uma das formas para maior transparência – princípio norteador do direito privado – da IA perante a sociedade é através da criação de um sistema de registro de inteligência artificial. Na China, por exemplo, essa ideia já vem sendo trabalhada.[34] Na Arábia, conforme Saadoun, também está havendo a

[33] RAIS, Diogo; ABRUSIO, Juliana. 6. Novos aspectos da personalidade e a inteligência artificial: pessoa eletrônica (e-person), pessoa humana híbrida (real e virtual) e a objetificação da pessoa no cyberespaço. *In*: RAIS, Diogo; ABRUSIO, Juliana. Privacidade, *Mercado e cidadania*: uma conexão a partir da IA. São Paulo: Editora Revista dos Tribunais, 2023. Disponível em: https://www.jusbrasil.com.br/doutrina/privacidade-mercado-e-cidadania-uma-conexao-a-partir-da-ia-ed-2023/1858022461. Acesso em: 03 out. 2023.

[34] A fim de permitir que a inteligência artificial seja mais bem supervisionada na sociedade real, o estabelecimento de um sistema de registro e arquivamento de inteligência artificial pode fornecer uma garantia importante para o estabelecimento da personalidade jurídica da inteligência artificial e a proteção dos direitos. [...] Para melhor regular o funcionamento efetivo da inteligência artificial na sociedade real e o estabelecimento de um mecanismo de partilha de responsabilidades, tendo em conta a realidade social, se a inteligência artificial pretende obter a sua posição dominante na lei, deve também aprender com as formas relevantes do sistema de pessoas jurídicas, estabelecer um sistema de registro e arquivamento para inteligência artificial por meio de confirmação legal. *In*: FANG'E, Qiao. O desafio e a resposta da inteligência artificial ao status de sujeito civil. *Shanghai Observer*, 2022. Disponível em: https://www.jfdaily.com/sgh/detail?id=628488. Acesso em: 1º ago. 2023.

tendência de criação de sistemas de registros públicos de inteligências artificiais, pois, além de ser medida que gera, para o Estado, maior segurança através de informações sobre a IA, também há maior segurança para a sociedade, que poderá obter consciência do objeto, origem e localização da IA.[35]

Complementando, Ziemianin defende que "uma pessoa eletrônica poderia adquirir capacidade legal mediante sua inscrição no registro apropriado".[36] Assim, reforça-se que a criação de sistemas de registro à IA (*v.g.* para criação de personalidade, por exemplo) já se faz imprescindível na sociedade digital, com a finalidade de permitir a segurança jurídica à sociedade e à Administração Pública.

Desse modo, a criação de um departamento de registros sobre a inteligência artificial contribui, ao fim, para que a Administração Pública e a sociedade tenham segurança jurídica, possuindo plenos conhecimentos sobre a personalidade eletrônica, sua sede, seus representantes, seu capital e assim sucessivamente.

Por todo o exposto, é possível concluir que atribuir personalidade jurídica à inteligência artificial definida como forte é um caminho seguro para viabilizar maior segurança jurídica e, consequentemente, regulamentar problemas e desafios novos, inerentes ao contexto tecnológico que se apresenta.

Referências

BARROSO, Gabriela de Menezes; SANT'ANNA, Marília Mendonça Morais. Inteligência artificial (IA) e a ausência de personalidade jurídica. *Brazilian Journal of Development*, v. 08, n. 04, 2022, p. 24.430. Disponível em: https://ojs.brazilianjournals.com.br/ojs/index.php/BRJD/article/view/46155/pdf.

BUNDESVERFASSUNGSGERICHT. Urteil vom 27. Februar 2008 - 1 BvR 370/07. Disponível em: https://www-bundesverfassungsgericht-de.translate.goog/SharedDocs/Entscheidungen/DE/2008/02/rs20080227_1bvr037007.html?_x_tr_sl=de&_x_tr_tl=pt&_x_tr_hl=pt-BR&_x_tr_pto=sc.

CHESTERMAN, Simon. Artificial intelligence and the limits of legal personality. *International & Comparative Law Quarterly*, v. 69, n. 4, 2020.

---

35 SAADOUN, Selina. A personalidade jurídica da inteligência artificial. Especialização em direito empresarial. *Mamari University*, 2022, p. 17. Disponível em: https://www.ummto.dz/dspace/handle/ummto/18626. Acesso em: 28 fev. 2024.

36 ZIEMIANIN, Karolina. Civil legal personality of artificial intelligence: Future or utopia?. *Internet Policy Review*, v. 10, n. 2, 2021, p. 10

CRUZ, Gabriela Efigênia Alves da *et al.* O desenvolvimento da inteligência artificial e os consequentes riscos para os direitos da personalidade. *Virtuajus*, v. 6, n. 10, 2021, p. 185. Disponível em: http://periodicos.pucminas.br/index.php/virtuajus/article/view/27082/18616.

ERHARDT, Jonathan; MONA, Martino. Rechtsperson Roboter – Philosophische Grundlagen für den rechtlichen Umgang mit künstlicher Intelligenz. S. Gless & K. Seelmann (Eds.). *Intelligente Agenten und das Recht*. Nomos Verlagsgesellschaft, 2016, p. 68.

EHRHARDT JÚNIOR, Marcos; SILVA, Gabriela Buarque Pereira. Pessoa e sujeito de direito: reflexões sobre a proposta europeia de personalidade jurídica eletrônica. *RBDCivil*, v. 23, 2020, p. 66.

FANG'E, Qiao. O desafio e a resposta da inteligência artificial ao status de sujeito civil. *Shanghai Observer*, 2022. Disponível em: https://www.jfdaily.com/sgh/detail?id=628488.

GONZÁLEZ, Laura Barros. *El debate sobre la personalidad jurídica y la responsabilidad de los robots inteligentes*. Grado en Derecho, Universidade de Cantabria, 2019, p. 5. Disponível em: https://repositorio.unican.es/xmlui/bitstream/handle/10902/18140/BARROSGONZALEZLAURA.pdf?sequence=1.

HANZL, Martin; REINISCH, Fabian. *Rechtsfähigkeit von KI*. Hanzl/Pelzmann/Schragl (Hrsg), Handbuch Digitalisierung, Linde, 2021, p. 487-489.

LUZAN, Tetiana. *Legal personhood of artificial intelligence*. University of Helsinki, 2020, p. 43.

NEGRI, Sergio Marcos Carvalho de Ávila; LOPES, Giovana F. Peluso. Da personalidade eletrônica à classificação de riscos na inteligência artificial (IA). *Teoria Jurídica Contemporânea*, v. 6, n. 2021, p. 5.

RAIS, Diogo; ABRUSIO, Juliana. 6. Novos aspectos da personalidade e a inteligência artificial: pessoa eletrônica (e-person), pessoa humana híbrida (real e virtual) e a objetificação da pessoa no cyberespaço. *In*: RAIS, Diogo; ABRUSIO, Juliana. *Privacidade, mercado e cidadania*: uma conexão a partir da IA. São Paulo: Editora Revista dos Tribunais. 2023. Disponível em: https://www.jusbrasil.com.br/doutrina/privacidade-mercado-e-cidadania-uma-conexao-a-partir-da-ia-ed-2023/1858022461.

RUSSEL, Stuart J.; NORVIG, Peter. *Artificial Intelligence*: A Modern Approach, Global Edition. United States: Pearson Education, 2010.

SAADOUN, Selina. *A personalidade jurídica da inteligência artificial*. Especialização em direito empresarial. Mamari University, 2022, p. 17. Disponível em: https://www.ummto.dz/dspace/handle/ummto/18626.

SALMEN, Caroline Salah; WACHOWICZ, Marcos. A atribuição da pessoa jurídica à inteligência artificial: desafios e sua efetividade. *Brazilian Journal of Development*, v. 7, n. 7, 2021.

SÁNCHEZ, Mária Dolores García. Inteligencia artificial y oportunidad de creación de una personalidad electrónica. *Ius et scientia*, v. 6, n. 2, 2020, p. 85. Disponível em: https://revistascientificas.us.es/index.php/ies/article/download/14277/12772/52294.

SARLET, Ingo Wolfgang. A eficácia do direito fundamental à segurança jurídica: dignidade da pessoa humana, direitos fundamentais e proibição de retrocesso social no direito constitucional brasileiro. *Rev. Ele. sobre a Ref. do Estado*, n. 21, 2010, p. 7.

SOORI, Mohsen; AREZOO, Behrooz; DASTRES, Roza. Artificial intelligence, machine learning and deep learning in advanced robotics, a review. *Cognitive robotics*, v. 3, 2023.

SEHER, Gerhard. Intelligente Agenten als "Personen" im Strafrecht?. *Intelligente Agenten und das Recht*. GLESS, Sabine; SEELMANN, Kurt (Hrsg.). 2016, p. 46-47.

TOMASEVICIUS FILHO, Eduardo. Inteligência artificial e direitos da personalidade: uma contradição em termos? *Revista da Faculdade de Direito da Universidade de São Paulo*, v. 113, 2018, p. 137. Disponível em: https://www.revistas.usp.br/rfdusp/article/view/156553/152042.

VELYKANOVA, Maryna *et al*. Artificial Intelligence: Legal Status Determination. *The Law, State and Telecommunications Review*, v. 14, n. 2, p. 77.

WEIREN, Yang. *Desafios de inteligência artificial e respostas de governança*. 2018. Disponível em: https://www.ly.gov.tw/Pages/ashx/File.ashx?FilePath=~/File/Attach/170539/File_193685.pdf.

ZENG, Yuan. Exame da personalidade jurídica limitada da inteligência artificial. *Eastern Law*, n. 5, 2017. Disponível em: http://lawyeredu.pkulaw.cn:8091/index.php?m=content&c=index&a=show&catid=11&id=241.

ZHAOXI, Xu. 人工智能有"法律人格"吗. *Ostheory,cn.*, 2019. Disponível em: http://www.qstheory.cn/llwx/2019-11/06/c_1125198103.htm. Acesso em: 25 jul. 2023.

ZIEMIANIN, Karolina. Civil legal personality of artificial intelligence: Future or utopia?. *Internet Policy Review*, v. 10, n. 2, 2021, p. 10.

ZOUINAR, Moustafa. Évolutions de l'Intelligence Artificielle: quels enjeux pour l'activité humaine et la relation Humain-Machine au travail?. *Activités*, v. 17, 2020. Disponível em: https://journals.openedition.org/activites/4941#quotation.

Informação bibliográfica deste texto, conforme a NBR 6023:2018 da Associação Brasileira de Normas Técnicas (ABNT):

COUTO, José Henrique de Oliveira; BASAN, Arthur Pinheiro. Personalidade jurídica à inteligência artificial: reflexões e possibilidades. *In*: EHRHARDT JÚNIOR, Marcos; CATALAN, Marcos (coord.). *Entre riscos, danos e contratos*: a inteligência artificial nas relações patrimoniais. Belo Horizonte: Fórum, 2024. p. 73-88. ISBN 978-65-5518-837-0.

A UTILIZAÇÃO DA INTELIGÊNCIA ARTIFICIAL NA CONCESSÃO DE CRÉDITO

GERALDO FRAZÃO DE AQUINO JÚNIOR

1 Notas introdutórias

A sociedade contemporânea convive – em especial nas últimas três décadas – com a disseminação, em escala mundial, de informações e de imagens mediante a utilização de mídias digitais e o exponencial desenvolvimento dos meios informáticos. O advento da internet, em especial, tem provocado mudanças no desenvolvimento das relações humanas, e o direito, reflexo que é da sociedade, vem sofrendo o influxo dessas transformações, o que impõe enormes desafios a juristas, legisladores e aplicadores. Dentre tantos desafios, destaca-se, sobretudo, a questão da existência de seres dotados de variado grau de autonomia capazes de interagir com o ambiente e dele extrair aprendizado que enriquecerá sua própria experiência e balizará decisões posteriores. São dotados de inteligência artificial (IA) e fazem uso de aprendizado de máquina (*machine learning*) para solucionar questões para as quais não estavam programados e que são postas diante de si. Isso é feito por meio de técnicas de reconhecimento de padrões e correlações, utilizando-se de uma grande massa de dados. Quanto maior a quantidade de dados, mais exemplos terá o algoritmo para descobrir correlações significativas. A tecnologia capaz de simular o raciocínio humano é denominada "IA forte" ou "IA geral", e os sistemas projetados para tarefas específicas e predeterminadas são chamados "IA limitada" ou "IA fraca". O conceito dessa tecnologia capaz de simular o raciocínio humano, não obstante, vem sendo alvo de críticas:

É importante ressaltar, no entanto, que o conceito de inteligência artificial, de maneira geral, vem sendo alvo de críticas por conduzir a problemas semânticos. A ideia de artificialidade, para a parte majoritária dos teóricos, está ligada ao ímpeto de emularmos tecnicamente a inteligência humana em agentes não humanos. Porém, ainda que seja uma meta ambiciosa, a inteligência artificial já demonstra um avanço enorme em relação à sua capacidade lógico-racional, fazendo com que a emulação da inteligência lógico-racional humana seja algo superável nos próximos anos. O conceito, portanto, tende a ficar defasado, tornando-se limitador em sua própria semântica. Por conta da indeterminação deste termo, alguns teóricos optam por substituir a expressão por "Inteligência Computacional", entre outras nomenclaturas.[1]

Isaac Asimov, autor do livro *Eu, robô,* batizou as denominadas três leis da robótica, de modo a permitir o controle e limitar os comportamentos dos robôs. São elas:

- 1ª lei: um robô não pode ferir um ser humano ou, por inação, permitir que um ser humano sofra algum mal.
- 2ª lei: um robô deve obedecer às ordens que lhe sejam dadas por seres humanos, exceto nos casos em que tais ordens entrem em conflito com a primeira lei.
- 3ª lei: um robô deve proteger sua própria existência desde que tal proteção não entre em conflito com a primeira ou segunda lei.

Mais tarde, Asimov acrescentou a "lei zero", que se sobrepunha às demais: um robô não pode causar mal à humanidade ou, por omissão, permitir que a humanidade sofra algum mal. O arcabouço por trás dessas leis – que são, na verdade, diretivas oriundas da ficção científica, mas factíveis na realidade da inteligência artificial – era possibilitar a coexistência de robôs inteligentes e humanos de molde a impedir uma rebelião das máquinas que viesse a subjugar a humanidade. Note-se que a palavra "robô" pode se referir tanto a máquinas físicas quanto a programas computacionais (*softwares*). Alguns preveem, inclusive, que, com as pesquisas em torno da inteligência geral artificial (AGI) – máquinas pensantes capazes de realizar qualquer tarefa intelectual humana –, seria possível que as máquinas pudessem melhorar a si

---

1 MAGRANI, Eduardo. *Entre dados e robôs*: ética e privacidade na era da hiperconectividade. Porto Alegre: Arquipélago Editorial, 2019. p. 51-52.

mesmas, desencadeando um crescimento descontrolado na inteligência dos computadores, que superaria a humana.[2]

Mais recentemente, foi lançado o *chatbot* de inteligência artificial da série *Generative Pre-Trained Transformer* (GPT), composta por grandes modelos de linguagem (*Large Language Models* – LLM). Esse modelo de linguagem treinado pela OpenAI está revolucionando a forma como as máquinas entendem e geram texto. É capaz de responder perguntas, completar frases incompletas e escrever textos coerentes, sendo utilizado de maneira eficiente para aplicações das mais variadas, como assistentes virtuais, geração de conteúdo e tradução automática. A OpenAI coletou uma quantidade imensa de dados de texto, como livros, conversas e artigos. Assim, esses dados foram utilizados para treinar o modelo de inteligência artificial utilizando uma técnica chamada aprendizado profundo (*deep learning*). Paralelamente ao desenvolvimento de *chatbots* de texto, outras tecnologias dão passos largos para sua disseminação, a exemplo do VALL-E (modelo IA da Microsoft capaz de reproduzir qualquer voz humana após ouvi-la por três segundos) e do DALL-E (desenvolvida pela OpenAI, é capaz de criar imagens através de pequenos comandos de texto).

As questões ético-jurídicas tornam-se complexas a partir do instante em que há necessidade de dirimir conflitos surgidos nesse ambiente digital. Em particular, surge a questão da atribuição de personalidade e imputabilidade aos robôs. Ser pessoa é ter a possibilidade de ser sujeito de direito e de arcar com suas correlatas obrigações – ou seja, capacidade jurídica e titularidade de direitos em relações jurídicas de direito material ou formal. Não obstante a proposta europeia de atribuição de personalidade jurídica, não há, em nosso ordenamento jurídico, fundamento para atribuição de personalidade jurídica aos robôs, uma vez que existem formas de assegurar eventual reparação da vítima sem que seja necessário recorrer à instituição de uma personalidade eletrônica, a exemplo da responsabilidade objetiva.

Dessa forma, havendo um dano causado por um robô, é necessário identificar uma pessoa a quem possa ser imputada a obrigação de repará-lo, uma vez que a atribuição de personalidade jurídica é pressuposto para a responsabilização. Para que uma pessoa seja obrigada a reparar um dano, é necessário, pois, que tenha a capacidade de reconhecer a (i)licitude de sua conduta.

---

2 LEE, Kai-Fu. *Inteligência artificial*: como os robôs estão mudando o mundo, a forma como amamos, nos relacionamos, trabalhamos e vivemos. Rio de Janeiro: Globo Livros, 2019. p. 169.

Nesse contexto, especificamente na seara econômico-financeira, permeiam questões atinentes à utilização pelas instituições financeiras de mecanismos de inteligência artificial para tomar decisões que impactam a vida da sociedade, o que é particularmente importante no contexto atual, em que essas instituições concedem crédito utilizando-se de *softwares* que examinam grande massa de dados. A concessão de crédito é um dos fatores mais importantes que caracterizam a sociedade de consumo massificada. Sob essa ótica, será feito neste texto, inicialmente, um breve panorama acerca da inteligência artificial e das decisões empresariais e, em seguida, será tratada a questão dos riscos e potencialidades da concessão de crédito a partir dessas análises automatizadas forjadas a partir de mecanismos de inteligência artificial.

2 Inteligência artificial e decisões empresariais

O gerenciamento de uma sociedade requer a constante tomada de decisões que impactarão seu desenvolvimento, assim como das pessoas que dela fazem parte. Essas decisões podem levar tanto ao sucesso como ao fracasso do empreendimento, razão pela qual é imprescindível que sejam baseadas em dados racionais. Nesse aspecto, sistemas decisórios calcados em inteligência artificial têm um importante papel de apoio, uma vez que podem apresentar respostas e propor estratégias de solução às demandas que se apresentam.

Os algoritmos guiam os sistemas computacionais na solução de problemas, razão pela qual não há inteligência artificial sem algoritmos.[3] Algoritmo é um conjunto de regras ou instruções matemáticas que estabelecem uma sequência de operações que levam à solução de dado problema. Nessa linha, subjaz a ideia de que a máquina falha menos do que o ser humano, que é naturalmente sujeito a vieses e tende a adotar certos padrões de comportamento. A máquina, por seu turno, seria teoricamente mais eficiente, objetiva e imparcial.

Não obstante essa concepção, há que se recordar que os algoritmos (até o momento) são elaborados por seres humanos. Normalmente, o *input* inicial que alimenta os algoritmos é formado por um imenso manancial de informações (*big data*) que, devidamente processados, transformam os dados brutos em dados economicamente apreciáveis e úteis aos tomadores de decisão. Esse banco de dados é carreado

---

[3] MCKENZIE, Raub. Bots, Bias and Big Data: Artificial Intelligence, Algorithmic Bias and Disparate Impact Liability in Hiring Practices. *Arkansas Law Review*, v. 71, n. 2, 2018, p. 532-533.

ao sistema pelo ser humano e, se o algoritmo estiver imbuído dos mesmos vieses humanos, não se pode considerá-lo neutro. As mesmas imperfeições humanas serão transferidas para o modelo matemático.

Levando-se em conta a premissa apontada de que a inteligência artificial embutiria decisões mais assertivas, imparciais e objetivas, sua utilização em processos decisórios pode englobar diversas áreas da sociedade empresária: ações de publicidade, investimentos, novas parcerias de negócios, escolha de novos funcionários, avaliação de riscos, desenvolvimento de produtos, entre outros.

Alguns setores que certamente se beneficiarão da inteligência artificial são:

a) cibersegurança: algumas ferramentas já utilizam a inteligência artificial para prevenir ataques e detectar *malwares* e atividades suspeitas;
b) redes de abastecimento: a inteligência artificial possibilita o oferecimento de informações detalhadas e descoberta de novos fornecedores;
c) perfil do consumidor: com a inteligência artificial, é possível traçar o perfil de consumo dos usuários com apenas um clique, mapeamento que auxilia na otimização de estoques dos produtos e na construção e direcionamento de anúncios;
d) gestão de risco: por meio da inteligência artificial, é possível antecipar e prevenir a exposição de dados, reduzir corrupções e fraudes, além de estabelecer uma cultura de transparência e responsabilidade;
e) treinamento de habilidades: com a ajuda da inteligência artificial, as empresas podem detectar as competências e aptidões de cada colaborador, maximizando sua participação no desenvolvimento da sociedade.

Adicionalmente, podem-se identificar os aspectos relevantes a seguir descritos com relação a essas áreas, que podem ser mais profundamente afetadas.

O recrutamento de talentos pode ser efetuado de maneira mais rápida. Muitas empresas já estão usando a IA para automatizar tarefas repetitivas e demoradas, como criar faturas ou enviar sequências de *e-mail*. O aprendizado de máquina pode auxiliar os departamentos de recursos humanos, automatizando os processos de triagem de currículos, contato com candidatos e agendamento de entrevistas. A ferramenta também ajuda a economizar tempo ao selecionar candidatos para cargos que correspondam à sua experiência, conhecimento e habilidades necessárias para o trabalho ao qual estão se candidatando.

Quanto à tomada de decisão, à medida que a IA se torna mais acurada em analisar e entender com precisão grandes quantidades de dados, as empresas têm a chance de criar campanhas mais direcionadas e personalizadas com maior lucratividade. Os aplicativos de IA são capazes de coletar padrões e outros *insights* de texto, números, imagens e vídeos. Com isso, as empresas podem alocar com mais garantia de sucesso o orçamento e os recursos necessários para as áreas que mais precisam.

Além disso, a implementação de IA também oferece o potencial de tomada de decisão automatizada. No entanto, nesses casos, é crucial que as empresas ofereçam transparência aos clientes e façam uma verificação para garantir que sejam melhores do que as escolhas que teriam sido feitas pelos administradores.

No tocante à simplificação do suporte ao cliente, muitas empresas já implementaram *chatbots* no atendimento ao cliente e é fácil entender o porquê. Eles podem responder às perguntas dos clientes rapidamente, estão disponíveis 24 horas por dia e podem encaminhar conversas para tarefas humanas realizadas por representantes quando necessário. E os clientes estão se tornando muito mais confortáveis em interagir com os robôs, com um número crescente de pessoas preferindo o *chat* ao vivo em vez de outros métodos de contato, uma vez que ele evita muito tempo de espera. É fato também que muitos clientes se sentem mais satisfeitos ao usar um recurso de bate-papo ao vivo.

Por meio da automação de processos, a cadeia de suprimentos é otimizada, garantindo mais agilidade e precisão. Algumas aplicações incluem drones de inventário, carrinhos de armazém sem motorista, análise de dados aprimorada e *software* de detecção de anomalias.

Aprimora-se também a segurança, uma vez grande parte das violações de segurança cibernética ocorre devido a erros humanos. Portanto, faz sentido que a IA possa ser usada para tornar os computadores e as redes mais seguros, filtrando *e-mails* de *malware, spam* e *phishing*, antes mesmo de chegarem ao destinatário.

Há também soluções com tecnologia de análise de sentimentos, que permitem que as máquinas entendam com precisão o tom de voz de um cliente. Como resultado, as empresas podem responder a preocupações, reclamações e dúvidas com muito mais precisão, o que também ajuda na retenção de clientes. Muitas empresas já estão usando a IA para apoiar suas estratégias de experiência do consumidor e fortalecer o engajamento e a confiança na marca, a exemplo da recomendação automática de itens ou serviços semelhantes aos quais o cliente possa ter interesse.

Um dos efeitos mais desejados da implantação de qualquer nova ferramenta é a redução dos custos operacionais. Com a inteligência artificial nas empresas, a equipe economiza tempo, já que pode se concentrar em outras tarefas que demandem mais atenção. Claro que existe um investimento inicial, mas os benefícios no longo prazo resultam em economia financeira para as empresas. Além disso, com o passar do tempo ela tende a se tornar mais acessível.

Com a crescente digitalização dos negócios, surgem novos desafios que, sem a intervenção humana de cientistas de dados ou especialistas em IA, podem permanecer sem solução. Ao identificar problemas de negócios complexos, como aprendizado de máquina, pesquisa de operações, gráficos ou inconsistências de pesquisa, os especialistas em IA podem reconhecer quais novas fontes de informação devem ser coletadas para ajudar as organizações a resolver problemas permanentes de maneira inovadora. Além disso, a coleta constante de dados possibilitada pela IA pode ajudar as empresas a criarem melhores serviços.

Por conseguinte, o constante surgimento de novos dados implica a necessidade de as organizações melhorarem a consistência de suas práticas de IA para acompanhar a criação de novos produtos e incorporar *feedback* de consumidores e outros parceiros do ecossistema. As equipes de IA também devem se adaptar a mudanças não previstas nos pontos de contato com o cliente devido aos dados gerados por novos dispositivos, aí incluídos os vestíveis, como relógios, pulseiras e óculos de realidade virtual. Por fim, novas estratégias de contextualização do cliente podem ajudar o negócio a obter melhores resultados. No entanto, os modelos existentes e as entradas da fonte de dados precisarão ser ajustados para dar suporte a essa técnica.

Há de se considerar, também, que a maior parte das sociedades empresárias terá que lidar com crises em algum momento de sua existência, desde situações desencadeadas por reclamações de clientes até uma queda acentuada na lucratividade. Ter uma equipe de IA disponível para mergulhar profundamente nos dados gerados pela crise pode ajudar os líderes empresariais a entender o que realmente está acontecendo e como resolver esses problemas de forma eficaz.

Diante dessa vasta gama de aplicações destinadas a maximizar a atividade empresarial, pode-se afirmar que haverá responsabilização dos agentes empresariais pela escolha dos aplicativos operados por meio de inteligência artificial, assim como pela escolha do banco de dados que deu suporte às decisões tomadas e pela adoção cega dos caminhos propostos sem a necessária crítica e ponderação. Inclusive, pode-se pensar numa responsabilização pelo fato de o administrador eventualmente ignorar o indicativo da inteligência artificial ou atuar contrariamente a ele sem justificar sua decisão perante a sociedade. Não pode também o agente se esquivar da responsabilidade sob a alegação de neutralidade do algoritmo utilizado como se não houvesse uma subjetividade subjacente aos aplicativos de IA. Recorde-se, mais uma vez, que os dados são alimentados pelos funcionários, que também possuem sua parcela de responsabilização caso tenham se portado com desídia quando do fornecimento do *input* aos aplicativos. Em resumo, a responsabilidade do agente será diretamente proporcional à confiança depositada nos algoritmos, nos dados fornecidos e na obediência ou não aos caminhos propostos pelo sistema informatizado.

3 Inteligência artificial e concessão de crédito

O mercado de crédito assistiu na última década a uma transformação no processo de concessão de crédito. Tradicionalmente, as instituições financeiras faziam a análise com base em regras predeterminadas e modelos prontos que avaliavam o histórico de crédito, o valor da renda e os bens do cliente, balizadores para calcular o risco de inadimplência do indivíduo.

Essa metodologia era incapaz de capturar particularidades complexas no perfil de crédito dos clientes, bem como as transformações dinâmicas em sua conduta financeira e condições econômicas, dificuldade que se acentuava em se tratando do público desbancarizado e das classes com renda mais baixa. O modelo adotado não tinha flexibilidade, e essa rigidez tornava o processo ainda mais desafiador.

Nessa linha, os avanços tecnológicos engendraram o aprimoramento da concessão de crédito com o auxílio da inteligência artificial, cujo grande diferencial consiste na capacidade de identificar padrões distintos por meio de análise e modelagem de dados do cliente. Assim, a abordagem não depende mais de regras predefinidas. Com a IA, ela se adapta dinamicamente às nuances do comportamento financeiro de cada um. O resultado é uma visão mais abrangente e precisa do perfil desse cliente.

Exemplo disso são os algoritmos de *machine learning*, um subconjunto vital da IA, que evoluíram significativamente além do mero processamento de informações em grande escala. Os algoritmos de *machine learning* constroem modelos preditivos de forma autônoma a partir de dados como histórico financeiro do cliente, cadastro positivo, restritivo, patrimônio e outras informações sociais e comerciais com o objetivo de traçar um perfil detalhado do consumidor e atribuir um *score* de crédito cada vez mais preciso. Atualmente, eles são capazes de realizar operações em tempo real e se adaptar dinamicamente. Embora o *machine learning* tenha décadas de desenvolvimento, suas aplicações iniciais no setor de crédito começaram com modelos relativamente simples e baseados em estatística. A evolução dessa tecnologia foi gradual, levando à criação de sistemas mais sofisticados e adaptáveis.

Hoje, a sinergia entre IA e *machine learning* resulta em modelos de crédito extremamente avançados. Eles não apenas aprendem continuamente com os dados, mas também se ajustam a mudanças nos padrões de comportamento financeiro, garantindo uma análise mais precisa e atualizada. Entretanto, ainda é essencial destacar que o sucesso desses modelos depende da qualidade dos dados e de ajustes para aperfeiçoamento. Assim, garante-se que os modelos se mantenham justos, transparentes e em conformidade com as regulamentações vigentes.

Assim, a incorporação de *machine learning* na IA revolucionou a forma como os dados comportamentais, transacionais e cadastrais são analisados no setor bancário. Mas qual é o impacto real dessa integração?

Essa abordagem permite a identificação de padrões complexos e sutis que anteriormente poderiam passar despercebidos. Isso significa que as instituições financeiras podem obter uma compreensão mais profunda e detalhada do perfil financeiro dos clientes. Com essa análise avançada, não apenas identificam-se tendências e comportamentos, mas também aprimora-se a precisão na avaliação de riscos e oportunidades, e isso abre um leque de possibilidades para as instituições financeiras. As decisões de crédito se tornam mais assertivas, e o risco é reduzido ao mesmo tempo em que se ganha eficiência. Portanto, a análise avançada de dados não é apenas sobre processar informações; é sobre transformá-las em ações estratégicas que beneficiam tanto as instituições quanto seus clientes.

Com o avanço dos mecanismos de IA, observa-se um salto significativo na precisão e na personalização da avaliação de riscos no setor financeiro. A IA não apenas facilita uma análise integral e abrangente, mas também capacita as instituições financeiras com modelos preditivos sofisticados que desempenham papel fundamental nas decisões de crédito.

Ao permitir uma gestão de risco mais eficaz, especialmente no que tange à inadimplência, as instituições podem ajustar suas estratégias de crédito para se alinhar mais com o perfil e a capacidade financeira de cada cliente. Isso não apenas minimiza os riscos, mas também promove práticas de crédito mais justas e responsáveis.

Além de reduzir a inadimplência, uma condição em que um cliente pode vir a se encontrar de boa-fé, a IA é capaz de detectar também tentativas de fraudes em tempo real e bloqueá-las antes que sejam levadas a cabo. A concessão de crédito segundo os modelos tradicionais pode ser falha, porque depende de grande número de indicadores e especialistas para detectar anomalias. Já a IA é extremamente eficiente em identificar padrões atípicos em larga escala e lançar alertas em tempo real.

É exatamente isso que faz o chamado *score* antifraude, uma ferramenta que analisa dados, como nome da pessoa, CPF, cartão de crédito, histórico financeiro e outras informações públicas, analisadas de acordo com a Lei Geral de Proteção de Dados Pessoas, e traça o perfil do autor da ação suspeita – por exemplo, um pedido de concessão do crédito – e, por fim, aponta se a operação é segura ou não.

Uma instituição financeira que utiliza o *score* antifraude tem muito mais chance de se precaver contra fraudes e golpes, protegendo a instituição de potenciais graves danos financeiros. Além disso, a abordagem baseada em IA permite que sejam identificadas oportunidades de negócios anteriormente ocultas e melhorem a satisfação do cliente. Assim, a IA na avaliação de risco não é apenas uma ferramenta que mitiga perdas, mas também um poderoso instrumento para potencializar o crescimento sustentável e a inovação no setor financeiro.

A evolução no processo de automatização de crédito é notável: se antes era necessário visitar uma agência bancária para obter um empréstimo pessoal, hoje, graças à tecnologia, muitos clientes têm acesso a limites de crédito pré-aprovados diretamente em seus aplicativos bancários. A IA tornou o processo mais eficiente e mais inovador. Ao incorporar algoritmos avançados, a inteligência artificial não apenas automatiza análises, mas também transforma radicalmente a experiência do usuário.

A implementação dessas tecnologias resulta em processos de crédito mais rápidos, o que torna o crédito mais acessível e conveniente para os clientes. Em última análise, a automatização no setor financeiro, alimentada pela IA, não é apenas uma questão de velocidade, mas também de precisão, acessibilidade e inovação no atendimento ao cliente.

Ao cruzar dados comportamentais e transacionais, a IA revela *insights* valiosos sobre o perfil financeiro dos clientes, e isso é uma vantagem estratégica. Essa análise avançada não só melhora a precisão na previsão de comportamentos futuros dos clientes, mas também aprimora significativamente a avaliação de risco, tornando-a mais preditiva e menos reativa.

Além disso, com *insights* mais profundos e precisos, os gestores de crédito podem tomar decisões mais assertivas. Isso resulta em políticas de crédito mais alinhadas com a realidade financeira dos clientes e com os objetivos estratégicos das instituições, equilibrando melhor as oportunidades de crescimento com a gestão de riscos.

A predição da inadimplência no setor financeiro, por seu turno, sofreu uma transformação significativa nos últimos anos. Anteriormente, os métodos eram predominantemente baseados em modelos históricos e analíticos limitados, focados em tendências e padrões passados.

Com uma análise de clientes anteriores, por exemplo, as instituições conseguem antecipar o comportamento de um cliente recém-chegado e avaliar sua probabilidade de se tornar inadimplente. Isso é feito pela identificação de padrões no comportamento de clientes antigos que vieram a ficar inadimplentes e pela comparação desses padrões com os dados de clientes recém-chegados. Por meio de uma análise profunda, a IA consegue identificar sinais sutis e indicadores de risco que seriam difíceis de detectar por métodos tradicionais.

O resultado é a geração de um *score* de risco mais preciso e personalizado, que indica a probabilidade de um novo cliente se tornar inadimplente. Essa inovação na predição de inadimplência mostra como a inteligência artificial está redefinindo as práticas de gestão de riscos no setor financeiro, tornando-as mais eficientes, precisas e adaptadas às necessidades individuais.

Dessa forma, a evolução na análise de risco no setor financeiro, impulsionada pelo uso de *machine learning* e *big data*, redefiniu completamente as práticas anteriores do setor. Agora, as instituições financeiras têm a capacidade de personalizar a análise de risco de acordo com as características individuais de cada cliente e do próprio negócio, algo que não era tão fácil de se conseguir com os métodos tradicionais. Com o uso de tecnologias avançadas, é possível realizar uma análise aprofundada de variados tipos de dados, incluindo informações demográficas, histórico financeiro e comportamento de pagamento. Essa análise detalhada contribui para a criação de modelos preditivos altamente precisos, que são fundamentais nas tomadas de decisão sobre a concessão de crédito.

Juntas, as tecnologias de IA, *machine learning* e modelagem de dados estão ajudando a quebrar barreiras, alcançando indivíduos que, até então, eram marginalizados pelo sistema financeiro convencional, muitas vezes devido a limitações em seus dados ou histórico de crédito tradicionais. Ao considerar uma gama mais ampla de dados e indicadores na análise de crédito, as instituições financeiras podem oferecer produtos e serviços mais adequados às necessidades específicas de uma população diversificada.

O impacto dessa mudança é profundo e de longo prazo. Ao fomentar a inclusão financeira, essas tecnologias criam oportunidades para o crescimento econômico sustentável e promovem um desenvolvimento mais equilibrado. A democratização do acesso ao crédito não é apenas um avanço na prestação de serviços financeiros; ela é uma peça importante para o empoderamento econômico de indivíduos e comunidades anteriormente desatendidos.

A eficiência, a personalização e a capacidade de previsão, todas impulsionadas pela IA, convergem para criar uma jornada do cliente mais fluida e intuitiva, elevando significativamente os níveis de satisfação e lealdade. Com a IA, os processos se tornam mais rápidos e menos propensos a erros, reduzindo o tempo de espera e aumentando a conveniência para os clientes. Isso inclui desde a rapidez na aprovação de crédito até a eficiência no atendimento ao cliente através de canais digitais inteligentes.

Além disso, a IA permite uma compreensão mais profunda das necessidades e preferências individuais dos clientes, possibilitando que as instituições financeiras ofereçam produtos e serviços sob medida. Isso não apenas atende às expectativas dos clientes, mas muitas vezes as supera, gerando uma experiência genuinamente personalizada.

Essa transformação na experiência do cliente não é apenas um valor agregado ao serviço, ela representa uma mudança fundamental na forma como as instituições financeiras interagem com seus clientes. Dessa forma, as instituições financeiras não apenas fortalecem suas relações com os clientes atuais, mas também atraem uma nova clientela, que busca serviços mais inteligentes, ágeis e personalizados.

Na avaliação de risco de crédito, a inteligência artificial é empregada por meio de diversas técnicas e metodologias que permitem analisar grandes volumes de dados e gerar modelos preditivos confiáveis, algumas das quais são comentadas abaixo.

Regressão logística: é um método estatístico utilizado para analisar a relação entre variáveis independentes e uma variável dependente binária (por exemplo, inadimplente ou não inadimplente). A regressão logística é comumente utilizada para prever a probabilidade de inadimplência de um cliente, considerando características demográficas, financeiras e comportamentais.

Árvores de decisão e florestas aleatórias: árvores de decisão são modelos gráficos que representam as possíveis soluções de um problema de decisão, considerando variáveis e seus respectivos resultados. Florestas aleatórias são um conjunto de árvores de decisão que são combinadas para melhorar a precisão das previsões. Essas técnicas são utilizadas na avaliação de risco de crédito para classificar os clientes em diferentes categorias de risco, com base em suas características e históricos financeiros.

Redes neurais artificiais: são modelos computacionais inspirados no funcionamento do cérebro humano, composto por camadas de neurônios artificiais que processam informações e geram previsões. Redes neurais são aplicadas na avaliação de risco de crédito para identificar padrões complexos nos dados e gerar modelos preditivos altamente precisos.

Aprendizado profundo (*deep learning*): é uma subcategoria do aprendizado de máquina que utiliza redes neurais profundas, ou seja, com várias camadas de neurônios, para aprender representações abstratas dos dados e realizar previsões. O aprendizado profundo pode ser empregado na avaliação de risco de crédito para analisar informações não estruturadas, como imagens, textos e dados de redes sociais, e gerar modelos preditivos mais abrangentes.

Algoritmos de agrupamento (*clustering*): são técnicas de aprendizado não supervisionado que dividem os dados em grupos (*clusters*) com características similares. Na avaliação de risco de crédito, algoritmos de agrupamento podem ser utilizados para segmentar os clientes em diferentes perfis de risco e para identificar segmentos de mercado com maior probabilidade de inadimplência.

Ao utilizar a inteligência artificial na avaliação de risco de crédito, as instituições financeiras e empresas de crédito podem obter *insights* valiosos sobre o comportamento dos clientes, identificar padrões e tendências ocultas e tomar decisões mais informadas sobre a concessão de crédito. Além disso, a IA pode ajudar a reduzir a subjetividade na análise de risco, aumentar a eficiência dos processos e melhorar a gestão de portfólios de crédito. Para alcançar esses benefícios, é crucial selecionar as técnicas e algoritmos adequados, garantir a qualidade e a representatividade dos dados utilizados e monitorar o desempenho dos modelos de IA ao longo do tempo.

A IA também pode ser usada na automação de processos de cobrança, reduzindo o tempo e o custo envolvidos nessas atividades. Por exemplo, *chatbots* e assistentes virtuais podem ser empregados no contato com clientes inadimplentes, permitindo o envio automático de lembretes de pagamento e a negociação de dívidas de forma mais ágil e eficiente.

A automação de processos também pode ser utilizada na análise de dados de clientes e na identificação de estratégias de cobrança mais efetivas, baseadas em padrões e comportamentos identificados pela IA. Para implementar a automação de processos na gestão de cobrança com inteligência artificial, é importante identificar as áreas e processos que podem ser otimizados com a IA e selecionar as técnicas e ferramentas de IA mais adequadas às necessidades da empresa e dos clientes, integrando as soluções de IA aos sistemas de gestão e aos canais de comunicação. Também é fundamental monitorar e avaliar os resultados da automação de processos, ajustando as estratégias e os modelos de IA conforme necessário, além de garantir a segurança e a privacidade dos dados dos clientes durante todo o processo de automação.

A automação de processos na gestão de cobrança com inteligência artificial pode trazer inúmeros benefícios para as empresas e instituições financeiras. Além de reduzir o tempo e os custos envolvidos nas atividades de cobrança, a IA pode melhorar a eficiência dos processos, aumentar a satisfação dos clientes e auxiliar na recuperação de dívidas de maneira mais ágil e eficiente.

No entanto, é importante lembrar que a implementação bem-sucedida da IA na gestão de cobrança exige um planejamento cuidadoso, a seleção das técnicas e ferramentas adequadas e a capacitação da equipe para lidar com as mudanças nos processos de trabalho. Algumas técnicas e abordagens utilizadas para personalizar e adaptar a cobrança com inteligência artificial incluem a segmentação de clientes, a análise de comportamento dos clientes, a personalização de comunicação, a utilização de modelos preditivos eficazes e a otimização de estratégias de cobrança.

Por fim, a inteligência artificial tem potencial para transformar a gestão de crédito e cobrança, trazendo melhorias significativas em termos de eficiência, redução de custos e experiência do cliente. A aplicação da IA na avaliação de risco de crédito, na automação de processos de cobrança e na personalização das estratégias permite que as empresas tomem decisões mais precisas e embasadas, além de proporcionar uma abordagem mais adaptada às necessidades e características de cada cliente.

É importante ressaltar, no entanto, que a adoção da IA na gestão de crédito e cobrança deve ser acompanhada de medidas de segurança e ética no uso dos dados, garantindo a privacidade e a proteção das informações dos clientes. Além disso, é fundamental que as empresas invistam na capacitação e atualização de seus colaboradores, de modo a garantir que as equipes estejam preparadas para lidar com as mudanças e os desafios trazidos pela tecnologia.

Ao adotar essas técnicas inovadoras, as instituições financeiras podem não apenas melhorar seus processos de análise de crédito, mas também fortalecer seus relacionamentos com os clientes e impulsionar seu sucesso a longo prazo.

No que diz respeito à análise de crédito eficiente, os benefícios para o varejo são diversos. A automatização desse processo, por meio da IA, resulta em decisões rápidas e precisas, reduzindo processos manuais e minimizando a possibilidade de vieses, fraudes de erros humanos, fatores bem comuns no processo de análise de crédito manual feita por atendentes.

Na vanguarda das tendências atuais em análise de crédito para lojas varejistas, a busca por respostas rápidas aos clientes ganha destaque, reduzindo a espera e elevando a satisfação. O uso estratégico de dados e IA torna-se essencial para tomar decisões inteligentes e seguras, proporcionando uma previsibilidade elevada para as operações no setor.

Não obstante os avanços existentes no que tange à adoção de mecanismos de inteligência artificial, é imprescindível que seja disseminado o conceito de ética empresarial, que se refere às diretrizes que uma empresa adota ao interagir com clientes, funcionários e demais organizações. É um esforço consciente para tratar todas as pessoas (físicas e jurídicas) com respeito e estabelecer um ambiente de trabalho positivo. Os efeitos das práticas éticas nos negócios podem beneficiar financeiramente uma empresa, auxiliando-a no seu crescimento. Em outras palavras, a ética está relacionada aos princípios e valores que um indivíduo usa para fundamentar suas atividades e decisões. Em uma organização, código de ética é um conjunto de princípios que a orienta em seus programas, políticas e decisões de negócios, e esse código embasará as tomadas de decisão calcadas em mecanismos de inteligência artificial.

Também é importante a adoção de um programa de *compliance*. *Compliance* significa estar em conformidade com leis e regulamentos e vem do verbo inglês "*to comply*". A ideia é reduzir riscos e aumentar a segurança e a padronização dos processos da empresa. Isso garante que leis, normas e outros padrões sejam cumpridos com segurança. *Compliance* é, portanto, um termo usado no mundo da gestão para organizar os processos e a conduta de colaboradores visando estar em conformidade com a legislação e com as normas definidas pela própria empresa. O *compliance* engloba também a questão dos valores éticos e íntegros da empresa para seus colaboradores e também para a sociedade, uma vez que o comportamento da equipe é propagado também em sua vida pessoal.

A ideia é que a empresa, além de atender a legislação, possa também definir as regras e os valores da organização e, assim, os colaboradores podem propagar esses valores não só dentro da empresa, mas também para seus clientes, fornecedores, redes sociais etc. É importante ressaltar também que essas leis e regulamentos podem ser originários do governo da própria empresa. Portanto, é uma forma de garantir que os colaboradores da empresa realmente sigam os comportamentos desejados pela administração.

Tais iniciativas não são voltadas apenas para impedir violações, mas também para reduzir multas e atenuar sanções. Trata-se de importante esforço para conquistar e manter uma reputação positiva. Afinal de contas, o sucesso de qualquer organização depende da sua imagem pública. Quando uma empresa começa a enfrentar processos judiciais, o público em geral tende a perder confiança nela. O programa de *compliance* atua para assegurar que a empresa possa manter uma imagem positiva e merecer a confiança do consumidor.

Além disso, o *compliance* também desempenha papel fundamental na condução de mudanças e inovações dentro das empresas. O *compliance* é uma excelente ferramenta para influenciar o comportamento organizacional. As práticas de cada dia são moldadas por treinamentos e códigos de conduta. Esses mesmos códigos de conduta decorrem dos valores e visões estabelecidos pela administração e devem ser disseminados ao longo do tempo e, no que se refere à ética empresarial, incorporar práticas adequadas requer o desenvolvimento de um programa de *compliance* voltado às especificidades de cada negócio e às características gerais da equipe e do segmento de atuação.

Nesse contexto, a adoção de decisões baseadas em inteligência artificial que representem afronta às diretrizes do *compliance* empresarial ensejará a responsabilidade do administrador. É possível também considerar ato ilícito quando a sociedade adota um algoritmo sem ter conhecimento suficiente sobre sua ação ou não adota as providências pertinentes para evitar a falta do dever de diligência quando os resultados práticos obtidos a partir dos algoritmos denotam conduta antiempresarial. A violação do dever de diligência ensejará também a responsabilização. Daí a importância da transparência acerca do *modus operandi* da inteligência artificial, entendendo seus limites e evitando decisões equivocadas.

4 Notas conclusivas

O uso de inteligências artificiais e de *softwares* revolucionou a tomada de decisão sobre a concessão de crédito pelas instituições financeiras. A decisão sobre para quais pessoas conceder crédito e em qual valor e as análises de risco nela implicadas tem um passado reconhecidamente burocrático. O processo envolvia uma ampla coleta de dados de diversas fontes. Os riscos relacionados à oferta de crédito eram analisados de forma manual para cada solicitante e a decisão final era tomada caso a caso.

Atualmente, instituições financeiras em todo o mundo implementam sistemas automatizados que são capazes de processar uma massiva quantidade de dados e regras por segundo. Para além da mera automatização do trabalho humano, a utilização de inteligências artificiais e de outras técnicas de *machine learning* permite a correlação de padrões de forma detalhada e minuciosa, elevando o grau de acurácia das decisões. Em termos de oferta de crédito, decisões mais acuradas significam menos riscos assumidos.

Com essas novas tecnologias, um processo de tomada de decisão arriscado, que historicamente demandou uma imensa quantidade de tempo e burocracia das instituições bancárias, pode ser feito em questão de minutos. Tempo é, certamente, uma unidade bastante relevante no atendimento referente ao setor financeiro.

No entanto, a implementação de toda tecnologia deve considerar os riscos de sua utilização. No caso de tecnologias de tomadas de decisão de crédito automatizadas, os riscos jurídicos em termos de proteção de dados pessoais e atendimento às exigências regulatórias do Banco Central do Brasil devem ser compreendidos.

Inicialmente, cabe relembrar que o art. 20 da Lei Geral de Proteção de Dados garante aos titulares o direito à revisão de decisões automatizadas que possam afetar seus interesses, incluindo menção explícita a decisões sobre o perfil de crédito. Embora a Autoridade Nacional de Proteção de Dados Pessoais não tenha emitido regulamentações adicionais sobre o tema, é importante assegurar a possibilidade de revisão humana da solicitação de crédito e da decisão automatizada em prazo razoável. Além disso, os consumidores podem solicitar informações sobre os critérios e procedimentos utilizados no processo de tomada de decisão automatizada. Nesse caso, será necessário fornecer informações claras e adequadas mediante solicitação, porém sempre protegendo e não revelando segredos de negócio.

É importante notar que, tratando-se de tecnologias de inteligência artificial orientadas por quantidades massivas de dados e por reconhecimento de padrões oriundo de aprendizados na fase de treinamento da inteligência artificial, os critérios decisórios nem sempre podem ser facilmente compreendidos. Esses são desafios que devem ser considerados ao se utilizarem tais tecnologias.

De forma ampla, um dos princípios da Lei Geral de Proteção de Dados é o da transparência. De acordo com esse princípio, devem ser garantidas informações claras, precisas e acessíveis sobre o uso de dados aos titulares, que devem ser informados sobre para quais finalidades seus dados são utilizados e qual a forma de tratamento. Assim, quando da utilização de decisões automatizadas em um processo de análise de crédito, é fundamental incluir essa informação na política de privacidade ou em outro documento ou nota de caráter informativo.

Considerando que parte significativa dos *softwares* e sistemas de decisões automatizadas são terceirizados, é fundamental assegurar que o fornecedor esteja em conformidade com a legislação e que possui medidas de segurança adequadas para realizar o tratamento de dados pessoais pretendido. Para além do estabelecimento de contrato contendo os requisitos mínimos de segurança, recomenda-se auditar previamente à contratação e periodicamente os fornecedores em termos de proteção de dados e segurança da informação. Além disso, é fundamental assegurar que as bases de dados estejam devidamente treinadas, compreendendo qual a origem dos dados utilizados e como ocorreu o processo de treinamento, até mesmo para evitar vieses indesejados na tomada de decisão.

A inovação representada pelo uso dessas tecnologias não pode ser ignorada. No entanto, os riscos existem e devem ser tratados, uma vez que se exige papel ativo das instituições na tomada das medidas de segurança e conformidade necessárias para utilização dessas tecnologias.

Adicionalmente, a forma como os dados são coletados também desperta preocupações, mormente quando se sabe que sua produção e processamento também possuem limitações, em especial quando desprovido de controle humano. Mesmo quando o controle da inserção desses dados existe, é grande a possibilidade de desvirtuamento e de inclusão de linhas de código computacional que beneficie determinados interesses. Daí a necessidade de interação humana com vistas a interpretar as propostas algorítmicas e correlacioná-las à realidade de modo a torná-las, de fato, decisões da administração da sociedade, e não da máquina.

O poder de predição dos algoritmos é insuficiente quando se trata de eventos que ocorrem raramente ou que necessitam de uma intervenção singular. Como normalmente não há grande massa de dados em função da escassez de situações-tipo, maior será a probabilidade de correlações equivocadas, levando a decisões falaciosas, mormente quando desprovidas de exame mais acurado. Nesse sentido, sempre é de bom alvitre recordar que os indicativos algorítmicos são feitos a partir de critérios gerais que desconsideram as particularidades do caso e não respeitam a individualidade da situação. Por conta disso, é mister o cuidado com seu emprego amplo e indiscriminado, sem que existam mecanismos de controle e sem seguir as regras de *compliance* da sociedade.

Para tal, é necessário que esse controle abranja tanto a qualidade dos dados (sua precisão, adequação e acurácia) como a qualidade do processamento (idoneidade da programação computacional). Isso demonstra que é necessário prudência na incorporação de sistemas de inteligência artificial na atividade empresarial, especialmente se o sistema utiliza aprendizado de máquina em que o código é alterado de modo independente e cujo controle se torna de difícil consecução. Aliado a isso, a diligência na condução dos negócios exige atuação compatível com os riscos assumidos na utilização da tecnologia. Conclui-se, portanto, que a utilização de sistemas de inteligência artificial deve ser feita como apoio para a tomada de decisão, sem que haja a transferência do processo decisório para a máquina. Não obstante a introdução de mecanismos de inteligência artificial, as decisões e atos serão atribuídos ao administrador, que se sujeitará às regras de imputação de responsabilidade estabelecidas pela legislação em vigor, uma vez que a utilização desses mecanismos não altera os critérios legalmente previstos de responsabilização. A tecnologia não cria espaços imunes à aplicação do direito, que deve estar coadunado com as novas práticas que surgem a todo o momento, acompanhando de perto as inovações tecnológicas e, por conseguinte, promovendo um ambiente social mais próximo da segurança que deve nortear as relações jurídicas.

Referências

LEE, Kai-Fu. *Inteligência artificial*: como os robôs estão mudando o mundo, a forma como amamos, nos relacionamos, trabalhamos e vivemos. Rio de Janeiro: Globo Livros, 2019.

MAGRANI, Eduardo. *Entre dados e robôs*: ética e privacidade na era da hiperconectividade. Porto Alegre: Arquipélago Editorial, 2019.

MCKENZIE, Raub. Bots, Bias and Big Data: Artificial Intelligence, Algorithmic Bias and Disparate Impact Liability in Hiring Practices. *Arkansas Law Review*, v. 71, n. 2, 2018, p. 528-570.

Informação bibliográfica deste texto, conforme a NBR 6023:2018 da Associação Brasileira de Normas Técnicas (ABNT):

AQUINO JÚNIOR, Geraldo Frazão de. A utilização da inteligência artificial na concessão de crédito. *In*: EHRHARDT JÚNIOR, Marcos; CATALAN, Marcos (coord.). *Entre riscos, danos e contratos*: a inteligência artificial nas relações patrimoniais. Belo Horizonte: Fórum, 2024. p. 89-108. ISBN 978-65-5518-837-0.

A INTELIGÊNCIA ARTIFICIAL APLICADA AOS CONTRATOS DE SEGURO

PATRÍCIA CORRÊA SANCHES

1 Notas introdutórias sobre inteligência artificial

Mas, afinal, o que é a inteligência artificial (IA)? Até que ponto entenderemos que seja artificial, senão, já conduzida por parâmetros naturais desenvolvidos pela própria ciência natural?

Podemos resumir a tecnologia que agrega uma inteligência artificial como aquela que desenvolve qualidades da mente humana, como a compreensão de sons, dados e imagens, solução de problemas e aprendizado advindo da experiência, porém, que se utiliza de equipamentos de informática (*hardwares*) e programas de computador (*softwares*).

No contexto da sociedade pós-moderna atual, a IA está presente nos setores mais estratégicos para o desenvolvimento, como no setor produtivo, a exemplo do agronegócio e da indústria de transformação, no comércio e nos setores da saúde, educação, transporte e moradia, além de figurar no dia a dia da sociedade como um todo, a exemplo das assistentes virtuais e dos celulares, que auxiliam na organização das rotinas, informação e monitoramento.

Em franco desenvolvimento, a inteligência artificial está sendo implementada no aprimoramento e eficiência de automóveis autônomos, das entregas por drones e até nos eletrodomésticos – como a geladeira que realiza a compra de reposição de maneira automática, a partir do atingimento do estoque mínimo previamente definido.

A inteligência artificial advém do processamento das informações cujas fontes são grandes bancos de dados alimentados, como o de empresas de conteúdo da internet – a exemplo das redes sociais e de notícias – e de empresas que realizam o armazenamento e transferência de dados pessoais.[1] Considerando que quase todas as atividades realizam tratamento de dados, as fontes das informações são inesgotáveis.

Uma das principais características da IA é a capacidade generativa de lidar com as informações, uma vez que, através da tecnologia denominada *machine learning*, existe a aprendizagem de máquina, ou seja, todos os *inputs* (sequências de informações) que são processados geram tanto a informação prévia já armazenada quanto a resposta formulada – que passa a integrar um novo dado que comporá o banco de dados.

> "Machine Learning" refere-se a um subcampo da ciência da computação que concerne em programas de computador capazes de aprender com a experiência e, assim, melhorar seu desempenho ao longo do tempo.[2]

Outro elemento que compõe a IA são os algoritmos, programados para encontrar padrões a partir da reunião das informações fornecidas, e esses padrões são aprimorados a cada nova informação, em um processo contínuo de aprendizagem de máquina.

Portanto, o que faz o elo entre as inúmeras informações dentro do banco de dados capaz de entregar o resultado satisfatório é o algoritmo – que executa complexas expressões computacionais ordenadas pela programação humana. A preocupação nesse contexto é, justamente, a chegada do momento em que a própria IA passará a dispensar a participação humana, uma vez que se apresenta a cada dia mais autônoma nas tomadas de decisão.

---

1 LGPD (Lei nº 13.709/2018). Art. 5º. X - tratamento: toda operação realizada com dados pessoais, como as que se referem a coleta, produção, recepção, classificação, utilização, acesso, reprodução, transmissão, distribuição, processamento, arquivamento, armazenamento, eliminação, avaliação ou controle da informação, modificação, comunicação, transferência, difusão ou extração.

2 WITTEN, I. H. "Data mining: practical machine learning tools and techniques", § 1.3 (3d ed. 2011). *In*: HARRY, Surden; LEAL, Saul Tourinho; SILVA NETO, Wilson Seraine da. Machine Learning e o Direito. *SUPREMA – Revista de Estudos Constitucionais*, Brasília, v. 3, n. 1, p. 353-389, jan./jun. 2023, p. 357.

Gustavo Tepedino, prefaciando a obra de Filipe Medon, nos fala sobre a autonomia da tecnologia de IA em desenvolver-se de maneira coerente nas tomadas de decisão:

> A capacidade de autoaperfeiçoamento no aprendizado e na tomada de decisões, independentemente da vontade de seus desenvolvedores, além do ímpeto de utilização de seus recursos com máxima eficiência e coerente racionalidade.[3]

A imposição de limites e responsabilidades na programação e no desenvolvimento de habilidades da IA é uma preocupação contemporânea. Diversos ordenamentos jurídicos mundo afora vêm gerando suas regras na busca por uma linha ética universal, o que se contrapõe em muitas análises à liberdade de expressão e ao desenvolvimento econômico e tecnológico da sociedade.

Quanto à necessidade de regramento para determinação de direitos, muito – e ainda nesses tempos – nos ensina Justiniano quando afirma que "não é da regra que emana o direito, mas do direito (jus) que se faz a regra".[4] Partindo, portanto, do direito que se tem de desenvolver e aperfeiçoar a tecnologia, surge a necessidade da regra específica à inteligência artificial.

Na área jurídica, é cada vez mais imprescindível a utilização de tecnologias com IA, desde a automação do processamento dos autos judiciais, gerando celeridade e acurácia, até na elaboração de contratos que consideram os riscos e as responsabilidades de forma automática.

Está tramitando no Congresso Nacional o Projeto de Lei nº 2.338, de 2023, denominado Marco Legal da Inteligência Artificial, elaborado por uma comissão de juristas especializados e que dispõe sobre o uso dessa tecnologia no Brasil. O texto elaborado, em seu art. 4º, I, define IA como sendo:

> Sistema computacional, com graus diferentes de autonomia, desenhado para inferir como atingir um dado conjunto de objetivos, utilizando abordagens baseadas em aprendizagem de máquina e/ou lógica e representação do conhecimento, por meio de dados de entrada provenientes de máquinas ou humanos, com o objetivo de produzir previsões,

---

3 TEPEDINO, Gustavo. Prefácio. *In*: MEDON, Filipe. *Inteligência artificial e responsabilidade civil*. São Paulo: JusPodivm, 2022. p. 21.

4 Na tradução de seu famoso brocardo latino: "*Non ut ex regula jus sumatur, sed lex jure, quod est, regula fiat*". *In*: MONTORO, André Franco. *Introdução à Ciência do Direito*. 31. ed. São Paulo: Revista dos Tribunais, 2014.

recomendações ou decisões que possam influenciar o ambiente virtual ou real.

Interessante perceber que a IA utiliza a aprendizagem de máquina, capaz de desenvolver uma lógica através dos *inputs* – ou seja, dos dados e informações que são inseridos por humanos ou por captação de sistemas já existentes. Por essa razão, é importante conhecermos "o que" ou "quem" alimenta a base de dados que serve como base à inteligência artificial utilizada para prevenir desvios – como vieses discriminatórios ou abusivos, informação falsa ou desinformação.

Exatamente com essa preocupação, o texto do projeto que cria o Marco Legal da Inteligência Artificial prevê no art. 5º, inciso V, o direito à não discriminação e à correção de vieses discriminatórios diretos, indiretos, ilegais ou abusivos – entre outros direitos às pessoas afetadas por essa tecnologia.

Igualmente, a Resolução nº 332/2020, do Conselho Nacional de Justiça (CNJ), destaca, dentre os fundamentos para o uso da IA, o respeito aos direitos humanos e aos princípios da igualdade e da não discriminação, assim como a privacidade e a proteção de dados.

O texto do PL nº 2.338/2023 também prevê o agente de inteligência artificial, definido como aquele que participa de qualquer fase de desenvolvimento ou, ainda, da operação da tecnologia de IA. Nesse contexto, esse agente identificado assume obrigações, dentre elas, responder pelo resultado do sistema, assegurando, entre outros, o respeito à proteção de dados pessoais.

> Art. 9º São deveres dos agentes de inteligência artificial:
> I - divulgar publicamente a instituição responsável pelo estabelecimento do sistema de inteligência artificial; II - fornecer, na forma do inc. II do art. 7º, informações claras e adequadas a respeito dos critérios e dos procedimentos utilizados pelo sistema de inteligência artificial, observados os segredos comercial e industrial; III - assegurar que os dados utilizados pelo sistema de inteligência artificial observem a Lei 13.709, de 2018 – Lei Geral de Proteção de Dados; IV - implantar um sistema de inteligência artificial somente após avaliação adequada de seus objetivos, benefícios e riscos relacionados a cada fase do sistema e, caso seja o responsável pelo estabelecimento do sistema, encerrar o sistema se o seu controle humano não for mais possível; V - responder, na forma da lei, pelas decisões tomadas por um sistema de inteligência artificial; e VI - proteger continuamente os sistemas de inteligência artificial contra ameaças de segurança cibernética.

Parágrafo único. Para fins do inciso VI deste artigo, a responsabilidade pelos sistemas de inteligência artificial deve residir nos agentes de desenvolvimento e de operação de sistemas de inteligência artificial, observadas as suas funções.

Importante ressaltar a observância dessa legislação especial, considerando sua aplicação para, quando vier a gerar eficácia, a tecnologia implementada já estar em total *compliance*.

A implementação da inteligência artificial nos contratos incrementa e traz segurança à relação jurídica e ao negócio como um todo.

Em 2019, o Boston Consulting Group (BCG), em parceria com o Instituto de Tecnologia de Massachusetts (MIT), nos Estados Unidos, realizou uma pesquisa, apurando que sete entre dez empresas que investiram no desenvolvimento da IA não tinham obtido ganho até aquele momento. No entanto, dois anos depois, a mesma pesquisa foi realizada,[5] demonstrando que 71% das empresas que utilizam a IA reportaram melhora na tomada de decisão e nos processos de aprendizagem.[6]

2 A IA aplicada à teoria geral dos contratos

A inteligência artificial generativa está relacionada a um sistema capaz de gerar conteúdo original, a exemplo de textos, imagens, músicas e vídeos. Os sistemas são abastecidos por conjuntos de dados para o aprendizado de padrões e de tendências, com capacidade de criação de respostas inéditas.

Essa tecnologia tem sido largamente utilizada em diversas áreas, desde as artes, com a produção e o aprimoramento musical, até a geração de conteúdo para assistentes virtuais, capazes de "aprender" as preferências, usos e costumes de uma pessoa e de seu grupo familiar – e guardemos essa informação, pois nos será relevante na análise mais adiante.

---

[5] BCG – BOSTON CONSULTING GROUP; MIT – MASSACHUSETTS INSTITUTE OF TECHNOLOGY. *Of Global Executives Using AI, Over 75% Report It Improves Team Culture.* Disponível em: https://www.bcg.com/press/2november2021-global-executives-using-ai-75-report-it-improves-team-culture. Acesso em: dez. 2021.

[6] KHODABANDEH, Shervin; FEHLING, Ronny; LA FOUNTAIN, Burt; DURANTON, Sylvain; GEBERT, Philipp; PAETSCH, Annais; REEVES, Martin. *How to win with artificial intelligence*. Disponível em: https://www.bcg.com/pt-br/publications/2019/how-to-win-with-artificial-intelligence-ai. Acesso em: dez. 2021.

Não poderia ser diferente com a área do direito contratual, uma vez que a IA generativa é capaz de automatizar tarefas repetitivas, como a própria elaboração de contratos e documentos legais, além de ser capaz de analisar grandes volumes de dados e auxiliar na pesquisa jurídica, identificando precedentes relevantes e oferecendo *insights* em casos específicos.

Uma importante ferramenta no mundo dos contratos é a capacidade do sistema de IA analisar os fatos e assinalar aqueles que sejam relevantes para determinada relação contratual, a exemplo de apontar se determinada pessoa já teve envolvimento em sinistros anteriores ou mesmo o estudo da probabilidade de um sinistro ocorrer, a despeito da análise do GPS, que informa seu percurso habitual.

A moderna doutrina torna indissociável o contexto constitucional às relações contratuais, uma vez que são imperativas da Carta Magna a livre-iniciativa, a concorrência, a redução das desigualdades, além da defesa do consumidor e do meio ambiente. Daí a leitura contemporânea do direito civil-constitucional.

Seguindo essa tônica, a relação contratual precisa considerar a tensão havida entre a livre-iniciativa, de um lado, e a defesa dos vulneráveis, do outro, para fazer cumprir sua função social. Nessa medida, o equilíbrio do contrato está na existência de seus elementos principiológicos: boa-fé, autonomia da vontade, consensualismo, força obrigatória e relatividade.

> Essas ponderações somente se tornam possíveis à luz das circunstâncias do caso concreto, observadas as características gerais de sentido e alcance de cada um desses princípios, a serem projetadas sobre a necessária contextualidade do processo hermenêutico.[7]

A proteção dos dados pessoais é um direito fundamental elencado no art. 5º, LXXIX, da Constituição de República, sendo, portanto, obrigatória a sua observância no contexto contratual – sendo dispensável uma disposição expressa e específica para que a proteção de dados pessoais seja respeitada.

Nesse contexto, a autodeterminação informativa é concedida aos titulares de dados pessoais como um dos fundamentos descritos na Lei Geral de Proteção de Dados (LGPD), que visa conceder o controle sobre o tratamento dos dados pessoais.

---

[7] *Idem*, p. 91.

> Quanto aos efeitos gerados por essa proteção, amoldando-a ao conceito de autodeterminação informativa, é possível pensá-los a partir de uma dupla dimensão. De um lado, (a) essa proteção se desdobra como liberdade negativa do cidadão, oponível diante do Estado, demarcando seu espaço individual de não intervenção estatal (dimensão subjetiva). De outro lado, (b) ela estabelece um dever de atuação estatal protetiva no sentido de estabelecer condições e procedimentos aptos a garantir o exercício e a fruição desse direito fundamental (dimensão objetiva).[8]

A utilização de ferramentas de IA voltadas ao atendimento da função social do contrato pode agir positivamente para o equilíbrio contratual, ainda que o contrato não seja paritário, considerando que a estrutura e a concepção das obrigações contratuais podem ser captadas e organizadas a partir de informações obtidas de um banco de dados específico, em que as partes podem consentir em compor com seus próprios dados e informações pessoais.

Para a garantia da efetividade da autonomia da vontade, é imprescindível a prestação de contas com referência ao banco de dados utilizado para a captação das informações que foram usadas para a formação da relação contratual. No cumprimento da legislação, a utilização desses dados precisa estar em acordo com a finalidade e necessidade e, sobretudo, regida pelos princípios da transparência e da não discriminação – que terminam por cumprir a boa-fé objetiva, que se traduz por um padrão de conduta social previamente estabelecido.

Considerando que todo contrato é um negócio jurídico bilateral, existe a necessidade da livre manifestação de vontade das partes envolvidas. A manifestação da vontade é considerada livre quando as informações contratuais são prestadas com clareza e considerando o grau de entendimento dos sujeitos – o que pode ser facilmente cumprido através do uso da inteligência artificial para gerar textos claros e diretos.

No entanto, a relação contratual vence um período prévio à contratação com as negociações preliminares, que podem consumir tempo e dedicação para a formalização das tratativas, que, a depender da complexidade do objeto, geram altos custos com reuniões, entrevistas, visitas *in loco*, análises financeiras, entre outras, como bem expõem Gustavo Tepedino, Carlos Konder e Paula Bandeira:

---

[8] MENDES, Laura Schertel; DONEDA, Danilo *et al*. O Supremo Tribunal Federal, a proteção constitucional dos dados pessoais positivação superveniente de um direito fundamental autônomo. *In*: MENDES, Laura Schertel; DONEDA, Danilo *et al*. (coord.). *Tratado de proteção de dados pessoais*. 2. ed. Rio de Janeiro: Forense, 2023. p. 68.

> Denomina-se esse período pré-contratual e nele as partes estreitam contato, com conversas prévias, realização de debates, até a troca de minutas do futuro instrumento, em negociações preliminares ou tratativas. Em contratos complexos, esse processo implica custos significativos, abrangendo a troca de informações, a realização de pesquisas, viagens e análises, com contratação de peritos (contadores, advogados etc.), como ocorre, com frequência, na aquisição de controle acionário de companhias, em procedimento designado pela terminologia anglo-saxônica due diligence (diligência prévia).[9]

Essa relação pré-contratual também pode ter seus custos e riscos minimizados com o uso de ferramentas de IA, que auxiliarão nas tomadas de decisão ao gerar uma análise para o atingimento dos resultados práticos esperados. Essa tecnologia pode ser aplicada, inclusive, para tarefas ainda mais profundas, a exemplo das tratativas em contratos internacionais, que envolvem mais de um ordenamento jurídico a ser analisado e que podem aliar o desafio da diferença de línguas e culturas.

2.1 Teoria geral da nulidade contratual

Os vícios podem atingir qualquer dos planos da relação contratual – plano essencial, plano da validade, plano da eficácia –, cada qual com elementos que precisam ser respeitados em acordo com sua regra geral e específica, voltada ao resultado prático do negócio jurídico.

Atingindo o plano da existência, também chamado de essencial, o vício acarreta nulidade do contrato porque macula regras de ordem pública, como a ilicitude do objeto, que, além de lícito, precisa ser, ainda, possível e, ao menos, determinável. Nos contratos de seguro, o objeto é o bem segurado, que pode ser futuro, a exemplo de um seguro agrícola, cuja safra pode vir a existir ou não, o que demonstra ser um objeto determinável. Nessa hipótese, havendo a safra, esta fica segurada quanto às variáveis previstas no contrato.

Vencido o plano da existência, passa-se à análise da validade do negócio jurídico. Nesse plano, existem elementos que, quando não respeitados, podem levar à invalidade, tanto por nulidade quanto por anulabilidade.

A primeira pode apresentar um vício tal que sua nulidade pode ser considerada absoluta e sem possibilidade de restabelecimento da

---

9 TEPEDINO, Gustavo *et al. Fundamentos do Direito Civil*: Contratos. v. 3. 4. ed. São Paulo: Grupo GEN, 2023. Disponível em: https://grupogen.vitalsource.com/books/9786559647514.

validade contratual, ao passo que a nulidade relativa – apenas cabível aos vícios existentes no plano da validade – pode levar à anulabilidade do negócio jurídico, ou seja, há a hipótese de prevalecimento da relação contratual frente ao defeito havido no negócio jurídico – a exemplo do erro, considerado vício da vontade, que, uma vez afastada sua causa determinante e sendo possível a manutenção do resultado previsto, prevalece o contrato.

Solucionados eventuais vícios no plano da validade, chega-se ao plano da eficácia, que possui elementos considerados acidentais, porque não são obrigatórios, a exemplo da imposição de termo (seja inicial ou final) ou de condição (suspensiva ou resolutiva).

A regra geral é a prevalência do contrato, sempre que as cláusulas atendam à função social. Quanto ao princípio da conservação dos negócios jurídicos, Fábio de Oliveira Azevedo assevera que:

> Parte-se, assim, da ideia de que o(s) declarante(s) da vontade deseja(m) a produção de efeitos, e não o contrário, ainda que a sua exteriorização se fala em desconformidade com o ordenamento jurídico.[10]

Portanto, a sanção frente à existência de um vício pode variar entre anular o contrato ou preservá-lo, quando possível a manutenção do objeto e da função contratual.

Nesta curta análise, o uso da inteligência artificial nos contratos pode auxiliar para que os minuciosos desafios advindos da teoria geral sejam vencidos, utilizando-se de algoritmos capazes de evitar as inúmeras hipóteses que levam às nulidades. O processamento realizado pela IA utiliza-se de sua capacidade generativa, que aprimora as análises em um sistema que se retroalimenta de seus próprios resultados, tornando, portanto, a contratação mais efetiva e voltada ao atingimento dos objetivos.

3 Contratos de seguro e inteligência artificial

A inteligência artificial oferece melhorias notáveis em diversas áreas e, também, na análise das hipóteses e dos riscos, no desenvolvimento e na gestão dos contratos de seguros.

---

[10] AZEVEDO, Fábio de Oliveira. *Direito Civil*: introdução e teoria geral. 5. ed. 2. tiragem. Rio de Janeiro: Lumen Juris, 2020. p. 495.

A relação contratual surge desde a análise das possibilidades, seguindo-se às tratativas, até o desenvolvimento das disposições pretendidas e o estabelecimento do acordo – e, considerando o contrato escrito, inicia-se a redação de suas cláusulas, exigindo-se técnica e complexos processos.

> Quanto mais complexa for a disciplina normativa a ser construída pelas partes, e quanto mais intrincados os interesses em jogo, maior será o tempo necessário para que o contrato se forme. Em razão disso, ao lado da determinação do momento de conclusão do contrato, cumpre ao ordenamento a tutela das legítimas expectativas construídas entre as partes durante o período que antecede o aperfeiçoamento da relação contratual, tendo em vista o investimento de tempo, trabalho e recursos empregados.[11]

Nesse processo de alta demanda técnica e de consumo de tempo, a inteligência artificial pode ser uma valiosa ferramenta, utilizando algoritmos que fazem uso da *machine learning* e do processamento de linguagem natural (PLN), que aprimora a comunicação da máquina com as pessoas, tornando-a mais fluida e natural.

A tecnologia da IA aplicada aos contratos é capaz de sugerir cláusulas voltadas à sua natureza e aos objetivos que se pretendem atingir, com resultado mais rápido e seguro para as partes envolvidas. Diane Bublak, em recente publicação, afirma, em tradução livre, que:

> A IA melhora drasticamente a análise de contratos. Ele pode revisar e comparar rapidamente grandes volumes de contratos, identificando as principais cláusulas, obrigações e riscos potenciais. Esta capacidade é particularmente valiosa em *due diligence* e *compliance*, onde é essencial compreender com precisão as obrigações e responsabilidades contratuais. A IA pode destacar cláusulas incomuns, desvios das práticas padrão e possíveis problemas jurídicos.[12]

No entanto, a relação contratual não está limitada ao estabelecimento do acordo ou à assinatura do documento, uma vez que se projeta ao rastreamento da execução de seus termos e ao implemento dos resultados. Também nesse contexto, a tecnologia com IA pode auxiliar

---

11 TEPEDINO, Gustavo *et al*. *Fundamentos do Direito Civil*: Contratos. v. 3. 4. ed. São Paulo: Grupo GEN, 2023. Versão *e-book*, p. 91.

12 BUBLAK, Diane. *AI is changing the landscape of contracting*. Disponível em: https://www.dau.edu/blogs/ai-changing-landscape-contracting. Acesso em: 4 jan. 2024.

na gestão do contrato como um todo, continuando a discorrer Diane Bublak na mesma obra citada, também em livre tradução:

> A IA auxilia no gerenciamento de prazos, renovações e requisitos de conformidade. Ao automatizar lembretes e monitorar métricas de desempenho, a IA garante que as obrigações contratuais sejam cumpridas em tempo hábil. Também auxilia na análise do desempenho do contrato, fornecendo insights sobre relacionamentos com fornecedores, relação custo-benefício e áreas de negociação.

Por natureza jurídica, os contratos de seguros reúnem elementos específicos, a exemplo daqueles relacionados à estatística, às garantias, aos prêmios, e que congregam condições que lhes são essenciais. A IA tem aderência em todos esses elementos, uma vez que pode agregar ferramentas para levantamento estatístico, correlacionando as melhores garantias e o prêmio adequado à hipótese.

Um elemento dos mais característicos dos contratos de seguro é a sua aleatoriedade, uma vez que a incerteza de acontecimentos futuros se sujeita a um resultado variável – diferente daqueles contratos paritários, que conduzem a uma equivalência determinada nas prestações entre as partes. Quando se contrata um seguro, a ideia é não precisar utilizá-lo, recebendo a seguradora o prêmio agregado ao risco de ter que arcar com os danos, caso estes venham a ser implementados.

Nos ensina Sergio Ruy Barroso de Mello sobre as diversas incertezas quanto ao resultado, características dos contratos de seguros:

> Nos contratos aleatórios, a álea normal da contratação possui características diversas, já que nasce impregnada pela dúvida, pela incerteza, pela indeterminação quanto à ocorrência dos fatos previstos contratualmente e à sua data de efetivação.
>
> Naturalmente que em todos os contratos onerosos existirá uma margem de variação ou desequilíbrio, a álea normal, mas quando a possibilidade de ganhar ou de perder depende de acontecimentos futuros ignorados estamos efetivamente galando de um contrato tipicamente aleatório.
>
> Neste sentido, pode-se dizer que os contratos de seguro e resseguro são aleatórios porque as partes se sujeitam a uma álea: a possibilidade de ganhar ou perder – a prestação da seguradora e/ou resseguradora fica dependente de evento *futuro* e *incerto,* contra riscos predeterminados (artigo 757 do Código Civil brasileiro). Aliás, a existência do risco é fundamental para a existência do contrato de seguro (...).[13]

[13] MELLO, Sergio Ruy Barroso de. *Contrato de Resseguro*. Rio de Janeiro: Escola Nacional de Seguros, 2011. p. 42.

Atualmente, considerando a aleatoriedade, empresas seguradoras têm utilizado ferramentas de IA para análise de risco e elaboração de laudos, equacionando inúmeros fatores, inclusive estatísticos e de probabilidades, com capacidade de processar dados e variáveis em grande escala e alta velocidade – o que pode evidenciar de forma mais precisa o risco e sugerir a contraprestação (prêmio) mais adequada ao objeto segurado.

Nos contratos, a equidade precisa ser considerada em duas perspectivas – uma relacionada à necessidade de adequação ao ordenamento jurídico, e outra, estrita, com a capacidade de criar direitos e obrigações às partes envolvidas, diante do princípio do *pacta sunt servanda*.

> Para melhor definir a equidade como espaço de criação do Direito pelo destinatário da ordem jurídica, vale recordar a teoria de Hans Kelsen sobre o "sistema dinâmico de normas", pela qual sua construção estruturada em uma *norma fundamental,* contempla um espaço de produção do direito por "indivíduos que foram autorizadas a criar normas a partir de uma norma superior".[14]

A teoria de Hans Kelsen descreve um processo dinâmico de normas que, aqui, podemos considerar a modernidade tecnológica como fato que se sobrepõe à realidade normativa. A inteligência artificial cria fato jurídico novo, porque gera consequências na órbita do ordenamento, que força a modificação da realidade contratual e, por consequência, traz a necessidade de estipulação de limites normativos – no caso dos contratos de seguro, voltados a estabelecer a equidade entre as partes na formulação das cláusulas (regras) contratuais.

Quanto à necessidade de adequação ao ordenamento jurídico, além das regras ordinárias relativas aos contratos e à responsabilidade civil, os contratos de seguro possuem regulação específica e de acordo com seu objeto, a exemplo dos seguros pessoais, que são regulados pelo Conselho Nacional de Seguros Privados e pela Superintendência de Seguros Privados – vinculados ao Ministério da Fazenda –, e dos seguros de saúde, que são regulados pelo Conselho Nacional de Saúde Suplementar e pela Agência Nacional de Saúde Suplementar – vinculados ao Ministério da Saúde. Considerando a especificidade de cada tipo de contrato securitário, também as ferramentas de IA podem contemplar uma maior segurança jurídica entre as partes, estabelecendo cláusulas voltadas a garantir o cumprimento da legislação pertinente.

---

[14] GRAVINA, Mauricio Salomoni. *Direito dos Seguros*. 2. ed. São Paulo: Almedina, 2022. p. 175.

Embora em larga escala os contratos de seguro sejam por adesão, não retiram deles a equidade contratual, uma vez que permite o *pacta sunt servanda* ainda que a negociação entre as partes esteja limitada. O caráter adesivo desse tipo contratual prevê a manutenção das normativas e a regulamentação necessária ao tipo, como bem explica Mauricio Salomoni Gravina: "O caráter adesivo também enseja instrumentos de controle, relacionados à aprovação das condições gerais por autoridades administrativas, ou de revisão judicial dos contratos".[15]

A proteção quanto ao equilíbrio contratual está fundamentada no art. 423 do Código Civil, que prevê uma interpretação mais favorável ao aderente. A mesma proteção pode ser encontrada no art. 47 do Código de Defesa do Consumidor e no artigo 4.6 da UNIDROIT.[16]

Neste ponto, surge outra importante instrumentalidade da IA na implementação dos contratos de seguro: as profundas e complexas análises realizadas pela tecnologia voltadas à diminuição do risco para as empresas seguradoras, com capacidade de elaborar cláusulas que garantam a equidade, fazendo diminuir o caráter de vulnerabilidade da parte aderente.

A necessidade de que sejam criadas regras para o estabelecimento dos limites éticos, direitos e responsabilidades relacionados à IA gera a preocupação de que possa gerar limites às inovações tecnológicas capazes de alavancar, ainda mais, o mercado de seguros. Angélica Carlini e Leonardo Girão fazem uma correlação entre seguros e inovação:

> A área de seguros privados acompanha o tema com acentuado interesse porque riscos e inovação sempre caminharam de forma bastante próxima ao longo da história da humanidade.[17]

E continuam os mesmos autores a discorrerem sobre a importância da manutenção do desenvolvimento tecnológico na área securitária, considerando que a inovação gera seus riscos e, com eles, novos modelos de seguro:

[15] *Idem*, p. 207.

[16] *Unificação do Direito Privado com a designação de princípios voltados à integração das regras contratuais do comércio internacional*. Disponível em: https://www.unidroit.org/wp-content/uploads/2021/06/Unidroit-Principles-2016-Portuguese-bl.pdf. Acesso em: maio 2024.

[17] CARLINI, Angélica; GIRÃO, Leonardo. Inovação e Regulação de Seguros. *In*: *Inovação em Seguros*: ética e direito, consumo, finanças e tecnologias. Rio de Janeiro: ENS, 2021. p. 2.

> A inovação rompe com a lógica da paridade de clausulados padronizados e é campo fértil para novos modelos de seguro. A inovação na produção econômica trará novos riscos e para eles serão necessárias novas coberturas de seguro.[18]

O risco é um elemento essencial do contrato de seguro, dada a sua natureza jurídica e, como tal, a utilização da IA pode realizar análises mais precisas na determinação desse risco, gerando, por outro lado, a sugestão de um prêmio mais adequado à hipótese e, portanto, a um posicionamento mais vantajoso para as seguradoras que utilizam essa tecnologia, frente à sua concorrência.

4 *Smart contracts* (contratos inteligentes)

Os chamados contratos inteligentes (*smart contracts*) são programados para terem execução automática de suas cláusulas através da determinação de parâmetros e variáveis predeterminadas pelas partes contratantes.

A capacidade de ser autoexecutável está agregada à tecnologia *blockchain*, que é uma tecnologia de registro descentralizada dos dados, capaz de agregar informações específicas a cada tipo contratual – ao contrário de um sistema centralizado, em que as informações convergem para uma única certificadora, tornando o processamento mais lento e impossibilitando a automação.

Ana Taveira da Fonseca explica sobre o uso da certificação *blockchain* na realidade dos contratos:

> O uso da *blockchain* no domínio contratual permite, pois, que as obrigações emergentes de um contrato, mesmo que este seja concluído em linguagem natural, o que ainda hoje acontece as mais de vezes, em face da limitação que a transformação de declarações negociais em códigos binários coloca, sejam executadas de forma autónoma e automática pela plataforma. Autónoma porque não depende de qualquer impulso das partes e automática porque se basta com a verificação das condições contratualmente previstas. Outros sistemas informáticos são capazes de igualmente garantir uma execução autónoma e automáticas de obrigações contratuais, mas a descentralização do sistema e encriptação dos dados que são características da *blockchain* asseguram, pelo menos em abstrato, que não será possível impedir ou modificar a execução

---

[18] *Idem*, p. 31

das obrigações, quando reunidos os pressupostos de que depende a sua realização.[19]

Relacionando ao contrato de seguro, imaginemos a possibilidade de ser autoexecutável, ou seja, no momento em que determinado sinistro é registrado com a verificação das variáveis através da IA, automaticamente, a equipe de vistoria é acionada sem qualquer interferência humana – desde o registro do sinistro no órgão competente até a realização da vistoria. Também pode ser previsto que, ao término da análise, o segurado receba o valor referente ao sinistro automaticamente em sua conta bancária (já fornecida no contrato).

Os contratos inteligentes concedem rapidez e menor custo no trato burocrático, o que não impede que as cláusulas sejam revistas ou, até mesmo, discutidas judicialmente.

Dessa realidade contratual, surge uma nova área contratual a ser explorada, exigindo uma advocacia especializada em programação e em análise dos contratos inteligentes – não bastando ter conhecimento de informática, mas, sim, o conhecimento jurídico para a definição das cláusulas e previsão de suas consequências como atos autoexecutáveis. Também outra área que demandará conhecimento em tecnologia e direito é o implemento da programação dos algoritmos de IA voltada aos contratos, sejam inteligentes ou não.

5 Conclusão

A inteligência artificial desenvolve a capacidade de compreensão da linguagem e de desenvolvê-la de forma natural, processando e reconhecendo imagens e sons, voltada a ser uma ferramenta tecnológica que soluciona problemas a partir da análise de experiências humanas e da própria máquina.

O direito é uma área em constante transformação, porque precisa acompanhar a evolução social, e não seria diferente com a área contratual.

É evidente que a rapidez com que a tecnologia é incorporada ao cotidiano da sociedade exige um tempo mais curto para as discussões legislativas – que enfrentam longos processos para a finalização das

---

[19] FONSECA, Ana Taveira. Inteligência artificial, *blockchain* e *smart contracts*. *In*: FALEIROS JÚNIOR, José Luiz de Moura; SILVA, Michael César; BARBOSA, Ana Mafalda Castanheira Neves Miranda; BRAGA NETTO, Felipe (coord.). *Direito digital e inteligência artificial*: diálogos entre Brasil e Europa. Indaiatuba: Foco, 2021. p. 744.

leis –, o que não impede que as comissões especializadas de cada uma das casas do Congresso Nacional convoquem especialistas de diversos setores envolvidos na implementação da IA, buscando um texto final que promova maior regulação e segurança para a sociedade.

A utilização da IA nos contratos já não enfrenta tantos desafios, uma vez que sua tecnologia está a cada dia mais desenvolvida e focada na autonomia dos sistemas de tomada de decisão, com a preocupação de que sejam preservados os princípios existenciais, resguardados pelos direitos e pelas garantias fundamentais de direitos humanos.

Bruno Torquato Zampier Lacerda expõe sua preocupação quanto à autonomia da IA, afirmando que o debate "é extremamente rico, pois se debruça na capacidade ou não das máquinas desenvolverem seus próprios pensamentos, se é que seria possível usar esta habilidade humana como sinônima e, assim, terem um processo autônomo de tomada de decisões, sem que haja diretamente uma ordem humana".[20]

Fazendo uma comparação com a aplicação da IA no Judiciário, foi realizado um estudo pelo CIAPJ/FGV que apontou acerto médio de 85% da AI utilizada pelo TRF-4, concernente aos temas do STJ e STF. A IA, portanto, ainda não tem acerto de 100%, fazendo com que a análise humana ainda seja necessária.

No entanto, no pensar de Felipe Medon, a "diferença entre a autonomia aqui retratada e aquela do Direito Civil clássico, então, é que a da Inteligência Artificial é puramente tecnológica: um agir independente dos humanos".[21] Na visão desse importante doutrinador, ainda que a tecnologia de IA dependa de uma verificação humana, o objetivo é diminuir cada vez mais essa interferência, visando à autonomia.

Justamente em razão dessa característica, a tecnologia de IA necessita de um regramento específico, visando estabelecer os limites e as responsabilidades na sua implementação. Atualmente, encontra-se em trâmite no Congresso Nacional o PL nº 2.338/2023 (Marco Legal da Inteligência Artificial), que foi elaborado e apresentado por uma comissão de juristas altamente especializados.

A relação contratual pode ser custosa, dependente de inúmeras análises pré-contratuais. Porém, a IA pode auxiliar como excelente

---

[20] ZAMPIER LACERDA, Bruno Torquato. A função do direito frente à inteligência artificial. *In*: BARBOSA, Mafalda; BRAGA NETTO, Felipe; SILVA, Michael César; FALEIROS JÚNIOR, José (coord.). *Direito digital e inteligência artificial*: diálogos entre Brasil e Europa. Indaiatuba, SP: Editora Foco, 2021. p. 83.

[21] MEDON, Felipe. *Inteligência artificial e responsabilidade civil*. 2. ed. São Paulo: JusPodivm, 2022. p. 132.

ferramenta para minimizar esses custos e realizar análise dos riscos. Uma eficaz e rápida análise auxilia na elaboração das cláusulas com suas condições contratuais, facilitando as tomadas de decisão e evitando situações que possam levar à sua nulidade.

Os contratos de seguro são aleatórios por natureza, uma vez que o risco lhe é essencial, capaz de estabelecer as condições e o valor do prêmio a ser pago à seguradora. O implemento de novas tecnologias, como a IA a esses contratos, agrega importantes ferramentas no tocante à análise das estatísticas, considerando os diversos regramentos específicos. O objetivo é a elaboração de um contrato que atenda com mais acurácia à realidade fática das partes contratantes, inclusive com relação à estipulação de um prêmio mais adequado, o que pode resultar em valores menores do que aqueles padronizados, como um diferencial para as seguradoras na sua acirrada concorrência.

Um elemento dos mais característicos dos contratos de seguro é a sua aleatoriedade, uma vez que a incerteza de acontecimentos futuros se sujeita a um resultado variável – diferente daqueles contratos paritários, que conduzem a uma equivalência determinada nas prestações entre as partes. Quando se contrata um seguro, a ideia é não precisar utilizá-lo, recebendo a seguradora o prêmio agregado ao risco de ter que arcar com os danos, caso estes venham a ser implementados.

Por fim, a tecnologia que opera a IA não é estanque e pode ser ainda mais impulsionada pelo implemento dos *smart contracts* (ou contratos inteligentes), que são programados para serem autoexecutáveis – e podem gerar diminuição do custo do material humano envolvido na execução dos contratos de seguro, além de trazerem maior rapidez e agilidade. Enquanto a IA pode operar na fase pré-contratual e no estabelecimento das cláusulas, o contrato inteligente opera na execução do contrato.

Vivenciamos a implementação dos sistemas de IA aos contratos de seguro, pautando uma realidade escalonável ao desenvolvimento constante de novas capacidades. Nesse ponto, é necessário que sejam estabelecidas as regras e pontuados os limites para resguardar a própria autonomia da vontade humana, garantindo que a tecnologia lhe sirva como ferramenta, resguardando os valores de igualdade, isonomia e dignidade.

Referências

AZEVEDO, Fábio de Oliveira. *Direito Civil*: introdução e teoria geral. 5ª ed. 2ªtiragem. Rio de Janeiro: Lumen Juris, 2020. p. 495.

BCG – BOSTON CONSULTING GROUP; MIT – MASSACHUSETTS INSTITUTE OF TECHNOLOGY. *Of Global Executives Using AI, Over 75% Report It Improves Team Culture*. Disponível em: https://www.bcg.com/press/2november2021-global-executives-using-ai-75-report-it-improves-team-culture. Acesso em: dez. 2021.

BRASIL. *Conselho Nacional de Justiça – CNJ*. Disponível em: https://atos.cnj.jus.br/files/original191707202008255f4563b35f8e8.pdf. Acesso em: dez. 2021.

BUBLAK, Diane. *AI is changing the landscape of contracting*. Disponível em: https://www.dau.edu/blogs/ai-changing-landscape-contracting. Acesso em: 4 jan. 2024.

FGV – FUNDAÇÃO GETULIO VARGAS. Disponível em: https://ciapj.fgv.br/sites/ciapj.fgv.br/files/estudos_e_pesquisas_ia_1afase.pdf. Acesso em: dez. 2021.

FONSECA, Ana Taveira. Inteligência artificial, *blockchain* e *smart contracts*. *In*: FALEIROS JÚNIOR, José Luiz de Moura; SILVA, Michael César; BARBOSA, Ana Mafalda Castanheira Neves Miranda; BRAGA NETTO, Felipe (coord.). *Direito digital e inteligência artificial*: diálogos entre Brasil e Europa. Indaiatuba: Foco, 2021. p. 744.

GRAVINA, Mauricio Salomoni. *Direito dos Seguros*. 2. ed. São Paulo: Almedina, 2022. p. 175.

CARLINI, Angélica; GIRÃO, Leonardo. Inovação e regulação de seguros. *In*: *Inovação em seguros*: ética e direito, consumo, finanças e tecnologias. Rio de Janeiro: ENS, 2021. p. 2.

KHODABANDEH, Shervin; FEHLING, Ronny; LA FOUNTAIN, Burt; DURANTON, Sylvain; GEBERT, Philipp; PAETSCH, Annais; REEVES, Martin. *How to win with artificial intelligence*. Disponível em: https://www.bcg.com/pt-br/publications/2019/how-to-win-with-artificial-intelligence-ai. Acesso em: dez. 2021.

MEDON, Felipe. *Inteligência Artificial e Responsabilidade Civil*. 2. ed. São Paulo: JusPodivm, 2022. p. 132.

MELLO, Sergio Ruy Barroso de. *Contrato de Resseguro*. Rio de Janeiro: Escola Nacional de Seguros, 2011. p. 42.

MENDES, Laura Schertel; DONEDA, Danilo *et al*. O Supremo Tribunal Federal, a proteção constitucional dos dados pessoais positivação superveniente de um direito fundamental autônomo. *In*: MENDES, Laura Schertel; DONEDA, Danilo *et al*. (coord.). *Tratado de proteção de dados pessoais*. 2. ed. Rio de Janeiro: Forense, 2023. p. 68.

MONTORO, André Franco. *Introdução à Ciência do Direito*. 31. ed. São Paulo: Revista dos Tribunais, 2014.

TEPEDINO, Gustavo *et al*. *Fundamentos do Direito Civil*: Contratos. v. 3. 4. ed. São Paulo: Grupo GEN, 2023. Disponível em: https://grupogen.vitalsource.com/books/9786559647514.

TEPEDINO, Gustavo. Prefácio. *In*: MEDON, Filipe. *Inteligência artificial e responsabilidade civil*. São Paulo: JusPodivm, 2022. p. 21.

WITTEN, I. H. "Data mining: practical machine learning tools and techniques", § 1.3 (3d ed. 2011). *In*: HARRY, Surden; LEAL, Saul Tourinho; SILVA NETO, Wilson Seraine da. Machine Learning e o Direito. *SUPREMA – Revista de Estudos Constitucionais*, Brasília, v. 3, n. 1, p. 353-389, jan./jun. 2023, p. 357.

ZAMPIER LACERDA, Bruno Torquato. A função do direito frente à inteligência artificial. *In*: BARBOSA, Mafalda; BRAGA NETTO, Felipe; SILVA, Michael César; FALEIROS JÚNIOR, José (coord.). *Direito digital e inteligência artificial*: diálogos entre Brasil e Europa. Indaiatuba, SP: Editora Foco, 2021. p. 83.

Informação bibliográfica deste texto, conforme a NBR 6023:2018 da Associação Brasileira de Normas Técnicas (ABNT):

SANCHES, Patrícia Corrêa. A inteligência artificial aplicada aos contratos de seguro. *In*: EHRHARDT JÚNIOR, Marcos; CATALAN, Marcos (coord.). *Entre riscos, danos e contratos*: a inteligência artificial nas relações patrimoniais. Belo Horizonte: Fórum, 2024. p. 109-127. ISBN 978-65-5518-837-0.

O INADIMPLEMENTO POR VIOLAÇÃO POSITIVA NOS CONTRATOS INTELIGENTES (*SMART CONTRACTS*)

CLÁUDIA FIALHO

1 Introdução

O presente trabalho versa sobre o inadimplemento positivo nos contratos inteligentes (*smart contract*). Tem por finalidade analisar se é possível o inadimplemento positivo nos contratos inteligentes em decorrência de sua formação utilizando a tecnologia *blockchain*. A partir dessa problemática, a hipótese ora tratada afirma que, no nível atual de desenvolvimento técnico, esse inadimplemento não seria possível. Para tanto, a pesquisa analisa os contratos e o adimplemento das obrigações contratadas, faz breves considerações acerca dos contratos eletrônicos, estuda o princípio da boa-fé objetiva e sua função integrativa, finalizando com um capítulo pertinente aos contratos inteligentes, à tecnologia *blockchain* e ao inadimplemento por violação positiva nos contratos inteligentes (*smart contract*). A pesquisa adota o método dedutivo, com análise bibliográfico-doutrinária. Ao final, será apresentada a conclusão, confirmando-se ou não a hipótese inicial.

2 Os contratos e o adimplemento das obrigações pactuadas

Os contratos são importantes instrumentos de promoção social e econômica. Por meio deles, o mercado e os negócios são alavancados, empregos são gerados, a arrecadação do país se avoluma, sendo substanciais na cotidianidade de empresários, consumidores e civis.

O conceito de contrato pode ser extraído da obra *O contrato*, de Enzo Roppo:

> *a)* o contrato-conceito jurídico e o direito dos contratos são instrumentais da operação económica (*sic*), constituem a sua veste formal, e não seriam pensáveis abstraindo dela; *b)* que, todavia, o contrato-conceito jurídico e o direito dos contratos não são exclusivamente redutíveis à operação económica, mas têm em relação a esta uma certa autonomia, que se exprime de vários modos.[1]

O contrato é um negócio jurídico, fruto da autonomia privada[2] das partes, que produzirá os efeitos por elas desejados, respeitadas as normas cogentes do ordenamento jurídico.

Paulo Nalin, por sua vez, traz um conceito pós-moderno de contrato, sendo "o contrato interprivado a relação jurídica subjetiva, nucleada na solidariedade constitucional, destinada à produção de efeitos jurídicos existenciais e patrimoniais, não só entre os titulares subjetivos da relação, como também perante terceiros".[3]

Como regra, os contratos se formam *solo consensu*, mas é preciso observar se há forma prescrita em lei, quando deve ser seguida, sob pena de invalidade. É preciso observar também se o objeto é determinado, determinável e possível, se a manifestação de vontade das partes foi exarada de modo livre e de boa-fé, como se os sujeitos possuíssem capacidade e legitimação para se vincularem contratualmente, além de se aterem aos princípios contratuais e normas constitucionais vigentes.

Os contratos empresariais e os civis (paritários) passam por fases para sua formação. A primeira fase é denominada proposta e pode

---

1 ROPPO, Enzo. *O contrato*. Tradução: Ana Coimbra e M. Januário C. Gomes. Coimbra: Almedina, 2009. p. 11, grifo no original.

2 Ana Prata ressalta que "[...] a noção de autonomia privada não é atemporal, nem imutável". Ela sofre mutações conforme o contexto histórico, social e cultural (PRATA, Ana. *A tutela constitucional da autonomia privada*. Coimbra: Almedina, 2016. p. 25).

3 NALIN, Paulo. *Do contrato*: conceito pós-moderno em busca de sua formulação na perspectiva civil-constitucional. 2. ed. rev. e atual. Curitiba: Juruá, 2008. p. 253.

ser precedida por negociações preliminares, em que as partes fazem sondagens, enviam minutas, mas não se vinculam. Entretanto, com o envio da proposta, o proponente se vincula e o descumprimento pode ensejar responsabilidade civil extracontratual.

A segunda fase obrigatória para formação dos contratos paritários é a fase de aceitação, quando o oblato manifestará sua vontade de se vincular contratualmente.

Assim sendo, não tendo as partes se utilizado de alguma hipótese que excepcione a obrigatoriedade da proposta e da aceitação, o contrato estará formado e pronto para produzir seus efeitos. Além disso, é importante responder qual o lugar de formação dos contratos. De acordo com o art. 435[4] do Código Civil de 2002, "reputar-se-á celebrado o contrato no lugar em que foi proposto". É uma norma dispositiva, de modo que as partes podem deliberar por lugar diverso para a formação dos contratos em cláusula contratual constante do instrumento. Ademais, em se tratando de contratos internacionais, deve-se atentar para a regra prevista no §2º, art. 9º, da LINDB, que estabelece: "§ 2º A obrigação resultante do contrato reputa-se constituída no lugar em que residir o proponente".[5] E com os avanços tecnológicos, o lugar de celebração dos contratos é assunto cada vez mais importante, como se verá quando da abordagem dos contratos eletrônicos.

Formado o contrato, o que as partes contratantes objetivam é o adimplemento das obrigações pactuadas. Esse fim colimado produz efeitos positivos para os contratantes e externalidades positivas na sociedade.

Quando se trata do adimplemento dos contratos, é importante salientar acerca da teoria do pagamento, que é composta por regras, conforme estabelecido no Código Civil de 2002, intituladas "de quem deve pagar, daqueles a quem se deve pagar, do objeto do pagamento e sua prova, do lugar do pagamento e do tempo do pagamento".[6] Também é possível o adimplemento das obrigações contratuais por outros meios, tais como: pagamento em consignação, pagamento com

---

[4] BRASIL. Lei nº 10.406, de 10 de janeiro de 2002. Institui o Código Civil. *Diário Oficial da União*, Brasília, 11 jan. 2002. Disponível em: http://www.planalto.gov.br/ccivil_03/leis/2002/l10406compilada.htm. Acesso em: 1º abr. 2024.

[5] BRASIL. Decreto-lei nº 4.657, de 4 de setembro de 1942. Lei de Introdução às normas do Direito Brasileiro. *Diário Oficial da União*, Rio de Janeiro, 09 set. 1942. Disponível em: https://www.planalto.gov.br/ccivil_03/ Decreto-Lei/Del4657.htm. Acesso em: 28 abr. 2024.

[6] BRASIL. Lei nº 10.406, de 10 de janeiro de 2002. Institui o Código Civil. *Diário Oficial da União*, Brasília, 11 jan. 2002. Disponível em: http://www.planalto.gov.br/ccivil_03/leis/2002/l10406compilada.htm. Acesso em: 1º abr. 2024.

sub-rogação, imputação do pagamento, dação em pagamento, novação, compensação e confusão. Ainda, a remissão de dívidas.

Entretanto, nem sempre o contrato será cumprido de modo regular e voluntário, como desejado pelas partes quando se vinculam contratualmente. Contingências podem ocorrer, como se verá adiante. Antes, porém, se passará ao estudo dos contratos eletrônicos para que se possa verificar que eles diferem dos *smart contracts*.

2.1 Contratos eletrônicos

Os contratos eletrônicos são comumente designados por "contratos virtuais, contratos telemáticos, contratos pela internet, contratos via internet, contratação na Internet, etc.".[7]

Entende-se que os contratos eletrônicos não são um novo modelo contratual, mas, sim, contratos em uma nova veste (= forma ou meio), distinta da forma de contratação em meio físico (tradicional).

Quanto ao conceito, os contratos eletrônicos podem ser definidos "como o negócio jurídico contratual realizado pela manifestação de vontade, das posições jurídicas ativa e passiva, expressada por meio (= forma) eletrônico no momento de sua formação".[8] Nesses termos, entende-se que a manifestação de vontade expressada por meio eletrônico pelos declarantes é mais relevante que a forma de pactuação expressada no meio eletrônico.

Como não se trata de um novo modelo contratual, as negociações preliminares, a fase contratual e a fase pós-contratual poderão ser realizadas pelo meio eletrônico, "sendo indiferentes para a sua caracterização".[9]

No que tange à formação dos contratos eletrônicos, eles poderão se dar entre presentes ou ausentes "ou ainda pela manifestação de vontade previamente externada pelas respectivas posições jurídicas com execução automatizada e sem a direta interferência do sujeito de direito no ato de sua formação, sem que isso o descaracterize".[10]

---

[7] REBOUÇAS, Rodrigo Fernandes. *Contratos eletrônicos*: formação e validade: aplicações práticas. 2. ed. rev. e ampl. São Paulo: Almedina, 2018. p. 25.

[8] REBOUÇAS, Rodrigo Fernandes. *Contratos eletrônicos*: formação e validade: aplicações práticas. 2. ed. rev. e ampl. São Paulo: Almedina, 2018. p. 33.

[9] REBOUÇAS, Rodrigo Fernandes. *Contratos eletrônicos*: formação e validade: aplicações práticas. 2. ed. rev. e ampl. São Paulo: Almedina, 2018. p. 33.

[10] REBOUÇAS, Rodrigo Fernandes. *Contratos eletrônicos*: formação e validade: aplicações práticas. 2. ed. rev. e ampl. São Paulo: Almedina, 2018. p. 33.

No que se refere à regulamentação dos contratos eletrônicos, entendem Fabrício Bertini Pasquot Polido e Lucas Sávio Oliveira da Silva que há uma lacuna legislativa no Brasil destacando que os autores fazem essa afirmação quando estão escrevendo sobre os contratos eletrônicos internacionais, como se observa a seguir:

> A lacuna legislativa no Brasil com relação aos contratos eletrônicos é patente. Os contratos são, no Brasil, regulados pelo Código Civil, sendo seu Título V (artigos de 421 a 480) dedicado aos Contratos em Geral. Apesar de recente a normativa, não se pode afirmar que seja atual: dentre estas disposições, nas quais se poderia haver incluído regras voltadas aos contratos celebrados pela internet, não há qualquer referência à contratação eletrônica.[11]

Segundo os autores, somente o art. 428, I, do Código Civil poderia ser ressalvado em matéria de existência de legislação pertinente aos contratos eletrônicos no Brasil. Por outro lado, entende Rodrigo Fernandes Rebouças[12] que toda a teoria geral dos contratos e o vigente ordenamento jurídico são aplicáveis aos contratos eletrônicos, o que propicia segurança jurídica no tráfego comercial.

Anderson Schreiber[13] salienta a existência de dois posicionamentos distintos quanto à caracterização dos contratos eletrônicos: há aqueles que entendem que se está diante de outra modalidade contratual e aqueles para quem os contratos eletrônicos podem e devem ser tratados como qualquer outro contrato, enfatizando que a controvérsia estaria na questão da prova de validade do documento eletrônico perante o Poder Judiciário.

O autor vai dissentir dos dois entendimentos. Para Anderson Schreiber, se está diante de dois extremos que demandam maiores debates, não assistindo razão a nenhum desses dois polos. Primeiro, porque os denominados contratos eletrônicos:

---

11 POLIDO, Fabrício Bertini Pasquot; SILVA, Lucas Sávio Oliveira da. Contratos internacionais eletrônicos e o direito brasileiro: entre a insuficiência normativa doméstica e as soluções globais. *Sequência*, Florianópolis, v. 38, n. 75, p. 157-88, jan. 2017. p. 174. Disponível em: https://doi.org/10.5007/2177-7055.2017v38n75p157. Acesso em: 29 abr. 2024.

12 REBOUÇAS, Rodrigo Fernandes. *Contratos eletrônicos*: formação e validade: aplicações práticas. 2. ed. rev. e ampl. São Paulo: Almedina, 2018. p. 35.

13 SCHREIBER, Anderson. Contratos eletrônicos e consumo. *Revista Brasileira de Direito Civil*, Rio de Janeiro, v. 1, n. 01, p. 88-110, 2014. p. 90. Disponível em: https://rbdcivil.emnuvens.com.br/rbdc/article/view/ 132. Acesso em: 30 abr. 2024.

> Nada mais são que contratos formados por meios eletrônicos de comunicação à distância, especialmente a internet, de tal modo que o mais correto talvez fosse se referir a contratação eletrônica ou contratação via internet, sem sugerir o surgimento de um novo gênero contratual. Por outro lado, parece hoje evidente que os desafios da matéria não se restringem à validade da prova da contratação por meio eletrônico – que, de resto, consiste em ponto superado no direito brasileiro –, mas envolvem diversos aspectos da teoria geral dos contratos que vêm sendo colocados em xeque por essa significativa transformação no modo de celebração dos contratos e no próprio desenvolvimento da relação jurídica entre os contratantes.[14]

O problema estaria no abalo que os contratos eletrônicos provocaram em referências fundamentais dos contratos, como quem contrata, onde contrata, quando contrata, como contrata e o que contrata, antes relativamente fáceis e seguras de serem respondidas pelo modo de contratação tradicional, mas que deixaram de sê-lo com os contratos eletrônicos.[15]

Sobre essas questões problemas nos contratos eletrônicos, merece apontar uma importante alteração trazida pela Lei nº 14.623, de 13 de julho de 2023. Referida lei alterou o art. 784 do Código de Processo Civil para dispensar a assinatura de testemunhas nos contratos eletrônicos, que passou a vigorar com a seguinte redação: "§ 4º Nos títulos executivos constituídos ou atestados por meio eletrônico, é admitida qualquer modalidade de assinatura eletrônica prevista em lei, dispensada a assinatura de testemunhas quando sua integridade for conferida por provedor de assinatura".[16] Dessa forma, há um reconhecimento brasileiro da validade dos contratos eletrônicos.

---

[14] SCHREIBER, Anderson. Contratos eletrônicos e consumo. *Revista Brasileira de Direito Civil*, Rio de Janeiro, v. 1, n. 01, p. 88-110, 2014. p. 90-91. Disponível em: https://rbdcivil.emnuvens.com.br/rbdc/article/view/132. Acesso em: 30 abr. 2024.

[15] SCHREIBER, Anderson. Contratos eletrônicos e consumo. *Revista Brasileira de Direito Civil*, Rio de Janeiro, v. 1, n. 01, p. 88-110, 2014. p. 90-91. Disponível em: https://rbdcivil.emnuvens.com.br/rbdc/article/view/132. Acesso em: 30 abr. 2024.

[16] BRASIL. Lei nº 14.620, de 13 de julho de 2023. Dispõe sobre o Programa Minha Casa, Minha Vida, altera o Decreto-Lei nº 3.365, de 21 de junho de 1941 (Lei da Desapropriação), a Lei nº 4.591, de 16 de dezembro de 1964, a Lei nº 6.015, de 31 de dezembro de 1973 (Lei dos Registros Públicos), a Lei nº 6.766, de 19 de dezembro de 1979, a Lei nº 8.036, de 11 de maio de 1990 (Lei do FGTS), a Lei nº 8.677, de 13 de julho de 1993, a Lei nº 9.472, de 16 de julho de 1997, a Lei nº 9.514, de 20 de novembro de 1997, a Lei nº 10.188, de 12 de fevereiro de 2001, a Lei nº 10.406, de 10 de janeiro de 2002 (Código Civil), a Lei nº 10.931, de 2 de agosto de 2004, a Lei nº 11.977, de 7 de julho de 2009, a Lei nº 12.462, de 4 de agosto de 2011, a Lei nº 13.105, de 16 de março de 2015 (Código de Processo Civil), a Lei nº 13.465, de 11 de julho de 2017, a Lei nº 14.063, de 23 de setembro de 2020, a Lei nº 14.133, de 1º de abril de 2021 (Lei de Licitações e Contratos Administrativos), a Lei nº 14.300, de 6 de janeiro de 2022, e a Lei nº 14.382, de 27 de junho de 2022, e revoga dispositivos da Lei nº 14.118, de 12 de janeiro de 2021. *Diário Oficial da União*, Brasília-DF, 14 jul. 2023. Disponível em: https://www.planalto.gov.br/ccivil_03/_Ato2023-2026/2023/Lei/L14620.htm. Acesso em: 29 abr. 2024.

Por fim, é inegável a quantidade de contratações que o mercado *e-commerce* movimenta no Brasil e a sua crescente importância para os consumidores e empresários. Na sequência, passa-se ao estudo do princípio da boa-fé objetiva por seu entrelaçamento com o objeto da pesquisa.

3 Princípio da boa-fé objetiva

O princípio da boa-fé objetiva é primordial para a validade e produção de efeitos dos contratos. É um pilar fundamental, ao lado da função social dos contratos, da equidade e justiça contratual, "à adequação das normas particulares à concreção ética da experiência jurídica".[17] A liberdade contratual se concretiza, além da indispensável manifestação de vontade dos declarantes, com a observância dos valores constitucionais e princípios ora mencionados. A boa-fé objetiva, como princípio, tem tessitura aberta, conteúdo poroso e força normativa.

No Código Civil brasileiro, o legislador consagrou a relevância da boa-fé objetiva nas relações jurídicas contratuais. Em todos os livros do Código Civil, é possível aferir a relevância da boa-fé, seja na sua qualificação objetiva ou subjetiva. Destacam-se, quanto à boa-fé objetiva, suas três multifunções para a adequada compreensão de sua inserção na liberdade fundamental contratual das partes.

Na parte geral do Código Civil, título I, "Do negócio jurídico", a boa-fé objetiva surge como cânone interpretativo no art. 113, que passou por uma profunda alteração legislativa com a entrada em vigor da denominada Lei da Liberdade Econômica, a Lei nº 13. 874, de 20 de setembro de 2019.[18] Na sequência, ainda na parte geral do Código Civil, título II, "Dos atos jurídicos ilícitos", foi prevista a função de controle

---

[17] BRASIL. *Código Civil (2002)*. Brasília: Senado Federal, Subsecretaria de Edições Técnicas, 2005. Disponível em: https://www2.senado.leg.br/bdsf/handle/id/70319. Acesso em: 1º maio 2024.

[18] BRASIL. Lei nº 13.874, de 20 de setembro de 2019. Institui a Declaração de Direitos de Liberdade Econômica; estabelece garantias de livre mercado; altera as Leis nº 10.406, de 10 de janeiro de 2002 (Código Civil), 6.404, de 15 de dezembro de 1976, 11.598, de 3 de dezembro de 2007, 12.682, de 9 de julho de 2012, 6.015, de 31 de dezembro de 1973, 10.522, de 19 de julho de 2002, 8.934, de 18 de novembro 1994, o Decreto-Lei nº 9.760, de 5 de setembro de 1946 e a Consolidação das Leis do Trabalho, aprovada pelo Decreto-Lei nº 5.452, de 1º de maio de 1943; revoga a Lei Delegada nº 4, de 26 de setembro de 1962, a Lei nº 11.887, de 24 de dezembro de 2008, e dispositivos do Decreto-Lei nº 73, de 21 de novembro de 1966; e dá outras providências. *Diário Oficial da União*, Brasília, 20 set. 2019. Disponível em: https://www.planalto.gov.br/ccivil_03/_ato2019-2022/2019/lei/L13874.htm. Acesso em: 29 abr. 2024.

ou limite da boa-fé objetiva, ilidindo comportamentos abusivos dos titulares de direitos subjetivos. E no título "Dos contratos em geral", no art. 422, está consagrada a função integrativa da boa-fé objetiva, no Código Civil.

Em razão de sua tessitura aberta, porosa, não há uma definição conceitual, *a priori*, da boa-fé objetiva, que deve ter seu conteúdo preenchido no caso concreto. Assim, "conquanto não se possa definir um conceito, os juristas chegam ao seu conteúdo pela análise de diferentes situações nas quais os Tribunais encontram a razão de decidir (ou uma delas) na violação a esse *standard* comportamental".[19]

Nesses termos, Judith Martins-Costa assevera:

> O agir segundo a boa-fé objetiva concretiza as exigências de probidade, correção e comportamento leal hábeis a viabilizar um adequado tráfico negocial, consideradas a finalidade e a utilidade do negócio do qual se vinculam, vincularam ou cogitam vincular-se, bem como o específico campo de atuação em que situada a relação obrigacional.[20]

Por sua vez, Antônio Manuel da Rocha Menezes e Cordeiro considera que o conteúdo da boa-fé objetiva não pode ser dado em abstrato:

> Nunca se poderá, pois, em abstracto (*sic*) por uma solução imposta pela boa-fé: apenas perante uma ordem jurídica precisa e face ao caso concreto, aflorará a resposta. E se, em rigor, este fenómeno (*sic*) ocorre face ao indagar de qualquer regra, ele mais se acentuará em proposições indeterminadas.[21]

Quanto às multifunções da boa-fé objetiva, analisa-se a sua função interpretativa, prevista no art. 113[22] do Código Civil de 2002.

---

[19] MARTINS-COSTA, Judith. *A boa-fé no direito privado*: critérios para a sua aplicação. 2. ed. São Paulo: Saraiva, 2018. p. 42.

[20] MARTINS-COSTA, Judith. *A boa-fé no direito privado*: critérios para a sua aplicação. 2. ed. São Paulo: Saraiva, 2018. p. 43.

[21] CORDEIRO, Antônio Manuel da Rocha e Menezes. *Da boa fé no direito civil*. Coimbra: Almedina, 2007. p. 1.257.

[22] Art. 113. Os negócios jurídicos devem ser interpretados conforme a boa-fé e os usos do lugar de sua celebração. § 1º A interpretação do negócio jurídico deve lhe atribuir o sentido que: (Incluído pela Lei nº 13.874, de 2019); I - for confirmado pelo comportamento das partes posterior à celebração do negócio; (Incluído pela Lei nº 13.874, de 2019); II - corresponder aos usos, costumes e práticas do mercado relativas ao tipo de negócio; (Incluído pela Lei nº 13.874, de 2019); III - corresponder à boa-fé; (Incluído pela Lei nº 13.874, de 2019); IV - for mais benéfico à parte que não redigiu o dispositivo, se identificável; e (Incluído pela Lei nº 13.874, de 2019); V - corresponder a qual seria a razoável negociação

A operatividade das decisões judiciais e negociais deve ser pautada conforme a norma insculpida no art. 113. Deve-se, ao interpretar, buscar o sentido da relação negocial – aquele sentido que seja a expressão da declaração de vontade das partes, constante do instrumento contratual, sem perder de vista a necessária conformidade com os valores constitucionais e o sistema jurídico. Ao decidir, com atenção ao caso concreto, o julgador se afastará de uma discricionariedade ampla, evitando-se arbitrariedades.

> O caso concreto resolvido é-o em função de um processo no qual a entidade decidente, tendo, sobre ele, formulado um pré-juízo facultado pelo conhecimento que, do sistema, já tenha adquirido ao problema dogmatizado e no qual tenha sido possível atribuir a algum ou alguns dos argumentos presentes, uma autoridade particular. A não haver arbitrariedade, apenas o reduzir da matéria em causa, do seu peso decisivo.[23]

A norma prevista no art. 113 ampliou a autonomia privada dos contratantes com a introdução do §2º no art. 113[24] pela Lei nº 13.874, de 2019. Esse espaço de liberdade de criação de regras interpretativas pelos *players* tem por base um dos fundamentos nucleares da boa-fé objetiva: a confiança. Ademais, "nas relações contratuais, o que se exige é uma atitude positiva de cooperação, e, assim sendo, o princípio é a fonte normativa impositiva de comportamentos que se devem pautar por específico *standard* ou arquétipo, qual seja, a conduta segundo a boa-fé".[25]

A função de controle ou limite, da boa-fé objetiva, está prevista no art. 187 do Código Civil de 2002, assim redigido: "Também comete ato ilícito o titular de um direito que, ao exercê-lo, excede manifestamente os limites impostos pelo seu fim econômico ou social, pela boa-fé ou

---

das partes sobre a questão discutida, inferida das demais disposições do negócio e da racionalidade econômica das partes, consideradas as informações disponíveis no momento de sua celebração. (Incluído pela Lei nº 13.874, de 2019); § 2º As partes poderão livremente pactuar regras de interpretação, de preenchimento de lacunas e de integração dos negócios jurídicos diversas daquelas previstas em lei. (Incluído pela Lei nº 13.874, de 2019). (BRASIL. Lei nº 10.406, de 10 de janeiro de 2002. Institui o Código Civil. *Diário Oficial da União*, Brasília, 11 jan. 2002. Disponível em: http://www.planalto.gov.br/ccivil_03/leis/2002/l10406compilada.htm. Acesso em: 1 abr. 2024).

[23] CORDEIRO, Antônio Manuel da Rocha e Menezes. *Da boa fé no direito civil*. Coimbra: Almedina, 2007. p. 1.259.

[24] Transcrição acima.

[25] MARTINS-COSTA, Judith. *A reconstrução do direito privado*: reflexos dos princípios, diretrizes e direitos fundamentais constitucionais no direito privado. São Paulo: Revista dos Tribunais, 2002. p. 612.

pelos bons costumes".[26] Traduz o exercício inadmissível de posições jurídicas sob o fundamento do abuso de direito, ilícito objetivo. "O mérito do art. 187 do Código de 2002 é realçar que o critério do abuso não reside no plano psicológico da culpabilidade, mas no desvio do direito de sua finalidade ou função social."[27]

3.1 A função integrativa do princípio da boa-fé objetiva

O verbo integrar significa "inteirar, completar, tornar-se inteiro, completo, as almas se buscam, se unem e se completam".[28] Considerando as definições de Domingos Paschoal Cegalla, se a palavra integrativa tem a mesma raiz da palavra integrar, já se pode adiantar que a função integrativa visa tornar "inteira" a minuta contratual. Não significa que a relação jurídica contratual seja lacunosa e que precisaria ser colmatada, mas que ela deve ser integrada pelos deveres de conduta, que podem estar implícitos no instrumento contratual.

E os deveres de conduta podem estar implícitos porque a relação jurídica contratual é vista em sua totalidade, ou seja, é composta pelas prestações avençadas pelas partes, consistentes em um dar, fazer ou não fazer e por deveres de conduta, anexos, instrumentais ou laterais. Ambos devem ser cumpridos pelas partes, sob pena de inadimplemento contratual.

Como exemplos de deveres anexos, podem-se citar a confiança e a lealdade esperada das partes, mas a esses padrões éticos eles não se reduzem. Quanto à confiança, Antônio Manuel da Rocha e Menezes Cordeiro explica que "a protecção (*sic*) da confiança opera mercê de preceitos específicos ou, em termos gerais, através da boa-fé, reunidos certos requisitos; o seu regime tende para a preservação da posição do confiante".[29]

O Código Civil traz na redação do artigo 422 do Código Civil a concretização da função integrativa da boa-fé objetiva, como se verifica: "Os contratantes são obrigados a guardar, assim na conclusão do

---

[26] BRASIL. Lei nº 10.406, de 10 de janeiro de 2002. Institui o Código Civil. *Diário Oficial da União*, Brasília, 11 jan. 2002. Disponível em: http://www.planalto.gov.br/ccivil_03/leis/2002/l10406compilada.htm. Acesso em: 1º abr. 2024.

[27] FARIAS, Cristiano Chaves de; ROSENVALD, Nelson. *Curso de direito civil*. 3. ed. rev., ampl. e atual. v. 4. Salvador: JusPodivm, 2013. p. 184.

[28] CEGALLA, Domingos Paschoal. *Dicionário de dificuldades da língua portuguesa*. 3. ed. rev. e ampl. Rio de Janeiro: Lexikon, 2012. p. 216.

[29] CORDEIRO, Antônio Manuel da Rocha e Menezes. *Da boa fé no direito civil*. Coimbra: Almedina, 2007. p. 1.299.

contrato, como em sua execução, os princípios de probidade e boa-fé".[30] Por essa razão, as partes são obrigadas a agirem com boa-fé nas fases pré-contratual, contratual e pós-contratual. Nas fases pré-contratual e pós-contratual, não se pode falar em contrato, a uma porque a prestação de dar, fazer ou não fazer ainda não nasceu; a duas, porque já foi cumprida. Todavia, os deveres anexos ou já nasceram ou permanecem na pós-eficácia obrigacional. A partir desses apontamentos, passa-se à análise do inadimplemento por violação positiva do contrato.

3.2 O inadimplemento por violação positiva do contrato

Os contratos, quando violados, trazem como consequências o inadimplemento contratual pelo faltante e os direitos à resolução contratual e/ou reparação dos danos ao credor (*accipiens*).

Comumente, o descumprimento contratual gera o inadimplemento absoluto[31] ou a mora[32] do devedor. Diante do inadimplemento contratual, o devedor tem o direito potestativo à resolução contratual. Pode ocorrer também de a alteração superveniente das circunstâncias promover o desequilíbrio contratual, rompendo-se a justiça contratual, quando as partes poderão recorrer a negociações internas, por meio de suas autonomias privadas, à revisão[33] contratual ou mesmo à resolução[34] contratual, situação mais drástica, a fim de se retomar o equilíbrio

---

[30] BRASIL. Lei nº 10.406, de 10 de janeiro de 2002. Institui o Código Civil. *Diário Oficial da União*, Brasília, 11 jan. 2002. Disponível em: http://www.planalto.gov.br/ccivil_03/leis/2002/l10406compilada.htm. Acesso em: 1º abr. 2024.

[31] Art. 389. Não cumprida a obrigação, responde o devedor por perdas e danos, mais juros e atualização monetária segundo índices oficiais regularmente estabelecidos, e honorários de advogado (BRASIL. Lei nº 10.406, de 10 de janeiro de 2002. Institui o Código Civil. *Diário Oficial da União*, Brasília, 11 jan. 2002. Disponível em: http://www.planalto.gov.br/ccivil_03/leis/2002/l10406compilada.htm. Acesso em: 1º abr. 2024).

[32] Art. 394. Considera-se em mora o devedor que não efetuar o pagamento e o credor que não quiser recebê-lo no tempo, lugar e forma que a lei ou a convenção estabelecer (BRASIL. Lei nº 10.406, de 10 de janeiro de 2002. Institui o Código Civil. *Diário Oficial da União*, Brasília, 11 jan. 2002. Disponível em: http://www.planalto.gov.br/ccivil_03/leis/2002/l10406compilada.htm. Acesso em: 1º abr. 2024).

[33] Art. 317. Quando, por motivos imprevisíveis, sobrevier desproporção manifesta entre o valor da prestação devida e o do momento de sua execução, poderá o juiz corrigi-lo, a pedido da parte, de modo que assegure, quanto possível, o valor real da prestação (BRASIL. Lei nº 10.406, de 10 de janeiro de 2002. Institui o Código Civil. *Diário Oficial da União*, Brasília, 11 jan. 2002. Disponível em: http://www.planalto.gov.br/ccivil_ 03/leis/2002/l10406compilada.htm. Acesso em: 1º abr. 2024).

[34] Art. 478. Nos contratos de execução continuada ou diferida, se a prestação de uma das partes se tornar excessivamente onerosa, com extrema vantagem para a outra, em virtude de acontecimentos extraordinários e imprevisíveis, poderá o devedor pedir a resolução

econômico e financeiro. Essas situações são típicas do inadimplemento negativo das obrigações.

Contudo, existem situações em que o inadimplemento decorre da violação positiva do contrato. A violação positiva do contrato pode ser compreendida "como o adimplemento ruim ou insatisfatório, pois, apesar de alcançar-se o cumprimento do dever de prestação, sobejaram-se frustrados o exercício da boa-fé e a salvaguarda da confiança alheia".[35] Apesar de inexistir regra tratando explicitamente da violação positiva do contrato no ordenamento jurídico brasileiro, entende-se que essa teoria foi incorporada no sistema através da função integrativa da boa-fé objetiva. "[...] a correta hermenêutica da função integrativa da boa-fé objetiva remete à aceitação da violação positiva do contrato pela janela da cláusula geral do art. 422 do Código Civil".[36]

O Superior Tribunal de Justiça já decidiu pela resolução do contrato em razão da violação dos deveres anexos de conduta, decorrentes da boa-fé objetiva:

> CIVIL E EMPRESARIAL. RECURSO ESPECIAL. AÇÃO DE RESOLUÇÃO CONTRATUAL. FRANQUIA. BOA-FÉ OBJETIVA. ART. 422 DO CC/02. DEVERES ANEXOS. LEALDADE. INFORMAÇÃO. DESCUMPRIMENTO. FASE PRÉ-CONTRATUAL. EXPECTATIVA LEGÍTIMA. PROTEÇÃO. PADRÕES DE COMPORTAMENTO (STANDARDS). DEVER DE DILIGÊNCIA (DUE DILIGENCE). HARMONIA. INADIMPLEMENTO. CONFIGURAÇÃO. PROVIMENTO.
>
> 1. Cuida-se de ação de resolução de contrato de franquia cumulada com indenização de danos materiais, na qual se alega que houve descumprimento do dever de informação na fase pré-contratual, com a omissão das circunstâncias que permitiriam ao franqueado a tomada de decisão na assinatura do contrato, como o fracasso de franqueado anterior na mesma macrorregião. 2. Recurso especial interposto em: 23/10/2019; conclusos ao gabinete em: 29/10/2020; aplicação do CPC/15. 3. O propósito recursal consiste em definir se a conduta da franqueadora na fase

---

do contrato. Os efeitos da sentença que a decretar retroagirão à data da citação. Art. 479. A resolução poderá ser evitada, oferecendo-se o réu a modificar eqüitativamente as condições do contrato. Art. 480. Se no contrato as obrigações couberem a apenas uma das partes, poderá ela pleitear que a sua prestação seja reduzida, ou alterado o modo de executá-la, a fim de evitar a onerosidade excessiva (BRASIL. Lei nº 10.406, de 10 de janeiro de 2002. Institui o Código Civil. *Diário Oficial da União*, Brasília, 11 jan. 2002. Disponível em: http://www.planalto.gov.br/ccivil_03/leis/2002/l10406compilada.htm. Acesso em: 1º abr. 2024).

[35] FARIAS, Cristiano Chaves de; ROSENVALD, Nelson. *Curso de direito civil*. 3. ed. rev., ampl. e atual. v. 4. Salvador: JusPodivm, 2013. p. 182.

[36] FARIAS, Cristiano Chaves de; ROSENVALD, Nelson. *Curso de direito civil*. 3. ed. rev., ampl. e atual. v. 4. Salvador: Juspodivm, 2013. p. 183.

pré-contratual, deixando de prestar informações que auxiliariam na tomada de decisão pela franqueada, pode ensejar a resolução do contrato de franquia por inadimplemento 4. Segundo a boa-fé objetiva, prevista de forma expressa no art. 422 do CC/02, as partes devem comportar-se de acordo com um padrão ético de confiança e de lealdade, de modo a permitir a concretização das legítimas expectativas que justificaram a celebração do pacto.
4. Os deveres anexos, decorrentes da função integrativa da boa-fé objetiva, resguardam as expectativas legítimas de ambas as partes na relação contratual, por intermédio do cumprimento de um dever genérico de lealdade, que se manifesta especificamente, entre outros, no dever de informação, que impõe que o contratante seja alertado sobre fatos que a sua diligência ordinária não alcançaria isoladamente. 5. O princípio da boa-fé objetiva já incide desde a fase de formação do vínculo obrigacional, antes mesmo de ser celebrado o negócio jurídico pretendido pelas partes. Precedentes. 6. Ainda que caiba aos contratantes verificar detidamente os aspectos essenciais do negócio jurídico (due diligence), notadamente nos contratos empresariais, esse exame é pautado pelas informações prestadas pela contraparte contratual, que devem ser oferecidas com a lisura esperada pelos padrões (standards) da boa-fé objetiva, em atitude cooperativa. 7. O incumprimento do contrato distingue-se da anulabilidade do vício do consentimento em virtude de ter por pressuposto a formação válida da vontade, de forma que a irregularidade de comportamento somente é revelada de forma superveniente; enquanto na anulação a irregularidade é congênita à formação do contrato. 8. Na resolução do contrato por inadimplemento, em decorrência da inobservância do dever anexo de informação, não se trata de anular o negócio jurídico, mas sim de assegurar a vigência da boa-fé objetiva e da comutatividade (equivalência) e sinalagmaticidade (correspondência) próprias da função social do contrato entabulado entre as partes. 9. Na hipótese dos autos, a moldura fática delimitada pelo acórdão recorrido consignou que: a) ainda na fase pré-contratual, a franqueadora criou na franqueada a expectativa de que o retorno do capital investido se daria em torno de 36 meses; b) apesar de transmitir as informações de forma clara e legal, o fez com qualidade e amplitude insuficientes para que pudessem subsidiar a correta tomada de decisão e as expectativas corretas de retornos; e c) a probabilidade de que a franqueada recupere o seu capital investido, além do caixa já perdido na operação até o final do contrato, é mínima, ou quase desprezível. 10. Recurso especial provido.[37]

[37] BRASIL. Superior Tribunal de Justiça. Recurso Especial nº 1.862.508/SP. 3. T. Rel. Min. Ricardo Villas Bôas Cueva, Rel.(a) acórdão Min.(a) Nancy Andrighi, j. 24/11/2020. *Diário de Justiça Eletrônico*, Brasília, 18 dez. 2020. Disponível em: https://processo.stj.jus.br/processo/revista/documento/mediado/?componente=ITA&sequencial=1996490&num_registro=202000386748&data=20201218&formato=PDF. Acesso em: 15 abr. 2024.

O Enunciado nº 24, do Conselho da Justiça Federal, que também remete ao inadimplemento contratual por violação positiva do contrato, traz a seguinte redação: "Em virtude do princípio da boa-fé, positivado no art. 422 do novo Código Civil, a violação dos deveres anexos constitui espécie de inadimplemento, independentemente de culpa".[38] Em conclusão sobre o tema, Cristiano Chaves de Farias e Nelson Rosenvald expõem:

> A violação positiva do contrato, como o rompimento da relação de confiança que conecta as partes, mesmo que não atrelada aos deveres de prestação, deverá ser identificada em seus efeitos patrimoniais com o inadimplemento, para que dela se possa extrair o direito da parte ofendida à resolução do vínculo obrigacional ou, mesmo, à oposição da *exceptio non adimpleti*, inclusive com todas as consequências da responsabilidade civil, sobremaneira o dever de indenizar em prol do lesado.[39]

Sobre os deveres anexos, que, uma vez violados, podem levar ao inadimplemento contratual, Clóvis do Couto e Silva foi pioneiro na temática ao tratar dos deveres anexos decorrentes da boa-fé e do inadimplemento por sua violação. Segundo o autor, os deveres secundários "consistem em indicações, atos de proteção, como o dever de afastar danos, atos de vigilância, de guarda, de cooperação, de assistência".[40]

Nesse sentido, os deveres anexos, laterais, secundários ou instrumentais não precisam estar escritos para que sejam exigidos, casos em que o eixo fundamental a ser observado para aferir o inadimplemento é a ética esperada das partes, consubstanciada na lealdade e na confiança. Ou seja, a partir desse *standard*, a melhor interpretação é no sentido de que pode ocorrer violação à boa-fé objetiva em decorrência de inadimplemento quanto aos deveres anexos explícitos e implícitos. Nesse contexto, conjectura-se acerca da possibilidade de inadimplemento em razão da violação positiva nos contratos inteligentes, a seguir abordados.

---

[38] CONSELHO DA JUSTIÇA FEDERAL. *I jornada de direito civil*. Coordenador-geral: Ministro Ruy Rosado de Aguiar. Disponível em: https://www.cjf.jus.br/enunciados/enunciado/670. Acesso em: 15 abr. 2024.

[39] FARIAS, Cristiano Chaves de; ROSENVALD, Nelson. *Curso de direito civil*. 3. ed. rev., ampl. e atual. v. 4. Salvador: JusPodivm, 2013. p. 183.

[40] SILVA, Clóvis do Couto e. *A obrigação como processo*. Rio de Janeiro: Ed. FGV, 2006. p. 93.

4 Os contratos inteligentes (*smart contracts*) e a tecnologia *blockchain*

Contratos inteligentes ou *smart contracts* são "negócios jurídicos" digitais que "possuem como um de seus sustentáculos tecnológicos a *blockchain* [...] sendo autoexecutáveis e inadulteráveis".[41]

Por sua vez, a *blockchain* é "uma rede de dados digital e descentralizada, que registra transações e negócios por meio de codificação computacional [...]".[42]

Satoshi Nakamoto (pseudônimo), em 2008, foi o primeiro a fazer referência à tecnologia *blockchain* como fundamental na concepção e desenvolvimento da infraestrutura da criptomoeda *bitcoin*. Apontou-se que essa tecnologia promoveria confiança nas transações entre as partes envolvidas, eliminando a necessidade e dependência de intermediários, como bancos, *sites* de comércio eletrônico e cartórios, quiçá tribunais, para validar e garantir a segurança dos dados e das transações realizadas. Logo, em termos contratuais, sua aplicabilidade seria possível "[...] mesmo nas relações civis mais básicas, como relações locatícias, pequenos mútuos ou mesmo nos contratos de consumo, aplicações dessa tecnologia poderiam ser vislumbradas e novos riscos precisariam ser contingenciados".[43]

A relevância da aplicabilidade da tecnologia *blockchain* no campo jurídico e no mercado é significativa e segue influenciando de forma positiva o surgimento de novos formatos de negócios e inovações em diversas áreas.

Para aferir segurança e autoexecutoriedade, os registros no *blockchain* são organizados em blocos, que podem ser comparados a "folhas" de um livro de contabilidade. Em resumo, cada bloco na cadeia contém um tipo de "código de verificação", ou seja, um algoritmo matemático (chamado *hash*) que permite às partes interessadas detectar qualquer alteração nos documentos e informações da rede. As informações contidas na rede *blockchain* ficam visíveis para todos os envolvidos e, se

---

[41] NUNES, Dierle; VIANA, Aurélio; PAOLINELLI, Camila Mattos. Autotutela e a incorporação digital da moeda digital Drex no Brasil. *Consultor Jurídico*, São Paulo, 20 set. 2023. Disponível em: https://www.conjur.com.br/2023-set-20/artx-opiniao-autotutela-incorporacao-moeda-digital-drex-brasil/. Acesso em: 1º maio 2024.

[42] GOERCK, Daniella Losasso. *Contratos eletrônicos, smart contract e responsabilidade civil*. São Paulo: Almedina, 2023. p. 90.

[43] MARTINS, Guilherme Magalhães; FALEIROS JÚNIOR, José Luiz de Moura. Reflexões sobre os contratos inteligentes (smart contract) e seus principais reflexos jurídicos. *In*: EHRHARDT JÚNIOR, Marcos; CATALAN, Marcos; MALHEIROS, Pablo (coord.). *Direito civil e tecnologia*. Belo Horizonte: Fórum, 2020. p. 195.

a rede for pública, ficam visíveis também para terceiros,[44] resultando em transparência e segurança para os participantes. Com a utilização dessa tecnologia no direito contratual, percebe-se a existência de "uma nova forma de lidar com contratos e com o próprio direito contratual, visando, sobretudo, obter maior eficiência nesse segmento".[45]

No que tange aos *smart contracts*, eles estão lastreados na tecnologia *blockchain*, sendo constituídos em grande parte na plataforma Ethereum.

> A Ethereum é uma implementação específica da blockchain que permite que cada transação represente uma linha de código de computador que será computada por cada nó da rede. [...] Qualquer contrato que possa ser expresso como uma transferência de valores entre duas pessoas em troca de alguma condição pode ser representado em uma blockchain com as características da Ethereum.[46]

Desenvolvida por Vitalik Buterin, a plataforma Ethereum, reconhecida como a segunda geração da tecnologia *blockchain*, possibilita que os usuários desenvolvam e executem contratos inteligentes utilizando uma base de dados comum (*blockchain*) e uma linguagem de programação específica, projetada para simplificar ao máximo esse processo, devendo-se pagar um valor ao minerador.

É fundamental salientar que, na Ethereum, a quantidade de informação que cada bloco pode armazenar está condicionada ao limite de *gas* que se pode utilizar por bloco. O *gas* denota a quantidade de recurso computacional necessário para realizar operações na plataforma Ethereum, sendo essencial para processar ações como a execução de contratos inteligentes, transações individuais, entre outras atividades. Similarmente ao modo como os veículos requerem combustível para funcionar, os mineradores precisam de recursos computacionais para conduzir essas operações. Assim, os usuários que desejam efetuar operações na rede pagam uma taxa de *gas* em *ether* aos mineradores, compensando-os pelo uso de seus recursos computacionais nessas atividades.[47]

---

[44] GOERCK, Daniella Losasso. *Contratos eletrônicos, smart contract e responsabilidade civil*. São Paulo: Almedina, 2023. p. 91-95.

[45] GOERCK, Daniella Losasso. *Contratos eletrônicos, smart contract e responsabilidade civil*. São Paulo: Almedina, 2023. p. 95.

[46] GOERCK, Daniella Losasso. *Contratos eletrônicos, smart contract e responsabilidade civil*. São Paulo: Almedina, 2023. p. 98.

[47] FREIRE, João Pedro. *Blockchain e smart contracts*: implicações jurídicas. Coimbra: Almedina, 2021. p. 29.

No Brasil, o Banco Central lançou a moeda Drex, projetando-se um futuro em que a sua utilização impactará sobremodo na escolha pelos contratos inteligentes. A moeda digital Drex pode ser utilizada para garantir que pagamentos sejam realizados automaticamente sob certas condições, proporcionando uma camada adicional de segurança e confiança nas transações, podendo ser utilizado em diferentes mercados, como o imobiliário.[48]

Por fim, a partir dessas considerações, passa-se à análise do inadimplemento por violação positiva nos contratos inteligentes.

4.1 Inadimplemento por violação positiva nos contratos inteligentes (*smart contracts*)

O inadimplemento contratual decorrente da violação positiva do contrato, que se caracteriza pelo descumprimento dos deveres anexos de conduta, ou adimplemento defeituoso pode levar à sua resolução. Esses deveres anexos não precisam estar explícitos na minuta contratual para gerar obrigatoriedade quanto ao seu cumprimento. Entretanto, padrões éticos consubstanciados na confiança e na lealdade, parâmetros mínimos e fundamentais, já devem estar redigidos.

Em se tratando dos *smart contracts*, que são imutáveis e autoexecutáveis, não se mostra suficiente a referência no contrato a padrões gerais de comportamento, pois somente o que constar nas estruturas de dados da rede *blockchain* é que será executado. Ou seja, uma vez inseridos "[...] os termos contratuais em estruturas de dados *blockchain*, por meio de procedimento de automação, o adimplemento das cláusulas contratuais é realizado sem a intervenção humana [...]"[49] e nos exatos termos consignados.

Consequentemente, o mais adequado é que as partes possam esmiuçar quais deveres anexos integrarão aquele contrato. A linguagem computacional deve desenhar em códigos a linguagem humana na sua integralidade. Portanto, se todos os direitos e deveres desejados pelas partes, por meio de suas autonomias privadas, constarem dos *smart contracts*, a segurança jurídica e os objetivos contratuais serão alcançados.

[48] NUNES, Dierle; VIANA, Aurélio; PAOLINELLI, Camila Mattos. Autotutela e a incorporação digital da moeda digital Drex no Brasil. *Consultor Jurídico*, São Paulo, 20 set. 2023. Disponível em: https://www.conjur.com.br/2023-set-20/artx-opiniao-autotutela-incorporacao-moeda-digital-drex-brasil/. Acesso em: 1º maio 2024.

[49] ALMEIDA, Bianca dos Santos de Cavalli. *Smart contracts*: contratos inteligentes. Curitiba: Juruá, 2021. p. 71.

Por outro lado, entende-se ser possível, ainda que possa desnaturar em parte os objetivos dos contratos inteligentes, estabelecer uma cláusula de gestão de riscos contratuais alocando que o conteúdo dos deveres anexos poderá ser objeto de ampla elucidação pelas partes em mesas de negociações ou perante os tribunais, concedendo maiores espaços à autonomia privada e à criatividade humana, *a posteriori*.

5 Conclusão

Contratos inteligentes ou *smart contracts* são programas de computador alicerçados na tecnologia *blockchain*, rede descentralizada, sendo imutáveis, intangíveis, inflexíveis e autoexecutáveis.

No estudo do princípio da boa-fé objetiva e suas multifunções nos *smart contracts*, constatou-se que todo o conteúdo interpretativo, integrativo e da função de controle deve estar tipificado no modelo contratual, posto inexistir abertura para interpretação, abuso de direito e integração do contrato construído em consonância com as normas jurídicas do ordenamento jurídico brasileiro, salvaguardando-se sua regular validade e eficácia contratual.

Aprofundou-se na análise da tecnologia *blockchain* e sua relevância nos contratos inteligentes a fim de sustentar o inadimplemento contratual por descumprimento dos deveres anexos da função integrativa do princípio da boa-fé objetiva, uma vez que esses deveres anexos podem estar implícitos nos contratos. Todavia, entendeu-se que, em razão da autoexecutoriedade dos *smart contracts*, tecnologia disruptiva, todos os deveres e direitos mutuamente acordados pelas partes devem estar inseridos em referidos contratos inteligentes.

Nesses termos, destacando o estado atual da arte em matéria de tecnologia, ao final, confirmou-se a hipótese inicial, entendendo-se não ser possível o inadimplemento por violação positiva nos contratos inteligentes.

Referências

ALMEIDA, Bianca dos Santos de Cavalli. *Smart contracts*: contratos inteligentes. Curitiba: Juruá, 2021.

BRASIL. *Código Civil (2002)*. Brasília: Senado Federal, Subsecretaria de Edições Técnicas, 2005. Disponível em: https://www2.senado.leg.br/bdsf/handle/id/70319. Acesso em: 1º maio 2024.

BRASIL. Decreto-lei nº 4.657, de 4 de setembro de 1942. Lei de Introdução às normas do Direito Brasileiro. *Diário Oficial da União*, Rio de Janeiro, 09 set. 1942. Disponível em: https://www.planalto.gov.br/ccivil_03/Decreto-Lei/Del4657.htm. Acesso em: 28 abr. 2024.

BRASIL. Lei nº 10.406, de 10 de janeiro de 2002. Institui o Código Civil. *Diário Oficial da União*, Brasília, 11 jan. 2002. Disponível em: http://www.planalto.gov.br/ccivil_03/leis/2002/l10406compilada.htm. Acesso em: 1º abr. 2024.

BRASIL. Lei nº 13.874, de 20 de setembro de 2019. Institui a Declaração de Direitos de Liberdade Econômica; estabelece garantias de livre mercado; altera as Leis nº 10.406, de 10 de janeiro de 2002 (Código Civil), 6.404, de 15 de dezembro de 1976, 11.598, de 3 de dezembro de 2007, 12.682, de 9 de julho de 2012, 6.015, de 31 de dezembro de 1973, 10.522, de 19 de julho de 2002, 8.934, de 18 de novembro 1994, o Decreto-Lei nº 9.760, de 5 de setembro de 1946 e a Consolidação das Leis do Trabalho, aprovada pelo Decreto-Lei nº 5.452, de 1º de maio de 1943; revoga a Lei Delegada nº 4, de 26 de setembro de 1962, a Lei nº 11.887, de 24 de dezembro de 2008, e dispositivos do Decreto-Lei nº 73, de 21 de novembro de 1966; e dá outras providências. *Diário Oficial da União*, Brasília, 20 set. 2019. Disponível em: https://www.planalto.gov.br/ccivil_03/_ato2019-2022/2019/lei/L13874.htm. Acesso em: 29 abr. 2024.

BRASIL. Lei nº 14.620, de 13 de julho de 2023. Dispõe sobre o Programa Minha Casa, Minha Vida, altera o Decreto-Lei nº 3.365, de 21 de junho de 1941 (Lei da Desapropriação), a Lei nº 4.591, de 16 de dezembro de 1964, a Lei nº 6.015, de 31 de dezembro de 1973 (Lei dos Registros Públicos), a Lei nº 6.766, de 19 de dezembro de 1979, a Lei nº 8.036, de 11 de maio de 1990 (Lei do FGTS), a Lei nº 8.677, de 13 de julho de 1993, a Lei nº 9.472, de 16 de julho de 1997, a Lei nº 9.514, de 20 de novembro de 1997, a Lei nº 10.188, de 12 de fevereiro de 2001, a Lei nº 10.406, de 10 de janeiro de 2002 (Código Civil), a Lei nº 10.931, de 2 de agosto de 2004, a Lei nº 11.977, de 7 de julho de 2009, a Lei nº 12.462, de 4 de agosto de 2011, a Lei nº 13.105, de 16 de março de 2015 (Código de Processo Civil), a Lei nº 13.465, de 11 de julho de 2017, a Lei nº 14.063, de 23 de setembro de 2020, a Lei nº 14.133, de 1º de abril de 2021 (Lei de Licitações e Contratos Administrativos), a Lei nº 14.300, de 6 de janeiro de 2022, e a Lei nº 14.382, de 27 de junho de 2022, e revoga dispositivos da Lei nº 14.118, de 12 de janeiro de 2021. *Diário Oficial da União*, Brasília-DF, 14 jul. 2023. Disponível em: https://www.planalto.gov.br/ccivil_03/_Ato2023-2026/2023/Lei/L14620.htm. Acesso em: 29 abr. 2024.

BRASIL. Superior Tribunal de Justiça. Recurso Especial nº 1.862.508/SP. 3. T. Rel. Min. Ricardo Villas Bôas Cueva, Rel.(a) acórdão Min.(a) Nancy Andrighi, j. 24/11/2020. *Diário de Justiça Eletrônico*, Brasília, 18 dez. 2020. Disponível em: https://processo.stj.jus.br/processo/revista/documento/mediado/?componente=ITA&sequencial=1996490&num_registro=202000386748&data=20201218&formato=PDF. Acesso em: 15 abr. 2024.

CEGALLA, Domingos Paschoal. *Dicionário de dificuldades da língua portuguesa*. 3. ed. rev. e ampl. Rio de Janeiro: Lexikon, 2012.

CONSELHO DA JUSTIÇA FEDERAL. *I jornada de direito civil*. Coordenador-geral: Ministro Ruy Rosado de Aguiar. Disponível em: https://www.cjf.jus.br/enunciados/enunciado/670. Acesso em: 15 abr. 2024.

CORDEIRO, Antônio Manuel da Rocha e Menezes. *Da boa fé no direito civil*. Coimbra: Almedina, 2007.

FARIAS, Cristiano Chaves de; ROSENVALD, Nelson. *Curso de direito civil*. 3. ed. rev., ampl. e atual. Salvador: Juspodivm, 2013. v. 4: Contratos: teoria geral e contratos em espécie.

FREIRE, João Pedro. *Blockchain e smart contracts*: implicações jurídicas. Coimbra: Almedina, 2021.

GOERCK, Daniella Losasso. *Contratos eletrônicos, smart contract e responsabilidade civil.* São Paulo: Almedina, 2023.

MARTINS, Guilherme Magalhães; FALEIROS JÚNIOR, José Luiz de Moura. Reflexões sobre os contratos inteligentes (*smart contract*) e seus principais reflexos jurídicos. *In*: EHRHARDT JÚNIOR, Marcos; CATALAN, Marcos; MALHEIROS, Pablo (coord.). *Direito civil e tecnologia*. Belo Horizonte: Fórum, 2020. *Ebook*.

MARTINS-COSTA, Judith. *A boa-fé no direito privado*: critérios para a sua aplicação. 2. ed. São Paulo: Saraiva, 2018.

MARTINS-COSTA, Judith. *A reconstrução do direito privado*: reflexos dos princípios, diretrizes e direitos fundamentais constitucionais no direito privado. São Paulo: Revista dos Tribunais, 2002.

NALIN, Paulo. *Do contrato*: conceito pós-moderno em busca de sua formulação na perspectiva civil-constitucional. 2. ed. rev. e atual. Curitiba: Juruá, 2008.

NUNES, Dierle; VIANA, Aurélio; PAOLINELLI, Camila Mattos. Autotutela e a incorporação digital da moeda digital Drex no Brasil. *Consultor Jurídico*, São Paulo, 20 set. 2023. Disponível em: https://www.conjur.com.br/2023-set-20/artx-opiniao-autotutela-incorporacao-moeda-digital-drex-brasil/. Acesso em: 1º maio 2024.

POLIDO, Fabrício Bertini Pasquot; SILVA, Lucas Sávio Oliveira da. Contratos internacionais eletrônicos e o direito brasileiro: entre a insuficiência normativa doméstica e as soluções globais. *Sequência*, Florianópolis, v. 38, n. 75, p. 157-188, jan. 2017. Disponível em: https://doi.org/10.5007/2177-7055.2017v38n75p157. Acesso em: 29 abr. 2024.

PRATA, Ana. *A tutela constitucional da autonomia privada*. Coimbra: Almedina, 2016.

REBOUÇAS, Rodrigo Fernandes. *Contratos eletrônicos*: formação e validade: aplicações práticas. 2. ed. rev. e ampl. São Paulo: Almedina, 2018.

ROPPO, Enzo. *O contrato*. Tradução: Ana Coimbra e M. Januário C. Gomes. Coimbra: Almedina, 2009.

SCHREIBER, Anderson. Contratos eletrônicos e consumo. *Revista Brasileira de Direito Civil*, Rio de Janeiro, v. 1, n. 01, p. 88-110, 2014. Disponível em: https://rbdcivil.emnuvens.com.br/rbdc/article/view/132. Acesso em: 30 abr. 2024.

SILVA, Clóvis do Couto e. *A obrigação como processo*. Rio de Janeiro: Ed. FGV, 2006.

Informação bibliográfica deste texto, conforme a NBR 6023:2018 da Associação Brasileira de Normas Técnicas (ABNT):

FIALHO, Cláudia. O inadimplemento por violação positiva nos contratos inteligentes (*smart contracts*). *In*: EHRHARDT JÚNIOR, Marcos; CATALAN, Marcos (coord.). *Entre riscos, danos e contratos*: a inteligência artificial nas relações patrimoniais. Belo Horizonte: Fórum, 2024. p. 129-148. ISBN 978-65-5518-837-0.

DIGITALIZAÇÃO DOS CARTÓRIOS

GUSTAVO SIMÕES PIOTO

1 Introdução

A tecnologia e suas inovações impactam a humanidade desde sua origem, e já vivenciamos inúmeras etapas da revolução digital, o que transformou rapidamente a realidade da sociedade ao longo dos anos e seu desenvolvimento.

A informatização e a conectividade tornaram-se elementos indispensáveis e, agora, fazem parte integrante do nosso cotidiano. Isso inclui o uso de equipamentos tecnológicos, a interação com redes sociais, o emprego de *softwares* diversos, ferramentas, *startups* e a aplicação efetiva da inteligência artificial.

As serventias extrajudiciais, conhecidas como cartórios, também têm sido impactadas diretamente pelas inovações em tecnologia, digitalização dos serviços e aplicação da IA.

Desde o primeiro atendimento remoto efetuado por um *chatbot*, o trânsito eletrônico de documentos, a realização de videoconferências e a prática consolidada do serviço digital, testemunhamos uma transformação significativa no que se refere à informatização dos cartórios.

Descreveremos brevemente neste trabalho a respeito dessa digitalização das serventias extrajudiciais e suas principais plataformas, incluindo apontamentos a respeito das assinaturas e documentos digitais, que se tornaram essenciais para os serviços eletrônicos, que estão à disposição dos usuários, notários e registradores.

Por fim, abordaremos alguns aspectos e impactos da inteligência artificial nos cartórios e na prestação de serviços eletrônicos, suas vantagens e precauções necessárias para manutenção da segurança jurídica, princípio basilar do direito notarial e registral.

2 Serviços notariais e de registro

Os serviços notariais e registrais (serventias extrajudiciais) são considerados organizações técnicas e administrativas especializadas, seja pela natureza da função que desempenham (como serviço de notas, registro de imóveis, entre outros) ou pela localização geográfica onde ocorrem os atos que lhes são atribuídos (territorialidade).

Conforme os artigos 3º e 4º da Lei nº 8.935/1994 (Lei dos Notários e Registradores), as espécies de serviços extrajudiciais incluem: tabelionato de notas, tabelionato de protesto, registro de imóveis, registro de títulos e documentos, registro civil das pessoas jurídicas, registro civil das pessoas naturais, e tabelionato e oficialato de registro de contratos marítimos.

Aqui vale um esclarecimento para uma questão terminológica e técnica que comumente gera equívocos: a diferença entre tabelião e oficial. O texto do art. 3º da Lei 8.935/1994[1] é uníssono ao estabelecer o *nomen iuris* dos profissionais do direito que recebem a delegação pública para exercer a função notarial e registral: notários ou tabeliães para aqueles que exercem função no tabelionato de notas e/ou no tabelionato de protesto; e registradores ou oficiais de registro para os que exercerão função no registro de imóveis, registro de títulos e documentos, registro civil das pessoas naturais e registro civil das pessoas jurídicas.[2]

Com base nos artigos 1º e 3º da Lei nº 8.935/1994, pode-se afirmar que os notários e registradores são profissionais do direito, investidos de fé pública, aos quais é atribuída a responsabilidade de zelar pela segurança, validade, eficácia e publicidade dos atos e negócios jurídicos.

Como agentes estatais, os notários e registradores exercem a fé pública que lhes é delegada pelo Estado e que possui um duplo aspecto: (i) na esfera dos fatos, o efeito de presunção de veracidade dos atos praticados e, consequentemente, de seu valor probatório; (ii) na esfera

[1] Art. 3º Notário, ou tabelião, e oficial de registro, ou registrador, são profissionais do direito, dotados de fé pública, a quem é delegado o exercício da atividade notarial e de registro.

[2] Disponível em: https://www.migalhas.com.br/coluna/migalhas-notariais-e-registrais/385621/digam-ao-povo-que-o-nome-certo-e-notario-ou-registrador.

do direito, a autenticidade e legitimidade dos atos e negócios documentados ou levados à publicidade registral (LOUREIRO, 2017, p. 53).

Nas lições de Walter Ceneviva, define com clareza o regime dos notários e registradores, bem como os serviços notariais e de registro:[3]

> *Notários e registradores* são profissionais cujos atos, atribuídos por lei, são remunerados por pessoas naturais ou jurídicas (as *partes*) e não pelo Estado. Por isso se diz que são titulares de serventias não oficializadas, querendo, assim, afirmar que se trata de atividade não estatizada, muito embora substitua o Estado em serviços gratuitos ou pagos, para o público em geral, mesmo que mantido o caráter privado de sua atuação.
>
> Serviços notariais e de registro são remunerados por meio de custas e emolumentos, conforme regimento editado pelo Poder Público. Percentuais das custas e dos emolumentos ou valores certos, fixados em lei ou regulamento, são repassados para os cofres do Estado.
>
> As sedes de trabalho desses profissionais passaram a ser denominadas *serviços*, para fugir do termo cartório, que tradicionalmente os caracterizou, e para escapar do significado pejorativo assumido no linguajar comum. Não haverá, pois, como fugir do uso clássico, considerando que o termo continua referido em outras leis vigentes e na fala do povo.
>
> (...)
>
> *Serviço*, do latim *servitiu*, ligado, na origem, ao trabalho do servo, corresponde, genericamente, a qualquer atividade prestada, em caráter gracioso ou remunerado, a terceiro.
>
> O vocábulo *serviço* caracteriza, no título de abertura da LNR, o trabalho técnico desenvolvido sob as ordens de um delegado do Poder Público, para exclusivo cumprimento de funções ali indicadas, delegado esse atuando com independência, mas sujeito à fiscalização do Poder Judiciário.

Diante do fenômeno da extrajudicialização (antes conhecido por desjudicialização), uma série de procedimentos foram incorporados às atividades dos notários e registradores, dentre eles estão divórcio, inventário, usucapião, adjudicação compulsória, declaratórias de união estável, atas notariais, emissão de diversos documentos, alteração de nomes, reconhecimento de paternidade e maternidade socioafetiva, conciliação e mediação, entre outros.

---

3 CENEVIVA, Walter. *Lei dos notários e registradores comentada*: lei n. 8.935/94. 9. ed. rev. e atual. São Paulo: Saraiva, 2014. p. 37-38.

As serventias extrajudiciais, assim como qualquer empresa convencional ou profissionais do ramo jurídico, demandam uma sede adequada para garantir a eficiência na prestação de serviços, além de proporcionar espaço para o arquivamento de documentos e equipamentos necessários. Esse espaço é conhecido como cartório, um imóvel físico no qual o notário e o registrador desempenham suas funções em colaboração com escreventes e auxiliares.

Assim sendo, os serviços notariais e de registro, tradicionalmente associados a procedimentos físicos, escritos e formais nas sedes dos cartórios, sofreram transformações significativas devido aos avanços tecnológicos. Essas mudanças resultaram na criação de novas possibilidades e inovações nos procedimentos, especialmente a digitalização, os atos eletrônicos remotos e a aplicação da inteligência artificial.

3 Digitalização dos serviços

Assim como todas as áreas do direito, os cartórios também foram diretamente impactados pelas novas tecnologias e serviços digitais, trazendo inúmeras novidades e prática de atos a distância.

Inicialmente, a transformação digital dos serviços notariais e de registro ocorreu de maneira gradual. No entanto, com o avanço exponencial da tecnologia, digitalização e uso da inteligência artificial, muitos atendimentos, serviços e práticas de atos migraram para o ambiente totalmente eletrônico.

Atualmente, é possível solicitar certidões digitais, enviar documentos, praticar atos eletrônicos e receber a prestação do serviço diretamente de seu computador, *smartphone* ou *tablet*, de qualquer lugar que possua acesso à internet.

Ocorre que a base de dados das serventias extrajudiciais e suas especialidades não são concentradas em uma única central, motivo pelo qual foram criadas individualmente cada uma delas: e-Notariado[4] (tabelionato de notas); Operador Nacional do Sistema de Registro Eletrônico de Imóveis – ONR[5] (registro de imóveis); Central Nacional de Protesto – CENPROT[6] (tabelionato de protesto de títulos); Central

---

4 Disponível em: https://www.e-notariado.org.br.

5 Disponível em: https://registradores.onr.org.br.

6 Disponível em: https://www.protestodetitulos.org.br.

de Informações de Registro Civil – CRC[7] (registro civil das pessoas naturais); e Central RTDPJ Brasil[8] (registro de títulos e documentos e registro civil das pessoas jurídicas).

Assim, em cada uma dessas plataformas, podem ser requeridos diversos serviços, assim como se proporcionou a possibilidade de comunicação e interação entre serventias, Judiciário e órgãos municipais, estaduais e federais.

A origem do registro eletrônico está no art. 37[9] da Lei nº 11.997/2009 (Programa Minha Casa, Minha Vida). Após alteração realizada pela Lei nº 14.382/2022, assim dispõe atualmente:

> Art. 37. Os serviços de registros públicos de que trata a Lei nº 6.015, de 31 de dezembro de 1973 (Lei de Registros Públicos) promoverão a implantação e o funcionamento adequado do Sistema Eletrônico dos Registros Públicos (Serp), nos termos da Medida Provisória nº 1.085, de 27 de dezembro de 2021.

A Corregedoria Nacional de Justiça do CNJ, em seu Código Nacional de Normas do Foro Extrajudicial (Provimento nº 149/2023), dedicou um título inteiro para tratar dos sistemas e serviços digitais referentes a todas as especialidades.

Por sua vez, a Lei nº 14.383/2022 dispõe sobre o Sistema Eletrônico dos Registros Públicos (SERP), bem como moderniza e simplifica os procedimentos relativos aos registros públicos de atos e negócios jurídicos, de que trata a Lei nº 6.015/73 (Lei de Registros Públicos), e de incorporações imobiliárias (Lei nº 4.591/1964).

O Sistema Eletrônico dos Registros Públicos (SERP) revolucionou a relação entre Poder Judiciário, as serventias extrajudiciais, os demais órgãos da Administração Pública e a sociedade em geral para viabilizar a comunicação eletrônica e o trânsito de documentos entre eles de forma remota e digital.

Além dos regramentos sucessivos da Corregedoria Nacional de Justiça do CNJ e das leis federais, os estados, por suas corregedorias dos tribunais de justiça, também normatizam as questões dos atos e registros eletrônicos, trazendo, por vezes, especificidades no âmbito estadual.

---

7 Disponível em: https://sistema.registrocivil.org.br.

8 Disponível em: https://www.rtdbrasil.org.br.

9 Art. 37. Os serviços de registros públicos de que trata a Lei n. 6.015, de 31 de dezembro de 1973, observados os prazos e condições previstas em regulamento, *instituirão sistema de registro eletrônico* (grifo inserido).

Diante da digitalização dos serviços e da rápida evolução tecnológica, é importante uma precaução: atentar-se para garantir que o usuário final não seja prejudicado (PIOTO; JUNGMANN, 2023, p. 69-70):

> As inovações tecnológicas na prestação dos serviços digitais avançaram rapidamente em todas as áreas, porém, necessária a reflexão e atenção para evitar que as vulnerabilidades e desigualdades presentes em nosso país prejudiquem a eficácia e segurança do ato notarial eletrônico, seja por falta de informação, acesso inexistente à internet ou a inaptidão técnica para uso de equipamentos de tecnologia (smartphone, tablet ou computador).
>
> (...)
>
> No que se refere aos atos eletrônicos, a segurança jurídica permanece como pilar de todo sistema notarial, devendo o tabelião resguardá-la, cumprindo todos os princípios e requisitos legais atinentes ao ato notarial, evitando as vulnerabilidades provocadas pela ausência de entendimento e conhecimento sobre questões tecnológicas.
>
> Desta forma, cabe ao notário, mesmo diante de avanços e alterações digitais, garantir a segurança jurídica do ato eletrônico e afastar toda forma de possíveis vulnerabilidades incidentes sobre os atos, negócios jurídicos e partes.

Dessa forma, mesmo que a sociedade esteja na era digital, temos que levar em consideração que muitos usuários ainda não têm acesso à internet, computador ou *smartphone*, necessitando do atendimento físico presencial para que seja garantido seu acesso pleno e efetivo aos serviços notariais e de registro.

3.1 Documentos digitais

Importante destacar neste primeiro momento os aspectos conceituais de documento digital, suas espécies e regulamentação no arcabouço normativo brasileiro, pois, com a digitalização dos serviços, plataformas e atos eletrônicos, é a forma essencial de documento a ser utilizada.

Recentemente, foi editada a Resolução nº 469/2022, do CNJ, que estabelece diretrizes e normas sobre a digitalização de documentos judiciais e administrativos e de gestão de documentos digitalizados do Poder Judiciário, sendo publicado em 2023 o *Manual de digitalização de documentos do Poder Judiciário*.

Ainda no que se refere à digitalização, existe a Lei Federal nº 12.682/2012, que dispõe sobre a elaboração e o arquivamento de documentos em meios eletromagnéticos.

Por sua vez, o Decreto nº 10.278/2020 regulamentou as Leis nº 13.874/2019 (Declaração de Direitos de Liberdade Econômica) e 12.682/2012 para estabelecer a técnica e os requisitos para a digitalização de documentos públicos ou privados a fim de que os documentos digitalizados produzam os mesmos efeitos legais dos documentos originais.

No artigo 2º da Resolução nº 469/2022, do CNJ, foram adotados os seguintes conceitos:

a) digitalização: conversão da fiel imagem de um documento físico para código digital;
b) documento digital: informação registrada, codificada em dígitos binários, acessível e interpretável por meio de sistema computacional, podendo ser nato-digital ou digitalizado;
c) documento digitalizado: representante digital resultante do procedimento de digitalização do documento físico associado a seus metadados;
d) documento nato-digital: aquele criado originariamente em meio eletrônico;
e) metadado: dado estruturado, que permite classificar, descrever e gerenciar documentos e processos.

De acordo com o *Manual de digitalização de documentos do Poder Judiciário*,[10] o documento digitalizado é ontologicamente diverso do documento nato-digital. Enquanto o documento digitalizado é um representante digital, resultante do processo de digitalização do documento físico associado a seus metadados, o documento nato-digital é produzido a partir de sistema informatizado, ou seja, é criado originalmente em meio eletrônico, não existindo, portanto, documentação física correspondente.

Assim, um documento digital é um documento eletrônico que se caracteriza pela codificação em dígitos binários e acesso por sistema computacional, e pode ser classificado em documento digitalizado ou documento nato-digital.[11]

Documento digitalizado é a representação digital de um documento produzido em outro formato (físico) e que, por meio da digitalização, foi convertido para o formato digital. Por sua vez, o documento nato-digital é aquele que nasceu em formato digital.

---

[10] Disponível em: https://www.cnj.jus.br/wp-content/uploads/2023/03/proname-manual-digitalizacao-15-03-2023.pdf.

[11] Disponível em: https://portalsei.uffs.edu.br/apresentacao/o-que-e-um-documento-nato-digital#:~:text=Um%20documento%20digital%20%C3%A9%20um,ou%20um%20documento%20nato%20digital.

Os documentos nato-digitais, ou seja, aqueles que já "nasceram" digitais, possuem validade legal equiparando-os aos documentos físicos, a exemplo das certidões "eletrônicas" emitidas pela Central de Registro Civil – CRC (nascimento, casamento e óbito), Operador Nacional do Sistema Eletrônico de Registro de Imóveis – ONR (certidões de imóveis), CENPROT (certidões de protesto) e e-Notariado (certidões de atos notariais).

Todavia, para que essa equiparação seja legal, existem algumas regras, dentre elas a certificação e a assinatura digital. O certificado digital ICP-Brasil funciona como uma identidade virtual, permitindo a identificação do autor de uma mensagem ou transação feita em meios eletrônicos. Para assegurar a autenticidade do documento eletrônico, ele é assinado por uma terceira parte confiável – uma autoridade certificadora (AC) –, que segue as regras estabelecidas pelo comitê gestor da ICP-Brasil.

Por fim, importante destacar que o documento digital somente transita de forma eletrônica por meio de uma plataforma, *e-mail* ou aplicativo de mensagens, sendo equivocada a exigência de impressão desse documento, pois, com a "papelização", este sequer teria validade.

3.2 Assinaturas digitais

No que tange às assinaturas digitais, também é necessária a conceituação e, principalmente, a separação entre as espécies (classificação) e funcionalidades, pois nem todas servem ao mesmo propósito e finalidade, não podendo ser utilizadas indistintamente para todos os atos.

A assinatura digital funciona de forma muito parecida com a realizada em papel, feita de próprio punho. Consiste em um mecanismo que identifica o autor. A assinatura digital é vinculada ao documento eletrônico, impedindo alterações. A tecnologia não apenas verifica o autor do documento, como também cria uma "imutabilidade lógica". Por isso, as assinaturas digitais são ferramentas que impedem alterações do documento, mesmo que sejam simples, como a inserção de mais um espaço entre duas palavras.

No Brasil, as assinaturas eletrônicas são válidas e reconhecidas legalmente.[12] A Lei nº 14.063/2020 dispõe sobre as regras para uso das assinaturas eletrônicas nas interações entre pessoas e instituições

---

[12] Disponível em: https://www.gov.br/governodigital/pt-br/identidade/assinatura-eletronica/saiba-mais-sobre-a-assinatura-eletronica.

privadas com os entes públicos e entre os próprios órgãos e entidades públicas.

Para os demais casos de uso de assinaturas eletrônicas, a Medida Provisória nº 2.200-2/2001 instituiu de forma abrangente a Infraestrutura de Chaves Públicas Brasileira (ICP-Brasil), com o intuito de garantir a autenticidade, a integridade e a validade jurídica de documentos em forma eletrônica, das aplicações de suporte e das aplicações habilitadas que utilizem certificados digitais, bem como a realização de transações eletrônicas seguras.

Nesse ponto, importante apresentar a classificação das assinaturas eletrônicas, pois, para os casos de interação com os entes de governo, a legislação[13] estabelece três possíveis classificações de níveis de assinatura eletrônica:

a) *assinatura eletrônica simples*, que permite identificar quem está assinando e anexa ou associa seus dados a outros dados em formato eletrônico;
b) *assinatura eletrônica avançada*, que utiliza certificados não emitidos pela ICP-Brasil ou outro meio de comprovação da autoria e da integridade de documentos em forma eletrônica, desde que admitido pelas partes como válido ou aceito pela pessoa a quem for oposto o documento. É o caso da assinatura GOV.BR; e
c) *assinatura eletrônica qualificada*, que utiliza certificado digital, nos termos do §1º do art. 10 da Medida Provisória nº 2.200-2, de 24 de agosto de 2001.

Quanto à classificação, a utilização prática das assinaturas digitais no dia a dia tem gerado inúmeras controvérsias e confusões no que se refere a quais espécies de assinaturas podemos utilizar naquele determinado serviço. O usuário final normalmente não conhece a diferença e classificação entre as assinaturas digitais e, por vezes, os próprios órgãos divergem quanto à sua aceitação (qualificada ou avançada).

Para responder qual espécie ou classificação de assinatura poderemos utilizar, necessário observar a Lei nº 14.063/2020 e outros atos normativos específicos que exijam uma forma de assinatura mais segura, a exemplo do Código de Normas dos Estados para atuação perante as serventias extrajudiciais.

A depender do serviço que se requer num cartório, em especial a assinatura de documentos, não será possível a utilização da assinatura

[13] Lei nº 14.063/2020.

eletrônica avançada (ex.: GOV.BR), mas será exigida a assinatura eletrônica qualificada (certificado digital ICP-Brasil). Isso ocorre porque algumas normas específicas só aceitam a assinatura qualificada por questões de segurança. Por sua vez, para acesso a plataformas, é permitida a assinatura eletrônica avançada.

Quanto à recepção de documentos digitais e suas assinaturas, assim dispõem os arts. 208 e 209 do Código Nacional de Normas do Foro Extrajudicial da Corregedoria Nacional de Justiça (Provimento nº 149/2023 CNJ):

> Os oficiais de registro e os tabeliães, a seu prudente critério, e sob sua responsabilidade, poderão recepcionar diretamente títulos e documentos em forma eletrônica, por outros meios que comprovem a autoria e integridade do arquivo (consoante o disposto no art. 10, § 2.º, da Medida Provisória 2.200-2/2001).
>
> Art. 209. Todos os oficiais de registro e os tabeliães poderão recepcionar os títulos nato-digitais e digitalizados com padrões técnicos, que forem encaminhados eletronicamente para a unidade do serviço de notas e registro a seu cargo e processá-los para os fins legais.
>
> § 1.º Considera-se título nativamente digital, para todas as atividades, sem prejuízo daqueles já referidos na Seção II do Capítulo VII do Título II do Livro IV da Parte Geral deste Código Nacional de Normas, e na legislação em vigor, os seguintes:
>
> I – o documento público ou particular gerado eletronicamente em PDF/A e assinado com Certificado Digital ICP-Brasil por todos os signatários e todas as testemunhas;
>
> II – a certidão ou o traslado notarial gerado eletronicamente em PDF/A ou XML e assinado por tabelião de notas, seu substituto ou preposto;
>
> III – os documentos desmaterializados por qualquer notário ou registrador, gerado em PDF/A e assinado por ele, seus substitutos ou prepostos com Certificado Digital ICP-Brasil; e
>
> IV – as cartas de sentença das decisões judiciais, entre as quais, os formais de partilha, as cartas de adjudicação e de arrematação, os mandados de registro, de averbação e de retificação, por meio de acesso direto do oficial do registro ao processo judicial eletrônico, mediante requerimento do interessado.

Assim, para recepção de títulos nas plataformas de serviços notariais e de registro, a princípio, poderá ser utilizada assinatura digital avançada e qualificada, desde que não haja exigência específica (Código de Normas Estadual, Provimento do CNJ etc.) pela qualificada, que então será obrigatória utilização do certificado ICP-Brasil.

Existem, ainda, assinaturas digitais específicas, que podem ser utilizadas para uma única finalidade específica, caso do *certificado digital notarizado*, emitido gratuitamente pelos tabelionatos de notas para assinatura digital na prática de todos os atos notariais eletrônicos, que serão detalhados a seguir, sem prejuízo da utilização da assinatura eletrônica qualificada (certificado ICP-Brasil).

3.3 e-Notariado

O sistema de atos notariais eletrônicos, denominado e-Notariado,[14] é uma plataforma digital, administrada pelo Colégio Notarial do Brasil – Conselho Federal, que viabiliza a prática dos serviços notariais de forma totalmente eletrônica, tais como procurações, atas, escrituras, autenticações (CENAD), reconhecimentos de firma (e-Not Assina), autorização eletrônica de viagem (AEV), apostilamento de Haia (APOSTIL) e o recente módulo de autorização de doação de órgãos (AEDO).

A finalidade do e-Notariado é interligar os notários, permitindo não somente a prática de atos notariais eletrônicos, mas também o intercâmbio de documentos, o tráfego de informações e dados, o emprego de tecnologias e processos necessários para viabilizar o serviço notarial em meio eletrônico (KÜMPEL, 2022, p. 111-112).

Vale mencionar que o Provimento nº 100/2020,[15] do CNJ, foi revogado devido à unificação de todos os provimentos ao Código Nacional de Normas do Foro Extrajudicial, Provimento nº 149/2023, da Corregedoria Nacional de Justiça, sendo destinado todo o Livro IV para tratar da organização digital dos serviços. Especificamente no que se refere ao tabelionato de notas, estão previstos nos artigos 264 a 319 do mencionado Código Nacional.

O e-Notariado possui inúmeras funções e serviços para prática de atos notariais, mas, dentro dele, ainda existe a Central Notarial de Serviços Eletrônicos Compartilhados (CENSEC), composta dos seguintes módulos operacionais:[16]

---

[14] Disponível em: https://www.e-notariado.org.br.

[15] Dispõe sobre a prática de atos notariais eletrônicos utilizando o sistema e-Notariado, cria a Matrícula Notarial Eletrônica-MNE e dá outras providências.

[16] Art. 265 do Código Nacional de Normas do Foro Extrajudicial do CNJ.

> I – Registro Central de Testamentos On-Line (RCTO): destinado à pesquisa de testamentos públicos e de instrumentos de aprovação de testamentos cerrados, lavrados no país, no mínimo, desde 1.º de janeiro de 2000;
>
> II – Central de Escrituras de Separações, Divórcios e Inventários (CESDI): destinada à pesquisa de escrituras a que alude a Lei n. 11.441, de 4 de janeiro de 2007, lavradas no país, no mínimo, desde 1.º de janeiro de 2007;
>
> III – Central de Escrituras e Procurações (CEP): destinada à pesquisa de procurações e atos notariais diversos, lavrados no país, no mínimo, desde 1.º de janeiro de 2006; e
>
> IV – Central Nacional de Sinal Público (CNSIP): destinada ao arquivamento digital de sinal público de notários e registradores e respectiva pesquisa.

Ademais, a plataforma do e-Notariado possui ainda um Cadastro Único de Clientes (CCN), que possibilita que outras serventias tenham acesso a cartões de firma de todos os cartórios do Brasil, trazendo ainda mais segurança à prática de atos eletrônicos, além de atender uma das determinações do Provimento nº 149/2023, do CNJ.

3.4 Central de Informações do Registro Civil (CRC)

Inicialmente prevista nos Provimentos nº 38/2014 e 46/2015 do CNJ, a Central de Informações de Registro Civil das Pessoas Naturais (CRC), organizada pela Arpen Brasil, tem a finalidade de integrar os registros das pessoas naturais em todo o país, com prestação de serviço eletrônico, e hoje se encontra expressamente no Código Nacional de Normas do Foro Extrajudicial da Corregedoria Nacional de Justiça do CNJ, nos artigos 229 a 245.

Por essa plataforma da CRC, existe a interligação dos oficiais registradores civis das pessoas naturais, podendo ser solicitadas certidões de registro civil (nascimento, casamento, óbito e outras), realizadas comunicações, protocolos para procedimentos, entre outros serviços eletrônicos.

Destaca-se, ainda, o Portal do Registro Civil (www.registrocivil.org.br), mantido e operado pela Arpen Brasil, que oferece a qualquer pessoa interessada a possibilidade de requerer certidão, optando por seu recebimento em formato físico, pelos Correios, ou em formato digital.

O Provimento nº 149/2023, do CNJ (CNN/CN/CNJ-Extra), prevê os objetivos e funcionalidades da CRC:

Art. 229. Instituir a Central de Informações de Registro Civil das Pessoas Naturais (CRC) que será operada por meio de sistema interligado, disponibilizado na rede mundial de computadores, com os objetivos de:

I – interligar os oficiais de registro civil das pessoas naturais, permitindo o intercâmbio de documentos eletrônicos e o tráfego de informações e dados;

II – aprimorar tecnologias para viabilizar os serviços de registro civil das pessoas naturais em meio eletrônico;

III – implantar, em âmbito nacional, sistema de localização de registros e solicitação de certidões;

IV – possibilitar o acesso direto de órgãos do Poder Público, mediante ofício ou requisição eletrônica direcionada ao Oficial competente, às informações do registro civil das pessoas naturais; e

V – possibilitar a interligação com o Ministério das Relações Exteriores (MRE), mediante prévia autorização deste, a fim de obter os dados e documentos referentes a atos da vida civil de brasileiros ocorridos no exterior, bem como possibilitar às repartições consulares do Brasil a participação no sistema de localização de registros e solicitação de certidões do registro civil das pessoas naturais.

Parágrafo único. Os oficiais de registro civil das pessoas naturais, pessoalmente, ou por meio das Centrais de Informações do Registro Civil (CRC), devem fornecer meios tecnológicos para o acesso das informações exclusivamente estatísticas à Administração Pública Direta, sendo-lhes vedado o envio e repasse de dados de forma genérica, que não justifiquem seu fim, devendo respeitar-se o princípio e a garantia previstos no inciso X do art. 5.º da Constituição Federal de 1988.

Art. 231. A Central de Informações de Registro Civil das Pessoas Naturais (CRC) disponibilizará as seguintes funcionalidades:

I – CRC – Buscas: ferramenta destinada a localizar os atos de registro civil das pessoas naturais;

II – CRC – Comunicações: ferramenta destinada a cumprir as comunicações obrigatórias previstas no art. 106 e art. 107 da Lei n. 6.015, de 31 de dezembro de 1973;

III – CRC – Certidões: ferramenta destinada à solicitação de certidões;

IV – CRC – e-Protocolo: ferramenta destinada ao envio de documentos eletrônicos representativos de atos que devem ser cumpridos por outras serventias; e

V – CRC – Interoperabilidade: ferramenta destinada a interligar os serviços prestados por meio de convênios com os programas necessários para o seu desenvolvimento.

3.5 Central Nacional de Serviços Eletrônicos dos Tabeliães de Protesto (CENPROT)

A Central Nacional de Serviços Eletrônicos dos Tabeliães de Protesto (CENPROT) foi instituída para todos os tabeliães de protesto do território nacional, de forma obrigatória, para prestação dos serviços de forma eletrônica. Necessário, ainda, que o tabelião se integre à Central de Remessa de Arquivos (CRA) do seu respectivo estado para integração efetiva do processo eletrônico.

Inicialmente prevista nos Provimentos nº 87/2019, 97/2020 e 139/2023, atualmente a CENPROT e todos os serviços eletrônicos dos tabeliães de protesto se encontram previstos nos artigos 257 a 263 do Código Nacional de Normas do Foro Extrajudicial da Corregedoria Nacional de Justiça do CNJ (Provimento nº 149/2023).

O artigo 259 do Código Nacional de Normas do Foro Extrajudicial da Corregedoria Nacional de Justiça do CNJ assim dispõe sobre os serviços disponibilizados pela CENPROT:

> Art. 259. A CENPROT deve disponibilizar, por meio da rede mundial de computadores (internet) pelo menos, os seguintes serviços:
>
> I – acesso a informações sobre quaisquer protestos válidos lavrados pelos tabeliães de protesto de títulos dos estados ou do Distrito Federal;
>
> II – consulta gratuita às informações indicativas da existência ou inexistência de protesto, respectivos tabelionatos e valor;
>
> III – fornecimento de informação complementar acerca da existência de protesto e sobre dados ou elementos do registro, quando o interessado dispensar a certidão;
>
> IV – fornecimento de instrumentos de protesto em meio eletrônico;
>
> V – recepção de declaração eletrônica de anuência para fins de cancelamento de protesto;
>
> VI – recepção de requerimento eletrônico de cancelamento de protesto;
>
> VII – recepção de títulos e documentos de dívida, em meio eletrônico, para fins de protesto, encaminhados por órgãos do Poder Judiciário, das procuradorias, dos advogados e dos apresentantes cadastrados; e
>
> VIII – recepção de pedidos de certidão de protesto e de cancelamento e disponibilização da certidão eletrônica expedida pelas serventias do Estado ou do Distrito Federal em atendimento a tais solicitações.

Dessa forma, a recepção, retorno e informações referentes ao protesto dos títulos, atualmente, são realizados de forma eletrônica pelos tabeliães de protesto. Do mesmo modo, os usuários não precisam se deslocar até o cartório, podendo utilizar a plataforma da CENPROT para protocolizar e cancelar seus títulos.

Nesse caso específico da CENPROT, o usuário poderá utilizar tanto o certificado digital avançado (GOV.BR) quanto o certificado digital qualificado (ICP-Brasil), o que facilita e viabiliza o acesso. Considerando que o protesto possui condição social financeira, ou seja, com recuperação do dinheiro ao mercado, é importante o acesso amplo e geral aos usuários.

3.6 Operador Nacional do Sistema de Registro Eletrônico de Imóveis (ONR)

O Operador Nacional do Registro Eletrônico de Imóveis (ONR) é responsável por implementar e operar, em âmbito nacional, o Serviço de Atendimento Eletrônico Compartilhado (SAEC), no qual estão integrados todos os cartórios de registros de imóveis brasileiros.

Na oportunidade, o Provimento nº 89/2019,[17] do CNJ, regulamentou o Código Nacional de Matrículas (CNM), o Sistema de Registro Eletrônico de Imóveis (SREI) e o Serviço de Atendimento Eletrônico Compartilhado (SAEC), o acesso da Administração Pública federal às informações do SREI e estabelece diretrizes para o estatuto do Operador Nacional do Sistema de Registro Eletrônico de Imóveis (ONR).

A Lei nº 14.383/2022, que dispõe sobre o Serviço Eletrônico dos Registros Públicos (Serp), aplica-se tanto aos oficiais de registro quanto aos usuários do serviço, normatizando deveres, objetivos e regras do serviço eletrônico de registro.

Os serviços eletrônicos dos registros de imóveis estão previstos atualmente nos artigos 320 a 343 do Código Nacional de Normas do Foro Extrajudicial da Corregedoria Geral da Justiça do CNJ.

Assim, a plataforma do Serviço de Atendimento Eletrônico Compartilhado (SAEC)[18] pode ser acessada por usuários para solicitar certidões e demais serviços de cartórios de registro de imóveis de todo o país, podendo ser utilizadas tanto a assinatura digital avançada quanto a qualificada.

Importante mencionar que não se confunde o acesso ao serviço com a assinatura digital do documento propriamente dito. Podemos

---

[17] Hoje integrado ao Provimento nº 149/2023 do CNJ – Código Nacional de Normas do Foro Extrajudicial (arts. 321 a 343).

[18] Disponível em: https://registradores.onr.org.br/.

solicitar uma certidão de inteiro teor do imóvel ou e-protocolo de um serviço pela plataforma utilizando assinatura avançada (ex.: GOV.BR); porém, para assinatura de um documento a ser apresentado no registro de imóveis, provavelmente será exigida a assinatura eletrônica qualificada (certificado ICP-Brasil).

4 Aplicação da inteligência artificial nos serviços notariais e de registro

Diante das novas tecnologias e informatização dos serviços notariais e registrais, constata-se, ainda, a aplicação da inteligência artificial, impactando em todas as etapas da atividade notarial e registral na forma eletrônica.

A aplicabilidade prática da inteligência artificial nos cartórios estabelece novos paradigmas, inovações tecnológicas, ferramentas e aplicativos agora acessíveis a todos. A transformação dos serviços em formatos digitais e remotos não só aumenta a celeridade, mas também busca aprimorar a eficiência, sem prejuízo da segurança jurídica, base de todo o sistema notarial e registral.

Desde o primeiro atendimento, já podemos verificar a aplicação da IA, com a utilização dos famosos *chatbots*, na qual somos recepcionados por robôs que respondem perguntas básicas aos usuários e indicam procedimentos simples, a depender do tipo e nível da programação.

No que se refere ao atendimento automático por robôs, é importante o usuário ter ciência de que não está conversando com um humano e possibilitar ao mesmo, a qualquer momento, que seja direcionado para um dos prepostos do cartório.

As emissões de certidões eletrônicas têm aplicado IA para que a resposta seja automática e a integração entre a plataforma digital e os cartórios seja plena, entregando o serviço de forma imediata, sem qualquer intervenção de um ser humano. Ademais, a utilização da tecnologia *blockchain* e da *Smart* Escritura é parte do nosso futuro iminente.

Toda essa nova tecnologia e informatização chega para auxiliar os serviços notariais e de registro, deixando-o mais eficiente, rápido e econômico, atendendo a demanda atual do mercado imobiliário e de seus usuários.

Vale ressaltar que é necessário adaptação a essas inovações, tanto dos notários, registradores e prepostos quanto dos usuários dos serviços, para acesso completo, seguro e eficaz ao sistema eletrônico digital.

A despeito da normatização do sistema eletrônico em nosso país, ainda não temos uma regulamentação específica para inteligência artificial. Assim, devemos aplicar como forma de regramento mínimo os princípios da Carta Europeia, os direitos fundamentais previstos na Constituição Federal, o Marco Civil da Internet (Lei nº 12.965/2014), a Lei Geral de Proteção de Dados (Lei nº 13.709/2018), o Código de Defesa do Consumidor e todas as normativas aplicáveis aos casos concretos que serão apresentados em nosso dia a dia.

A tendência nos serviços notariais e de registro é o aumento da aplicação da IA, inovações sucessivas e a digitalização de todos os serviços, pois a revolução tecnológica disruptiva está em andamento nos cartórios, escritórios, imobiliárias e incorporadoras. São avanços na desburocratização, aumento da eficiência e agilidade, resultando em economia de tempo e dinheiro.

5 Conclusão

As novas tecnologias, inteligência artificial e outras ferramentas avançaram de forma exponencial em toda a sociedade, impactando também nos cartórios em seus serviços notariais e registrais, bem como em todo o mercado imobiliário.

No que tange às serventias extrajudiciais, as inovações tecnológicas e a migração para o mundo eletrônico facilitaram tanto o aspecto do trabalho dos notários e registradores quanto a interação com o usuário e outros órgãos, devido ao acesso digital a documentos, certidões, plataformas e serviços, resultando na agilidade das negociações, diminuição de deslocamentos físicos e redução de custos.

Os serviços notariais e de registro, assim como o mercado imobiliário, possuem novos padrões tecnológicos, com o crescente uso da *blockchain*, plataformas e atos eletrônicos, assinaturas digitais, videoconferências, *chatbots*, aplicativos, ferramentas e *softwares* diversos, entre outras inovações.

Na mesma tendência, os cartórios disponibilizam aos usuários plataformas digitais, como o e-Notariado (tabelionatos de notas), Serviço de Atendimento Eletrônico Compartilhado – Registro de Imóveis (SAEC), Central Nacional de Serviços Eletrônicos dos Tabeliães de Protesto (CENPROT) e Central de Informações do Registro Civil (CRC).

A revolução digital transformou rapidamente a realidade das serventias extrajudiciais, mas não podemos deixar de atentar à segurança dos atos e informações, bem como aos usuários que não possuem condições de acessar toda essa tecnologia e gama de serviços digitais à disposição.

Diante do exposto, a evolução e a digitalização dos cartórios por meio da inteligência artificial representam um caminho que já estamos percorrendo. Isso é fundamental para garantir uma prestação de serviços cada vez mais eficiente e de alta qualidade.

Referências

BLOCKCHAIN. *In*: WIKIPÉDIA: a enciclopédia livre. Disponível em: https://pt.wikipedia.org/wiki/Blockchain. Acesso em: 23 abr. 2024.

BRASIL. Ministério da Gestão e da Inovação em Serviços Públicos. *Saiba mais sobre a Assinatura Eletrônica*. Disponível em: https://www.gov.br/governodigital/pt-br/identidade/assinatura-eletronica/saiba-mais-sobre-a-assinatura-eletronica. Acesso em: 02 maio 2024.

CASSETTARI, Christiano. *Comentários à lei do sistema eletrônico dos registros públicos*: Lei 14.383, de 27 de junho de 2022. 1. ed. Rio de Janeiro: Forense, 2023.

CENEVIVA, Walter. *Lei dos notários e registradores comentada*: Lei n. 8.935/94. 9. ed. rev. e atual. São Paulo: Saraiva, 2014.

CHELIGA, Vinicius. *Inteligência Artificial*: aspectos jurídicos. 3. ed. rev. e atual. Salvador: Editora JusPodivm, 2021.

COLÉGIO NOTARIAL DO BRASIL. *CNB/CF*: Smart Escritura como aliada do notariado, não inimiga. Disponível em: https://cnbsp.org.br/2023/12/19/cnb-cf-smart-escritura-como-aliada-do-notariado-nao-inimiga/. Acesso em: 24 abr. 2024.

CONSELHO NACIONAL DE JUSTIÇA. *Manual de digitalização de documentos do Poder Judiciário*. Brasília: CNJ, 2023 Disponível em: https://www.cnj.jus.br/wp-content/uploads/2023/03/proname-manual-digitalizacao-15-03-2023.pdf. Acesso em: 22 abr. 2024.

DUARTE, Andrey Guimarães. Avatar do tabelião: atuação do notário no ambiente virtual. *Consultor Jurídico*, 27 ago. 2022. Disponível em: https://www.conjur.com.br/2022-ago-27/andrey-guimaraes-duarte-notariado-avatar-tabeliao. Acesso em: 03 maio 2024.

GABRIEL, Martha. *Você, eu e os robôs*: como se transformar no profissional digital do futuro. 2. ed. São Paulo: Atlas, 2021.

GAGLIARDI, Andreia Ruzzante. *Registro Civil de Pessoas Naturais*. 4. ed. Indaiatuba, SP: Editora Foco, 2022.

JUNQUILHO, Tainá Aguiar. *Inteligência artificial no direito*: limites éticos. São Paulo: Editora JusPodivm, 2022.

KASSAMA, Alexandre Gonçalves. Esfragística, criptografia, assinaturas e a função notarial. *Migalhas*, 26 abr. 2023. Disponível em: https://www.migalhas.com.br/coluna/migalhas-notariais-e-registrais/385359/esfragistica-criptografia-assinaturas-e-a-funcao-notarial. Acesso em: 03 maio 2024.

KÜMPEL, Vitor Frederico. *Sinopses notariais & registrais*: tabelionato de notas. 1. ed. São Paulo: YK Editora, 2022.

MALLMANN, Jean Karlo Woiciechoski. Série: Terminologias notariais e registrais - Parte II - Digam ao povo que o nome certo é notário ou registrador. *Migalhas*, 2 maio 2023. Disponível em: https://www.migalhas.com.br/coluna/migalhas-notariais-e-registrais/385621/digam-ao-povo-que-o-nome-certo-e-notario-ou-registrador. Acesso em: 29/04/2024.

PIOTO, Gustavo Simões; JUNGMANN, Isadora Rassi. Formas de evitar os diversos tipos de vulnerabilidade dos usuários. *In*: PITUCO, Alice Pagnoncelli *et al.*; EHRHARDT JR, Marcos (coord.). *Vulnerabilidade e novas tecnologias*. Indaiatuba, SP: Editora Foco, 2023.

SOUZA, Bernardo de Azevedo e. *Metaverso e direito*: desafios e oportunidades. São Paulo: Thomson Reuters Brasil, 2022.

UNIVERSIDADE FEDERAL DA FRONTEIRA SUL. *Documento digitalizado x nato digital*. Disponível em: https://portalsei.uffs.edu.br/apresentacao/o-que-e-um-documento-nato-digital#:~:text=Um%20documento%20digital%20%C3%A9%20um,ou%20um%20documento%20nato%20digital. Acesso em: 25 abr. 2024.

Informação bibliográfica deste texto, conforme a NBR 6023:2018 da Associação Brasileira de Normas Técnicas (ABNT):

PIOTO, Gustavo Simões. Digitalização dos cartórios. *In*: EHRHARDT JÚNIOR, Marcos; CATALAN, Marcos (coord.). *Entre riscos, danos e contratos*: a inteligência artificial nas relações patrimoniais. Belo Horizonte: Fórum, 2024. p. 149-167. ISBN 978-65-5518-837-0.

O USO DE INTELIGÊNCIA ARTIFICIAL GENERATIVA PELOS TRIBUNAIS DE CONTAS: POSSÍVEIS REPERCUSSÕES NA DEFERÊNCIA QUANTO ÀS ESCOLHAS DOS RESPONSÁVEIS PELAS POLÍTICAS PÚBLICAS

RICARDO SCHNEIDER RODRIGUES

ANA CARLA BLIACHERIENE

1 Introdução

Uma das características marcantes do texto constitucional brasileiro consiste nas inúmeras promessas nele sacramentadas, tais como a erradicação da pobreza e da marginalização, a redução das desigualdades sociais e regionais, a construção de uma sociedade livre, justa e solidária, além da efetivação de diversos direitos sociais, tais como à saúde, educação, lazer, trabalho, moradia, transporte, lazer e segurança (cf. arts. 3º e 6º, CRFB).

A partir das diretrizes constitucionais e da legislação de regência aprovada pelo Parlamento, compete primordialmente à função administrativa materializar tais intentos por meio de políticas públicas. Todavia, problemas de vários matizes postergam a almejada efetividade desses compromissos constitucionais. Além da escassez de recursos frente a tantas necessidades historicamente negligenciadas, há problemas de planejamento, da identificação da melhor escolha possível, de monitoramento e avaliação de resultados, de continuidade de ações exitosas e de desvio de dinheiro público, o que ratifica o papel relevante a ser desempenhado por quem cabe fiscalizar a Administração Pública: sociedade, Ministério Público, polícia judiciária, sistemas de controle interno e os tribunais de contas.[1]

Em outros termos, os órgãos de controle da Administração Pública são de alguma forma corresponsáveis pelo êxito e efetividade das políticas públicas indispensáveis à consolidação dos direitos fundamentais sociais, por também estarem vinculados ao ciclo da política pública, ao menos no aspecto do seu monitoramento e avaliação.[2] Devem desempenhar seu mister de fiscalização no sentido da indução dos responsáveis pela execução de políticas públicas à efetiva implementação daquilo que a sociedade legitimamente espera ver atendido e dentro dos limites da lei. Com efeito:

> É possível afirmar, portanto, a partir da teoria dos direitos fundamentais e à luz da Constituição brasileira, que os Tribunais de Contas não são imunes ou indiferentes às normas de direitos fundamentais. A consagração da dignidade humana como fundamento da República (art. 1º da CR) e a necessidade de se conceber toda a estrutura estatal a partir da imperiosa materialização dos objetivos fundamentais da República (art. 3º, inc. I a IV, CR) impõem a (re)leitura das atribuições de todos os atores integrantes do Estado, notadamente daqueles de envergadura constitucional, como são os Tribunais de Contas, a partir de uma concepção concretizadora dos direitos fundamentais.[3]

Nesse contexto, as novas tecnologias da informação e da comunicação (NTICs), notadamente a inteligência artificial generativa, surgem como uma possível solução para a otimização das escolhas públicas necessárias à implementação dos direitos sociais previstos no texto constitucional, maximizando a eficiência na gestão pública, mas igualmente aprimorando sua respectiva fiscalização.

A inteligência artificial generativa (IAG) vem se apresentando como uma ferramenta capaz de examinar grande quantidade de dados, fazendo um mapa da realidade, realizando diagnósticos com maior

---

1 BLIACHERIENE, Ana Carla. *Controle da eficiência do gasto orçamentário*. 1. ed. Belo Horizonte: Editora Fórum, 2016.

2 SECCHI, Leonardo. *Políticas públicas*: conceitos, esquemas de análise, casos práticos. 2. ed. São Paulo: Cengage Learning, 2014.

3 RODRIGUES, Ricardo Schneider. *Os tribunais de contas e o mínimo existencial em educação*: fundamentos para uma atuação forte. Belo Horizonte: Fórum, 2021. p. 136.

precisão e, consequentemente, escolhas técnicas e objetivas, além de propiciar uma melhor avaliação de resultados das políticas públicas, de modo muito mais rápido e eficiente do que um ser humano sem esse apoio seria capaz de realizar.

Por certo, as promessas dessa nova realidade tecnológica já apontam para alguns desafios. Ao menos no estágio atual, não se afigura como uma solução imune a críticas. Apesar de alguns temores quanto ao uso da IAG em larga escala, alguns fundados e outros não, certo é que a Administração Pública não está ilesa à adoção dessas novas ferramentas e vem sendo demandada a utilizá-la cada vez mais.[4] Os já relevantes resultados alcançados, bem como os potenciais resultados vislumbrados, impelem a intensificação do uso das NTICs, com destaque para a IAG no âmbito público, seja para implementar políticas públicas, seja para fiscalizá-las.

Na perspectiva do controle da Administração Pública, ganha relevo a preocupação quanto à (in)devida expansão dos órgãos de controle sobre a função administrativa,[5] o que poderia, em tese, ampliar potencialmente se adotados instrumentos tecnológicos capazes de escrutinar as escolhas públicas de forma muito mais ampla do que usualmente lhes era possível com a atuação humana exclusiva.

Nesse contexto, ganha relevância o *princípio da deferência*, que corresponde ao respeito à decisão tomada pelo gestor, no uso de sua discricionariedade, para evitar que decisões legítimas e ponderadas sejam substituídas por outras da preferência pessoal e subjetiva do controlador ou do juiz, incorrendo na declaração de invalidade a partir do reexame do juízo de conveniência e oportunidade, exercido pela Administração Pública.[6]

O cenário que se descortina impõe avaliar a repercussão do uso da inteligência artificial generativa no âmbito do controle externo da Administração Pública, especificamente pelos tribunais de contas (TCs), no exercício da fiscalização que exercem sobre as políticas públicas. Em outros termos, este trabalho busca analisar se o uso da IAG tende

---

4 COLAÇO JR., Methanias; COSTA, L. B. B. S.; RECCHI, E.; BLIACHERIENE, A. C.; NUNES, F. L. S.; ARAUJO, L. V. Evaluating Open-Source Facial Recognition Software in Public Security: Effectiveness and Observations on Ethnicity. *Beijing Law Review*, v. 14, n. 2, p. 1.000-1.028, 2023.

5 ROSILHO, A. J. *Controle da Administração Pública pelo Tribunal de Contas da União*. 2016. 358f. Tese (Doutorado) – Faculdade de Direito, Universidade de São Paulo, São Paulo, 2016.

6 MOTTA, Fabrício; NOHARA, Irene Patrícia. *Lindb no Direito Público*: 13.655/2018. São Paulo: Thomson Reuters Brasil, 2019. p. 25.

a induzir uma atuação mais ou menos deferente dos órgãos de controle em relação às escolhas dos responsáveis pelas políticas públicas.

Trata-se de pesquisa qualitativa, com técnica de abordagem dedutiva.[7] Diante dos escassos artigos científicos sobre o tema, optou-se pela revisão da literatura narrativa para avaliar o controle exercido pelos tribunais de contas sobre políticas públicas, à luz das novas tecnologias da informação e da comunicação (NTICs) e de seu potencial com o uso da IAG. O foco consiste em investigar se as potencialidades desse novel instrumento podem ampliar o escopo de atuação desses tribunais, reduzindo ou não o espaço de deferência reservado às escolhas pelos responsáveis pelas políticas públicas.

2 A inteligência artificial generativa aplicada ao controle de políticas públicas pelos tribunais de contas e a deferência

A incerteza é indissociável do exercício da atividade administrativa, uma vez que nem sempre será possível ao administrador indicar, a partir de elementos sólidos, que determinada decisão é a correta, simplesmente porque não há elementos precisos suficientes que indiquem o que pode ou deve ser feito.[8] A discricionariedade administrativa historicamente veio acompanhada de certa turvação visual do gestor para escolher qual a melhor decisão dentre aquelas possíveis, na lei.

Ainda assim, mesmo sem haver certeza, não é facultado ao gestor público simplesmente deixar de atuar no atendimento do interesse público. Ainda que ausentes elementos cabais acerca de qual a melhor medida a ser adotada, deverá decidir, principalmente quando se tratar de políticas públicas com expressa previsão e obrigação legal.

Ciente dessa realidade, inerente à rotina de quem tem o dever de implementar políticas públicas necessárias ao atendimento dos mais diversos interesses da sociedade, a doutrina jurídica aponta a necessidade de se adotarem os princípios da prevenção, em cenários de certeza, e da precaução, quando a incerteza prevalece.[9]

---

[7] GIL, Antonio Carlos. *Métodos e Técnica de Pesquisa Social*. 6. ed. São Paulo: Atlas, 2008. p. 8 e segs.

[8] RODRIGUES, Ricardo Schneider. A lei n.º 14.133/2021 e os novos limites do controle externo: a necessária deferência dos Tribunais de Contas em prol da Administração Pública. *Revista Brasileira de Políticas Públicas*, Brasília, v. 11, n. 3. p. 161-181, 2021.

[9] RODRIGUES, Ricardo Schneider. A lei n.º 14.133/2021 e os novos limites do controle externo: a necessária deferência dos Tribunais de Contas em prol da Administração Pública. *Revista Brasileira de Políticas Públicas*, Brasília, v. 11, n. 3. p. 161-181, 2021.

Noutros termos, é preciso respeitar as possibilidades decisórias da autoridade legitimada, considerando o contexto no qual se insere, em especial num cenário de relativa incerteza diante das transformações decorrentes do uso cada vez mais amplo de novas tecnologias. Uma atitude dotada de desnecessário rigor ou, no caso do uso da IAG, sem considerar esse cenário fático enfrentado pelo gestor pode dificultar a tão almejada qualidade da escolha ou até a inovação no âmbito público. A relevância do art. 22, *caput* e §1º, da Lei de Introdução às Normas do Direito Brasileiro (Lindb) sobressai nesses casos.

Por outro lado, a assertiva de que "a incerteza é indissociável do exercício da atividade administrativa" passa a ser questionável quando o próprio responsável pela política pública tem o apoio da IAG para o processamento de seus dados diagnósticos para que tome uma decisão orientada por dados ou políticas públicas baseadas em evidência.[10] A IAG, se bem treinada e a partir de uma base de dados de qualidade, pode servir de grande suporte ao gestor para a tomada da decisão pública.

Retomamos aqui o conceito já explicitado de deferência, como o respeito à decisão tomada pelo gestor, no uso de sua discricionariedade, para evitar que decisões legítimas e ponderadas sejam substituídas por outras da preferência pessoal e subjetiva do controlador ou do juiz a fim de enfatizar a necessidade da delimitação do espaço de revisão das escolhas públicas, que não deve dar azo ao subjetivismo dos órgãos de controle.

Valle defende um modelo de deferência às escolhas administrativas dos responsáveis pelas políticas públicas que não signifique um retorno indevido ao modelo anterior da insindicabilidade do mérito administrativo, mas que incentive melhorias institucionais no processo de sua formulação e implementação, em especial quanto ao respeito ao dever de planejamento e ao reequilíbrio da função jurisdicional.[11]

Jordão destaca que a deferência não corresponde à estrita preservação das decisões administrativas, mas a uma atitude respeitosa e que considera as razões apresentadas pelo controlado. A partir daí, poderá

---

[10] SILVA, Mariana Batista da. *Políticas públicas baseadas em evidências*: mapeamento e direções. Cadernos Enap, 106, Coleção: Cátedras 2019, Brasília: Enap, 2022.

[11] VALLE, Vanice Regina Lírio do; MASSET, Nadja Lírio do Valle M. S. Hime. Deferência para com as escolhas administrativas precedidas do devido planejamento. *In*: MARIANO, Cynara Monteiro; ALBUQUERQUE, Felipe Braga; CASIMIRO, Lígia Maria Silva Melo de (org.). *Direito Administrativo e tutela jurídica dos direitos fundamentais*. Curitiba: Íthala, 2019. p. 402-425.

ou não ocorrer a intervenção em meio ao processo de controle. Destaca que a intensidade da deferência varia a depender de diversos fatores, como o da indeterminação do direito, o da natureza da decisão e o das características das instituições envolvidas – controlador e controlado – e da própria razoabilidade da decisão objeto de controle.[12]

O debate acerca da deferência ganha novos contornos quando se trata do controle de políticas públicas alicerçado no uso de novas tecnologias pelos tribunais de contas, em especial a IAG, que deve ocorrer de forma responsável, transparente e sindicável.

O uso da IAG, por si só, não representa a adoção de uma ferramenta que traga soluções objetivas, pautadas em critérios estritamente técnicos e, portanto, inquestionáveis. Uma das principais diferenças entre a computação tradicional e os sistemas baseados em IAG é exatamente sua plasticidade, capacidade de adaptação e personalização e de compreensão da linguagem natural. Nesse sentido, serve como grande apoio do processo de controle, sem substituir a análise crítica da decisão do controlador.[13]

Com a IAG, é possível definir bases de dados de treinamento e critérios de avaliação do conteúdo textual com a aplicação do processamento de linguagem natural, largamente utilizado nos autos dos processos de controle externo nos tribunais de contas.[14]

Essa abordagem nos permite ir além de critérios rígidos e passarmos a lidar com perspectivas semânticas variadas do conteúdo em análise. Ou seja, mais de uma visão pode ser considerada durante a síntese dos documentos avaliados pela IAG. Pode ser considerada a legislação e mesmo o cenário de tomada de decisão pelo gestor, desde que apresentada no relatório do gestor e sendo essa uma perspectiva considerada no treinamento prévio do algoritmo.

Dessa forma, o conteúdo dos relatórios pode ser avaliado por aspectos tanto de interesse do gestor quanto da legislação, em uma composição que pode apoiar o processo de controle, com a oferta de diferentes perspectivas de avaliação para os membros dos tribunais de contas.

---

12 JORDÃO, Eduardo. Levando a deferência a sério: é preciso evitar que a popularização da ideia de deferência implique a sua trivialização. *Jota*, Publicistas, Brasília, 12 maio 2020.

13 BLIACHERIENE, Ana Carla; ARAUJO, Luciano V. *Inteligência Artificial Generativa*: Desvendando Mitos e Oportunidades. 1. ed. São Paulo: Artena Saber On-line, 2023.

14 BLIACHERIENE, Ana Carla; ARAUJO, Luciano V. *Inteligência Artificial Generativa:* Desvendando Mitos e Oportunidades. 1. ed. São Paulo: Artena Saber On-line, 2023.

Assim, a deferência pode e deve ser considerada na preparação e no uso da IAG, desde que o algoritmo seja adequado e devidamente treinado para captar as sutilezas que envolvem a zona de encontro entre os limites do controle e os limites da discricionariedade administrativa. E, ao final, a curadoria e a decisão serão humanas.

É possível que, com a análise massiva de dados, a IAG possa fornecer critérios melhores para a avaliação humana realizada no julgamento dos tribunais de contas. Esse não é um argumento que defenda o uso irrestrito de uma "IAG julgadora" no sistema de controle externo brasileiro ou que substitua a decisão humana. O que se pretende é alertar para as melhorias possíveis no processo de julgamento de contas, com o uso da IAG, em apoio às atividades de julgamento dos tribunais de contas.

Não é de hoje que se questiona o espaço de atuação dos tribunais de contas. As críticas entoam uma narrativa de expansão indevida e contrária à delimitação institucional disposta na Constituição, questionando o avanço sobre temas e formas de controle incabíveis para o modelo de corte de contas idealizado por essa corrente de pensamento.[15]

Em contraponto, argumenta-se que tais críticos postulam um quase retorno ao modelo de tribunal de contas criado pelo Decreto nº 966-A, de 7 de novembro de 1890 e vigente até 1988, cuja atuação era pautada por um controle da estrita conformidade legal e formal e, por tal razão, também fortemente criticada pela doutrina à época.[16] Em nosso sentir, essa perspectiva ignora uma evidente decisão do Constituinte de 1988 em alargar o espectro do controle externo para além da legalidade, abrangendo os cinco Es da Administração Pública[17] – eficácia, eficiência, efetividade, economicidade, equidade – além da sua legitimidade.[18]

Nesse embate de forças, que, de um lado, busca restringir a atuação dos tribunais de contas ao controle da estrita legalidade – dos primórdios da Revolução Francesa – e, de outro, procura compreender esses órgãos no contexto da juridicidade – condizente com os parâmetros

---

[15] Acerca das correntes ampliativas e restritivas da atuação do controle pelos tribunais de contas, cf. RODRIGUES, Ricardo Schneider. *Os Tribunais de Contas e o Mínimo Existencial em Educação*: fundamentos para uma atuação forte. Belo Horizonte: Fórum, 2021. p. 290-309.

[16] FAGUNDES, Miguel Seabra. Reformas essenciais ao aperfeiçoamento das instituições políticas brasileiras. *Revista de Direito Administrativo – RDA*, Rio de Janeiro, Edição Especial, p. 87-109, dez. 2013, p. 100-101.

[17] BLIACHERIENE, Ana Carla. *Controle da eficiência do gasto orçamentário*. 1. ed. Belo Horizonte: Editora Fórum, 2016.

[18] RODRIGUES, Ricardo Schneider. *Os tribunais de contas e o mínimo existencial em educação*: fundamentos para uma atuação forte. Belo Horizonte: Fórum, 2021. p. 270-290.

normativos de todo o ordenamento vigente, inclusive de toda a ordem de valores incorporada no texto constitucional –, é necessário buscar o ponto de equilíbrio.[19]

O uso massivo da IAG na atuação dos tribunais de contas tem um grande potencial de interferência nesse balanço. O campo do controle de políticas públicas é um ambiente oportuno ao recrudescimento dessas tensões por diversas razões, especialmente por ser o mecanismo indispensável à concretização de diversos direitos fundamentais.

O próprio papel do Estado se justifica na medida em que, por meio de políticas públicas, consegue atender às promessas sociais que nosso Constituinte encampou no texto constitucional. É um espaço propício, portanto, a gerar grande repercussão, e todo controle nessa seara atrai a atenção dos mais diversos atores políticos, sociais e econômicos.

Tradicionalmente, o ambiente das escolhas em políticas públicas era reservado à discricionariedade do gestor público, legitimado primaz para realizá-las. O juízo de conveniência e oportunidade que pautava suas decisões, no âmbito da liberdade conferida pelo próprio ordenamento, era, a rigor, restrito ao controle de mérito, cuja revisão considerava-se restrita à própria Administração Pública.

Não se desconhece, atualmente, a possibilidade de o controle de legalidade recair sobre a discricionariedade. Obviamente, esse controle não poderá rever o juízo de oportunidade e de conveniência legitimamente exercido, mas poderá excluir escolhas manifestamente incompatíveis com o ordenamento jurídico – num juízo de "administrador negativo, em analogia à figura do legislador negativo", preconizado por Freitas[20] –, recorrendo à proporcionalidade e, especialmente, por ocasião da avaliação da motivação dos atos administrativos.

Com efeito, "a discricionariedade existe, por definição, única e tão-somente para proporcionar em cada caso a escolha da providência ótima, isto é, aquela que realize superiormente o interesse almejado pela lei aplicada".[21] Nesse sentido, as IAGs dos tribunais de contas devem considerar essa perspectiva em seu treinamento e durante as análises e sínteses dos relatórios apresentados pelos gestores.

---

[19] RODRIGUES, Ricardo Schneider. Ativismo nos Tribunais de Contas: reflexões sobre os alegados excessos do controle externo à luz da Constituição. *Revista do TCU*, Brasília, n. 151, p. 33-47. jan./jun. 2023.

[20] FREITAS, Juarez. *Discricionariedade administrativa e o direito fundamental à boa Administração Pública*. 2. ed. São Paulo: Malheiros, 2009. p. 45. Com efeito, assinala o autor, "o mérito (atinente ao campo dos juízos de conveniência ou de oportunidade) não é diretamente controlável, mas o demérito e a antijuridicidade o serão, inescapavelmente" (p. 48).

[21] MELLO, Celso Antônio Bandeira de. *Curso de Direito Administrativo*. São Paulo: Malheiros, 2003. p. 399.

França reconhece a violação ao princípio da separação dos poderes "apenas quando o aspecto subjetivo do mérito administrativo for atingido e reformulado pelo Judiciário, sem uma fundamentação suficientemente consistente para demonstrar objetivamente o desrespeito desse ato a valores do direito".[22] Sem embargo, o autor assinala ainda a significativa redução desse espaço nos dias atuais, em razão do que denomina como "instrumentos objetivadores do mérito do ato administrativo", tais como a razoabilidade, a proporcionalidade, a moralidade, a finalidade e a motivação consistente. Destarte, quando o mérito não estiver em conformidade com tais instrumentos objetivadores do caráter subjetivo do ato administrativo, abrir-se-á o campo para o controle da legalidade do ato examinado.[23]

O problema reside justamente em conseguirmos, num contexto de uma constituição analítica como a brasileira, permeada de princípios e valores abrangentes – aplicada por operadores que por vezes não atentam para os espaços institucionais da separação dos poderes –, separar, de modo claro, o controle de legalidade e da qualidade das políticas públicas do seu controle de mérito.

O uso da IAG nesse contexto pode conferir aos órgãos de controle externo argumentos fortes no sentido de declarar o (des)acerto de determinada política pública pela análise dos dados presentes na base de dados dos tribunais de contas, que partem de portais de transparências de outros órgãos públicos e dos relatórios apresentados pelos próprios jurisdicionados. O cruzamento e a análise desses dados pela IAG podem apresentar perspectivas verdadeiras e reais, porém não captadas pelo tomador da decisão quando atuou e escolheu uma ação em detrimento de outra. Essa tecnologia traz elementos como algo equiparável a uma possível objetivação do aspecto subjetivo do mérito administrativo, pela porta da aferição da proporcionalidade, razoabilidade e, principalmente, da motivação consistente. As questões que surgem desse fato são: o que fazer quando o controlador tem uma análise preditiva ou posterior de melhor qualidade que o próprio investigado? O melhor caminho a seguir é punitivo ou educativo? O punitivo implicaria em invasão do mérito administrativo? Será uma nova função dos tribunais de contas

[22] FRANÇA, Phillip Gil. *O Controle da Administração Pública*: discricionariedade, tutela jurisdicional, regulação econômica e desenvolvimento. 3. ed. São Paulo: Editora Revista dos Tribunais, 2011. p. 75.

[23] FRANÇA, Phillip Gil. *O Controle da Administração Pública*: discricionariedade, tutela jurisdicional, regulação econômica e desenvolvimento. 3. ed. São Paulo: Editora Revista dos Tribunais, 2011. p. 75-76.

compartilhar as análises resultantes das IAGs em suas bases de dados para que o gestor tome decisões mais orientadas ou não?

Uma preocupação relevante exsurge por ocasião de uma eventual falta de qualidade da resposta apresentada pela IAG, decorrente de alucinações, vieses das bases de dados ou mesmo má qualidade do dado de treinamento. Isso deve ser considerado e tratado. Uma das formas de prevenção é o uso da IAG como apoio ao processo de julgamento, e não em substituição aos humanos que exercem essas funções nos tribunais de contas.[24] Ainda que se pudesse alcançar um estágio "ideal", com a supressão de todos os vieses e alucinações, alcançando, assim, a escolha "certa", caberia questionar o que é uma escolha certa em termos de políticas públicas, o que torna a análise humana final no julgamento essencial, ao menos no estágio do desenvolvimento tecnológico das IAGs atualmente.

Para além dos possíveis riscos atrelados ao uso da IA, em razão dos vieses decorrentes das bases de dados utilizadas,[25] Valle chama a atenção para um aspecto interessante e fundamental: a imprevisibilidade do comportamento humano. A lógica da racionalidade, subjacente ao ideal iluminista, pode não ser suficiente para a legitimação das escolhas públicas. A solução apontada como ideal pelo algoritmo, em termos de alocação de recursos e de escolhas públicas, nem sempre compatibilizar-se-á com os múltiplos interesses, patrocinados por diferentes forças, no ambiente político e social. Nesse sentido, afirma:[26]

---

[24] "Mas pode acontecer de a base de dados e o algoritmo estarem corretos e, em um determinado momento da interação com a IA, ela passar a dar respostas sem nexo algum ou em conexão com o comando enviado *(prompt)*. Nesse caso, diz-se tecnicamente que a IA 'alucinou' e o que deve ser feito é reiniciar todo o processo de consulta (o bom e velho 'reinicia a máquina') zerando o jogo. Nesse caso, estamos falando de um erro durante o processamento dos dados pela IA" (BLIACHERIENE, Ana Carla; ARAÚJO, Luciano Vieira de. *Inteligência Artificial Generativa*: desvendando mitos e oportunidades. São Paulo: Editora Árténa Saber, 2023. p. 49).

[25] "O uso de mecanismos de IA para a oferta de base empírica para a formulação de políticas públicas traz em si os riscos inerentes aos vieses das informações factuais existentes nas bases de dados eventualmente utilizadas para o referido desenho. É preciso, portanto, uma filtragem crítica em relação a esse aporte estatístico trazido pela IA – afinal, é disso que se trata; o veículo de transmissão da estatística não a qualifica de maneira especial" (VALLE, Vanice. Políticas Públicas e inteligência artificial: uma relação delicada. *Conjur*, Coluna Interesse Público, 22 fev. 2024. Disponível em: https://www.conjur.com.br/2024-fev-22/politicas-publicas-e-inteligencia-artificial-uma-relacao-delicada/. Acesso em: 23 fev. 2024).

[26] VALLE, Vanice. Políticas Públicas e inteligência artificial: uma relação delicada. *Conjur*, Coluna Interesse Público, 22 fev. 2024. p. 1. Disponível em: https://www.conjur.com.br/2024-fev-22/politicas-publicas-e-inteligencia-artificial-uma-relacao-delicada/. Acesso em: 23 fev. 2024.

Assim, a lógica cartesiana de modelos preditivos pode não encontrar ressonância nos destinatários de políticas públicas, que podem desenvolver comportamentos imprevisíveis, inexplicáveis pelo prisma da racionalidade computacional – mas típicos de humanos. Oportuno trazer-se à baila outro campo de reflexão frequentemente ignorado pelo Direito, a saber, a economia comportamental.

Dessa forma, é necessário compreender que o processo de escolhas públicas é influenciado por inúmeros fatores, nem sempre objetivos e pautados por critérios estritamente técnicos. Imaginar que a IAG poderá realizar as escolhas inerentes à implementação de políticas públicas de forma objetiva e inquestionável, subtraindo-as do processo de legitimação que impõe a participação de diversos atores – políticos, econômicos, sociais –, beira a ingenuidade.[27] Ela poderá ser um grande apoio na oferta de análises mais assertivas e subsídios para a tomada de decisão do gestor responsável pela política pública. Por mais que o uso da IAG possa nos trazer mais segurança quanto à análise de dados massivos existentes nas bases de dados públicas, o processo de legitimação social é essencial para a pacificação dos atores envolvidos, especialmente os que inevitavelmente não serão contemplados, num cenário de necessidades quase ilimitadas e recursos escassos.

Ainda que estejamos diante de uma IAG capaz de dar respostas cada vez mais qualificadas, com possibilidade de ser treinada para considerar parte das externalidades e diversos interesses que envolvem uma sociedade complexa, nossa vida é muito mais rica que a capacidade de percepção dos algoritmos modernos. Eles já podem muito, em termos de processamento de dados e predição de ações, mas não podem tudo. Tal linha de argumentação serve apenas para demonstrar que, ainda que fosse possível alcançar tal nível de decisão automatizada, há fatores outros a se sugerirem na sociedade e que precisam ser igualmente considerados.

Tudo isso nos conduz à conclusão de que, embora a IAG possa ser um importante instrumento para o planejamento, formulação, avaliação e controle das políticas públicas, não poderá servir de justificativa para que os Tribunais de Contas invadam o espaço político das escolhas de gestão, constitucionalmente reservado aos gestores públicos, pois ainda que se tratasse de uma ferramenta de análise e

---

[27] Acerca dos riscos associados ao uso dos algoritmos de forma ampla, cf. O'NEIL, Cathy. *Algoritmos de destruição em massa*: como o *big data* aumenta a desigualdade e ameaça a democracia. Tradução: Rafael Abraham. Santo André, SP: Editora Rua do Sabão, 2020.

predição "perfeita", boas razões sugerem a imprescindibilidade de se submeter ao crivo de conveniência e oportunidade dos atores públicos legitimados para tais escolhas.

É nesse sentido que se defende o uso da IAG como apoio, e não como substituição ao controlador da Administração Pública, adotando-se, como regra, uma postura de inovação, mas igualmente deferente às escolhas legitimamente implementadas pelos legitimados primários para realizá-las: os gestores públicos.

3 Considerações finais

A implementação da inteligência artificial generativa tem potencial para ampliar significativamente a capacidade dos tribunais de contas na fiscalização das políticas públicas. A IAG permite uma análise mais aprofundada e detalhada das ações da administração, potencializando a precisão do controle exercido. Por outro lado, evidenciou-se uma preocupação crítica: o risco de uma intervenção excessiva que poderia suplantar a discricionariedade administrativa legítima, reduzindo o espaço para as escolhas públicas essenciais na condução das políticas pelo Executivo.

A deferência, princípio que deve nortear a atuação dos órgãos de controle, emerge como um conceito fundamental nessa discussão. Constatou-se que, enquanto a IA contribui para um controle mais eficiente e detalhado, é necessário manter um equilíbrio cuidadoso para não invadir indevidamente o mérito das decisões administrativas, respeitando as escolhas políticas legítimas e necessárias à dinâmica social e econômica.

É possível concluir que o uso da IAG pelos tribunais de contas, quando bem calibrado, oferece uma ferramenta valiosa para aprimorar o controle das políticas públicas. Contudo, uma postura de maior deferência é imprescindível para garantir que o uso dessa tecnologia fortaleça o controle sem comprometer a necessária margem de liberdade administrativa. Assim, os tribunais de contas podem otimizar sua função sem prejudicar as escolhas administrativas legítimas e necessárias à implementação de políticas públicas.

Esse equilíbrio delicado é essencial para que o uso da IAG se alinhe aos princípios constitucionais e contribua efetivamente para a concretização dos direitos fundamentais por meio de uma Administração Pública eficiente e responsável, respeitando o espaço constitucionalmente atribuído a cada uma das funções estatais, inclusive a controladora.

Referências

BARCELLOS, Ana Paula de. Constitucionalização das políticas públicas em matéria de direitos fundamentais: o controle político-social e o controle jurídico no espaço democrático. *In*: SARLET, Ingo Wolfgang; TIMM, Luciano Benetti (org.). *Direitos fundamentais*: orçamento e reserva do possível. Porto Alegre: Livraria do Advogado, 2008. p. 111-147.

BLIACHERIENE, Ana Carla; ARAÚJO, Luciano Vieira de. *Inteligência Artificial Generativa*: desvendando mitos e oportunidades. São Paulo: Editora Árténa Saber, 2023.

BLIACHERIENE, Ana Carla. *Controle da Eficiência do Gasto Orçamentário*. 1. ed. Belo Horizonte: Editora Fórum, 2016.

FAGUNDES, Miguel Seabra. Reformas essenciais ao aperfeiçoamento das instituições políticas brasileiras. *Revista de Direito Administrativo – RDA*, Rio de Janeiro, Edição Especial, p. 87-109, dez. 2013.

FRANÇA, Phillip Gil. *O Controle da Administração Pública*: discricionariedade, tutela jurisdicional, regulação econômica e desenvolvimento. 3. ed. São Paulo: Editora Revista dos Tribunais, 2011.

FREITAS, Juarez. *Discricionariedade administrativa e o direito fundamental à boa Administração Pública*. 2. ed. São Paulo: Malheiros, 2009.

GIL, Antonio Carlos. *Métodos e técnica de pesquisa social*. 6. ed. São Paulo: Atlas, 2008.

JORDÃO, Eduardo. Levando a deferência a sério: é preciso evitar que a popularização da ideia de deferência implique a sua trivialização. *Jota*, Publicistas, Brasília, 12 maio 2020.

MELLO, Celso Antônio Bandeira de. *Curso de Direito Administrativo*. São Paulo: Malheiros, 2003.

MOTTA, Fabrício; NOHARA, Irene Patrícia. *LINDB no Direito Público*: 13.655/2018. São Paulo: Thomson Reuters Brasil, 2019.

O'NEIL, Cathy. *Algoritmos de destruição em massa*: como o *big data* aumenta a desigualdade e ameaça a democracia. Tradução: Rafael Abraham. Santo André, SP: Editora Rua do Sabão, 2020.

RODRIGUES, Ricardo Schneider. Ativismo nos tribunais de contas: reflexões sobre os alegados excessos do controle externo à luz da Constituição. *Revista do TCU*, Brasília, n. 151, p. 33-47. jan./jun. 2023.

RODRIGUES, Ricardo Schneider. A lei n.º 14.133/2021 e os novos limites do controle externo: a necessária deferência dos Tribunais de Contas em prol da Administração Pública. *Revista Brasileira de Políticas Públicas*, Brasília, v. 11, n. 3. p. 161-181, 2021.

RODRIGUES, Ricardo Schneider. *Os tribunais de contas e o mínimo existencial em educação*: fundamentos para uma atuação forte. Belo Horizonte: Fórum, 2021.

ROSILHO, A. J. *Controle da Administração Pública pelo Tribunal de Contas da União*. 2016. 358f. Tese (Doutorado) – Faculdade de Direito, Universidade de São Paulo, São Paulo, 2016.

SECCHI, Leonardo. *Políticas públicas*: conceitos, esquemas de análise, casos práticos. 2. ed. São Paulo: Cengage Learning, 2014.

SILVA, Mariana Batista da. *Políticas públicas baseadas em evidências*: mapeamento e direções. Cadernos Enap, 106, Coleção: Cátedras 2019, Brasília: Enap, 2022.

VALLE, Vanice. Políticas Públicas e inteligência artificial: uma relação delicada. *Conjur*, Coluna Interesse Público, 22 fev. 2024. Disponível em: https://www.conjur.com.br/2024-fev-22/politicas-publicas-e-inteligencia-artificial-uma-relacao-delicada/. Acesso em: 23 fev. 2024.

VALLE, Vanice Regina Lírio do; MASSET, Nadja Lírio do Valle M. S. Hime. Deferência para com as escolhas administrativas precedidas do devido planejamento. *In*: MARIANO, Cynara Monteiro; ALBUQUERQUE, Felipe Braga; CASIMIRO, Lígia Maria Silva Melo de (org.). *Direito Administrativo e tutela jurídica dos direitos fundamentais*. Curitiba: Íthala, 2019.

Informação bibliográfica deste texto, conforme a NBR 6023:2018 da Associação Brasileira de Normas Técnicas (ABNT):

RODRIGUES, Ricardo Schneider; BLIACHERIENE, Ana Carla. O uso de inteligência artificial generativa pelos tribunais de contas: possíveis repercussões na deferência quanto às escolhas dos responsáveis pelas políticas públicas. *In*: EHRHARDT JÚNIOR, Marcos; CATALAN, Marcos (coord.). *Entre riscos, danos e contratos*: a inteligência artificial nas relações patrimoniais. Belo Horizonte: Fórum, 2024. p. 169-182. ISBN 978-65-5518-837-0.

INTELIGÊNCIA ARTIFICIAL E O DEVER DE TRANSPARÊNCIA NAS RELAÇÕES DE CONSUMO

RICARDO MORISHITA WADA

HENRIQUE SILVEIRA NOGUEIRA

1 Introdução

Você se sentiria confortável se soubesse que sua navegação em um *site* de compras ou de entretenimento das redes sociais é comandado por inteligência artificial? Ficaria satisfeito em saber que suas interações pelo aplicativo de WhatsApp com o fornecedor foram realizadas por uma máquina, e não por uma pessoa?

A incorporação de tecnologia é um fenômeno presente na vida em sociedade nas últimas décadas, exercendo influência sobre a atividade econômica e as relações pessoais contemporâneas. Diversas ferramentas foram integradas gradativamente ao cotidiano com início na disponibilização da internet à população em geral, partindo da navegação em páginas eletrônicas e mecanismos de bate-papo, e chegando à ampla utilização de redes sociais e de aplicativos de troca instantânea de mensagens, passando pela popularização das compras *online*.

Nas relações comerciais e de produção, negócios já existentes se adaptaram e novos modelos nasceram tendo em conta as novas facilidades e necessidades comunicacionais, de processamento de dados e de utilização do trabalho.

Uma das tecnologias incorporadas nesse contexto é a inteligência artificial, que apoia ou automatiza a tomada de decisão e, em sua última geração, tem a capacidade de gerar conteúdo como textos, fotos, vídeos, programas ou afins. Seu potencial de transformação é tal que, somada à biotecnologia e à internet das coisas, a ela é atribuída a capacidade de iniciar um novo superciclo econômico, fenômeno em que a atividade econômica é significativamente aquecida e são originadas profundas mudanças no modelo produtivo, se estendendo por décadas.[1]

Essa capacidade transformadora não traz em si elementos que a caracterizem como positiva ou negativa para a sociedade, podendo suas consequências ser neutras ou pender para um ou outro lado. Por essa razão, a análise de seus limites éticos e contornos legais ganha importância.

Acompanhando a diversidade de usos dessas ferramentas, sua regulamentação tem interessado a diferentes searas jurídicas. As Nações Unidas editaram no dia 11 de março de 2024 a Resolução A/78/L.49,[2] que institui princípios para a promoção da inteligência artificial de forma segura, protegida e confiável. No âmbito nacional, a título de exemplo, foi publicada pelo Tribunal Superior Eleitoral a Resolução nº 23.732, de 27 de fevereiro de 2024,[3] que, ao dispor sobre propaganda eleitoral, delimita a utilização da inteligência artificial. O tema também é objeto de discussão no Congresso Nacional, havendo diferentes projetos de lei que visam à sua regulamentação. Em 2022, foram realizados os trabalhos da Comissão de Juristas criada no âmbito do Senado Federal para subsidiar a elaboração de projeto substitutivo sobre a matéria.[4]

Nas relações de consumo, a inteligência artificial desperta interesse sob múltiplos aspectos, como adequação, segurança, responsabilidade e direito à informação. É à luz deste último que o presente trabalho tem o objetivo de se debruçar.

---

1 FUTURE TODAY INSTITUTE. *2024 Tech Trends Reports*. 2024. p. 3. Disponível em: https://futuretodayinstitute.com/reports/. Acesso em: 03 abr. 2024.

2 UNITED NATIONS. *General Assembly*: 13 mar. 24. A/78/L.49. [Nova Iorque: ONU, 2024]. Disponível em: https://documents.un.org/doc/undoc/ltd/n24/065/92/pdf/n2406592.pdf?token=tzfxgDIKc6a0fftJUL&fe=true. Acesso em: 04 maio 2024.

3 TSE – TRIBUNAL SUPERIOR ELEITORAL. *Resolução TSE nº 23.732/2024*. Altera a Res.-TSE nº 23.610, de 18 de dezembro de 2019, dispondo sobre a propaganda eleitoral. Disponível em: https://www.tse.jus.br/legislacao/compilada/res/2024/resolucao-no-23-732-de-27-de-fevereiro-de-2024. Acesso em: 02 abr. 2024.

4 SENADO FEDERAL. *Comissão de juristas responsável por subsidiar elaboração de substitutivo sobre Inteligência Artificial no Brasil*. Brasília, DF: 2022. Disponível em: https://www6g.senado.leg.br/sdleg-getter/documento?dm=9219958&. Acesso em: 18 mar. 2024.

É certo que a inteligência artificial, como vimos, está incorporada aos dinâmicos modelos de negócio, mas será que a utilização dessa tecnologia tem sido informada aos consumidores? Haveria obrigação legal de assegurar tais informações? Como seriam as informações?

Para examinar tais questões, consideramos três situações relacionadas ao uso de inteligência artificial que representam um desafio para os consumidores. Se é certo que a tecnologia, especialmente a inteligência artificial, traz benefícios para sociedade, é correto afirmar que ela apresenta também desafios. O primeiro desafio está relacionado com a captação de dados pessoais, pois os dados são a base para construção e funcionamento da inteligência artificial. O segundo desafio ocorre em relação ao consumidor, isto é, examinamos se ele compreende as interações com a inteligência artificial e como ela pode interferir em seu processo de decisão. O terceiro desafio é a questão da discriminação algorítmica, ou seja, examinamos as situações em que pode ocorrer uma discriminação excessiva ou abusiva em relação ao consumidor.

A transparência e a informação sempre representaram importantes mecanismos de prevenção de danos na sociedade de consumo. Com a transparência e a informação, os consumidores podem escolher serviços e produtos e evitar situações que possam representar danos à sua saúde e segurança ou ao seu patrimônio.

Nesse sentido, consideramos na etapa final desta investigação o princípio da transparência, previsto no Código de Defesa do Consumidor. O objetivo final foi examinar se ele seria aplicável aos casos de utilização da inteligência artificial e em que medida ele se revela como instrumento estratégico e essencial para proteção dos interesses dos consumidores.

2 Desafios da inteligência artificial nas relações de consumo

Na ausência de uma definição legal vigente para a inteligência artificial, será utilizada aquela instituída pelo Tribunal Superior Eleitoral[5]

[5] TSE – TRIBUNAL SUPERIOR ELEITORAL. *Resolução TSE nº 23.732/2024*. Art. 37, XXXIV, inteligência artificial (IA): sistema computacional desenvolvido com base em lógica, em representação do conhecimento ou em aprendizagem de máquina, obtendo arquitetura que o habilita a utilizar dados de entrada provenientes de máquinas ou seres humanos para, com maior ou menor grau de autonomia, produzir conteúdos sintéticos, previsões, recomendações ou decisões que atendam a um conjunto de objetivos previamente definidos e sejam aptos a influenciar ambientes virtuais ou reais.

na Resolução nº 23.732/24. Define-se a IA como a utilização de sistema computacional que se valha de lógica, representação do conhecimento ou aprendizado de máquina para produzir previsões, recomendações ou decisões considerando uma base de dados proveniente de máquinas ou humanos, além de produzir conteúdos sintéticos, como imagens, áudios, vídeos e afins, criados com o auxílio da IA.

A definição é semelhante àquela proposta pela Comissão de Juristas instituída no Senado Federal,[6] cujos trabalhos foram realizados em 2022 para instruir a apreciação dos três projetos de lei existentes à época para a regulamentação do tema. A diferença material notada entre ambas é a inclusão dos supracitados conteúdos sintéticos.

A criação destes se enquadra no que é conhecido como IA generativa,[7] modalidade pela qual são criados textos, imagens ou outros tipos de produto a partir da análise dos padrões existentes na ampla base de dados já existente. Essa é uma extensão das capacidades da IA, tradicionalmente utilizada na modalidade *preditiva*, na qual os padrões são utilizados para prever eventos futuros e automatizar decisões.

Em termos práticos, a IA é utilizada como uma forma de prever informações necessárias para uma decisão, que poderá ser também tomada pelo sistema ou por humano, garantindo em ambos os casos uma maior possibilidade de acerto ante a quantidade de variáveis analisadas,[8] ou produzir novo conteúdo a partir das ferramentas generativas.

Alguns exemplos catalogados são a determinação do preço de passagens aéreas com base na previsão de ocupação de poltronas e da capacidade de carga de determinado voo,[9] a sugestão de compras, o direcionamento de anúncios ou a diferenciação de preços no comércio

---

[6] Art. 4º. Para as finalidades desta Lei, adotam-se as seguintes definições: I: sistema de inteligência artificial: sistema computacional, com graus diferentes de autonomia, desenhado para inferir como atingir um dado conjunto de objetivos, utilizando abordagens baseadas em aprendizagem de máquina e/ou lógica e representação do conhecimento, por meio de dados de entrada provenientes de máquinas ou humanos, com o objetivo de produzir previsões, recomendações ou decisões que possam influenciar o ambiente virtual ou real (SENADO FEDERAL. *Comissão de juristas responsável por subsidiar elaboração de substitutivo sobre Inteligência Artificial no Brasil*, p. 19).

[7] McKINSEY & COMPANY. *What is generative AI?* 2024. Disponível em: https://www.mckinsey.com/featured-insights/mckinsey-explainers/what-is-generative-ai. Acesso em: 10 abr. 2024.

[8] AGRAWAL, Ajay; GANS, Joshua; GOLDFARB, Avi. *Prediction Machines*: The Simple Economics of Artificial Intelligence, Updated and Expanded. Boston: HBR Press, 2022. Edição do Kindle. Locais do Kindle 112-114.

[9] AGRAWAL, Ajay; GANS, Joshua; GOLDFARB, Avi. *Prediction Machines*: The Simple Economics of Artificial Intelligence, Updated and Expanded. Locais do Kindle 608-609.

virtual a partir de fatores demográficos ou de comportamento,[10] o impulsionamento de conteúdo nas redes sociais e o atendimento por *chatbots*.

A primeira questão que se impõe ao avaliar as inflexões da utilização da IA nas relações de consumo é a formação de suas bases de dados. Estes são necessários em larga escala para garantir a qualidade das previsões e criações de um sistema, além de seu uso no treinamento e *feedback* de um algoritmo.[11]

Sendo fundamentais para a atividade, os fornecedores de IA devem captar os dados que lhes tenham serventia. É possível que uma parte significativa deles seja pública e não se relacione a pessoas naturais, a exemplo dos dados geográficos, climáticos ou de competições esportivas. Quanto a esses, entende-se não haver maiores discussões. Contudo, há dois tipos de dados sobre os quais há questões jurídicas em debate: o primeiro é o dos protegidos por normas de propriedade intelectual e a sua mineração, que este estudo se limitará a mencionar, uma vez que é de interesse de outras searas, e não apenas ao direito do consumidor; o segundo é o dos dados pessoais, que são aqueles "relacionados à pessoa natural identificada ou identificável".[12]

O tratamento de dados pessoais no Brasil é regulamentado pela Lei nº 13.709, de 14 de agosto de 2018, a Lei Geral de Proteção de Dados (LGPD). O diploma tem por objetivo proteger os direitos fundamentais de liberdade e privacidade e o desenvolvimento da personalidade da pessoa natural,[13] institui fundamentos, princípios e regras para a operação e exige que seu uso se opere de forma não discriminatória. A matéria possui fundamento constitucional, como previsto pelo art. 5º, LXXIX, da Constituição Federal.[14]

É necessário que o tratamento tenha uma finalidade específica, explícita e informada, e seja realizado de forma adequada e necessária

---

10 CUSMANO, Michael A.; GOELDI, Andreas. New Business and New Business Models. *In*: DUTTON, William H. *The Oxford Handbook of Internet Studies*. Oxford: Oxford University Press, 2013. Edição do Kindle (Locais do Kindle 6090-6092).

11 AGRAWAL, Ajay; GANS, Joshua; GOLDFARB, Avi. *Prediction Machines*: The Simple Economics of Artificial Intelligence, Updated and Expanded. Locais do Kindle 811-813.

12 *Lei nº 13.709, de 14 de agosto de 2018*. Dispõe sobre a proteção de dados pessoais e altera a Lei nº 12.965/2014 (Marco Civil da Internet). Art. 5º, I. Disponível em: https://www.planalto.gov.br/ccivil_03/_ato2015-2018/2018/lei/l13709.htm. Acesso em: 18 mar. 2024.

13 *Lei nº 13.709, de 14 de agosto de 2018*. Dispõe sobre a proteção de dados pessoais e altera a Lei nº 12.965/2014 (Marco Civil da Internet). Art. 1º. Disponível em: https://www.planalto.gov.br/ccivil_03/_ato2015-2018/2018/lei/l13709.htm. Acesso em: 18 mar. 2024.

14 *Constituição da República Federativa do Brasil*. Art. 5º, LXXIX. Disponível em: https://www.planalto.gov.br/ccivil_03/constituicao/constituicao.htm. Acesso em: 18 mar. 2024.

a esse fim,[15] sendo garantidas informações claras sobre a atividade ao titular.[16] São estipuladas ainda as hipóteses que autorizam a operação, como o consentimento, o cumprimento de obrigação legal ou regulatória, o atendimento a interesses legítimos do controlador ou terceiro, a proteção de crédito e outras listadas. O rol é restrito quando se fala em dados pessoais sensíveis e, no caso de tratamento a partir do consentimento, este deve ser dado de forma destacada e específica.

Alguns dos usos da IA citados anteriormente e que demandam o uso de dados pessoais podem levantar questionamentos sobre a compreensão do consumidor a respeito da sua utilização. É salutar indagar se, sabendo que o compartilhamento de suas informações pessoais poderá aumentar o preço de determinado produto ou serviço, foram garantidos elementos suficientes para possibilitar o consentimento.

Outro evento que tem representado um desafio em relação à proteção da privacidade do consumidor é o uso indiscriminado do número do cadastro de pessoa física, o CPF. Certamente, os dados coletados são valiosos, mas encontram um limite na proteção da pessoa.

A identificação do consumidor é possível, mas a popularização do uso do cadastro de pessoa física, utilizado para caracterizar a situação fiscal do consumidor, tem sido realizada de forma indiscriminada e excessiva. É certo que os programas estaduais que concedem descontos aos consumidores que exigem a emissão nominal da nota fiscal ampliaram e normalizaram o uso do CPF.

Não deveria haver uso tão discriminado de dados fiscais dos consumidores. Outros mecanismos deveriam ser implementados que impedissem o uso pelo emissor da nota, salvo autorização expressa do consumidor.

Diante de tantas utilizações, há uma que merece uma especial atenção. Trata-se da exigência das farmácias quando se realizam oferta e descontos de medicamentos. A condição de saúde do consumidor (art. 5º, II, da LGPD) é considerada um dado sensível. Na medida em que se realizam cadastros e bancos de dados sobre o consumo de medicamentos, inclusive com receituário médico, tais informações deveriam ser resguardadas e sua utilização deveria ser excepcional, sempre com seu consentimento devidamente informado.

---

[15] *Lei nº 13.709, de 14 de agosto de 2018*. Dispõe sobre a proteção de dados pessoais e altera a Lei nº 12.965/2014 (Marco Civil da Internet). Art. 6º, I a III. Disponível em: https://www.planalto.gov.br/ccivil_03/_ato2015-2018/2018/lei/l13709.htm. Acesso em: 18 mar. 2024.

[16] *Lei nº 13.709, de 14 de agosto de 2018*. Dispõe sobre a proteção de dados pessoais e altera a Lei nº 12.965/2014 (Marco Civil da Internet). Art. 6º, VI. Disponível em: https://www.planalto.gov.br/ccivil_03/_ato2015-2018/2018/lei/l13709.htm. Acesso em: 18 mar. 2024.

A utilização indiscriminada ou excessiva dos dados dos consumidores é um grande desafio. A coleta e a falta de tratamento representam excessos contra a privacidade dos consumidores, que contaminam, na origem, as bases de dados, o que pode implicar em uma aplicação abusiva da inteligência artificial.

A segunda situação avaliada é o conhecimento do consumidor sobre suas interações com a inteligência artificial e a compreensão sobre seu funcionamento, que será desdobrada em dois subitens: (i) o atendimento do consumidor; e (ii) o direcionamento de conteúdo.

O atendimento ao consumidor para recebimento de suas solicitações, reclamações, pedidos de cancelamento e outros tipos de demandas tem se valido também das ferramentas de inteligência artificial, como os *chatbots*. Com o advento do Decreto nº 11.034, de 05 de abril de 2022, essa modalidade passou a ser aceita também para os contatos realizados via serviço de atendimento ao consumidor (SAC), em substituição à exigência de disponibilização de contato humano telefônico em período integral.

Contudo, é possível que não esteja claro o suficiente para o consumidor que seu interlocutor seja uma ferramenta de inteligência artificial, como diagnosticado em pesquisa realizada pelo Procon/SP no ano de 2023. Cerca de 29% dos participantes do levantamento afirmaram que raramente ou nunca conseguiram identificar rapidamente estar interagindo com uma ferramenta de IA.[17]

No que diz respeito ao direcionamento de conteúdo, é salutar questionar o nível de compreensão do consumidor sobre o que lhe é recomendado ou destacado nas ferramentas de busca, redes sociais e demais plataformas.

É prática habitual a classificação de pesquisas de modo a "oferecer os resultados mais relevantes e úteis",[18] considerando critérios como significado da consulta, relevância, qualidade, usabilidade e contexto, e a recomendação de conteúdo a partir da comparação com os hábitos de usuários com gostos parecidos.[19] Somado a essas indicações, há

---

17 PROCON/SP. *Relatório Técnico da Pesquisa Comportamental "Inteligência Artificial no Atendimento ao Consumidor" 2023*. p. 2. Disponível em: https://www.procon.sp.gov.br/wp-content/uploads/2023/10/RELAT_PESQ_COMP_IA_2023.pdf. Acesso em: 29 abr. 2024.

18 GOOGLE. *Como resultados são gerados automaticamente*. Disponível em: <https://www.google.com/search/howsearchworks/how-search-works/ranking-results/. Acesso em: 26 mar. 2024.

19 YOUTUBE. *Como o sistema de recomendações do YouTube funciona?* Disponível em: https://www.youtube.com/intl/ALL_br/howyoutubeworks/product-features/recommendations/#signals-used-to-recommend-content. Acesso em: 27 mar. 2024.

o direcionamento de publicidade com base em dados coletados nas mesmas atividades.[20]

Pode haver eficiência na oferta, permitindo que o consumidor receba o bem que pretende contratar ou tenha interesse em conhecer. No entanto, como a oferta depende de vários critérios, inclusive de remuneração das plataformas que prestam serviços na internet, nem sempre o interesse do consumidor por qualidade e preço pode ser atendido.

A esse respeito, é importante anotar que o direcionamento de conteúdo pode comprometer a segurança do consumidor pela sujeição a fraudes,[21] algumas delas praticadas a partir do impulsionamento pago em ferramentas de busca.[22] Como visto em episódios recentes em relação ao direcionamento e impulsionamento de mensagens, dado o modelo de remuneração das plataformas, há um risco real delas serem utilizadas como ferramenta para controle da liberdade de expressão e formação do pensamento.[23]

Não é possível controlar aquilo que não se conhece. Usualmente, no mercado de consumo, o maior risco para o consumidor é aquele que ele não vê. Por isso, nos parece fundamental que o consumidor tenha conhecimento do uso da inteligência artificial na sua jornada de consumo, seja no atendimento ou mesmo no conteúdo e forma de navegação na rede.

A terceira situação analisada é a possibilidade de a inteligência artificial reforçar vieses e ser utilizada de maneira discriminatória de

---

[20] YOUTUBE. *Configurações de anúncios*. Disponível em: https://www.youtube.com/intl/ALL_br/howyoutubeworks/user-settings/ad-settings/. Acesso em: 27 mar. 2024.

[21] Tomam-se por exemplo as fraudes praticadas no âmbito das redes sociais. Levantamento realizado pelo NetLab UFRJ sistematizou os golpes mais comuns. Dentre eles, estão a oferta de curas e tratamentos milagrosos, os anúncios de aplicativos e jogos de azar, o oferecimento de empregos e cursos suspeitos, os anúncios falsos associados a grandes marcas e as informações falsas sobre saques, pix e transferências, comumente associadas a programas governamentais. NETLAB - LABORATÓRIO DE ESTUDOS DE INTERNET E MÍDIAS SOCIAIS DA UFRJ. *Publicidade Online sem lei?* Tipos de golpes e fraudes em anúncios digitais. Rio de Janeiro, 2023. p. 18. Disponível em: https://netlab.eco.ufrj.br/post/publicidade-online-sem-lei-tipos-de-fraudes-e-golpes-em-an%C3%BAncios-digitais. Acesso em: 12 abr. 2024.

[22] LOBATO, Gisele. *Criminosos usam show de Caetano e Bethânia para vender ingresso falso com anúncios no Google*. Rio de Janeiro: Aos Fatos, 2024. Disponível em: https://www.aosfatos.org/bipe/criminosos-show-caetano-bethania-ingresso-falso-google/#:~:text=O%20Google%20impulsionou%20durante%20horas,entradas%20por%20at%C3%A9%20R%24%20520. Acesso em: 23 abr. 2024.

[23] SILVEIRA, Sergio Amadeu da. *Democracia e os códigos invisíveis*: como os algoritmos estão modulando comportamentos e escolhas políticas (Coleção Democracia Digital). São Paulo: Edições Sesc São Paulo, 2019. e-PUB. p. 32.

forma a prejudicar o consumidor. Casos como o de Latanya Sweeney,[24] que identificou que uma ferramenta de busca por antecedentes criminais sugeria a existência de passagens pela prisão quando pesquisados nomes tradicionalmente vinculados a pessoas negras, e de Jacky Alciné,[25] que teve suas fotos no Google Fotos classificadas como imagens de gorilas, são mostras de como o funcionamento dos algoritmos pode repetir padrões indesejados na sociedade.

O principal fator que possibilita a discriminação algorítmica tem conexão com o elemento abordado previamente: os dados. Quando a base utilizada reproduz uma realidade em que são verificados preconceitos, o resultado do algoritmo tenderá a reproduzir o mesmo quadro e a perpetuá-lo, ainda que de forma não intencional.[26] Em que pese a aparência de neutralidade e objetividade na tomada de decisão automatizada, é necessário ter em conta que estas podem carregar consigo estereótipos não previstos. Um sistema de IA treinado e alimentado com dados de uma sociedade em que as posições de sucesso são ocupadas por pessoas de determinado gênero, grupo étnico ou orientação sexual apresentará resultados que apontarão como mais suscetíveis ao sucesso aqueles que tiverem as mesmas características.[27]

A reprodução dos vieses pode levar à marginalização em diferentes sistemas que hoje incorporam a IA, gerando consequências no mundo do trabalho, na política criminal e nas relações de consumo. Nessa seara, pode ser apontada como exemplo a disponibilização de limites de crédito menores no Apple Card para mulheres em relação aos seus parceiros homens, ainda que elas possuíssem fonte de renda superior à deles.[28] Além dele, podem-se imaginar outras situações em

---

[24] AGRAWAL, Ajay; GANS, Joshua; GOLDFARB, Avi. *Prediction Machines*: The Simple Economics of Artificial Intelligence, Updated and Expanded. Locais do Kindle – 2939-2943.

[25] BBC. *Google apologizes for Photos app's racist blunder*. 2015. Disponível em: https://www.bbc.com/news/technology-33347866. Acesso em: 18 abr. 2024.

[26] HENNIG LEAL, M. C.; MORESCHI PAULO, L. Algoritmos discriminatórios e jurisdição constitucional: os riscos jurídicos e sociais do impacto dos vieses nas plataformas de inteligência artificial de amplo acesso. *Revista de Direitos e Garantias Fundamentais*, [S. l.], v. 24, n. 3, p. 167, 2023. DOI: 10.18759/rdgf.v24i3.2311. Disponível em: https://sisbib.emnuvens.com.br/direitosegarantias/article/view/2311. Acesso em: 18 abr. 2024.

[27] HENNIG LEAL, M. C.; MORESCHI PAULO, L. Algoritmos discriminatórios e jurisdição constitucional: os riscos jurídicos e sociais do impacto dos vieses nas plataformas de inteligência artificial de amplo acesso. p. 176.

[28] ALVES, M. A. S.; ANDRADE, O. M. de. Da "caixa-preta" à "caixa de vidro": o uso da explainable artificial intelligence (XAI) para reduzir a opacidade e enfrentar o enviesamento em modelos algorítmicos. *Direito Público*, [S. l.], v. 18, n. 100, 2022. p. 357. DOI: 10.11117/rdp.v18i100.5973. Disponível em: https://www.portaldeperiodicos.idp.edu.br/direitopublico/article/view/5973. Acesso em: 26 abr. 2024.

que um componente isolado comprometa a oferta de produtos e serviços ao consumidor, como considerar seu CEP determinante para a negativa de crédito ou de cobertura securitária.

Para que esses padrões não sejam repetidos nos *outputs* dos sistemas, é necessário que a programação leve em conta sua existência e se proponha a não os perpetuar. É papel dos desenvolvedores de sistemas a prevenção em relação à discriminação injustificada, incorporando em seu desenvolvimento mecanismos que não se valham de forma acrítica dos dados coletados, tendo em conta que reproduzem os padrões existentes na sociedade. Outro importante mecanismo é a supervisão, realizada de forma direta por intervenção humana ou por máquina, mediante acompanhamento ou intervenção nos casos sensíveis e graves. Além disso, é necessário cuidado ao selecionar as bases que serão utilizadas no treinamento e na alimentação.[29] É necessário que a utilização cumpra com um dever de cuidado, conforme prevê o art. 6º, VI, do Código de Defesa do Consumidor, quando se tratar de serviço ou produto colocado no mercado de consumo.

A governança algorítmica é um meio para assegurar que a discriminação indevida não seja praticada, devendo ser exigida no plano regulatório ou pela garantia de padrões técnicos.[30] Ela pode ser operacionalizada por mecanismos de responsabilidade, transparência ou explicabilidade, que serão abordados de forma detida no capítulo seguinte. A existência de norma que regule tais procedimentos é mais que necessária, mas é importante reconhecer que tais obrigações são existentes, conforme previsto na lei que regula as relações jurídicas de consumo.

---

[29] HENNIG LEAL, M. C.; MORESCHI PAULO, L. Algoritmos discriminatórios e jurisdição constitucional: os riscos jurídicos e sociais do impacto dos vieses nas plataformas de inteligência artificial de amplo acesso. *Revista de Direitos e Garantias Fundamentais*, [S. l.], v. 24, n. 3, p. 181, 2023. DOI: 10.18759/rdgf.v24i3.2311. Disponível em: https://sisbib.emnuvens.com.br/direitosegarantias/article/view/2311. Acesso em: 18 abr. 2024.

[30] DONEDA, Danilo; ALMEIDA, Virgilio. What Is Algorithm Governance? *IEEE Internet Computing*, [s.l.], v. 20, n. 4, p.61, jul. 2016. Institute of Electrical and Electronics Engineers (IEEE). Disponível em: https://ieeexplore.ieee.org/document/7529042. Acesso em: 10 abr. 2024.

3 O princípio da transparência no direito do consumidor e sua importância na aplicação dos casos de utilização da inteligência artificial

A forma como os algoritmos chegam a suas decisões levanta preocupações ante a possibilidade da violação de direitos, a exemplo das práticas de discriminação indevida citadas anteriormente. Para evitar e reparar esses possíveis danos, é defendido o uso de mecanismos de governança algorítmica.

Podemos considerar governança algorítmica uma ampla variedade de práticas e políticas que orientam o desenvolvimento, a implementação e a utilização de ferramentas de inteligência artificial, como seu monitoramento e intervenção, quando necessário. O objetivo da governança algorítmica é assegurar transparência, justiça e responsabilidade. Neste sentido, Mittelstadt, Allo, Taddeo, Wachter e Floridi[31] estabeleceram que a governança algorítmica deve se ocupar de três grandes eixos: (i) transparência e explicabilidade; (ii) justiça e não discriminação; e (iii) responsabilidade.

A transparência é um dos meios frequentemente apontados pelos estudiosos do tema como sendo necessária para governança algorítmica.[32] E, como apontamos anteriormente, a governança pode ser realizada a partir de exigências legais e regulatórias ou de iniciativas técnicas, tendo por objeto os algoritmos em si ou os dados utilizados.[33]

De forma geral, a ideia de transparência possui especial relevância em razão da tendência à opacidade que os algoritmos apresentam, especialmente quando se utilizam de ferramentas de *machine learning* e *deep learning*, nas quais é possível que nem mesmo os programadores dos códigos iniciais compreendam os caminhos trilhados para chegar aos resultados apresentados.[34]

Essa característica de aprendizado autônomo é por vezes utilizada como fundamento contrário à garantia da transparência. Além dela, há questões de propriedade intelectual e segredos de negócio que

---

[31] MITTELSTADT, Brent; ALLO, Patrick; TADDEO, Mariarosaria; WACHTER, Sandra; FLORIDI, Luciano. *The Ethics of Algorithms*: Mapping the Debate. Big Data & Society. Disponível em: https://journals.sagepub.com/doi/epub/10.1177/2053951716679679. Acesso em: 5 maio 2024.

[32] DONEDA, Danilo; ALMEIDA, Virgilio. What Is Algorithm Governance? p. 61.

[33] DONEDA, Danilo; ALMEIDA, Virgilio. What Is Algorithm Governance? p. 61.

[34] ALVES, M. A. S.; ANDRADE, O. M. de. Da "caixa-preta" à "caixa de vidro": o uso da explainable artificial intelligence (XAI) para reduzir a opacidade e enfrentar o enviesamento em modelos algorítmicos. p. 360.

sustentam objeções à transparência,[35] sob o fundamento ainda de que os algoritmos são objetivos, não havendo necessidade da análise de sua lógica, uma vez que chegarão sempre à escolha ótima e imparcial.[36]

Contudo, ante a possibilidade de danos e de sua gravidade, não nos parece adequado que prevaleça a tese de que sobre eles não cabe qualquer análise ou controle, seja em razão da complexidade, da suposta objetividade ou da propriedade.

Os autores dos princípios para algoritmos responsáveis, organizadores do fórum *Fairness, Accountability and Transparency in Machine Learning – FAT ML*, entendem que não é justificável que erros ou resultados adversos de sistemas sejam atribuídos aos algoritmos, uma vez que há sempre um humano responsável pelas decisões tomadas ou apoiadas por ele.[37]

Nesse sentido, os autores que os subscrevem propõem uma principiologia que englobe os valores de:

a) responsabilidade, designando um responsável para lidar com os efeitos adversos de seu uso, com foco na indicação dos caminhos para a reparação, no diálogo público e na autoridade para mudanças internas;
b) explicabilidade, em que as decisões tomadas por algoritmos sejam explicáveis para aqueles afetados por elas, em linguagem adequada ao público-alvo, não limitada ao puro tecnicismo;
c) precisão, de modo que os erros sejam identificados, analisados e utilizados em procedimentos de mitigação;
d) auditabilidade, possibilitando que terceiros acessem e verifiquem o comportamento do algoritmo; e
e) justiça (traduzido de *fairness*), garantindo que as decisões não criem impactos discriminatórios ou injustos baseados em critérios demográficos.[38]

---

[35] A esse respeito, a própria LGPD traz como condição para o exercício da transparência a observação dos segredos de negócio e comerciais em seu artigo 6º, VI.

[36] SILVEIRA, Sergio Amadeu da. *Democracia e os códigos invisíveis*: como os algoritmos estão modulando comportamentos e escolhas políticas (Coleção Democracia Digital). p. 32.

[37] FAT-ML. *Principles for Accountable Algorithms and a Social Impact Statement for Algorithms*. Disponível em: https://www.fatml.org/resources/principles-for-accountable-algorithms. Acesso em: 26 abr. 2024.

[38] DIAKOPOULOS, Nicholas; FRIEDLER, Sorelle. How to hold algorithms accountable. *MIT Tecnology Review*, 2016. Disponível em: https://www.technologyreview.com/2016/11/17/155957/how-to-hold-algorithms-accountable/. Acesso em: 26 abr. 2024.

Sendo certo que os sistemas de inteligência artificial utilizam caminhos complexos para a obtenção de seus resultados e que a simples disponibilização dos códigos pode não ser adequada para que o usuário os compreenda, são discutidas formas para torná-los explicáveis. Dois formatos idealizados para tanto são a explicação por relevância de recurso, utilizando o método *Shapley Additive Explanations* (SHAP) para destacar as variáveis decisivas para o resultado e o peso de cada critério avaliado, e o *Local Interpretable Model-Agnostic Explanations* (LIME), que identifica os segmentos determinantes de uma imagem para que ela seja relacionada à base de dados catalogada.[39]

A transparência não é unânime nas discussões sobre governança algorítmica, sendo por vezes considerada insuficiente. Como sistematizado por Mendes e Matiuzo,[40] alguns argumentos contrários são: o comprometimento da segurança e a viabilização de comportamentos voltados a burlar os sistemas; a insuficiência caso os sistemas não tenham sido projetados prevendo a ocorrência de avaliações futuras; a consideração de elementos aleatórios; a constante adaptação dos sistemas de *machine learning*; e sua inaptidão para a reparação subjetiva. Todavia, como asseveram as autoras, é importante que, independentemente da metodologia utilizada para o controle, esta seja escolhida e utilizada com foco na efetivação dos direitos da pessoa, considerando "a centralidade do elemento humano em todo o processo de desenho dos mecanismos".[41]

Não se pode perder de vista que os sistemas de inteligência artificial fazem parte de produtos ou serviços que podem ser objetos de relações de consumo. Quando estas forem verificadas, será aplicável o Código de Defesa do Consumidor, haja ou não disciplina jurídica específica para a IA, considerando sua estrutura principiológica. A existência do componente tecnológico não descaracteriza a relação consumerista.

Isso importa dizer que eventuais normas de governança algorítmica ou um futuro marco legal da inteligência artificial serão permeados pela legislação protetiva do consumidor, razão pela qual os sistemas

---

[39] ALVES, M. A. S.; ANDRADE, O. M. de. Da "caixa-preta" à "caixa de vidro": o uso da explainable artificial intelligence (XAI) para reduzir a opacidade e enfrentar o enviesamento em modelos algorítmicos. p. 364-366.

[40] SCHERTEL MENDES, L.; MATTIUZZO, M. Discriminação Algorítmica: Conceito, Fundamento Legal e Tipologia. *Direito Público*, [S. l.], v. 16, n. 90, 2019. p. 59. Disponível em: https://www.portaldeperiodicos.idp.edu.br/direitopublico/article/view/3766. Acesso em: 27 abr. 2024.

[41] SCHERTEL MENDES, L.; MATTIUZZO, M. Discriminação Algorítmica: Conceito, Fundamento Legal e Tipologia. p. 60.

devem atender ao que dispõem as normas consumeristas, incluídas as disposições relativas à transparência e ao direito à informação. A situação é análoga ao que ocorre, por exemplo, com o direito dos contratos, que segue a normativa do Código Civil, mas que tem a inflexão das normas do CDC quando caracterizado o contrato de consumo.

O princípio da transparência está no núcleo do sistema protetivo do consumidor. Ele é designado pelo CDC como um dos objetivos da Política Nacional das Relações de Consumo,[42] irradiando seus valores por toda a relação consumerista como forma de reduzir os impactos da vulnerabilidade do consumidor e promover o equilíbrio.

Sua principal consequência é a superação do dever passivo do fornecedor de não ocultar informações importantes para o consumidor para o de ativamente prover-lhe as informações necessárias para o adequado desenvolvimento de um negócio jurídico de consumo,[43] sendo aplicável desde a fase pré-contratual e podendo a sua não observância dar origem até mesmo à responsabilização civil.[44]

Da transparência nasce para o fornecedor o dever de informar, disposição que se repete ao longo do CDC, sempre reforçando a premissa de que se deve garantir informação clara, suficiente e adequada ao consumidor.[45] Essa é devida como direito básico (art. 6º, III), aplicável às relações de consumo de maneira geral, e específica no que diz respeito à proteção à saúde e à segurança (arts. 8º a 10), à caracterização dos vícios dos produtos ou serviços (arts. 18 e 19), à oferta e à publicidade (arts. 30 e 36 a 38), ao conhecimento das condições contratuais (art. 46), das relativas ao crédito (art. 52) e das limitativas nos contratos de adesão (art. 54, §4º).

Por sua vez, a LGPD também põe a transparência no centro de seu sistema protetivo, definindo-a como um princípio aplicável ao tratamento dos dados pessoais e prevendo a garantia de informações claras e de fácil acesso aos titulares.[46] A lei prevê até mesmo a nulidade

---

[42] *Lei nº 8.078, de 11 de setembro de 1990*. Dispõe sobre a proteção do consumidor e dá outras providências. Art. 4º. Disponível em: https://www.planalto.gov.br/ccivil_03/leis/l8078compilado.htm. Acesso em: 02 maio 2024.

[43] CAVALIERI FILHO, Sérgio. *Programa de responsabilidade civil*. 10. ed. São Paulo: Atlas, 2012. p. 45.

[44] CATALAN, Marcos Jorge. Princípios aplicáveis à formação e adimplemento dos contratos no Código de Defesa do Consumidor. *Revista de Ciências Jurídicas*, Universidade Estadual de Maringá. Maringá: UEM/Curso de Mestrado em Direito 6 (2000).

[45] CAVALIERI FILHO, Sérgio. *Programa de responsabilidade civil*. p. 45.

[46] *Lei nº 13.709, de 14 de agosto de 2018*. Dispõe sobre a proteção de dados pessoais e altera a Lei nº 12.965/2014 (Marco Civil da Internet). Art. 6º, VI. Disponível em: https://www.planalto.gov.br/ccivil_03/_ato2015-2018/2018/lei/l13709.htm. Acesso em: 18 mar. 2024.

do consentimento caso tenham sido prestadas informações enganosas ou abusivas para sua concessão e a necessidade de que se dê transparência aos critérios adotados para tratamento de dados pessoais com base no legítimo interesse do controlador.[47]

As três situações levantadas no primeiro capítulo encontram previsão no CDC. A primeira delas é o uso de dados pessoais para o treinamento, execução e *feedback* dos sistemas de IA. Quando tratados com base no consentimento obtido em um contrato de consumo, além de observar a LGPD, deve-se cumprir o dever de informação exigido no momento da oferta e apresentação de produtos e serviços, que pressupõe correção, clareza e ostensividade.[48] Além disso, deve-se considerar sua condição de contrato de adesão, já que, em regra, não é dada ao usuário a possibilidade de negociar as condições para utilizar uma aplicação ou rede social.

Nesse sentido, os termos de uso dos referidos serviços devem destacar a espécie e o destino dos dados coletados, como previsto pela LGPD, e suas consequências para o consumidor, como a possibilidade de que suas informações afetem para mais ou para menos o preço de outros produtos.

A mera menção aos usos de forma genérica em termos de uso não se mostra adequada. O primeiro motivo é que esses documentos por vezes são extensos e redigidos em linguagem pouco clara para o usuário e sem o destaque necessário. O segundo é que é razoável crer que os usuários nem mesmo contemplem a possibilidade de que as informações pessoais inseridas numa ficha de cadastro ou *site* de buscas tenham uso fora dessas aplicações, motivo pelo qual não se interessariam em buscar os critérios para tanto.

É dever da transparência assegurar a compreensão do consumidor para validade do consentimento, conforme podemos observar na regra geral dos contratos de consumo prevista no art. 46 do Código de Defesa do Consumidor. Sem a informação clara sobre o uso dos dados, três direitos dos consumidores são suprimidos: o primeiro, quando a falta de informação ou a informação é apresentada de forma confusa, excessiva, e deixa de alertar os consumidores sobre os riscos do uso dos

---

[47] *Lei nº 13.709, de 14 de agosto de 2018*. Arts. 9º, §1º, e 10, §2º. Dispõe sobre a proteção de dados pessoais e altera a Lei nº 12.965/2014 (Marco Civil da Internet). Disponível em: https://www.planalto.gov.br/ccivil_03/_ato2015-2018/2018/lei/l13709.htm. Acesso em: 18 mar. 2024.

[48] *Lei nº 8.078, de 11 de setembro de 1990*. Dispõe sobre a proteção do consumidor e dá outras providências. Art. 31. Disponível em: https://www.planalto.gov.br/ccivil_03/leis/l8078compilado.htm. Acesso em: 02 maio 2024.

casos para políticas de preços e ofertas; o segundo, quando impede o direito de escolha do consumidor, conforme prevê o art. 6º, II, da norma de proteção; e o terceiro, quando impede o controle de abusividade, pois é necessário dizer o que é feito para que seja possível uma avaliação dos eventuais e excessos.

De forma objetiva, idosos, crianças e adolescentes, pessoas com situação de saúde agravada e ainda pessoas com desconhecimento sobre tecnologia merecem uma especial proteção, conforme previsto no art. 39, IV, do CDC. É provável ainda que exista uma sobreposição das hipossuficiências, o que torna esses consumidores hipervulneráveis. Como visto, existem previsões e motivos suficientes para que a transparência seja assegurada como condição de possibilidade para a utilização dos dados, como no caso das farmácias ou, ainda, da própria inteligência artificial, quando se tratar dos consumidores em geral e, em especial, dos hipervulneráveis.

Em relação aos atendimentos prestados por *chatbot*, para prestigiar o princípio da transparência nas relações de consumo, cabe ao fornecedor deixar claro que o consumidor está interagindo com uma tecnologia, e não com um atendente humano. A esse respeito, a Resolução TSE nº 23.732/24 veda a simulação de contato com candidato ou pessoa real quando utilizados *chatbots*, avatares ou conteúdos sintéticos,[49] exemplo que pode ser repetido nas relações consumeristas.

Na mesma linha, os critérios para indicação de conteúdo devem ser claros e informados ostensivamente, de modo a evitar fraudes e demais riscos à segurança do usuário ocasionados pelo mau uso dos sistemas de inteligência artificial. Semelhantemente às informações sobre o uso de dados, não se pode entender como suficientes as menções genéricas e sem destaque em termos de uso, dadas a extensão dos documentos e a possibilidade de que os usuários não contemplem a possibilidade de que os resultados de uma busca ou que as indicações da página inicial de uma plataforma variem de acordo com o usuário e suas preferências.

Nesse sentido, é importante pensar soluções que dinamizem a forma como o consumidor é conscientizado. Um exemplo salutar na legislação é a RDC ANVISA nº 429, de 8 de outubro de 2020, que dispõe sobre a rotulagem nutricional dos alimentos embalados. A norma prevê que os alimentos que possuam altos teores de açúcares

---

[49] TSE - TRIBUNAL SUPERIOR ELEITORAL. *Resolução TSE nº 23.732/2024*. Altera a Res.-TSE nº 23.610, de 18 de dezembro de 2019, dispondo sobre a propaganda eleitoral. Art. 9º-B, §3º.

adicionados, gorduras saturadas ou sódio apresentem rotulagem nutricional frontal destacando essa característica.[50] O destaque é um meio efetivo de informar de maneira clara e direta ao consumidor sobre elementos nocivos ou periculosos em um produto. A informação direta e clara de que determinado conteúdo é indicado ou produzido a partir da inteligência artificial seria importante para garantir a adequada orientação do consumidor que interage com essa tecnologia.

O Código de Defesa do Consumidor também veda as práticas de discriminação indevida, segunda situação tratada no capítulo anterior. São práticas abusivas que podem ser impulsionadas pelo uso da IA a recusa ao atendimento das demandas dos consumidores, a recusa à venda de bens ou prestação de serviços a quem se disponha a adquiri-los mediante pronto pagamento e a elevação sem justa causa de preços de produtos e serviços.[51]

Em que pesem tais hipóteses serem verificáveis no dia a dia em casos nos quais não se utiliza qualquer tecnologia,[52] elas podem se multiplicar quando determinados fatores são considerados de forma isolada ou excessiva.

A informação sobre os critérios para precificação ou negativa de um produto ou serviço é um meio de verificar se estão ocorrendo práticas discriminatórias. Ante a complexidade de determinadas decisões, as ferramentas de governança algorítmica citadas anteriormente são aliadas importantes para seu enfrentamento.

4 Considerações finais

A inteligência artificial ainda não possui uma lei geral de regência no Brasil, o que é objeto de discussão no Congresso Nacional, e é regulamentada pontualmente, como nas campanhas eleitorais.

---

[50] ANVISA – AGÊNCIA NACIONAL DE VIGILÂNCIA SANITÁRIA. *Resolução de Diretoria Colegiada - RDC Anvisa nº 429, de 08 de outubro de 2020*. Art. 18. Disponível em: https://www.in.gov.br/en/web/dou/-/resolucao-de-diretoria-colegiada-rdc-n-429-de-8-de-outubro-de-2020-282070599. Acesso em: 03 maio 2024.

[51] *Lei nº 8.078, de 11 de setembro de 1990*. Dispõe sobre a proteção do consumidor e dá outras providências. Art. 39, II, IX e X. Disponível em: https://www.planalto.gov.br/ccivil_03/leis/l8078compilado.htm. Acesso em: 02 mai. 2024.

[52] Como exemplo de recusa ao atendimento de demanda de consumidor, há o relato recente de casal homoafetivo que teve negada a confecção de convites de casamento em razão de sua sexualidade. FREITAS, Aline. *Casal gay de SP denuncia por homofobia empresa que se recusou a fazer convite de casamento*. Disponível em: https://g1.globo.com/sp/sao-paulo/noticia/2024/04/24/casal-gay-de-sp-denuncia-por-homofobia-empresa-que-se-recusou-a-fazer-convite-de-casamento.ghtml. São Paulo: G1 SP, 2024. Acesso em: 03 maio 2024.

Contudo, o tema é estudado sob diversos prismas e com reflexo em diversas searas do direito.

Os caminhos utilizados pela inteligência artificial para tomar decisões ou produzir conteúdos podem ser opacos. Para trazer clareza sobre eles, são debatidas formas de governança algorítmica, dentre as quais se defende a instituição de princípios como explicabilidade, auditabilidade e responsabilidade.

Quando analisado o uso da inteligência artificial nas relações de consumo, não se pode perder de vista que os parâmetros instituídos pelo Código de Defesa do Consumidor serão aplicáveis ainda que exista uma norma específica que regulamente a tecnologia, a exemplo do que ocorre em outras searas, como o direito contratual.

Um dos valores fundamentais do Código é a transparência, princípio que sujeita o fornecedor a prover de forma ativa, suficiente e clara as informações que sejam do interesse do consumidor para a adequada fruição do produto ou serviço e para a preservação de sua segurança.

A incidência do princípio da transparência sobre a utilização da inteligência artificial traz reflexos sobre três quadros ora analisados: a) a captação e uso de dados para treinamento, execução e *feedback* dos sistemas de IA; b) a ciência do consumidor de que está interagindo com uma ferramenta de IA; e c) a utilização de algoritmos para fins discriminatórios.

O consumidor deve ser informado de maneira destacada e clara sobre a captação e as condições de uso de seus dados nos sistemas de inteligência artificial. A mera menção genérica às possibilidades de tratamento nos termos de uso, que são contratos de adesão, é insuficiente para que o fornecedor cumpra o seu dever de informar.

A interação com um componente de inteligência artificial também deve ser informada da maneira mais clara possível ao consumidor, seja quando ele é atendido por um *chatbot* nos canais de relacionamento do fornecedor, seja quando lhe são indicados conteúdos em uma aplicação, rede social ou ferramenta de busca. Assim como na situação anterior, não cabe menção genérica.

Nessas hipóteses, soluções como a adotada pela Anvisa na rotulagem frontal de alimentos que contenham alertas podem servir de inspiração, de modo que fique claro ao consumidor que seus dados serão utilizados, que ele está tratando com um sistema de IA, e não com um humano, e que os conteúdos da aplicação utilizada não são universais, mas selecionados com base em suas preferências.

A informação dos critérios considerados para a negativa ou precificação de um produto ou serviço é relevante para verificar se não houve prática abusiva a partir da discriminação indevida. Devido à complexidade de algumas decisões, o recurso às ferramentas de governança algorítmica é importante para avaliar se, no caso concreto, não foram consideradas informações de maneira isolada ou indevida de modo a afetar a oferta ao consumidor.

O recurso às ferramentas de governança algorítmica não se limita a explicitar a ocorrência ou não de discriminação. Em verdade, ela é importante para a efetivação dos direitos do usuário de forma geral. Em relação aos casos aqui listados, por exemplo, elas podem demonstrar se a utilização dos dados pessoais e se o direcionamento de conteúdo estão em conformidade com os parâmetros legais e informados ao consumidor. A transparência, como destacado anteriormente, nos parece fundamental, mesmo em um contexto de profundas e rápidas transformações.

Como princípio das relações de consumo, norma de ordem pública e interesse social, a transparência pode mediar de forma cooperativa o desenvolvimento das novas tecnologias e a devida proteção de todos os consumidores.

Referências

AGRAWAL, Ajay; GANS, Joshua; GOLDFARB, Avi. *Prediction Machines*: The Simple Economics of Artificial Intelligence, Updated and Expanded. Boston: HBR Press, 2022. Edição do Kindle.

ALVES, M. A. S.; ANDRADE, O. M. de. Da "caixa-preta" à "caixa de vidro": o uso da explainable artificial intelligence (XAI) para reduzir a opacidade e enfrentar o enviesamento em modelos algorítmicos. *Direito Público*, [S. l.], v. 18, n. 100, 2022. DOI: 10.11117/rdp.v18i100.5973. Disponível em: https://www.portaldeperiodicos.idp.edu.br/direitopublico/article/view/5973. Acesso em: 26 abr. 2024.

ANVISA – AGÊNCIA NACIONAL DE VIGILÂNCIA SANITÁRIA. *Resolução de Diretoria Colegiada - RDC Anvisa nº 429, de 08 de outubro de 2020*. Disponível em: https://www.in.gov.br/en/web/dou/-/resolucao-de-diretoria-colegiada-rdc-n-429-de-8-de-outubro-de-2020-282070599. Acesso em: 03 maio 2024.

BBC. *Google apologizes for Photos app's racista blunder*. 2015. Disponível em: https://www.bbc.com/news/technology-33347866. Acesso em: 18 abr. 2024.

BRASIL. [Constituição (1988)]. *Constituição da República Federativa do Brasil*. Disponível em: https://www.planalto.gov.br/ccivil_03/constituicao/constituicao.htm. Acesso em: 18 mar. 2021.

BRASIL. *Lei nº 8.078, de 11 de setembro de 1990*. Dispõe sobre a proteção do consumidor e dá outras providências. Disponível em: https://www.planalto.gov.br/ccivil_03/leis/l8078compilado.htm. Acesso em: 02 maio 2024.

BRASIL. *Lei nº 13.709, de 14 de agosto de 2018*. Dispõe sobre a proteção de dados pessoais e altera a Lei nº 12.965/2014 (Marco Civil da Internet). Disponível em: https://www.planalto.gov.br/ccivil_03/_ato2015-2018/2018/lei/l13709.htm. Acesso em: 18 mar. 2024

CAVALIERI FILHO, Sérgio. *Programa de responsabilidade civil*. 10. ed. São Paulo: Atlas, 2012.

CATALAN, Marcos Jorge. Princípios aplicáveis à formação e adimplemento dos contratos no Código de Defesa do Consumidor. *Revista de Ciências Jurídicas*, Universidade Estadual de Maringá. Maringá: UEM/Curso de Mestrado em Direito 6 (2000).

CUSMANO, Michael A.; GOELDI, Andreas. New Business and New Business Models. *In*: DUTTON, William H. *The Oxford Handbook of Internet Studies*. Oxford: Oxford University Press, 2013. Edição do Kindle.

DIAKOPOULOS, Nicholas; FRIEDLER, Sorelle. How to hold algorithms accountable. *MIT Tecnology Review*, 2016. Disponível em: https://www.technologyreview.com/2016/11/17/155957/how-to-hold-algorithms-accountable/. Acesso em: 26 abr. 2024.

DONEDA, Danilo; ALMEIDA, Virgilio. What Is Algorithm Governance? *IEEE Internet Computing*, [s.l.], v. 20, n. 4, p. 61, jul. 2016. Institute of Electrical and Electronics Engineers (IEEE). Disponível em: https://ieeexplore.ieee.org/document/7529042. Acesso em: 10 abr. 2024.

FAT-ML. *Principles for Accountable Algorithms and a Social Impact Statement for Algorithms*. Disponível em: https://www.fatml.org/resources/principles-for-accountable-algorithms. Acesso em: 26 abr. 2024.

FREITAS, Aline. *Casal gay de SP denuncia por homofobia empresa que se recusou a fazer convite de casamento*. São Paulo: G1 SP, 2024. Disponível em: https://g1.globo.com/sp/sao-paulo/noticia/2024/04/24/casal-gay-de-sp-denuncia-por-homofobia-empresa-que-se-recusou-a-fazer-convite-de-casamento.ghtml. Acesso em: 03 maio 2024.

FUTURE TODAY INSTITUTE. *2024 Tech Trends Reports*. 2024. Disponível em: https://futuretodayinstitute.com/reports/. Acesso em: 03 abr. 2024.

GOOGLE. *Como resultados são gerados automaticamente*. Disponível em: https://www.google.com/search/howsearchworks/how-search-works/ranking-results/. Acesso em: 26 mar. 2024.

HENNIG LEAL, M. C.; MORESCHI PAULO, L. Algoritmos discriminatórios e jurisdição constitucional: os riscos jurídicos e sociais do impacto dos vieses nas plataformas de inteligência artificial de amplo acesso. *Revista de Direitos e Garantias Fundamentais*, [S. l.], v. 24, n. 3, 2023. DOI: 10.18759/rdgf.v24i3.2311. Disponível em: https://sisbib.emnuvens.com.br/direitosegarantias/article/view/2311. Acesso em: 18 abr. 2024.

LOBATO, Gisele. *Criminosos usam show de Caetano e Bethânia para vender ingresso falso com anúncios no Google*. Rio de Janeiro: Aos Fatos, 2024. Disponível em: https://www.aosfatos.org/bipe/criminosos-show-caetano-bethania-ingresso-falso-google/#:~:text=O%20Google%20impulsionou%20durante%20horas,entradas%20por%20at%C3%A9%20R%24%20520. Acesso em: 23 abr. 2024.

McKINSEY & COMPANY. *What is generative AI?* 2024. Disponível em: https://www.mckinsey.com/featured-insights/mckinsey-explainers/what-is-generative-ai. Acesso em: 10 abr. 2024.

MITTELSTADT, Brent; ALLO, Patrick; TADDEO, Mariarosaria; WACHTER, Sandra; FLORIDI, Luciano. *The Ethics of Algorithms*: Mapping the Debate. Big Data & Society. Disponível em: https://journals.sagepub.com/doi/epub/10.1177/2053951716679679. Acesso em: 5 maio 2024.

NETLAB - LABORATÓRIO DE ESTUDOS DE INTERNET E MÍDIAS SOCIAIS DA UFRJ. *Publicidade Online sem lei?* Tipos de golpes e fraudes em anúncios digitais. Rio de Janeiro, 2023. Disponível em: https://netlab.eco.ufrj.br/post/publicidade-online-sem-lei-tipos-de-fraudes-e-golpes-em-an%C3%BAncios-digitais. Acesso em: 12 abr. 2024.

PROCON/SP. *Relatório Técnico da Pesquisa Comportamental "Inteligência Artificial no Atendimento ao Consumidor" 2023*. Disponível em: https://www.procon.sp.gov.br/wp-content/uploads/2023/10/RELAT_PESQ_COMP_IA_2023.pdf. Acesso em: 29 abr. 2024.

SCHERTEL MENDES, L.; MATTIUZZO, M. Discriminação Algorítmica: Conceito, Fundamento Legal e Tipologia. *Direito Público*, [S. l.], v. 16, n. 90, 2019. Disponível em: https://www.portaldeperiodicos.idp.edu.br/direitopublico/article/view/3766. Acesso em: 27 abr. 2024.

SENADO FEDERAL. *Comissão de juristas responsável por subsidiar elaboração de substitutivo sobre Inteligência Artificial no Brasil*. Brasília, DF: 2022. Disponível em: https://www6g.senado.leg.br/sdleg-getter/documento?dm=9219958&. Acesso em: 18 mar. 2024.

SILVEIRA, Sergio Amadeu da. *Democracia e os códigos invisíveis*: como os algoritmos estão modulando comportamentos e escolhas políticas (Coleção Democracia Digital). São Paulo: Edições Sesc São Paulo, 2019. e-PUB.

TSE – TRIBUNAL SUPERIOR ELEITORAL. *Resolução TSE nº 23.732/2024*. Altera a Res.-TSE nº 23.610, de 18 de dezembro de 2019, dispondo sobre a propaganda eleitoral. Diário da Justiça Eletrônico-TSE. Ano 2024, n. 29. Brasília, DF. p.132-145. 04 mar. 2024.

UNITED NATIONS. *General Assembly*: 13 mar. 24. A/78/L.49. [Nova Iorque: ONU, 2024]. Disponível em: https://documents.un.org/doc/undoc/ltd/n24/065/92/pdf/n2406592.pdf?token=tzfxgDIKc6a0fftJUL&fe=true. Acesso em: 04 maio 2024.

YOUTUBE. *Como o sistema de recomendações do YouTube funciona?* Disponível em: https://www.youtube.com/intl/ALL_br/howyoutubeworks/product-features/recommendations/#signals-used-to-recommend-content. Acesso em: 27 mar. 2024.

YOUTUBE. *Configurações de anúncios*. Disponível em: https://www.youtube.com/intl/ALL_br/howyoutubeworks/user-settings/ad-settings/. Acesso em: 27 mar. 2024.

Informação bibliográfica deste texto, conforme a NBR 6023:2018 da Associação Brasileira de Normas Técnicas (ABNT):

WADA, Ricardo Morishita; NOGUEIRA, Henrique Silveira. Inteligência artificial e o dever de transparência nas relações de consumo. *In*: EHRHARDT JÚNIOR, Marcos; CATALAN, Marcos (coord.). *Entre riscos, danos e contratos*: a inteligência artificial nas relações patrimoniais. Belo Horizonte: Fórum, 2024. p. 183-203. ISBN 978-65-5518-837-0.

A INTERNET DAS COISAS E A NECESSÁRIA PROTEÇÃO DOS CONSUMIDORES: A EVOLUÇÃO TECNOLÓGICA NÃO PODE SOBREPUJAR OS DIREITOS BASILARES DOS DESTINATÁRIOS FINAIS QUANTO À PRIVACIDADE E AOS DADOS PESSOAIS

JOSEANE SUZART LOPES DA SILVA

1 Introdução

A célere evolução da Internet das Coisas denota-se patente e tem atraído o interesse de uma multiplicidade de usuários que se afeiçoam aos benefícios gerados nas esferas individual e coletiva. Estimativas apontam que, em 2025, aproximadamente 100 bilhões de dispositivos estarão conectados – o que corresponde a 6,58 por pessoa –, causando um impacto econômico global de mais de US$11 trilhões.[1] Significa que 11% do PIB mundial será engendrado por tais mecanismos, que desvelam relevância nas diversas vertentes do conhecimento. Em 2030,

[1] ROSE, Karen; ELDRIDGE, Scott; CHAPIN, Lyman. The internet of things: an overview - understanding the issues and challenges of a more connected world. *The Internet Society*, Geneva, Switzerland, p. 1-80, out. 2015. Em 2020, já existiam cerca de 25 bilhões de dispositivos interconectados. Cf.: BARKER, Colin. 25 billion connected devices by 2020 to build the internet of things. *ZDNet*, 11 nov. 2014.

segundo Jeremy Rifkin, o mundo alcançará um montante de 100 trilhões de dispositivos conectados e, nos países mais desenvolvidos, poder-se-á ultrapassar a quantidade *per capita* de cinco mil.[2] Conforme o Instituto Gartner, até 2023, cerca de dois terços dos *Managed Services Providers* (MSPs), localizados em diversas partes do planeta, terão, no mínimo, 50% do seu faturamento fundado em projetos IoT.[3]

A perspectiva é que, no ano de 2026, o mercado global de provedores de serviços gerenciados atinja o valor de US$354,8 bilhões.[4] O presente artigo trata da internet das coisas e dos impactos gerados para a coletividade consumerista, sob a ótica positiva, mas também apontando o problema da possível ameaça à proteção da privacidade e dos dados pessoais dos usuários. Nessa senda, objetiva-se examinar o Decreto Federal nº 9.854/2019, que instituiu o plano nacional sobre a temática, bem como a legislação vigente. Em sede de hipótese da pesquisa, questiona-se se as regras jurídicas vigentes podem propiciar a tutela dos interesses e direitos dos destinatários finais ou se haveria necessidade de uma inovação legislativa para atender às demandas do atual cenário envolvendo a IoT.

Na parte inicial, constam observações sobre o conceito e os elementos integrantes da *internet of things*, transpondo-se, em seguida, a abordagem para a estrutura normativa vigente. *A posteriori*, com base no relatório da Internet Society, são explicitadas as razões pelas quais existem riscos de serem transgredidas as prerrogativas asseguradas para os consumidores. No último tópico, encontram-se algumas considerações referentes à incidência das normas constitucionais e legais vigentes para a tutela dos indivíduos que venham a ser afetados com violações aos seus direitos. A redação encontra-se lastreada nos métodos hermenêutico, dialético e argumentativo, adotando-se a vertente crítico-metodológica, assim como as linhas de investigação jurídico-projetiva e jurídico-prospectiva, a pesquisa exploratória, de natureza bibliográfica e documental, e a técnica da documentação indireta.[5]

---

2 RIFKIN, Jeremy. *Sociedade com custo marginal zero*: a Internet das Coisas, os bens comuns colaborativos e o eclipse do capitalismo. São Paulo: M. Books do Brasil, 2016. p. 10.

3 Conferir o estudo *Forecast Analysis: Digital Business Infrastructure Operations, Worldwide*, divulgado em novembro de 2019. Disponível em: https://www.gartner.com/en/documents/3971158/forecast-analysis-digital-business-infrastructure-operat. Acesso em: 20 out. 2021.

4 ROSE, Karen; ELDRIDGE, Scott; CHAPIN, Lyman. The internet of things: an overview - understanding the issues and challenges of a more connected world. *The Internet Society*, Geneva, Switzerland, out. 2015, p. 1.

5 Cf.: WITKER, Jorge Velásquez. *Hacia una nueva investigación jurídica*. México: Editorial Porrúa México, 2023. p. 78-88.

2 A importância da internet das coisas diante das inovações propiciadas: conceito e consequências positivas para os consumidores

A expressão *internet of things* ou IoT foi cunhada, em 1999, por Kevin Ashton, pesquisador do Massachusetts Institute of Technology, após a concretização de um projeto contratado pela Procter & Gamble (P&G).[6] O cientista propôs a utilização de etiquetas de *radio-frequency identification* (RFID) em diversos objetos, possibilitando que fossem reconhecidos e rastreados automaticamente para fins de suprimentos quando necessário. As informações eram armazenadas eletronicamente, e a cadeia de abastecimento da mencionada empresa seria realizada independentemente da intervenção humana. No entanto, questionava Ashton que "a tecnologia da informação de hoje é tão dependente dos dados originados pelas pessoas que nossos computadores sabem mais sobre ideias do que coisas".[7] Ele propugnava que estes "compreendessem o mundo" sem qualquer dependência, "sentido e agindo com tudo ao seu redor".[8] Ainda no final da década de 1990, nesse mesmo sentido, Gershenfeld apontou que o rápido crescimento da *World Wide Web* foi apenas "a carga de gatilho que agora está desencadeando a explosão real, já que as coisas começam a usar a Net".[9]

A "alta tecnologia" ou "tecnologia de ponta" engendrou uma série de inovações, e a internet das coisas encontra-se no rol das utilizações criativas da rede. Denominada também de *web of things*, comunicação *machine-to-machine*, internet física e computação ubíqua,[10] Kevin Ashton a conceituou como "um sistema no qual objetos em um mundo físico podem se conectar à internet por sensores".[11] Corresponde a "uma nova

---

6 ASHTON, Kevin. The "internet of things" thing: In the real world, things matter more than ideas. *RFID Journal*, 22 jun. 2009. Disponível em: https://www.rfidjournal.com/articles/view?4986. Acesso em: 25 fev. 2021.

7 ASHTON, Kevin. The "internet of things" thing: In the real world, things matter more than ideas. *RFID Journal*, 22 jun. 2009. Disponível em: https://www.rfidjournal.com/articles/view?4986. Acesso em: 25 fev. 2021.

8 ASHTON, Kevin. The "internet of things" thing: In the real world, things matter more than ideas. *RFID Journal*, 22 jun. 2009. Disponível em: https://www.rfidjournal.com/articles/view?4986. Acesso em: 25 fev. 2021.

9 GERSHENFELD, Neil. *When Things Start to Think*. Macmillan, 1999, p. 67-70.

10 ROSE, Karen; ELDRIDGE, Scott; CHAPIN, Lyman. The internet of things: an overview - understanding the issues and challenges of a more connected world. *The Internet Society*, Geneva, Switzerland, p. 1-80, out. 2015. p. 12.

11 ASHTON, Kevin. The "internet of things" thing: In the real world, things matter more than ideas. *RFID Journal*, 22 jun. 2009. Disponível em: https://www.rfidjournal.com/articles/view?4986. Acesso em: 25 fev. 2021.

forma de enxergar e utilizar as coisas que nos rodeiam", bem como de "[...] ver, ouvir e sentir o mundo por elas mesmas, em toda a sua aleatória glória".[12] À época, o conceito denotava-se impactado pelos sensores de identificação por radiofrequência (RFIDs), na condição de tecnologia que emergia.[13] Ao elaborarem o relatório da Internet Society sobre o tema, Karen Rose, Scott Eldridge e Lyman Chapin asseveram que o termo concerne ao panorama de uma miríade de conexões de objetos com a infraestrutura da rede, cuja principal característica é a quase total ausência de interferência do ser humano nesse procedimento.[14]

A União Internacional de Telecomunicações define a *internet of things* como uma infraestrutura global, para a sociedade da informação, que "habilita serviços avançados por meio da interconexão entre coisas (físicas e virtuais), com base nas tecnologias de informação e comunicação (TIC)".[15] Para Weber, é uma "arquitetura de informação global e emergente" voltada para "facilitar a troca de bens e serviços em uma cadeia de produção em rede global".[16] Para Easterling, a IoT descreve "um mundo embutido com tantos dispositivos digitais que o espaço entre eles não consiste em circuitos obscuros, mas sim no espaço da própria cidade".[17] Eduardo Magrani ressalta que existem "fortes divergências em relação ao conceito", inexistindo um cenário "pacífico ou unânime"; porém, de forma geral, afirma que pode ser compreendido como um ambiente de objetos físicos interconectados com a internet, através de sensores pequenos e embutidos. Origina-se um "ecossistema de computação onipresente (ubíqua), voltado para a facilitação do cotidiano das pessoas, introduzindo soluções funcionais nos processos do dia a dia".[18]

---

12 "[...] see, hear and smell the world for themselves, in all its random glory." ASHTON, Kevin, *op. cit.*

13 KHODADADI, F.; DASTJERDI, A. V.; BUYYA, R. Internet of things: an overview. *In*: BUYYA, Rajkumar; DASTJERDI, Amir Vahid (editores). *Internet of Things*: Principles and Paradigms. Massachusetts: Morgan Kaufmann, 2016. p. 5.

14 ROSE, Karen; ELDRIDGE, Scott; CHAPIN, Lyman. The internet of things: an overview - understanding the issues and challenges of a more connected world. *The Internet Society*, Geneva, Switzerland, p. 1-80, out. 2015, p. 12-14.

15 Disponível em: https://www.itu.int/en/ITU-T/techwatch/Pages/internetofthings.aspx. Acesso em: 20 ago. 2021.

16 "The Internet of Things (IoT) is an emerging global Internet based information architecture facilitating the exchange of goods and services in global supply chain networks." WEBER, Rolf H. Internet of things: new security and privacy challenges. *Computer Law & Security Review*, n. 26, p. 23-30, 2010, p. 23.

17 EASTERLING, Keller. An Internet of Things. *E-flux Journal*, v. 31, 2012. Disponível em: http://worker01.e-flux.com/pdf/article_8946204.pdf. Acesso em: 15 set. 2021.

18 MAGRANI, Eduardo. *A internet das coisas*. Rio de Janeiro: FGV Editora, 2018. p. 20.

As consequências positivas decorrentes da criação e do desenvolvimento da internet das coisas podem ser visualizadas tanto no âmbito coletivo quanto individual, englobando os diversos setores das atividades humanas. Quanto aos benefícios para a sociedade em geral, existem resultados comprovados nos campos da saúde humana, ambiente, agricultura, pecuária, alimentação, segurança, organização das cidades, dos serviços públicos e do trânsito. Na esfera individual, identifica-se a presença de vantagens interligadas com a construção, a estrutura imobiliária e habitacional, os veículos, assim como uma variedade de aparelhos eletrônicos e eletrodomésticos. Para a Internet Society, trata-se de um fenômeno emergente de inquestionável impacto de natureza técnica, social e econômica. Isso porque produtos de consumo, bens duráveis, componentes industriais e de utilidade pública, sensores e outros objetos do cotidiano estão sendo "combinados com a conectividade da internet e com capacidades analíticas de dados poderosos que prometem transformar a forma como nós vivemos, tanto na esfera social quanto na profissional".[19]

3 A internet das coisas no Brasil: o plano nacional previsto pelo Decreto Federal nº 9.854/2019 e os elementos essenciais para a conexão de objetos com a rede

Há mais de uma década, com a edição do Decreto Federal nº 7.175/2010, o Brasil iniciou a trajetória normativa sobre a infraestrutura necessária para o acesso à internet, criando o Programa Nacional de Banda Larga. Em seguida, os sistemas de comunicação máquina a máquina foram mencionados no âmbito do art. 38 da Lei nº 12.715/2012, instituindo a taxa de fiscalização para o setor. Em 2014, foi estruturada a Câmara de Gestão e Acompanhamento do Desenvolvimento das citadas atividades por meio do Decreto Federal nº 8.234/14. O Ministério da Ciência, Tecnologia, Inovações e Comunicações, em 8 de outubro de 2014, editou a Portaria MC nº 1.420, que regulamentou tal órgão e previu a sua atuação no acompanhamento da evolução das aludidas novas tecnologias e das políticas públicas concernentes. Nesse mesmo ano, a Lei nº 12.965/2014 instituiu o Marco Civil da Internet no nosso país, albergando direitos e deveres para os envolvidos com a seara.[20]

---

[19] ROSE, Karen; ELDRIDGE, Scott; CHAPIN, Lyman. The internet of things: an overview – understanding the issues and challenges of a more connected world. *The Internet Society*, out. 2015, p. 1.

[20] Cf.: LEMOS, Ronaldo. O Marco Civil como símbolo de desejo por inovação no Brasil. *In*: LEITE, George Salomão; LEMOS, Ronaldo (coords.). *Marco Civil da Internet*. São Paulo: Atlas, 2014. p. 3-11.

O MCTIC e o Banco Nacional para o Desenvolvimento (BNDES), em 2016, celebraram convênio para a realização de estudos sobre o panorama da IoT no país.[21] Nesse mesmo ano, o Decreto nº 8.771/2016 disciplinou o Marco Civil da Internet e tratou dos procedimentos adequados para a guarda e a proteção dos dados, a serem cumpridos pelos provedores de conexão e de aplicação. O Programa Brasil Inteligente foi lançado pelo Decreto nº 8.776/2016, que, *a posteriori*, foi revogado pelo Decreto nº 9.612, editado em 17 de dezembro de 2018. O Plano Nacional da Internet das Coisas veio finalmente à tona em 25 de junho de 2019, com o Decreto nº 9.854.[22] O ano de 2020 foi marcante para esse campo, uma vez que o Decreto nº 10.480, de 1º de setembro, dispôs sobre medidas para estimular o desenvolvimento da infraestrutura das redes, bem como regulamentou a Lei nº 13.116/2015 – a denominada Lei Geral das Antenas.

No Brasil, o Decreto Federal nº 9.854/2019, publicado em 26 de junho de 2019, instituiu o Plano Nacional de Internet das Coisas e criou a Câmara de Gestão e Acompanhamento do Desenvolvimento de Sistemas de Comunicação Máquina a Máquina. A IoT restou definida no art. 2º, inciso I, do referido diploma e reiterou-se que é uma infraestrutura integrada pela prestação de serviços, de valor adicionado, para a conexão, física ou virtual, de itens com dispositivos, utilizando-se das tecnologias da informação e comunicação que propiciam a interoperabilidade.[23] Constitui modalidade de serviço, a ser contratado pelo interessado, para fins de intercâmbio de objetos com a rede informatizada. Permite o desempenho de tarefas "inteligentes" mediante a captação automática de dados e o seu processamento, que não dependem, em regra, da interferência humana. Nessa senda, são originados produtos inteligentes e hiperconectados (PIC) – os *smart connected products*[24] – que se distinguem dos mecânicos e isolados (PMI).

---

[21] BANCO NACIONAL DE DESENVOLVIMENTO – BNDES; MINISTÉRIO DA CIÊNCIA E TECNOLOGIA, INOVAÇÕES E COMUNICAÇÕES – MCTIC. *Cartilha das Cidades*. Relatório BNDES Internet das Coisas: um plano de ação para o Brasil. Disponível em: https://www.bndes.gov.br/wps/portal/site/home/conhecimento/pesquisaedados/estudos/estudo-internet-das-coisas-iot/estudo-internet-das-coisas-um-plano-de-acao-para-obrasil. Acesso em: 18 out. 2021.

[22] MEIRA, Silvio. Sinais do futuro imediato, #1: internet das coisas. *Ikewai*, Recife, dez. 2016; MAGRANI, Eduardo. *A internet das coisas*. Rio de Janeiro: FGV Editora, 2018. p. 20.

[23] MAGRANI, Eduardo. *A internet das coisas*. Rio de Janeiro: FGV Editora, 2018. p. 20.

[24] PORTER, Michael; HEPPELMANN, James. How smart connected products are transforming competition. *Harvard Business Review*, nov. 2014. Disponível em: https://hbr.org/2015/10/how-smart-connected-products-are-transforming-companies. Acesso em: 20 ago. 2021.

O ecossistema gerado pela *internet of things* pressupõe uma lista de itens essenciais para propiciar a conexão dos objetos com a rede. Segundo Bernard Moon, o fluxo de informações requer, em regra, um endereço de IP3, sensores em máquinas, centro de dados (*cloud*), aplicação (*software*) e um consumidor.[25] No Brasil, o art. 2º, incisos II e III, do Decreto Federal nº 9.854/19 elenca os elementos imprescindíveis para o funcionamento dessa inovadora tecnologia, que, são, respectivamente, as "coisas" e os "dispositivos". As primeiras correspondem aos objetos do mundo físico ou digital, "capazes de serem identificados e integrados pelas redes de comunicação"; e os segundos compõem-se dos equipamentos ou subconjuntos destes com "capacidade mandatória de comunicação" e "opcional de sensoriamento, de atuação, de coleta, de armazenamento e de processamento de dados". A hiperconectividade,[26] entre os diversos itens habilitados, é um conceito relacionado com o chamado "ABC" (*analytics + big data + cloud computing*) das TICs (tecnologias da informação e comunicação).

4 O relatório da Internet Society e as observações sobre os impactos negativos que podem ser gerados pela IoT: as ameaças à privacidade dos consumidores usuários

Os prementes desafios e as principais questões polêmicas, interligados com as tecnologias da *IoT*, foram descritos pela Internet Society em relatório datado de 2015, no bojo do qual foram registrados cinco importantes aspectos que devem ser enfrentados por todos os envolvidos na produção e pelos usuários: (i) segurança; (ii) privacidade; (iii) interoperabilidade e padrões; (iv) questões legais, regulatórias e de direitos; e (v) questões das economias emergentes e em desenvolvimento.[27] Gilad Rosner e Erin Kenneally enumeram seis riscos para o setor, quais sejam: "Vigilância, coleta desenfreada, práticas

---

[25] MOON, Bernard. *Internet of Things & Hardware Industry Overview*. SparkLabs Global Ventures, 2016, p. 2.

[26] FREDETTE, John *et al*. The promise and peril of hyperconnectivity for organizations and societies. *In*: DUTTA, Soumitra; BILBAO-OSORIO, Beñat (ed.). *The global information technology report 2012*: living in a hyperconnected world. Genebra: Insead; World Economic Forum, 2012. p. 113.

[27] ROSE, Karen; ELDRIDGE, Scott; CHAPIN, Lyman. The internet of things: an overview - understanding the issues and challenges of a more connected world. *The Internet Society*, Geneva, Switzerland, p. 1-80, out. 2015, p. 12.

inadequadas de segurança, conhecimento limitado sobre gerenciamento de privacidade nas empresas, modelos de consentimento fracos e perda de controle do usuário".[28] Outros autores discorrem sobre a temática e registram ponderações que tangenciam os pontos acima referidos a serem objeto de análise nos próximos tópicos.[29]

4.1 A coleta desautorizada de dados dos usuários da internet das coisas e o desrespeito à vulnerabilidade dos consumidores

A sociedade da vigilância, anunciada por Stefano Rodotà desde o início do século XX, incrementada com a evolução do acesso à rede e a captação de dados, atinge a autodeterminação informativa dos seres humanos e a autonomia existencial de uma multiplicidade de sujeitos.[30] Com a criação e o desenvolvimento de novas tecnologias, destaca Pierre Lévy, tem-se formado um "banco de dados universal", em que "poderiam ser encontrados e consumidos, mediante pagamento, todas as mensagens, todas as informações, todos os programas, todas as imagens, todos os jogos imagináveis".[31] Gilad Rosner e Erin Kenneally verberam que há "um mundo de dispositivos que falam entre si, silenciosamente, monitorando máquinas e seres humanos"[32] e, nessa senda, as ameaças à privacidade dos indivíduos intensificam-se sobremaneira. O fenômeno do *big data*, incrementado com a internet das coisas, caracteriza-se pela velocidade e variedade na captação de informações e, ainda, pelo excessivo volume, que colocam em risco a segurança dos atingidos, frequentemente, de forma indiscriminada.

---

[28] ROSNER, Gilad; KENNEALLY, Erin. Clearly Opaque: Privacy Risks of the Internet of Things. *The Internet of Things Privacy Forum*. 2019. Disponível em: https://learning.oreilly.com/ library/view/privacy-and-the/9781492042822/copyright-page01.html. Acesso em: 24 out. 2021.

[29] MANWARING, Kayleen. *Six things every consumer should know about the 'Internet of Things'*. Disponível em: https://theconversation.com/six-things-every-consumer-should-know-about-the-internet-of-things-78765. Acesso em: 20 ago. 2021.

[30] RODOTÁ, Stefano. *A vida na sociedade de vigilância*: a privacidade hoje. Rio de Janeiro: Renovar, 2008. p. 92.

[31] LÉVY, Pierre. *A Inteligência Coletiva*: por uma antropologia do ciberespaço. 8. ed. São Paulo: Edições Loyola, 2011. p. 208.

[32] ROSNER, Gilad; KENNEALLY, Erin. Clearly Opaque: Privacy Risks of the Internet of Things. *The Internet of Things Privacy Forum*. 2019. Disponível em: https://learning.oreilly.com/ library/view/privacy-and-the/9781492042822/copyright-page01.html. Acesso em: 24 out. 2021.

A apreensão desautorizada e, consequentemente, ilícita de dados pelos objetos conectados à IoT foi denunciada pela Consumer Reports,[33] retratando situações que demonstram o ultraje à privacidade dos usuários. O Conselho de Consumidores da Noruega, em 2016, expôs o caso da boneca infantil *My Friend Cayla*, fabricada, na Alemanha, pela empresa Genesis Toys, que registrava imagens e sons das crianças e os compartilhava. Ademais, outro vício de segurança no brinquedo permitiu que pessoas, totalmente estranhas aos infantes, dialogassem com estes, submetendo-os a inadmissíveis riscos.[34] Consoante relatório expedido pela Comissão Europeia,[35] "um grupo da Universidade Livre de Amsterdã mostrou que RFIDs podem ser infectados por vírus que podem se espalhar através de *middleware* em bancos de dados onde eles podem se propagar".[36] A preocupação e o receio vinculam-se com a constante e ininterrupta obtenção de uma ampla gama de informações sem o aval dos usuários, até mesmo de natureza sensível e íntima.[37]

As falhas no ecossistema gerado pela IoT conduziram também a Federal Trade Commission a externalizar a necessidade de atenção e cuidado com as novas tecnologias devido ao registro de dados sobre os indivíduos e as violações à privacidade.[38] A empresa Vizio rastreou hábitos de audiência televisiva de vários consumidores, sem o consentimento destes, e a FTC averiguou o incidente, tendo a pessoa jurídica violadora concordado em pagar US$2,2 milhões ao mencionado ente regulador.[39] Como salientado anteriormente, as

---

33 CONSUMER REPORTS. *Consumer Reports to Begin Evaluating Products, Services for Privacy and Data Security*. Disponível em: https://www. consumerreports.org/privacy/consumer-reports-to-begin-evaluating products-services-for-privacy-and-data-security/. Acesso em: 20 set. 2021.

34 MYRSTAD, Finn. *Connected toys violate European consumer law*. Disponível em: https://www.forbrukerradet.no/siste-nytt/connected-toys-violate-consumer-laws/. Acesso em: 20 ago. 2021.

35 Em março de 2015, a Comissão Europeia lançou o programa de *Alliance for Internet of Things Innovation* (AIOTI), com o intuito de fomentar o desenvolvimento do ecossistema de IoT na União Europeia.

36 Cf.: MILLER, Georgia; KEARNES, Matthew. *Nanotechnology, ubiquitous computing and the internet of things*: challenges to rights to privacy and data protection. Draft Report to the Council of Europe, set. 2013.

37 REDDEN, Molly. *Tech company accused of collecting details of how customers use sex toys*. Disponível em: https://www.theguardian.com/us-news/2016/sep/14/wevibe-sex-toy-data-collection-chicago-lawsuit. Acesso em: 20 set. 2021.

38 FISHER, Dennis. FTC warns of security and privacy risks in IoT devices. *On The Wire*, 3 jun. 2016a. Disponível em: www.onthewire.io/ftc-warns-of-security-and-privacy-risks-in-iot-devices/. Acesso em: 31 jan. 2022.

39 FEDERAL TRADE COMMISSION. *Case 2:17-cv-00758*. Disponível em: https://www.ftc.gov/system/files/documents/cases/170206_vizio_stipulated_proposed_order.pdf. Acesso em: ago. 2018.

smart TVs capturam as conversas concretizadas, sem qualquer prévio esclarecimento para os usuários e muito menos a concordância dos lesados. Análise realizada no sistema de termostato da empresa Nest detectou que, caso os consumidores objetivassem ter conhecimento e compreender os direitos e as obrigações no uso dos itens que integram a cadeia de suprimentos, teriam que concretizar o exame de, no mínimo, treze distintos documentos contratuais.[40]

4.2 Os perigos apontados por Ziegeldorf, Morchon, Wehrle, Peppet e Ohm: o registro ilícito de informações sobre os usuários da internet das coisas

Nas fases de utilização da tecnologia associada à *internet of things*, que envolvem a coleta, o processamento e a disseminação dos dados, Jan Ziegeldorf, Oscar Morchon e Klaus Wehrle detectaram quatro principais perigos para a privacidade dos usuários:[41] o primeiro é a "identificação"; o segundo consiste no "rastreamento"; o terceiro refere-se ao "*profiling*"; e o quarto correlaciona-se com o "controle do *lifecycle*" do bem. Podem ser criados verdadeiros dossiês contendo múltiplas informações sobre o sujeito, com o desiderato de realizar associações com outras obtidas pela rede, e disseminá-las para pessoas não autorizadas (*shoulder surfing*). O risco de criação de perfis pessoais, por intermédio de impressão digital em sistemas de radiofrequência (*RFID*), foi objeto de registro por parte de Radomirovic[42] e Van Deursen,[43] e muitas empresas utilizam-se de tal expediente para a criação de uma mídia programática (*behavioral retargeting*). A inexistência de barreira para a leitura das *tags* e a fragilidade destas são apontadas, por Carlos M. Medaglia e Alexandru Serbanati, como fatores que facilitam

[40] LA DIEGA, Guido Noto; WALDEN, Ian. *Contracting for the 'Internet of Things'*: looking into the Nest. Disponível em: http://ejlt.org/article/view/450/658. Acesso em: ago. 2021.

[41] ZIEGELDORF, Jan; MORCHON, Oscar; WEHRLE, Klaus. Privacy in the internet of things: threats and challenges. *Security and Communication Networks*, v. 7, n. 12, p. 2.728-2.742, 2013.

[42] RADOMIROVIC, Saša. Towards a model for security and privacy in the internet of things. *In*: *International Workshop on the Security of the Internet of Things*, I, Tóquio: Keyo University, 2010. Disponível em: https://www.nics.uma.es/pub/seciot10/files/pdf/radomirovic_seciot10_paper.pdf. Acesso em: 15 jul. 2021.

[43] VAN DEURSEN, Ton. 50 ways to break RFID privacy: privacy and identity management for life. *IFIP Advances in Information and Communication Technology*, v. 352, p. 192-205, 2011.

a atuação dos *softwares* ou *malwares* (maliciosos).[44] Como os objetos que integram o universo IoT, em regra, apresentam um *lifecycle* menos extenso, causando o descarte, o empréstimo e/ou a modificação mais acelerada, pode haver o compartilhamento indesejado de aspectos da vida do consumidor.[45]

Ao examinar as políticas de privacidade adotadas pelas empresas que lidam com a *internet of things*, Scott R. Peppet registra a existência de dois cruciais problemas que se configuram na ambiguidade e na omissão.[46] Vários objetos não dispõem de uma interface que permita ao usuário conhecer o funcionamento do *software*, e muitas empresas do ramo não explicam quais são as regras realmente vigentes, ocasionando dificuldades para a compreensão ou mesmo obstáculos. Questão importante, adrede levantada pelo autor, é a crença infundada na anonimização dos dados, pois, mesmo que sejam eliminados, podem ser identificados, valendo-se do cruzamento de outras informações.[47] De modo similar, Paul Ohm tece críticas sobre a "anonimização robusta" e vocifera que "utilidade e privacidade são, no fundo, dois objetivos em guerra um com o outro".[48] Antônio F. Skarmeta, José Ramos e Victoria Moreno ressaltam que os protocolos tradicionais e a criptografia atual demandam uma grande quantidade de memória e recursos de computador, aspectos que dificultam sua implementação em alguns objetos que fazem uso da tecnologia de IoT.[49]

---

[44] MEDAGLIA, Carlo Maria; SERBANATI, Alexandru. An overview of privacy and security issues in the internet of things. *XX Workshop de Comunicações Digitais*, Nova York, 2010. Disponível em: https:// link.springer.com/chapter/10.1007/978-1-4419-1674-7_38. Acesso em: 3 set. 2021.

[45] ZIEGELDORF, Jan; MORCHON, Oscar; WEHRLE, Klaus. Privacy in the internet of things: threats and challenges. *Security and Communication Networks*, v. 7, n. 12, p. 2728-2742, 2013. Examinar também: HELBERGER, Natali. *Profiling and targeting consumers in the Internet of Things* – A new challenge for consumer law. Disponível em: https://www.ivir.nl/publicaties/download/1747.pdf. Acesso em: 18 ago. 2021.

[46] PEPPET, Scott R. Regulating the internet of things: first steps toward managing discrimination, privacy, security, and consent. *Texas Law Review*, v. 93, p. 117-120, 2014.

[47] PEPPET, Scott R., *op. cit.*, p. 119.

[48] OHM, Paul. Broken promises of privacy: responding to the surprising failure of anonymization. *UCLA Law Review*, v. 57, p. 6, 2010, p. 43.

[49] SKARMETA, Antônio; RAMOS, José; MORENO, Victoria. A decentralized approach for security and privacy challenges in the internet of things. In: *IEEE world forum on internet of things*: Technologies, Applications and Social Implications, Nova York: IEEE, march, 2014.

4.3 O imprescindível respeito aos princípios *privacy by design* e *by default* pelos agentes operadores da internet das coisas em prol da privacidade e dos dados pessoais dos usuários

Urge que a internet das coisas não negligencie o irrefutável respeito aos princípios regentes da proteção de dados, sobretudo os vetores *privacy by design* e *by default*, desenvolvidos, na década de 1990, por Ann Cavoukian. O primeiro pressupõe que, desde a concepção do item como operação padrão, sejam prevenidos eventuais problemas quanto à segurança e à privacidade das informações. Interliga-se, pois, com os princípios *proactive not reactive, preventative not remedial* e *privacy embedded into design*, considerando-se a arquitetura dos sistemas e modelos de negócio e evitando-se incidentes. O segundo exige a imprescindível manutenção desses cuidados no decorrer de todo o ciclo de vida do bem e no desenvolvimento das tecnologias pertinentes.[50] Quando o consumidor adquirir um novo produto ou contratar um serviço, devem ser aplicadas, de modo automático e imediato, as configurações de privacidade existentes, não lhe exigindo modificações manuais – é o que se denomina de *end-to-end security – full lifecycle protection*. Preconiza-se o predomínio da acomodação dos interesses tanto dos fornecedores quanto dos consumidores (*full functionality – positive-sum, not zero-sum*), com base na transparência (*visibility and transparency – keep it open*) e em altos padrões de privacidade (*respect for user privacy – keep it user-centric*).[51]

Os dados pessoais dos sujeitos transformaram-se no "novo petróleo" dessa era, como vêm sendo mencionados no Vale do Silício, nos Estados Unidos, e como enuncia Susanne Lace, "somos todos consumidores de vidro: outros sabem muito sobre nós, eles quase podem ver através de nós", eis que o cotidiano "é registrado, analisado e monitorado em inúmeras maneiras".[52] Para Daniel Solove, a proteção

---

[50] CAVOUKIAN, Ann. Privacy by design: the seven foundational principles. *Information and Privacy Commissioner of Ontario*, jan. 2011. Disponível em: <www.ipc.on.ca/wp-content/uploads/Resources/ 7foundationalprinciples.pdf>. Acesso em: 31 mar. 2021.

[51] Data Protection by design and by default. *EU General Data Protection Regulation*. Disponível em: http://www.eudataprotectionregulation.com/data-protection-design-by-default. Acesso em: 10 nov. 2021.

[52] LACE, Susanne. *The glass consumer*: life in a surveillance society. Bristol: Policy Press, 2005. p. 34.

da privacidade requer uma análise sob quatro dimensões:[53] "metódica", "generalidade", "variabilidade" e "focal". A primeira valoriza as "pluralidades" na sua definição;[54] a segunda propugna uma "visão pragmática" e "experiencial";[55] quanto à terceira, propõe a imersão em "cada contexto histórico e social" vivenciado;[56] e a última embasa a concepção de que não pode ser conceituada sob uma "ótica abstrata da natureza da informação ou assunto tratado".[57] Diversas são as modalidades de violação a tão relevante direito personalíssimo, que podem gerar a identificação de características objetivas ou subjetivas do sujeito e a sua disseminação, além da apropriação, distorção e chantagem.[58]

5 A necessária proteção dos direitos dos consumidores usuários da internet das coisas no Brasil: a aplicação conjunta e sistemática da Constituição Federal, do Código de Defesa do Consumidor, do Marco Civil da Internet e da Lei Geral de Proteção de Dados Pessoais

O Brasil não dispõe de legislação específica sobre a imprescindível garantia dos interesses dos usuários dos serviços atrelados à internet das coisas no que se refere à segurança, qualidade e privacidade dos seus dados pessoais. A proteção do consumidor foi erigida, pela Constituição Federal de 1988, como direito fundamental e pilar da Ordem Econômica, conforme, respectivamente, dispõem os arts. 5º, inciso XXXII, e 170, inciso V. A Lei Federal nº 8.078/90 contempla um microssistema composto de normas, de natureza material e processual, que servem de embasamento para se postular a proteção necessária. Quanto à privacidade e intimidade dos sujeitos que se utilizam da IoT, além da Carta Maior, no art. 5º, incisos X e XI, também qualificá-las como prerrogativas supremas, o Código Civil pátrio, nos arts. 11 a 21, congrega os direitos da personalidade como expressão máxima da valorização dos seres humanos.

---

53 SOLOVE, Daniel J. *Nothing to hide*: the false trade-off between privacy and security. New Haven: Yale University Press, 2011. p. 40.

54 SOLOVE, Daniel J., *op. cit.*, p. 42 44.

55 SOLOVE, Daniel J., *op. cit.*, p. 46- 49.

56 SOLOVE, Daniel J., *op. cit.*, p. 50-67.

57 SOLOVE, Daniel J., *op. cit.*, p. 75.

58 SOLOVE, Daniel J. *Nothing to hide*: the false trade-off between privacy and security. New Haven: Yale University Press, 2011. p. 117-118; 123; 130-131; 133.

O Marco Civil da Internet elenca, dentre os princípios regentes da rede, a privacidade, a proteção dos dados dos indivíduos, a estabilidade, a segurança e a funcionalidade (art. 3º, I, III, e V).[59] A disciplina específica dos dados pessoais foi normatizada pela Lei nº 13.709/2018, que teve a sua completa vigência retardada para o ano de 2020, mas, desde a sua edição, preconiza a obediência à autodeterminação informativa,[60] à privacidade e aos demais direitos personalíssimos dos sujeitos. Os direitos dos consumidores e a responsabilização dos infratores encontram expressa guarida na LGPD, como se depreende pelo exame dos arts. 2º, incisos I, II e IV, e 7º. As normas acima citadas devem ser interpretadas e aplicadas de modo conjunto para proteger os usuários da IoT, cujo funcionamento tem como um dos aportes a "*the AI black box*", segundo Pasquale.[61]

6 Conclusão

Conclui-se no sentido de que os diplomas legais vigentes não dispõem de regras específicas sobre a questão, suscitando a aplicação conjunta do mencionado Decreto Federal nº 9.854/2019, do Marco Civil da Internet, do CDC e da LGPD com esteio nas normas constitucionais vigentes, com vistas a prevenir e evitar transgressões aos bens jurídicos tutelados. As vantagens que a internet das coisas propicia são variadas e poderão contribuir para a sociedade em geral e, sob a ótica individual, os seres humanos também terão condições de se beneficiar. No entanto, os riscos para a privacidade e os dados pessoais dos usuários são incontestáveis, conforme exposto nas linhas precedentes com base no relatório expedido pela Internet Society.

A solução, contudo, para o problema de se garantir, aos consumidores, um serviço seguro e qualificado de acesso aos objetos hiperconectados, por meio da inovadora tecnologia, exige uma atuação coesa e firme do Sistema Nacional de Defesa do Consumidor. É fundamental

---

[59] No art. 7º, incisos I a XIII, foram assegurados mecanismos para a garantia de tais prerrogativas. Cf.: DONEDA, Danilo; ALMEIDA, Virgílio; MONTEIRO, Marília. Governance challenges for the internet of things. *IEE Computer Society*, v. 19, n. 4, p. 56-59, 2015.

[60] Cf. o art. 2º, II, da LGPD. MIRAGEM, Bruno. *A internet das coisas e os riscos do admirável mundo novo*. Disponível em: https://www.conjur.com.br/2017-mar-29/garantias-consumo-internet-coisas-riscos-admiravel-mundo. Acesso em: 30 abr. 2021.

[61] PASQUALE, Frank. *The Black Box Society*: The Secret Algorithms That Control Money and Information. Harvard University Press, 2016, p. 67-70.

que os órgãos e entes que o integram participem ativamente das discussões acerca das questões legais, regulatórias e de infraestrutura. A fiscalização da oferta e da comercialização dos bens, associada à internet das coisas, constitui outra tarefa crucial a ser executada de modo diligente para se evitar e combater práticas abusivas. Torna-se crucial que o SNDC, com esteio nos citados conjuntos normativos, empreenda as diligências necessárias para a efetiva proteção dos vulneráveis em face das transformações proporcionadas pela internet das coisas.

Referências

ASHTON, Kevin. The "internet of things" thing: In the real world, things matter more than ideas. *RFID Journal*, 22 jun. 2009. Disponível em: https://www.rfidjournal.com/articles/view?4986. Acesso em: 25 fev. 2021.

CAVOUKIAN, Ann. Privacy by design: the seven foundational principles. *Information and Privacy Commissioner of Ontario*, jan. 2011. Disponível em: www.ipc.on.ca/wp-content/uploads/Resources/7foundationalprinciples.pdf. Acesso em: 31 mar. 2021.

DONEDA, Danilo; ALMEIDA, Virgilio; MONTEIRO, Marília. Governance challenges for the internet of things. *IEE Computer Society*, v. 19, n. 4, p. 56-59, 2015.

EASTERLING, Keller. An Internet of Things. *E-flux Journal*, v. 31, 2012. Disponível em: http://worker01.e-flux.com/pdf/article_8946204.pdf. Acesso em: 15 set. 2021.

FISHER, Dennis. FTC warns of security and privacy risks in IoT devices. *On The Wire*, 3 jun. 2016a.

FREDETTE, John *et al*. The promise and peril of hyperconnectivity for organizations and societies. *In*: DUTTA, Soumitra; BIL-OSORIO, Beñat (ed.). *The global information technology report 2012*: living in a hyperconnected world. Genebra: Insead; World Economic Forum, 2012.

GERSHENFELD, Neil. *When Things Start to Think*. Macmillan, 1999.

KHODADADI, F.; DASTJERDI, A. V.; BUYYA, R. Internet of things: an overview. *In*: BUYYA, Rajkumar; DASTJERDI, Amir Vahid (editores). *Internet of Things*: Principles and Paradigms. Massachusetts: Morgan Kaufmann, 2016.

LA DIEGA, Guido Noto; WALDEN, Ian. *Contracting for the 'Internet of Things'*: looking into the Nest. Disponível em: http://ejlt.org/article/view/450/658. Acesso em: ago. 2021.

LACE, Susanne. *The glass consumer*: life in a surveillance society. Bristol: Policy Press, 2005.

LEMOS, Ronaldo. O Marco Civil como símbolo de desejo por inovação no Brasil. *In*: LEITE, George Salomão; LEMOS, Ronaldo (coords.). *Marco Civil da Internet*. São Paulo: Atlas, 2014.

LÉVY, Pierre. *A Inteligência Coletiva*: por uma antropologia do ciberespaço. 8. ed. São Paulo: Edições Loyola, 2011.

MAGRANI, Eduardo. *A internet das coisas*. Rio de Janeiro: FGV Editora, 2018.

MANWARING, Kayleen. *Six things every consumer should know about the 'Internet of Things*. Disponível em: https://theconversation.com/six-things-every-consumer-should-know-about-the-internet-of-things-78765. Acesso em: 20 ago. 2021.

MEDAGLIA, Carlo Maria; SERBANATI, Alexandru. *An overview of privacy and security issues in the internet of things*. XX Workshop de Comunicações Digitais, Nova York, 2010. Disponível em: https:// link.springer.com/chapter/10.1007/978-1-4419-1674-7_38. Acesso em: 3 set. 2021.

MEIRA, Silvio. Sinais do futuro imediato, #1: internet das coisas. *Ikewai*, Recife, dez. 2016.

MILLER, Georgia; KEARNES, Matthew. *Nanotechnology, ubiquitous computing and the internet of things*: challenges to rights to privacy and data protection. Draft Report to the Council of Europe, set. 2013.

MIRAGEM, Bruno. *A internet das coisas e os riscos do admirável mundo novo*. Disponível em: https://www.conjur.com.br/2017-mar-29/garantias-consumo-internet-coisas-riscos-admiravel-mundo. Acesso em: 30 abr. 2021.

MOON, Bernard. *Internet of Things & Hardware Industry Overview*. SparkLabs Global Ventures, 2016.

MYRSTAD, Finn. *Connected toys violate European consumer law*. Disponível em: https://www.forbrukerradet.no/siste-nytt/connected-toys-violate-consumer-laws/. Acesso em: 10 ago. 2018.

OHM, Paul. Broken promises of privacy: responding to the surprising failure of anonymization. *UCLA Law Review*, v. 57, p. 6, 2010.

PASQUALE, Frank. *The Black Box Society*: The Secret Algorithms That Control Money and Information. Harvard University Press, 2016.

PEPPET, Scott R. Regulating the internet of things: first steps toward managing discrimination, privacy, security, and consent. *Texas Law Review*, v. 93, p. 117-120, 2014.

PORTER, Michael; HEPPELMANN, James. How smart connected products are transforming competition. *Harvard Business Review*, nov. 2014.

RADOMIROVIC, Saša. Towards a model for security and privacy in the internet of things. *In*: *International Workshop on the Security of the Internet of Things*, I, Tóquio: Keyo University, 2010.

REDDEN, Molly. *Tech company accused of collecting details of how customers use sex toys*. Disponível em: https://www.theguardian.com/us-news/2016/sep/14/wevibe-sex-toy-data-collection-chicago-lawsuit. Acesso em: 20 set. 2021.

RIFKIN, Jeremy. *Sociedade com custo marginal zero*: a Internet das Coisas, os bens comuns colaborativos e o eclipse do capitalismo. São Paulo: M. Books do Brasil, 2016.

RODOTÁ, Stefano. *A vida na sociedade de vigilância*: a privacidade hoje. Rio de Janeiro: Renovar, 2008.

ROMKEY, J. Toast of the IoT: The 1990 Interop Internet Toaster. *IEEE Consumer Electronics Magazine*, v. 6, n. 1, p. 116-119, 2017.

ROSE, Karen; ELDRIDGE, Scott; CHAPIN, Lyman. The internet of things: an overview - understanding the issues and challenges of a more connected world. *The Internet Society*, Geneva, Switzerland, p. 1-80, 4, out. 2015.

ROSNER, Gilad; KENNEALLY, Erin. Clearly Opaque: Privacy Risks of the Internet of Things. *The Internet of Things Privacy Forum*. 2019.

SKARMETA, Antônio; RAMOS, José; MORENO, Victoria. A decentralized approach for security and privacy challenges in the internet of things. *In*: *IEEE world forum on internet of things*: Technologies, Applications and Social Implications, Nova York: IEEE, march, 2014.

SOLOVE, Daniel J. *Nothing to hide*: the false trade-off between privacy and security. New Haven: Yale University Press, 2011.

VAN DEURSEN, Ton. 50 ways to break RFID privacy: privacy and identity management for life. *IFIP Advances in Information and Communication Technology*, v. 352, p. 192-205, 2011.

ZIEGELDORF, Jan; MORCHON, Oscar. WEHRLE, Klaus. Privacy in the internet of things: threats and challenges. *Security and Communication Networks*, v. 7, n. 12, p. 2728-2742, 2013.

Informação bibliográfica deste texto, conforme a NBR 6023:2018 da Associação Brasileira de Normas Técnicas (ABNT):

SILVA, Joseane Suzart Lopes da. A internet das coisas e a necessária proteção dos consumidores: a evolução tecnológica não pode sobrepujar os direitos basilares dos destinatários finais quanto à privacidade e aos dados pessoais. *In*: EHRHARDT JÚNIOR, Marcos; CATALAN, Marcos (coord.). *Entre riscos, danos e contratos*: a inteligência artificial nas relações patrimoniais. Belo Horizonte: Fórum, 2024. p. 205-221. ISBN 978-65-5518-837-0.

RESPONSABILIDADE DAS INSTITUIÇÕES FINANCEIRAS POR DANOS DECORRENTES DE FRAUDE A SEUS SISTEMAS DE SEGURANÇA: UMA ANÁLISE A PARTIR DA DECISÃO DO STJ NO AGRAVO INTERNO NO RECURSO ESPECIAL Nº 2.056.005/SE

ANDRÉ LUIZ ARNT RAMOS

JHÉSSICA FERREIRA DOS SANTOS

Introdução

A responsabilidade objetiva das instituições financeiras por danos ao consumidor decorrentes de fraude aos sistemas de segurança de aplicações tecnológicas por si utilizadas é extraível do artigo 14, II, do Código de Defesa do Consumidor. Para além da disciplina legal, o tema passou por um longo processo de maturação no Superior Tribunal de Justiça, ora pendendo para a afirmação da responsabilidade das instituições financeiras, ora para a admissão de excludentes pautadas pela contribuição causal do consumidor, sobretudo em fraudes que contam com uso de senha pessoal ou de códigos de validação. O ápice da elaboração dessa problemática no âmbito do Tribunal da Cidadania até o momento é o recente acórdão pelo qual sua Terceira Turma julgou o Agravo Interno no Recurso Especial nº 2.056.005/SE.

Este artigo se dedica a analisar e comentar as razões da decisão, sob o pálio da concepção coerentista de segurança jurídica. Persegue tal desiderato mediante recurso à metodologia de análise de decisões, delineada por Freitas Filho e Moraes Lima.[1] Mais especificamente, o texto busca (i) organizar informações relativas à decisão no contexto do direito civil brasileiro contemporâneo; (ii) verificar, nele, a (in)coerência dos porquês do ato decisório; e (iii) produzir uma explicação da (im) propriedade da decisão, a partir da interpretação dos argumentos que o sustentam.

Para tanto, o texto se divide em duas seções: a primeira descreve a decisão, delimitando os fatos da causa e as razões de decidir; a segunda descreve, na literatura, o estado da problemática da responsabilidade objetiva das instituições financeiras por danos ao consumidor decorrentes de fraude aos sistemas de segurança de aplicações tecnológicas por si utilizadas frente às possibilidades de exclusão por interrupção do nexo causal. Adiante, seguem-se apontamentos conclusivos.

1 A decisão

Por ocasião do julgamento do Agravo Interno no Recurso Especial nº 2.056.005/SE, a Terceira Turma do Superior Tribunal de Justiça foi instada a se pronunciar a respeito de problemática recorrente no âmbito da responsabilidade por danos. Nomeadamente: a responsabilidade (ou irresponsabilidade) de instituição financeira por fraude violadora da segurança prometida por seu aplicativo. Em miúdos, tratava-se de empréstimo fraudulento contratado por um falsário mediante envio de *link* por SMS a correntista idosa, com código de liberação para operações, as quais foram realizadas com a senha fornecida pela vítima.

Na origem, o caso se tratava de ação de nulidade de contrato de empréstimo, cumulada com pedido de indenização por danos morais e materiais, ajuizada pela agravada, pessoa física, em face da agravante, instituição financeira. A sentença foi de procedência parcial do pedido, com declaração de nulidade da contratação do crédito e condenação da instituição financeira a reparar o dano moral suportado pela vítima. Não houve, todavia, condenação em danos morais.

Após apelo da instituição financeira, a sentença foi reformada pelo Tribunal de Justiça de Sergipe, ao fundamento de que, conforme

---

[1] FREITAS FILHO, R.; MORAES LIMA, T. Metodologia de análise de decisões – MAD. *Univ. JUS.*, Brasília, n. 21, p. 1-17, jul./dez. 2010.

a *ratio* de precedente local, as circunstâncias da causa denotariam a presença de uma excludente de causalidade: a culpa exclusiva da vítima – *rectius*: *fato* exclusivo da vítima. A consumidora apresentou recurso especial, o qual foi provido monocraticamente pelo ministro Humberto Martins. A instituição financeira, então, interpôs o agravo de cujo julgamento se ocupa este texto.

Em seu recurso especial, a consumidora aduziu ofensa ao artigo 14 do Código de Defesa do Consumidor[2] e argumentou que o colegiado *a quo* teria interpretado erroneamente a Súmula nº 479 do STJ.[3] A decisão objeto do agravo reconheceu a responsabilidade objetiva da agravante em razão de fraude eletrônica de que foi vítima a agravada e restabeleceu a sentença originária.

Diante desse quadro, o voto-condutor do acórdão que julgou o agravo da instituição financeira principiou pela delimitação do entendimento firmado pelo Superior Tribunal de Justiça ao julgar o Recurso Especial nº 1.199.782/PR, sob a sistemática dos recursos repetitivos. Nos termos desse precedente qualificado, as instituições bancárias são objetivamente responsáveis por danos decorrentes de fraudes ou delitos, pois a responsabilidade decorreria do risco do empreendimento, configurando fortuito interno. Ademais, o ministro relator aduziu que esse posicionamento foi posteriormente ratificado pela edição da Súmula nº 479 do STJ, como argumentado pela recorrente.

O voto-condutor prosseguiu, em um verdadeiro inventário dos diversos posicionamentos da Corte de Vértice sobre a matéria, com notas acerca do decidido pela Terceira Turma quando do julgamento do Recurso Especial nº 1.451.312/PR. Na ocasião, o órgão fracionário assentou que o latrocínio cometido contra a correntista em via pública não se inseriria na esfera de responsabilidade da casa bancária, por

---

2 Art. 14. O fornecedor de serviços responde, independentemente da existência de culpa, pela reparação dos danos causados aos consumidores por defeitos relativos à prestação dos serviços, bem como por informações insuficientes ou inadequadas sobre sua fruição e riscos. § 1º O serviço é defeituoso quando não fornece a segurança que o consumidor dele pode esperar, levando-se em consideração as circunstâncias relevantes, entre as quais: I - o modo de seu fornecimento; II - o resultado e os riscos que razoavelmente dele se esperam; III - a época em que foi fornecido. § 2º O serviço não é considerado defeituoso pela adoção de novas técnicas. § 3º O fornecedor de serviços só não será responsabilizado quando provar: I - que, tendo prestado o serviço, o defeito inexiste; II - a culpa exclusiva do consumidor ou de terceiro. § 4º A responsabilidade pessoal dos profissionais liberais será apurada mediante a verificação de culpa.

3 Súmula nº 479/STJ. A instituição financeira responde pelo defeito na prestação de serviço consistente no tratamento indevido de dados pessoais bancários, quando tais informações são utilizadas por estelionatário para facilitar a aplicação de golpe em desfavor do consumidor.

caracterizar fortuito externo com o condão de romper o nexo de causalidade e afastar sua responsabilidade objetiva.

Também gizou que as instituições financeiras são useiras e vezeiras em invocar a excludente da culpa (*rectius*: fato) da vítima como excludente de responsabilidade nos casos em que o consumidor, em qualquer medida, tenha contribuído para o sucesso de golpes ao transmitir dados aos falsários. Ao fazê-lo, registrou que tal excludente elencada pelo artigo 14, II, do Código de Defesa do Consumidor fora abrandada pelo acórdão com que a Terceira Turma do Superior Tribunal de Justiça julgou o Recurso Especial nº 1.995.458/SP, sob relatoria da ministra Nancy Andrighi. No respectivo acórdão, o órgão fracionário estabeleceu que a instituição financeira deve averiguar a regularidade e a idoneidade de operações efetuadas, desenvolvendo maneiras de dificultar a ocorrência de fraudes, *independentemente de qualquer ato dos consumidores, sobretudo diante dos novos riscos suscitados pelo avanço das tecnologias financeiras, a reforçar os deveres das casas bancárias para prevenção a fraudes*. A propósito:

> No mesmo julgamento, assentou-se que a responsabilidade das instituições financeiras é objetiva e os avanços das tecnologias financeiras trazem novos riscos que exigem dos bancos deveres reforçados nas medidas de prevenção contra fraudes.[4]

A partir dessa perspectiva, o voto-condutor do acórdão ora analisado aduziu que, no caso, não parecia se tratar de fortuito externo, pois a fraude teria ocorrido mediante *"furto eletrônico de dados"*. Concluiu que teria ocorrido falha no sistema relativo à prevenção à fraude da instituição financeira, haja vista a existência de movimentações que destoavam do perfil da cliente, havendo a aprovação da renovação de empréstimo de elevado montante, transferências e a criação de chave PIX. Assim:

> Na hipótese, houve falha do sistema do sistema de prevenção à fraude da instituição bancária ao aprovar a renovação de empréstimo de alto valor, além de diversas transferências e criação de chave Pix num mesmo dia, ou seja, movimentações fora do perfil financeiro da cliente.

---

4 BRASIL. Superior Tribunal de Justiça (3ª Turma). Agravo Interno no Recurso Especial nº 2.056.005-SE (2023/0062978-6) . Relator: Ministro Humberto Martins. Brasília, 18 de março de 2024. DJe 20/03/2024, p. 10.

Em relação ao risco do negócio existente no âmbito das instituições bancárias, a Terceira Turma concluiu que o risco de fraude à segurança dos sistemas tecnológicos bancários deve ser arcado pelas instituições financeiras, considerando se tratar de responsabilidade objetiva. Nesse sentido:

> Advirta-se, ainda, que o risco do negócio das instituições bancárias são evidenciados quando facilitam as transações por aplicativo e disponibilizam caixas eletrônicos, que funcionam por meio de senhas, atraindo os ônus das fraudes que ocorrem por meio de desvio de senhas, clonagem de cartões de crédito e etc. Esse risco deve ser suportado pelos bancos posto tratar-se de responsabilidade objetiva. O investimento em tecnologia com o intuito de evitar fraudes é ônus dessas empresas, já que a dispensa de material humano com a substituição do homem pela máquina é notória em diversos ramos da economia.[5]

Diante de tais razões, foi negado provimento ao Agravo Interno no Recurso Especial nº 2.056.005/SE, por unanimidade de votos, mantendo-se a sentença proferida no primeiro grau.

2 Responsabilidade civil das instituições financeiras no contexto tecnológico: fortuito interno e fortuito externo

O escrutínio da responsabilidade das instituições financeiras por danos causados aos seus correntistas necessariamente parte da premissa de que as relações bancárias são *de consumo*. Isso pelo preenchimento dos elementos típicos das relações consumeristas à luz do disposto pelos artigos 2º e 3º do Código de Defesa do Consumidor. Em miúdos: o correntista, de modo geral, se amolda ao suporte fático do artigo 2º do CDC, o qual reza: "Art. 2º. Consumidor é toda pessoa física ou jurídica que adquire ou utiliza produto ou serviço como destinatário final". De outra banda, as instituições financeiras, em regra, enquadram-se na hipótese do artigo 3º do mesmo diploma normativo, que assim define *fornecedor* e *serviço*:

---

[5] BRASIL. Superior Tribunal de Justiça (3ª Turma). Agravo Interno no Recurso Especial nº 2.056.005-SE (2023/0062978-6) . Relator: Ministro Humberto Martins. Brasília, 18 de março de 2024. DJe 20/03/2024, p. 11.

> Art. 3º. Fornecedor é *toda pessoa física ou jurídica*, pública ou privada, nacional ou estrangeira, bem como os entes despersonalizados, *que desenvolvem atividade de* produção, montagem, criação, construção, transformação, importação, exportação, distribuição ou comercialização de produtos ou *prestação de serviços.*
> § 1º Produto é qualquer bem, móvel ou imóvel, material ou imaterial.
> § 2º *Serviço é qualquer atividade fornecida no mercado de consumo, mediante remuneração, inclusive as de natureza bancária, financeira, de crédito e securitária*, salvo as decorrentes das relações de caráter trabalhista.

Para além da qualidade de destinatário final dos serviços bancários, financeiros, de crédito e securitários, os correntistas em geral se afiguram como consumidores por ostentar condição especial de vulnerabilidade frente às instituições financeiras. E a vulnerabilidade, como anota Calixto, parece hoje ser a "*pedra de toque* da aplicação da lei especial (...) [pois] em muitas situações passou-se a considerar como secundária a *exigência legal* da 'destinação final', assumindo *primazia* a construção *jurisprudencial* da *vulnerabilidade* do consumidor".[6] Isso nos múltiplos sentidos que a vulnerabilidade adquire no âmbito da proteção jurídica do consumidor (técnica, jurídica e econômica), amalgamados pela definição abrangente de *maior suscetibilidade à lesão*.[7]

À parte a discussão acerca da fluidez dos contornos da concepção de vulnerabilidade praticada pelos tribunais, promovida por Calixto,[8] e as digressões que suscita o critério legal para identificação de relações jurídicas de consumo, é certo que as relações entre bancos e seus correntistas se enquadram nessa categoria. Isso, sobretudo, em virtude do assertivo teor da Súmula nº 297 do Superior Tribunal de Justiça: "O Código de Defesa do Consumidor é aplicável às instituições financeiras".

A inequívoca aplicabilidade do Código de Defesa do Consumidor às relações entre instituições financeiras e seus correntistas importa a presunção absoluta de vulnerabilidade destes últimos, *ex vi* do artigo 4º, I, do CDC.[9] Demais disso, dada a centralidade da concepção jurídica

---

6 CALIXTO, M. J. Novos contornos da vulnerabilidade no Direito do Consumidor. *In*: BARLETTA, F. R.; ALMEIDA, V. (coords.). *Vulnerabilidades e suas dimensões jurídicas*. Indaiatuba: Foco, 2023. p. 244.

7 V. KONDER, C. N. Vulnerabilidade patrimonial e vulnerabilidade existencial: por um sistema diferenciador. *Revista de Direito do Consumidor*, São Paulo: RT, v. 99, mai./jun. 2015, p. 106.

8 CALIXTO, M. J. Novos contornos da vulnerabilidade no Direito do Consumidor..., *passim*.

9 Art. 4º A Política Nacional das Relações de Consumo tem por objetivo o atendimento das necessidades dos consumidores, o respeito à sua dignidade, saúde e segurança, a

de vulnerabilidade para calibragem da proteção ao consumidor e a crescente assimilação de que há diversos graus (ou camadas) de vulnerabilidade que podem se acumular em concreto, o exame das circunstâncias pessoais e sociais de cada consumidor avulta como passo importante de sua tutela judicial. E isso foi valorado pelo acórdão em discussão.

O voto-condutor do Agravo Interno no Recurso Especial nº 2.056.005/SE, nesse diapasão, delimitou que a vítima da fraude bancária era uma pessoa idosa, e a hipervulnerabilidade dos idosos a golpes, em razão de ausência de informações técnicas, jurídicas e fáticas,[10] parece ter contribuído para o desfecho do julgamento.

Nesse contexto, como bem fez o acórdão em exame, há de se considerar a mudança de paradigma na forma de consumo contemporânea, permeada pela utilização de aparatos tecnológicos. Aliás, é o que recomenda a literatura especializada. Conforme Lima Marques, "desde a década de 90 do século XX, há um novo espaço de consumo massificado e de nova 'engenharia' de pagamento, o mundo digital, com seu crescimento avassalador e várias fases, cada vez mais 'interativas e invasivas'".[11] Na mesma singra, Cavalieri Filho adverte que, a fim de acompanhar o progresso que é consequência da internet, os bancos modernizaram seus sistemas de depósitos, transferência de valores, entre outros. Destaca-se, nesse sentido, que grande parte dos serviços que são prestados atualmente é realizada via sistema eletrônico.[12]

Nessa perspectiva, ganha força a objetivação da responsabilidade, com fundamento no afastamento da culpa como requisito para o dever de indenizar. Tal movimento do direito de danos foi há muito esquadrinhado por Noronha no célebre *Desenvolvimentos contemporâneos da responsabilidade civil*, que antecedeu a entrada em vigor do Código Civil de 2002. No texto, Noronha argumenta que "o crescimento da

---

proteção de seus interesses econômicos, a melhoria da sua qualidade de vida, bem como a transparência e harmonia das relações de consumo, atendidos os seguintes princípios: (Redação dada pela Lei nº 9.008, de 21.3.1995) I - reconhecimento da vulnerabilidade do consumidor no mercado de consumo.

[10] MOREY, L. R. B.; AGUIAR, L. A.; GOMES, S. E. R. Direitos do idoso: um olhar acerca das fraudes em empréstimos consignados. *Revista Ibero-Americana de Humanidades, Ciências e Educação*, São Paulo, v. 8, n. 5, maio 2022, p. 742.

[11] LIMA MARQUES, C. 30 anos de Código de Defesa do Consumidor: revisando a teoria geral dos serviços com base no CDC em tempos digitais. *In*: MIRAGEM, B.; LIMA MARQUES, C. L.; MAGALHÃES, L. A. L. (org.). *Direito do Consumidor*: 30 anos do CDC. Rio de Janeiro: Forense, 2021. *E-book*. p. 18.

[12] CAVALIERI FILHO, S. *Programa de Responsabilidade Civil.* 16. ed. Barueri: Atlas, 2023. *E-book*. p. 501.

responsabilidade civil (...) manifesta-se através de um triplo fenómeno, que poderá ser denominado de *expansão dos danos suscetíveis de reparação, objetivação da responsabilidade e sua coletivização*".[13] Em maior detalhe, explica:

> O fenómeno da *ampliação dos danos suscetíveis de reparação* traduz-se na extensão da obrigação de indenizar aos danos extrapatrimoniais, ou morais, e na tutela dos danos transindividuais, correspondendo os dois aspectos à aspiração da sociedade atual no sentido de que a reparação proporcionada às pessoas seja a mais abrangente que for possível. O fenómeno da *objetivação*, talvez a principal conseqüência da revolução industrial no âmbito da responsabilidade civil, consiste no progressivo distanciamento desta com relação ao princípio segundo o qual não poderia haver responsabilidade sem culpa. O fenômeno da *coletivização* traduz o declínio da responsabilidade individual, perante o desenvolvimento de processos comunitários para indenização de diversos danos, especial- mente os que atingem a integridade física ou psíquica das pessoas; tais danos são postos a cargo de todo um grupo social, ou mesmo de toda a sociedade.[14]

A objetivação de que fala Noronha é captada e aprofundada na literatura contemporânea por autores como Miragem, o qual argumenta que a responsabilidade do fornecedor tem fundamento na violação do dever geral de qualidade, não existindo distinção entre responsabilidade contratual e extracontratual.[15] Nesse sentido, a responsabilidade objetiva prescinde de culpa e é fundada no risco. No âmbito das instituições financeiras:

> Responderá a instituição financeira pelos danos causados tanto pela má execução de prestação contratual (por exemplo, extravio de talão de cheques ou de cartão enviado para a residência do cliente ou falha operacional que dá causa a saque indevido de valores de conta-corrente e causa insuficiência de fundos para pagamento de título ou cheque) quanto por falhas de sua atividade que venham a causar danos inclusive a terceiros não clientes (bystanders, terceiros vítimas equiparados a consumidores pelo CDC).[16]

---

[13] NORONHA, F. Desenvolvimentos contemporâneos da responsabilidade civil. *Sequência*, Florianópolis, v. 19, n. 37, p. 21-37, 1998, p. 25.

[14] NORONHA, F. Desenvolvimentos contemporâneos da responsabilidade civil..., p. 25-26.

[15] MIRAGEM, B. *Curso de Direito do Consumidor*. 9. ed. Rio de Janeiro: Forense, 2024. *E-book*. p. 453.

[16] MIRAGEM, B. *Curso de Direito do Consumidor...*, p. 454.

Sobre o tema, conforme a visão de Cavalieri Filho, a responsabilidade objetiva das instituições financeiras é consequência da violação ao dever de "gerir com segurança as movimentações bancárias de seus clientes".[17] Nesse sentido, para aqueles que são fornecedores no mercado de consumo, impõe-se o dever de segurança, que implica o fornecimento de serviços e produtos seguros, sob pena de responsabilização objetiva por danos causados ao consumidor.[18]

Se, de um lado, a objetivação da responsabilidade das instituições financeiras por danos causados a seus consumidores importa uma *expansão* da possibilidade de responsabilização, é certo que ela carrega consigo o gérmen da reemergência da problemática das excludentes de responsabilidade – um fator de *contração*, portanto. Esse tema, que é muito próprio da concepção *moderna* de responsabilidade civil em oposição à leitura *contemporânea* da responsabilidade por danos ou direito de danos,[19] oferece uma tábua de salvação aos agentes econômicos sujeitos à responsabilidade objetiva. E não pode ser negligenciado, pois as excludentes permitem delimitar o que dá e o que não dá ensejo à atribuição do dever de reparar ou compensar em cada caso concreto.

Isso, longe de remeter a uma aporética insegurança jurídica, oportuniza sua emergência como coerência normativa em razão da oportunidade de universalização das particularidades de cada caso, no bojo da adequada fundamentação das decisões jurídicas.[20] Vale dizer: embora haja particularidades em cada caso a demandar solução jurídica, esta deve formular suas razões de modo tal que sejam aplicáveis a outros casos semelhantes.[21]

---

[17] CAVALIERI FILHO, S. *Programa de Responsabilidade Civil...*, p. 501.

[18] CAVALIERI FILHO, S. A responsabilidade civil nas relações de consumo. Tendências do século XXI (Conferência de Encerramento do I Congresso Internacional de Direito do Consumidor – FD/UFPel). *Revista Eletrônica da Faculdade de Direito da Universidade Federal de Pelotas*, Pelotas, v. 3, n. 1, p. 5-24, jan./jun. 2017. p. 10. Disponível em: https://periodicos-old.ufpel.edu.br/ojs2/index.php/revistadireito/article/view/11860. Acesso em: 1º maio 2024.

[19] Sobre o tema, seja facultado remeter a CUNHA FROTA, P. M. Responsabilidade por danos e a superação da ideia da responsabilidade civil: reflexões. *In*: ROSENVALD, N.; MILAGRES, M. (coords.). *Responsabilidade Civil*: novas tendências. Indaiatuba: Foco Jurídico, 2017.

[20] V. ARNT RAMOS, A. L. *Segurança jurídica e indeterminação normativa deliberada*: elementos para uma Teoria do Direito (Civil) Contemporâneo. Curitiba: Juruá, 2021.

[21] Sobre o tema, diz MacCormick: "O 'porquê' da justificação é um nexo universal. Assim: para que um determinado ato seja correto porque em uma situação existe uma determinada propriedade ou conjunto de propriedades, o mesmo ato tem que ser também correto em todas as situações nas quais basicamente a mesma propriedade ou as mesmas propriedades esteja(m) presente(s)" (Universales y particulares. *DOXA*: Cuadernos de Filosofía del Derecho, Alicante, n. 32, 2009, p. 149).

Falar em excludente de responsabilidade, sobretudo diante de hipóteses de responsabilidade objetiva, é falar de *nexo causal* – sabidamente um dos maiores desafios aos operadores do direito em matéria de responsabilidade por danos. Isso porque o risco, em suas várias concepções jurídicas, e os demais critérios de atribuição de responsabilidade diversos da culpa se situam no plano do *nexo de imputação* e são imunes à generalidade das defesas articuladas a partir de elementos subjetivos – tirante, talvez, as sempre lembradas hipóteses de redução equitativa da responsabilidade pela discrepância entre a gravidade do dano e o grau de culpa do ofensor,[22] prevista pelo artigo 944, parágrafo único, do Código Civil,[23] e a responsabilidade do incapaz, disciplinada pelo artigo 928 do mesmo diploma legal.[24] Dessarte, o afastamento da responsabilidade por danos somente pode se dar mediante negação da causalidade – ou *interrupção do nexo causal*.[25]

Isso posto, as excludentes de responsabilidade civil rompem o nexo causal, não se caracterizando a obrigação de reparar. Essa é a segunda e mais relevante questão abordada pelo julgado em discussão, pois se reporta à eventual não responsabilidade da instituição financeira a despeito do credenciamento da consumidora idosa a uma tutela jurídica deveras protetiva.

É sabido que as excludentes do nexo causal são (i) caso fortuito ou força maior; (ii) fato exclusivo da vítima; e, por fim, (iii) fato de terceiro.[26] Nessa ordem de ideias, é fundamental ter em mente a advertência de Frazão, no sentido de que as excludentes de responsabilidade somente poderão ser consideradas, para apartar a imputação, quando forem estranhas ao risco.[27]

---

22 V., sobre o tema: BANDEIRA, P. G. Notas sobre o parágrafo único do artigo 944 do Código Civil. *Civilística.com*, Rio de Janeiro, a. 1, n. 2, 2012, *passim*.

23 Art. 944. A indenização mede-se pela extensão do dano. Parágrafo único. Se houver excessiva desproporção entre a gravidade da culpa e o dano, poderá o juiz reduzir, eqüitativamente, a indenização.

24 Art. 928. O incapaz responde pelos prejuízos que causar, se as pessoas por ele responsáveis não tiverem obrigação de fazê-lo ou não dispuserem de meios suficientes. Parágrafo único. A indenização prevista neste artigo, que deverá ser eqüitativa, não terá lugar se privar do necessário o incapaz ou as pessoas que dele dependem.

25 A respeito do tema, recomenda-se: TEPEDINO, G. *Notas sobre o nexo de causalidade*. Temas de direito civil. t. II. Rio de Janeiro: Renovar, 2006.

26 FARIAS, C. C.; ROSENVALD, N.; BRAGA NETTO, F. P. *Curso de Direito Civil...*, p. 420.

27 FRAZÃO, A. Risco da empresa e caso fortuito externo. *Civilistica.com*, Rio de Janeiro, v. 5, n. 1, p. 1-27, 2016. Disponível em: https://civilistica.emnuvens.com.br/redc/article/view/239. Acesso em: 1º maio 2024. p. 23.

De acordo com Cunha Frota e Brito da Costa, o caso fortuito ou de força maior *concorrentes* podem interromper parcialmente o nexo causal. Já o caso fortuito e de força maior *exclusivos* são aptos a interromper o nexo causal de modo total. Por fim, o fato de terceiro e o fato da vítima podem afastar total ou parcialmente o dever de reparar,[28] na exata medida da contribuição causal da vítima ou do terceiro identificado para a causação do evento danoso.

Conforme os referidos autores, "a interrupção da causalidade jurídica demonstra que um primeiro fato poderia provocar determinado efeito, todavia, um segundo fato impede a produção de efeito do primeiro fato e produz o dano, como se percebe com o caso fortuito ou de força maior".[29] Nessa perspectiva, apenas há de se falar em interrupção total do nexo de causalidade se o caso fortuito ou de força maior produzir o dano de forma exclusiva.

Para o presente trabalho, mostra-se relevante a análise do caso fortuito. Na perspectiva de Chaves de Farias, Rosenvald e Braga Netto, o fortuito é um "fato externo a conduta do agente, de caráter inevitável, a que se atribui a causa necessária ao dano",[30] inferindo a externalidade e a inevitabilidade como seus atributos. Nessa dimensão, os autores aduzem que o fortuito interno está relacionado ao devedor ou à empresa e com a organização por eles impressa ao negócio. Já o fortuito externo se refere a um fato que não possui conexão com essas pessoas, sendo um acontecimento extrínseco.[31]

Consoante Cavalieri Filho, o fortuito interno se refere ao fato imprevisível e inevitável, ocorrido quando o produto foi fabricado ou o serviço realizado, ligado aos riscos do empreendimento e não excludente da responsabilidade do fornecedor. Já o fortuito externo concerne ao fato que não possui relação com a atuação do fornecedor, sendo absolutamente estranho ao serviço ou ao produto. De acordo com o autor:

---

[28] CUNHA FROTA, P. M.; BRITO DA COSTA, J. P. Fatores fático-jurídicos obstativos da causalidade jurídica: as interrupções e a inexistência do nexo causal na responsabilidade civil e consumerista - fato da vítima, fato de terceiro e caso fortuito e de força maior. *REDES*, v. 5, n. 1, 2017.

[29] CUNHA FROTA, P. M.; BRITO DA COSTA, J. P. *Fatores fático-jurídicos obstativos da causalidade jurídica...*, p. 179.

[30] FARIAS, C. C.; ROSENVALD, N.; BRAGA NETTO, F. P. *Curso de Direito Civil...*, p. 421.

[31] FARIAS, C. C.; ROSENVALD, N.; BRAGA NETTO, F. P. *Curso de Direito Civil...*, p. 422.

> Em conclusão: o fortuito externo, em nosso entender verdadeira força maior, não guarda relação alguma com o produto, nem com o serviço, sendo, pois, imperioso admiti-lo como excludente da responsabilidade do fornecedor, sob pena de lhe impor uma responsabilidade objetiva fundada no risco integral, da qual o Código não cogitou.[32]

Ainda sobre o tema, conforme Faria e Gonçalves, a distinção entre fortuito interno e externo, no âmbito técnico-teórico, está relacionada ao contexto em que a atividade de risco é efetuada.[33] Os autores indicam que, em cada caso concreto, é preciso questionar em qual medida o dano está inserido na esfera de risco da atividade em questão, para com isso perquirir a responsabilização civil do agente.[34]

No âmbito das instituições financeiras, em relação a fraudes, Cavalieri Filho aduz que qualquer modalidade de estelionato que leve o banco a realizar pagamentos indevidos ao falsário não é perpetrada contra o correntista, mas, sim, contra o banco, devendo este suportar o prejuízo, na forma do princípio *res perit domino*. Nesse contexto, somente se considera o correntista responsável caso fique comprovado que ele tenha concorrido determinantemente para o evento, sendo possível inclusive o reconhecimento de fato exclusivo do correntista.[35] Ainda conforme Cavalieri Filho, danos causados a terceiros ou a correntistas, em decorrência de delitos financeiros, enquadrar-se-iam como fortuito interno, pois fariam parte do risco do empreendimento.[36]

A partir da decisão analisada no tópico acima e da doutrina relativa à temática, é possível constatar que o enquadramento como "fortuito interno" ou "fortuito externo" implica a irresponsabilidade ou

---

[32] CAVALIERI FILHO, S. A responsabilidade civil nas relações de consumo. Tendências do século XXI (Conferência de Encerramento do I Congresso Internacional de Direito do Consumidor – FD/UFPel). *Revista Eletrônica da Faculdade de Direito da Universidade Federal de Pelotas*, Pelotas, v. 3, n. 1, p. 5-24, jan./jun. 2017. p. 19. Disponível em: https://periodicos-old.ufpel.edu.br/ojs2/index.php/revistadireito/article/view/11860. Acesso em: 1º maio 2024.

[33] FARIA, M. L.; GONÇALVES, F. A. Nexo Causal: Fortuito Interno e Fortuito Externo. *Revista do Curso Direito do UNIFOR-MG*, Formiga, v. 10, n. 1, p. 97-113, jan./jun. 2019. p. 106. Disponível em: https://www.academia.edu/49239433/NEXO_CAUSAL_FORTUITO_INTERNO_E_FORTUITO_EXTERNO. Acesso em: 1º maio 2024.

[34] FARIA, M. L.; GONÇALVES, F. A. Nexo Causal: Fortuito Interno e Fortuito Externo. *Revista do Curso Direito do UNIFOR-MG*, Formiga, v. 10, n. 1, p. 97-113, jan./jun. 2019. p. 108. Disponível em: https://www.academia.edu/49239433/NEXO_CAUSAL_FORTUITO_INTERNO_E_FORTUITO_EXTERNO. Acesso em: 1º maio 2024.

[35] CAVALIERI FILHO, S. *Programa de Responsabilidade Civil*. 16. ed. Barueri: Atlas, 2023. *E-book*. p. 500.

[36] CAVALIERI FILHO, S. *Programa de Responsabilidade Civil...*, p. 500.

sua responsabilização da instituição financeira. No entanto, a distinção entre fortuito interno e fortuito externo não é explícita, verificando-se, em realidade, uma fluidez na fronteira entre os institutos.

Conforme Farias, Rosenvald e Braga Netto, não há uma divisão rígida entre a área do fortuito interno e a do fortuito externo, visto que a definição do que será submetido a uma ou outra considera a natureza da atividade danosa.[37] Ademais, Frazão destaca a necessidade de um critério delimitador entre fortuito interno e fortuito externo, o primeiro inerente ao risco, e o segundo, a ele alheio, podendo este, portanto, afastar a responsabilidade.[38]

O Superior Tribunal de Justiça já delineou contornos acerca do tema em algumas oportunidades, como fez por ocasião do julgamento do Recurso Especial nº 1.450.434/SP, em que se discutia a responsabilidade civil em razão de assalto à mão armada, praticado em um *drive-thru* da recorrente, grande *player* do nicho de lanches rápidos. Nele, o STJ compreendeu que esse formato de venda incrementaria o risco à atividade ao deixar os consumidores mais vulneráveis a intercorrências, concluindo pela incidência do fortuito interno. Nesse sentido:

> Na hipótese, diante de tais circunstâncias trazidas aos autos, verifica-se que o serviço disponibilizado foi inadequado e ineficiente, não havendo falar em caso fortuito ou força maior, mas sim em fortuito interno, porquanto incidente na proteção dos riscos esperados da atividade empresarial desenvolvida e na frustração da legítima expectativa de segurança do consumidor-médio, concretizando-se o nexo de imputação na frustração da confiança a que fora induzido o cliente. O fornecedor, por sua vez, pelo que consta dos autos, não demonstrou ter adotado todas as medidas, dentro de seu alcance, para inibir, dificultar ou impedir o ocorrido na área reservada ao circuito drive-thru tampouco comprovou que o evento tenha se dado em outra área sobre a qual não tenha ingerência.[39]

Em outra oportunidade, nos Embargos de Divergência em Recurso Especial nº 1.431.606/SP, o STJ julgou situação em que houve roubo à mão armada no estacionamento da mesma lanchonete. Na ocasião, entendeu que a sociedade empresária não atuaria explorando a

---

37 FARIAS, C. C.; ROSENVALD, N.; BRAGA NETTO, F. P. *Curso de Direito Civil...*, p. 424.

38 FRAZÃO, A. Risco da empresa e caso fortuito externo..., p. 2.

39 BRASIL. Superior Tribunal de Justiça (4ª Turma). Recurso Especial nº 1.450.434-SP (2014/0058371-2). Relator: Ministro Luis Felipe Salomão. Brasília, 18 de setembro de 2018, p. 6.

atividade de administração de estacionamento, pelo que intercorrências danosas nele havidas não ensejariam sua responsabilização. Disse, a propósito, o tribunal:

> Nos casos em que o estacionamento representa mera comodidade, sendo área aberta, gratuita e de livre acesso por todos, o estabelecimento comercial não pode ser responsabilizado por roubo à mão armada, fato de terceiro que exclui a responsabilidade, por se tratar de fortuito externo.[40]

No primeiro caso, a atividade comercial era disponibilizada na modalidade *drive-thru*, considerando-se ônus da lanchonete o fornecimento de segurança. Portanto, entendeu-se que o serviço teria sido prestado de forma inadequada e ineficiente, concluindo-se pela ocorrência de fortuito interno. Já no segundo caso, o serviço de estacionamento era uma mera comodidade, não sendo uma atividade diretamente explorada pelo fornecedor, razão pela qual se afirmou que o fornecedor não poderia ser responsabilizado, haja vista se tratar de fortuito externo.

Portanto, é possível verificar que, na análise das situações acima, considerou-se configurado o fortuito interno quando violado o dever de segurança em relação a serviços inerentes à atividade comercial diretamente explorada. Em relação à situação não afeta à atividade diretamente explorada (no caso, estacionamento), conclui-se que o fornecedor não pode ser responsabilizado, tratando-se de fortuito externo.

Dessa maneira, é possível constatar que um dos critérios utilizados pela jurisprudência, a fim de responsabilizar o fornecedor ou não, é a exploração direta ou indireta da atividade econômica. No âmbito dos serviços prestados por intermédio de ferramentas tecnológicas, como os aplicativos de instituições financeiras, há de se considerar que estão diretamente afetos à exploração direta da atividade pelo fornecedor, especialmente a partir do contemporâneo paradigma de consumo, fortemente influenciado por tecnologias. Nessa perspectiva, a fraude aos sistemas de segurança das instituições financeiras caracteriza fortuito interno, na esteira do entendimento doutrinário e jurisprudencial aqui indicado, devendo ensejar a responsabilização das referidas instituições pelos danos causados aos consumidores.

---

[40] BRASIL. Superior Tribunal de Justiça (3ª Turma). Embargos de Divergência em Recurso Especial nº 1.431.606-SP (2014/0015227-3). Relator: Ministra Maria Isabel Gallotti. Brasília, 27 de março de 2019, p. 5.

Conclusão

A decisão do STJ no Agravo Interno no Recurso Especial nº 2.056.005/SE consagrou a responsabilidade objetiva das instituições financeiras por danos em razão de fraude à segurança de seus sistemas tecnológicos, considerando o risco existente em suas atividades. Nessa perspectiva, a fraude decorrente de falha em sistema de prevenção da instituição financeira não é considerada fortuito externo, portanto, não é apta a interromper o nexo de causalidade.

A doutrina civilista contribui para delinear as causas excludentes de responsabilidade que podem vir a romper o nexo causal. Destaca-se a necessidade de analisar a relação entre o dano e a atividade do fornecedor. Nesse sentido, as decisões da corte analisadas indicam a exploração direta ou indireta da atividade econômica como critério relevante para a responsabilização do fornecedor. Tratando-se de serviço inerente à atividade explorada pelo fornecedor, havendo violação ao dever de segurança, estará configurado o fortuito interno.

Referências

ARNT RAMOS, A. L. *Segurança jurídica e indeterminação normativa deliberada*: elementos para uma Teoria do Direito (Civil) Contemporâneo. Curitiba: Juruá, 2021.

BANDEIRA, P. G. Notas sobre o parágrafo único do artigo 944 do Código Civil. *Civilística.com*, Rio de Janeiro, a. 1, n. 2, 2012.

BRASIL. Superior Tribunal de Justiça (3ª Turma). Agravo Interno no Recurso Especial nº 2.056.005-SE (2023/0062978-6). Relator: Ministro Humberto Martins. Brasília, 18 de março de 2024. DJe 20/03/2024.

CALIXTO, M. J. Novos contornos da vulnerabilidade no Direito do Consumidor. *In*: BARLETTA, F. R.; ALMEIDA, V. (coords.). *Vulnerabilidades e suas dimensões jurídicas*. Indaiatuba: Foco, 2023.

CAVALIERI FILHO, S. A responsabilidade civil nas relações de consumo. Tendências do século XXI (Conferência de Encerramento do I Congresso Internacional de Direito do Consumidor – FD/UFPel). *Revista Eletrônica da Faculdade de Direito da Universidade Federal de Pelotas*, Pelotas, v. 3, n. 1, p. 5-24, jan./jun. 2017. Disponível em: https://periodicos-old.ufpel.edu.br/ojs2/index.php/revistadireito/article/view/11860. Acesso em: 1º maio 2024.

CAVALIERI FILHO, S. *Programa de Responsabilidade Civil*. 6. ed. Barueri: Atlas, 2023. *E-book*.

CUNHA FROTA, P. M. Responsabilidade por danos e a superação da ideia da responsabilidade civil: reflexões. *In*: ROSENVALD, N.; MILAGRES, M. (coords.). *Responsabilidade Civil*: novas tendências. Indaiatuba: Foco Jurídico, 2017.

CUNHA FROTA, P. M.; BRITO DA COSTA, J. P. Fatores fático-jurídicos obstativos da causalidade jurídica: as interrupções e a inexistência do nexo causal na responsabilidade civil e consumerista - fato da vítima, fato de terceiro e caso fortuito e de força maior. *REDES*, v. 5, n. 1, 2017.

FARIA, M. L.; GONÇALVES, F. A. Nexo Causal: Fortuito Interno e Fortuito Externo. *Revista do Curso Direito do UNIFOR-MG*, Formiga, v. 10, n. 1, p. 97-113, jan./jun. 2019. Disponível em: https://www.academia.edu/49239433/NEXO_CAUSAL_FORTUITO_INTERNO_E_FORTUITO_EXTERNO. Acesso em: 1º maio 2024.

FARIAS, C. C.; ROSENVALD, N.; BRAGA NETTO, F. P. *Curso de Direito Civil*: Responsabilidade civil. 4. ed. v. 3. Salvador: Ed. JusPodivm, 2017.

FRAZÃO, A. Risco da empresa e caso fortuito externo. *Civilistica.com*, Rio de Janeiro, v. 5, n. 1, p. 1-27, 2016. Disponível em: https://civilistica.emnuvens.com.br/redc/article/view/239. Acesso em: 1º maio 2024.

KONDER, C. N. Vulnerabilidade patrimonial e vulnerabilidade existencial: por um sistema diferenciador. *Revista de Direito do Consumidor*, São Paulo: RT, v. 99, maio/jun. 2015.

LIMA MARQUES, C. 30 anos de Código de Defesa do Consumidor: revisando a teoria geral dos serviços com base no CDC em tempos digitais. *In*: MIRAGEM, B.; LIMA MARQUES, C.; MAGALHÃES, L. A. L. (org.). *Direito do Consumidor*: 30 anos do CDC. Rio de Janeiro: Forense, 2021. *E-book*.

MACCORMICK, N. Universales y particulares. *DOXA*: Cuadernos de Filosofía del Derecho, Alicante, n. 32, 2009.

MIRAGEM, B. *Curso de Direito do Consumidor*. 9. ed. Rio de Janeiro: Forense, 2024. *E-book*.

MOREY, L. R. B.; AGUIAR, L. A.; GOMES, S. E. R. Direitos do idoso: um olhar acerca das fraudes em empréstimos consignados. *Revista Ibero-Americana de Humanidades, Ciências e Educação*, São Paulo, v. 8, n. 5, maio 2022.

NORONHA, F. Desenvolvimentos contemporâneos da responsabilidade civil. *Sequência*, Florianópolis, v.19, n. 37, p. 21-37, 1998.

TEPEDINO, G. *Notas sobre o nexo de causalidade*. Temas de direito civil. t. II. Rio de Janeiro: Renovar, 2006.

Informação bibliográfica deste texto, conforme a NBR 6023:2018 da Associação Brasileira de Normas Técnicas (ABNT):

RAMOS, André Luiz Arnt; SANTOS, Jhéssica Ferreira dos. Responsabilidade das instituições financeiras por danos decorrentes de fraude a seus sistemas de segurança: uma análise a partir da decisão do STJ no Agravo Interno no Recurso Especial nº 2.056.005/SE. *In*: EHRHARDT JÚNIOR, Marcos; CATALAN, Marcos (coord.). *Entre riscos, danos e contratos*: a inteligência artificial nas relações patrimoniais. Belo Horizonte: Fórum, 2024. p. 223-238. ISBN 978-65-5518-837-0.

DETERMINISMO ALGORÍTMICO E DESINFORMAÇÃO NAS RELAÇÕES ELETRÔNICAS DE CONSUMO: REFLEXÕES SOBRE A CONFIGURAÇÃO DO DANO EXISTENCIAL

JANAINA VIEIRA HOMCI

DENNIS VERBICARO

1 Introdução

A superação do consumo analógico pelo digital é crescente e constante, tendo sido acelerada pelas medidas restritivas impostas em razão da pandemia de COVID-19 e, consequentemente, pelo desenvolvimento de tecnologias que aprofundam a digitalização das relações.

Quando analisa as relações eletrônicas de consumo, Marques[1] afirma que a contratação eletrônica tem especificidades que a diferenciam do negócio jurídico tradicional: a) despersonalização; b) desmaterialização; c) desterritorialização e atemporalidade; e d) hiperconfiança dos consumidores.

---

[1] MARQUES, Cláudia Lima. *Confiança no comércio eletrônico e a proteção do consumidor*. São Paulo: Revista dos Tribunais, 2004. p. 63-64.

A despersonalização está caracterizada na contratação realizada a distância, por meio eletrônico, em silêncio, impondo uma massificação da relação, concretizada pelos contratos de adesão, o que impossibilita o diálogo entre as partes.[2] Martins[3] estabelece que, mesmo com a identificação das partes pelo número de IP (*internet protocol*), não se resolve a autoria, pois pode ser outra pessoa, e não necessariamente aquela que efetivou a operação.

Para Valim,[4] embora a contratação eletrônica seja realizada de forma despersonalizada – uma vez que o consumidor dificilmente saberá essencialmente com quem está contratando –, a prestação é mais individualizada e sob medida. A consequência é a inevitável diminuição da autonomia de vontade em virtude da redução da capacidade de controle pela imposição dos contratos de adesão, pelo direcionamento de informações, pela complexidade da relação e, consequentemente, pela redução da privacidade.[5]

No mais, frisa-se que tais contratos podem ser segregados em interpessoal, entre duas ou mais pessoas por meio de rede de comunicação; interativo, entre uma pessoa e a inteligência artificial pré-programada; e intersistêmico, entre modelos automatizados, especialmente em relações empresariais.[6]

A desmaterialização está relacionada com a inexigibilidade da forma física para a realização do negócio, pois os contratos são concluídos em códigos binários ou *bits*; com um *click*, é possível obter a adesão integral ao contrato.[7] É uma expectativa de recebimento do produto, de acordo com os indicativos em códigos binários.

No entanto, Homci[8] ressalta que, por não ter acesso fisicamente ao bem, na maioria dos casos, o consumidor não tem informações qualificadas, seja sobre o bem a ser adquirido ou o serviço pretendido, seja sobre o contrato em si. O excesso informativo não pode ser equiparado à informação qualificada, uma vez que a grande quantidade de informações

---

[2] HOMCI, Janaina Vieira. *A proteção dos dados pessoais no consumo digital*. Editora Thoth, 2023.

[3] MARTINS, Guilherme Magalhães. *Contratos Eletrônicos de consumo*. Barueri, SP: Atlas, 2023. p. 119.

[4] VALIM, Thalles Ricardo Alciati. Natureza jurídica e formação dos contratos eletrônicos. *Revista de Direito do Consumidor*, São Paulo, v. 28, n. 123, p. 251-288, maio/jun. 2019. p. 254.

[5] LORENZETTI, Ricardo Luis. *Comércio eletrônico*. São Paulo: Revista dos Tribunais, 2004. p. 22.

[6] SANTOS, Manoel J. Pereira dos; ROSSI, Mariza Delapieve. Aspectos Legais do Comércio Eletrônico – Contratos de Adesão. *Revista de Direito do Consumidor*, v. 36, out. 2000, p. 9.

[7] HOMCI, Janaina Vieira. *A proteção dos dados pessoais no consumo digital*. Editora Thoth, 2023.

[8] *Idem*.

técnicas aumenta a fragilização, a incerteza e o desconhecimento do consumidor sobre aquela relação.

A desterritorialização e a atemporalidade da contratação eletrônica estão diretamente relacionadas com a ausência de amarras territoriais da relação, uma vez que as partes poderão contratar de onde desejarem e a qualquer tempo. O espaço para a comunicação não é mais um fator essencial para a realização do negócio por contexto desterritorial da relação.[9] Nesse cenário, insere-se o consumidor-comunidade global diante da crítica de limitação territorial para a proteção da categoria.

Em relação à atemporalidade da contratação, o Decreto Federal nº 7.962/2013 impôs o dever de confirmação[10] como forma de transcender o binômio das contratações tradicionais proposta-aceitação, além de fixar o momento da realização do negócio jurídico, evitando a insegurança do consumidor sobre a formação do contrato.

No aspecto da análise da hiperconfiança, para Vial,[11] a confiança, a informação e a boa-fé, se exercidas de forma conjunta, geram o equilíbrio contratual, e a transparência é o alicerce dos direitos e deveres na busca da harmonia da relação. Em outra perspectiva, a realização da contratação eletrônica tem por base o que é visto em detrimento do

---

[9] *Idem.*

[10] Decreto Federal nº 7.962/2013, artigo 4º: "Para garantir o atendimento facilitado ao consumidor no comércio eletrônico, o fornecedor deverá: I - apresentar sumário do contrato antes da contratação, com as informações necessárias ao pleno exercício do direito de escolha do consumidor, enfatizadas as cláusulas que limitem direitos; II - fornecer ferramentas eficazes ao consumidor para identificação e correção imediata de erros ocorridos nas etapas anteriores à finalização da contratação; III - confirmar imediatamente o recebimento da aceitação da oferta; IV - disponibilizar o contrato ao consumidor em meio que permita sua conservação e reprodução, imediatamente após a contratação; V - manter serviço adequado e eficaz de atendimento em meio eletrônico, que possibilite ao consumidor a resolução de demandas referentes a informação, dúvida, reclamação, suspensão ou cancelamento do contrato; VI - confirmar imediatamente o recebimento das demandas do consumidor referidas no inciso, pelo mesmo meio empregado pelo consumidor; e VII - utilizar mecanismos de segurança eficazes para pagamento e para tratamento de dados do consumidor. Parágrafo único. A manifestação do fornecedor às demandas previstas no inciso V do caput será encaminhada em até cinco dias ao consumidor". Em BRASIL. *Decreto Federal nº 7.962, de 2013.* Regulamenta a Lei nº 8.078, de 11 de setembro de 1990, para dispor sobre a contratação no comércio eletrônico. Brasília, DF: Presidência da República, 2013. Disponível em: http://www.planalto.gov.br/ccivil_03/_ato2011-2014/2013/decreto/d7962.htm. Acesso em: 03 jan. 2024.

[11] VIAL, Sophia Martini. A sociedade da (des)informação e os contratos de comércio eletrônico: do Código Civil às atualizações do Código de Defesa do Consumidor, um necessário diálogo entre fontes. *Revista de Direito do Consumidor*, São Paulo, v. 22, n. 88, p. 229-257, jul./ago. 2013.

que é lido ou entendido.[12] O consumidor acredita na boa aparência e na "marca" daquilo que está adquirindo ou contratando; no entanto, a apresentação não significa necessariamente a correspondência das reais expectativas do consumidor.

De outro modo, as transformações das relações consumeristas exigem estudo e interpretação que abarquem as novas situações mercadológicas,[13] especialmente por conta do uso da inteligência artificial, em relações em plataforma de economia de dados pessoais, no contexto de rede de comunicação. O mercado utiliza modelos algorítmicos para alcançar interesses que divergem dos direitos basilares da relação de consumo, como o direito-dever à informação, estabelecido no artigo 6º do CDC.

Para buscar tais interesses mercadológicos, utilizam-se modelos algorítmicos e dados pessoais para padronizar, assujeitar e modelar o comportamento do consumidor, o que caracteriza o determinismo algorítmico no estabelecimento do estado de danosidade informacional. A consequência é o estabelecimento de práticas abusivas em face da opacidade e desinformação, o que se entende pela configuração do dano existencial do consumidor, como será desenvolvido ao longo deste estudo.

2 Determinismo algorítmico nas relações eletrônicas de consumo

Em contexto de relações eletrônicas de consumo, os desenhos comportamentais, sobrepostos de padrões obscuros, influenciam, dominam, padronizam e funcionalizam as escolhas, o que agrava a vulnerabilidade algorítmica do consumidor. Tais desenhos, chamados de *dark patterns*, conduzem deliberadamente e de forma pouco ética o usuário da modulação comportamental. São produzidos estímulos cognitivos para alterar a forma de processar para, consequentemente, realizar uma escolha distorcida.

Há concretamente a caracterização do paradoxo de controle: o usuário escolhe. Mas quais decisões podem ser consideradas preordenadas por algumas influências que podem direcionar as escolhas, como

---

[12] MARQUES, Cláudia Lima. *Confiança no comércio eletrônico e a proteção do consumidor*. São Paulo: Revista dos Tribunais, 2004. p. 82.

[13] MIRAGEM, Bruno. Novo paradigma tecnológico, mercado de consumo digital e o direito do consumidor. *Revista de Direito do Consumidor*, São Paulo, v. 28, n. 125, p. 17-62, set./out. 2019, p. 18.

vieses, memórias, percepções e pensamentos que, em convergência, resultarão nas decisões pessoais? Verbicaro[14] aduz que "acreditar na liberdade decisória decorre da ignorância acerca do funcionamento dessa intrincada rede de influências na tomada de decisão".

A inteligência artificial introduz fatores ocultos deterministas no modo de interação com o homem em sua imersão digital, diminuindo o grau de imprevisibilidade das decisões humanas.

Os padrões obscuros maculam o acesso à informação, impedem o exercício da liberdade de escolha, distorcem o consentimento, padronizam comportamentos. O determinismo, de forma mais individualista, atua de forma subjetiva no livre-arbítrio.

Não se pode apontar como sinônimos determinismo algorítmico e algoritmo determinista. Este último prevê o resultado e sequência do comportamento. O primeiro reforça a noção de individualidade ficta e identidade oscilante, realizando a modulação do comportamento. O determinismo algorítmico, portanto, exacerba a noção de dissonância cognitiva, no âmbito do contexto de uso da inteligência artificial. Isso porque modelos algorítmicos deterministas padronizam e polarizam comportamentos. Como exemplo, destacam a desinformação ocasionada pela excessiva quantidade de *fake news* no período da pandemia, o que pode caracterizar o estado de danosidade informativa.

Do mesmo modo, a perda gradual do controle decisório também se dá em face da padronização do comportamento. Assim, o sentido de homofilia, como agrupar pessoas com perfis similares em segmentos mais específicos, é exacerbado com o determinismo quando o algoritmo estimula a permanência em certos assuntos e direcionamento publicitário. Atrelado ao contexto de hiperconfiança nas plataformas e inteligência artificial, o consumidor entende que os modelos algorítmicos estão imunes a erros e desvios perigosos, o que agrava os riscos de uma disfunção nociva da individualidade:

> O determinismo algoritmo é muito perigoso porque se apropria dos dados e das informações para impor uma compreensão da realidade não necessariamente correta, equitativa ou justa. A individualidade é ameaçada pela falta dessa conflituosidade, marca transgeracional da evolução humana e do próprio conceito de democracia.[15]

---

[14] VERBICARO, Dennis. *Algoritmos de consumo*: Discriminação, determinismo e solução online de conflitos na era da inteligência artificial. São Paulo: RT, 2023. p. 121.

[15] *Idem*, p. 133.

O determinismo algorítmico está, paulatinamente, esvaziando a capacidade de o comportamento ser autônomo. A inteligência artificial é programada para usar a dependência recíproca entre os seres humanos, e suas interações sociais, para gerar confiança e padronizar ainda mais os sujeitos.

A inteligência artificial pode desenvolver atitudes autoritárias, perpetuar vieses, promover discriminação e elevar a desigualdade. Mascara-se uma governabilidade autoritária do algoritmo em relação ao que ele espera do consumidor e quais ações ele deverá seguir. O poder é exercido pela manipulação e falsa percepção de autonomia.

Assim, retira-se a possibilidade de reflexão do consumidor. A racionalidade limitada é intencional para fazer com que o usuário deixe de balancear os riscos e prejuízos no que diz respeito à proteção da privacidade nos serviços digitais.

Do mesmo modo, criam-se tecnologias para dificultar a autodeterminação informativa quando o design de arquitetura de escolhas de produto e serviço está mais programado para padronização, modulação do comportamento e, consequentemente, lucro que, de outro modo, para a finalidade da proteção da privacidade do usuário-consumidor. A consequência é a perpetuação do estado de danosidade informacional, conforme será apontado a seguir.

3 O princípio da neutralidade *versus* a caracterização do estado de danosidade informacional

Em 2014, com a vigência da Lei nº 12.965 (Marco Civil da Internet), estabeleceram-se princípios basilares, conceitos e formas de responsabilização e de sanções no contexto de relações na internet. Apesar das inúmeras críticas a tal legislação, não se pode negar a importância da tipificação do princípio da neutralidade[16] de rede como norteador das relações na internet:

> De fato, a expressão neutralidade de rede pode ser utilizada para se referir à não interferência no conteúdo trafegado pela rede, à proteção da liberdade dos agentes que participam da Internet ou, em uma acepção mais estrita, à política de gestão do tráfego.

[16] O conceito de neutralidade de rede foi concebido inicialmente por Tim Wu, em WU, Tim. Network neutrality, broadband discrimination. *J. on Telecomm. & High Tech. L.*, 925, p. 77-90. 2003. Disponível em: http://heinonlinebackup.com/hol-cgibin/get_pdf.cgi?handle=hein.journals/jtelhtel2&section=9. Acesso em: 28 abr. 2024.

> Mesmo neste último caso (gestão de tráfego), a neutralidade de rede pode ser interpretada de diferentes formas. Segundo uma visão mais "radical", os proprietários das redes de telecomunicações que suportam o tráfego de Internet não poderiam adotar uma política de gestão de tráfego que implicasse cobrar dos provedores de conteúdo e de aplicativos de acordo com o volume de tráfego de seus dados, tampouco realizar qualquer tipo de discriminação de preços ou de qualidade entre estes provedores.[17]

Ou seja, o conceito implica na manutenção da rede aberta, de forma isonômica, para garantir a liberdade dos usuários por meio do gerenciamento do tráfego e desenvolvimento de novas soluções tecnológicas. A rede deve ser neutra e, consequentemente, seus agentes não devem priorizar, retardar ou bloquear nenhum tipo de fluxo informacional em função de conteúdo, *software* ou *hardware* do destinatário final.

Trata-se da garantia da não discriminação do tráfego de rede para priorizar o ambiente democrático e inovador, com todos os usuários tendo "acesso equitativo de fontes de informação sob as mesmas condições de velocidade pela transmissão de dados ponto-a-ponto (*end-to-end*), permitindo que as aplicações e controles da internet estejam em suas mãos".[18]

No entanto, reflete-se sobre a aplicação do princípio em discussão diante do determinismo algorítmico pela exacerbação de bolhas algorítmicas e padronização de comportamentos? Estar-se-á, de fato, na priorização da liberdade e, consequentemente, neutralidade quando a própria estrutura da rede é a segmentação? A resposta é negativa.

A arquitetura da internet e seus protocolos de comunicação possibilitam e constrangem as maneiras por meio das quais usuários se comunicam, acessam e usam informações.[19] Marques, Silva e Garcia[20] destacam que os usuários da internet são submetidos consciente ou

[17] FAGUNDES, Jorge; MATTOS, César; DA ROCHA, Maria Margarete; LIMA, Marcos; NISHIJIMA, Marislei. Nota técnica: economia da neutralidade de rede. *Revista do IBRAC – Direito da Concorrência, Consumo e Comércio Internacional*, vol. 24/2013, jul./dez. 2013, p. 2.

[18] DRUMOND, I. Neutralidade de rede: finalidade, eficácia, efetividade e eficiência. *Revista de Direito Setorial e Regulatório*, Brasília, v. 1, n. 1, p. 117-144, maio 2015, p. 124. Disponível em: https://periodicos.unb.br/index.php/RDET/article/view/21541. Acesso em: 28 abr. 2024.

[19] BRAMAN, Sandra. The Interpenetration of Technical and Legal Decision-Making for the Internet. *Information, Communication & Society*, v. 13, n. 3, p. 309-324, 2010.

[20] MARQUES, Rodrigo Moreno; GARCIA E SILVA, Hermann Bergmann. Adeus à utopia digital da internet: sonho acabou. *4ª Jornada Científica Internacional da Rede Mussi*: mediações da informação, democracia e saberes plurais. Jornadas Científicas Internacionais, Volume IV, Belo Horizonte, 2020, p. 381.

inconscientemente aos algoritmos e protocolos da arquitetura da internet e seus protocolos técnicos, sendo, portanto, submetidos à mediação técnica da infraestrutura da internet.

Braman[21] destaca que, na atualidade, vive-se o poder informacional no sentido de que o comportamento humano pode ser manipulado por bases informacionais do poder instrumental (força física), estrutural (via normas e instituições) e simbólico (ideias, palavras e imagens). O poder informacional tem a capacidade de modificar o exercício das demais formas de poder, especialmente quando se está no contexto de sociedade de rede, em economia de dados pessoais e capitalismo de vigilância. A manipulação intencional de dados e de modelos algoritmos para influir na tomada de decisão do usuário é exercício do poder informacional em rede, que, a princípio, tem como base a neutralidade (utópica).

Marques, Silva e Garcia destacam que a mediação técnica da infraestrutura da internet, antes isonômica no tratamento de fluxos digitais, foi substituída por uma mediação seletiva e discriminatória, que visa privilegiar ou restringir *bytes* em atendimento a interesses privados ou estatais, adaptados, cada vez mais, ao exercício do poder informacional, mais ubíquo, sofisticado e evasivo.[22]

Busca-se a formulação de bolhas algorítmicas para segmentar e fortalecer o engajamento e, consequentemente, o lucro da plataforma. A (des)informação é o mecanismo principal para essa estruturação. Munger,[23] em contraste com o lema centenário do *New York Times* em "todas as notícias adequadas para publicar", atualiza tal premissa para "todas as notícias adequadas para clicar". De Castro[24] diagnostica no sentido de que as plataformas são alimentadas por participantes e influenciadores, sendo que o algoritmo garante que cada ato seja comutado, exercendo impacto para atender parâmetros comerciais. O maquinário é sobreposto de desinformação, sendo irrelevante quando o que importa é a proliferação de negócios.

---

21 BRAMAN, Sandra. *Change of State and Information, Policy and Power*. London: MIT, 2006. p. 26.

22 MARQUES, Rodrigo Moreno; GARCIA E SILVA, Hermann Bergmann. Adeus à utopia digital da internet: sonho acabou. *4ª Jornada Científica Internacional da Rede Mussi*: mediações da informação, democracia e saberes plurais. Jornadas Científicas Internacionais, Volume IV, Belo Horizonte, 2020, p. 388;

23 MUNGER, K. All the news that's to click: the economics of clickbait media. *Political Communication*, v. 37, n. 3, p. 376-397, 2020.

24 DE CASTRO, Júlio César Lemes. Plataformas algorítmicas e economia da desinformação. *Estudos em Jornalismo e Mídia*, v. 18, n. 2, jul./dez. 2021.

Wardle e Derakhshan[25] expõem um quadro conceitual relacionado ao dano e à desordem informativa, como *information disorder*, em que, mediante a sistematização, identificam a desinformação alçada em três níveis:

a) a informação errada (*mis-information*), que ocorrerá quando as informações falsas forem compartilhadas, mas sem a intenção de causar danos;
b) a desinformação propriamente dita (*disinformation*), quando as informações falsas forem partilhadas com o intuito de causar danos; e
c) a má informação (*mal-information*), quando a informação verdadeira da esfera privada for partilhada na esfera pública para causar danos, caracterizada pelas dimensões de "dano" e "falsidade".

Descrevem, ainda, que, no fenômeno da desinformação, existem três elementos essenciais: o agente, perceptível na figura daquele que criou, produziu e distribuiu o conteúdo, somada a sua efetiva motivação; o teor da mensagem comunicativa, constatável pelo tipo de mensagem publicitária emanada; e o receptor, que é o destinatário que interpreta a mensagem e que toma a iniciativa de replicá-la ou não.[26] É possível apontar o dano ou estado de danosidade em contexto de padronização pela desinformação?

O dano está relacionado à necessária diminuição ou à destruição de um bem jurídico, sendo o estado de danosidade o conceito ampliativo de dano. Trata-se de evitar ou de prevenir o dano concreto, tendo como fundamento a prevenção ou a precaução.[27] Tal estado de danosidade informativo caracteriza-as pelo decorrente do abismo informativo, elevado pelo grau de complexidade e especialidade da relação. Pode ser traçado pela ausência de informação: desconhecida; solapada e desconfigurada. Há, desse modo, uma inexorável ausência de informações qualitativas na relação.

---

[25] WARDLE, Claire; DERAKHSHAN, Hossein. Information disorder – Toward an interdisciplinary framework for research and policymaking. *Council of Europe report*, p. 5, 2017. Disponível em: https://rm.coe.int/information-disorder-toward-an-interdisciplinary-framework-for-researc/168076277c. Acesso em: 28 abr. 2024.

[26] VERBICARO, Dennis; HOMCI, Janaina Vieira; OHANA, Gabriela. Consumo digital, notícias falsas e o controle da (des)informação do consumidor à luz da modulação algorítmica. *Revista de Direito do Consumidor*, São Paulo: Ed. RT, vol. 143, ano 31, p. 285-314, set./out. 2022.

[27] FONSECA, Aline Klayse dos Santos. *Responsabilidade civil*: do dano à danosidade. Rio de Janeiro: Lumen Juris, 2019. p. 142.

Verbicaro[28] afirma que as relações eletrônicas de consumo, envolvidas pelo determinismo algorítmico, para modulação comportamental estão eivadas do estado de danosidade informacional. Esse estado suscitado é caracterizado pela excessiva quantidade de novas práticas abusivas baseadas na desinformação. É fato que o determinismo algorítmico contraria o princípio da neutralidade de rede. No entanto, é possível estabelecer a responsabilização pela erosão da subjetividade e mitigação da liberdade, já relativizada, do consumidor? Observa-se a caracterização de novas práticas abusivas, opacas e baseadas na desinformação.

4 Novas práticas abusivas nas relações eletrônicas de consumo: a opacidade e a desinformação como caracterizadoras da abusividade

Opacidade significa a lacuna entre a atividade do programador e o comportamento dessa espécie de algoritmo.[29] Estar-se-á além de compreender o código, mas entender o modelo algorítmico em ação na operação dos dados.[30] De outro modo, como se viu no tópico antecedente, a opacidade por desinformação é matéria-prima para impulsionar a padronização comportamental pelo estabelecimento de bolhas algorítmicas. Pode-se afirmar que o estabelecimento de contexto de insegurança, atrelado à propagação de informações falsas, sem transparência relacional, auxilia na configuração do determinismo algorítmico. Assim, considerando o grau de obscuridade dessa característica em discussão, é possível apontar a incidência de prática abusiva em face da opacidade dos modelos algorítmicos?

Para Nunes,[31] práticas abusivas "são ações e/ou condutas que, uma vez existentes, caracterizam-se como ilícitas, independentemente de se encontrar ou não algum consumidor lesado ou que se sinta lesado. São ilícitas em si, apenas por existirem de fato no mundo fenomênico".

---

[28] VERBICARO, Dennis. *Algoritmos de consumo*: Discriminação, determinismo e solução online de conflitos na era da inteligência artificial. São Paulo: RT, 2023.

[29] FERRARI, Isabela. *Discriminação algorítmica e poder judiciário*: limites à adoção de sistemas de decisão algorítmicas no judiciário brasileiro. Florianópolis: Emais, 2023. p. 65.

[30] BURREL, Jenna. How machines 'thinks': understanding in machine learning algorithms. *Big data & Society,* jan./jun. 2015. Disponível em: https://papers.ssrn.com/sol3/papers.cfm?abstract_id=2660674. Acesso em: 8 jan. 2024.

[31] NUNES, Rizzatto. *Curso de direito do consumidor*. 11. ed., rev. e atual. São Paulo: Saraiva, 2017. p. 404.

Estão estabelecidas nos artigos 6º, IV, 39, 40 e 41 do CDC e detêm um rol exemplificativo na dimensão pré-contratual, como, por exemplo, na veiculação da oferta e na dimensão pós-contratual – na negativação indevida – e contratual – conteúdos implícitos nas cláusulas de contrato de consumo.

Considerando o preceito em discussão, afirma-se que a opacidade tem graus de aplicação. Está atrelada à própria natureza do dispositivo, pelo sigilo ou pela ausência do conhecimento técnico sobre as correlações entre os dados e resultados.

Quando se analisam opacidades que expõem o consumidor ao risco, entende-se pelo estabelecimento de práticas abusivas. Isso porque tais obscuridades desatentam os direitos básicos do consumidor apontados no artigo 6º do CDC, em especial o inciso III, referente ao direito à informação, cumulado ao artigo 8º, §1º, em observação ao grau de risco à exposição; e o inciso IV, quanto à proteção contra a publicidade enganosa e abusiva, métodos comerciais coercitivos ou desleais, bem como contra práticas e cláusulas abusivas ou impostas no fornecimento de produtos e serviços.

O Projeto de Lei nº 3.514/2015 amplia tais direitos básicos na inclusão do combate à discriminação quando, no seu inciso XII, propõe a proteção à "liberdade de escolha, em especial frente a novas tecnologias e redes de dados, vedada qualquer forma de discriminação e assédio de consumo". Conclui-se, dessa forma, que não se pode ter liberdade de escolha quando não há transparência para auxiliar na tomada de decisão.

Especialmente quanto à tipificação das práticas abusivas, frisam-se os incisos IV, quanto a "prevalecer-se da fraqueza ou ignorância do consumidor, tendo em vista sua idade, saúde, conhecimento ou condição social, para impingir-lhe seus produtos ou serviços";[32] e V, no que diz respeito a "exigir do consumidor vantagem manifestamente excessiva".[33]

No primeiro caso, haverá abusividade quando, na hipótese do caso concreto, o fornecedor se deparar com consumidor em vulnerabilidade excessiva, aproveitando-se da desvantagem para impingir-lhe seus produtos e serviços.[34] No segundo caso, a expressão manifestamente

---

[32] BRASIL. *Lei nº 8.078, de 11 de setembro de 1990*. Dispõe sobre a proteção do consumidor e dá outras providências. Brasília, DF: Presidência da República, 1990. Disponível em: http://www.planalto.gov.br/ccivil_03/leis/l8078.htm. Acesso em: 12 jan. 2024.

[33] *Idem*.

[34] NUNES, Rizzatto. *Curso de direito do consumidor*. 11. ed., rev. e atual. São Paulo: Saraiva, 2017. p. 411.

excessiva pode ser interpretada em analogia ao artigo 51, §1º, do CDC. Presume-se exagerado quando: a) ofende os princípios fundamentais; b) restringe direitos ou obrigações fundamentais inerentes à natureza do contrato e ameaça seu objeto ou o equilíbrio contratual; c) mostra-se excessivamente onerosa para o consumidor, considerando-se a natureza e conteúdo do contrato, o interesse das partes e outras circunstâncias peculiares ao caso.[35]

Nesse sentido, a opacidade e a desinformação podem ser entendidas como vantagem excessiva por se enquadrarem nos requisitos supracitados; inclusive, podem causar responsabilidade pelo fato, bem como o próprio dano existencial.

5 O dano existencial em face do estado de danosidade informacional

Como analisado em tópico anterior, o estado de danosidade informacional é requisito caracterizador do consumo digital, na relação entre consumidor, plataformas e modelos algorítmicos, em razão do determinismo algorítmico na busca do assujeitamento do usuário a comportamentos preestabelecidos pelo mercado.

De um lado, ausência informacional é elemento da própria opacidade da inteligência artificial, quando, de outra forma, a desinformação é mecanismo de padronização.

Barbosa[36] confirma a assertiva ao destacar que os danos informativos relacionados à relação indivíduo-máquina são constantes e comuns, principalmente porque o próprio fornecedor pode não comunicar de maneira devida as informações necessárias para o bom uso da máquina, tampouco há como saber como se portará aquela inteligência artificial em razão da imprevisibilidade no desenvolvimento e aprendizado.

Entende-se que a utilização de mecanismos para dificultar o acesso à informação clara, precisa e direta ao consumidor para, na indeterminação situacional, buscar vantagens manifestamente excessivas no direcionamento e modulação comportamental configura não só o estado de danosidade ora estudado, mas, no próprio dano existencial:

---

35 NUNES, Rizzatto. *Curso de direito do consumidor*. 11. ed., rev. e atual. São Paulo: Saraiva, 2017. p. 414.

36 BARBOSA, Fernanda Nunes. O dano informativo do consumidor na era digital: uma abordagem a partir do reconhecimento do direito do consumidor como direito humano. *Revista de Direito do Consumidor*, São Paulo, v. 28, n. 122, p. 203-266, mar./abr. 2019.

> O dano existencial, por sua característica notadamente subjetiva, gera dificuldade tanto na quantificação quanto na qualificação. Essa dificuldade não se dá em relação ao bem jurídico a ser tutelado, mas à impossibilidade de se efetuar uma avaliação objetiva do dano. O dano existencial está inserido na categoria dos danos extrapatrimoniais, ou seja, aqueles que superam a esfera do Ter, atingindo a esfera do Ser. Dessa forma, o dano existencial, considerado em uma análise mais subjetiva, necessita de interlocução com outras áreas do saber para que seja compreendido em toda a sua magnitude.[37]

O dano existencial, reconhecido de forma pioneira na Corte Italiana, é o elastecimento da categoria de dano para possibilitar a reparação decorrente da desordem dos hábitos de vida na esfera psicológica, com reflexos na integridade psicofísica, tais como nas relações sociais, familiares, entre outras.[38] Significa o comprometimento de múltiplas expressões da personalidade humana. De Oliveira[39] aduz:

> O dano existencial está diretamente relacionado com a alteração na qualidade de vida, pois trata-se de uma limitação prejudicial, ou seja, é um não mais poder fazer, um dever de agir de outra forma, um relacionar-se diversamente limitando o desenvolvimento normal da vida da pessoa.

O dano existencial está atrelado à lesão da própria dignidade da pessoa humana no estabelecimento de vazio existencial. É materializado na lesão do projeto de vida que compromete a liberdade, a individualidade e o desenvolvimento social,[40] plenamente concretizada no contexto em discussão, quando se utilizam a opacidade da inteligência artificial e o estabelecimento de bolhas algorítmicas pela desinformação para estabelecer o assujeitamento do usuário-consumidor.

O interesse é estruturar modelos algorítmicos em rede enviesados para o consumidor ceder à inteligência artificial suas decisões.

---

37 VERBICARO, Dennis; CRUZ, Raíza. O dano existencial na sociedade de consumo. *R. Jur. FA7*, Fortaleza, v. 15, n. 1, p. 47-62, jan./jun. 2018, p. 53.

38 VERBICARO, Dennis; ATAÍDE, Camille da Silva Azevedo; LEAL, Pastora do Socorro Teixeira. Fundamentos ao reconhecimento do dano existencial nos casos de superendividamento: considerações sobre o mínimo existencial, o valor do tempo e a concepção normativa de dano. *Revista de Direito do Consumidor*, São Paulo: Ed. RT, v. 120, ano 27, nov./dez. 2018, p. 384.

39 DE OLIVEIRA, Grace Baêta. *O dano existencial decorrente da prática de alienação parental*. Rio de Janeiro: Lumen Juris, 2022. p. 89.

40 VERBICARO, Dennis; CRUZ, Raíza. O dano existencial na sociedade de consumo. *R. Jur. FA7*, Fortaleza, v. 15, n. 1, p. 47-62, jan./jun. 2018, p. 54.

Tal estruturação é realizada de forma silenciosa e cotidiana, em que, em muitos casos, o abandono do poder decisório não é perceptível.

A concretude dessa modulação está no próprio design da plataforma quando, por padrões obscuros, se dificulta o exercício de direitos e do acesso à informação. De outro modo, quando se reproduzem padrões pré-ordenados (como, por exemplo, *social feedback*, geodiscriminação e discriminação algorítmica) para influenciar no comportamento individual e coletivo.

6 Conclusão

As relações eletrônicas de consumo são caracterizadas por similaridades específicas na ambiência de comunicação via internet, com utilização de modelos algorítmicos, em relações realizadas nas plataformas e na utilização de dados pessoais. O consumidor tem a sua vulnerabilidade exacerbada pela estrutura do sistema e, especialmente, pela necessidade de mitigação de sua liberdade para sobrepor interesses do mercado.

A consequência é a utilização de modelos algorítmicos eivados de opacidade sistêmica e de desinformação para: a) padronizar e segmentar grupos; b) influenciar comportamentos; c) reduzir o exercício do poder decisório em face do exercício da servidão voluntária algorítmica. O consumidor, nesse contexto, encontra-se no grau de assujeitamento em face do determinismo algorítmico. Ou seja, sua individualidade é modulada, e a liberdade torna-se ficta diante da subordinação algorítmica.

Tal diagnóstico pode ser caracterizado como prática abusiva quando há o desrespeito ao direito-dever à informação para obtenção de vantagem manifestamente excessiva diante do estado de danosidade informacional. No entanto, entende-se que o dano em discussão está no próprio desrespeito à dignidade da pessoa humana do consumidor quando tal estruturação afeta seu projeto de vida, o que configura de maneira direta o dano existencial.

De maneira concreta, o novo modelo mercadológico utiliza os dados pessoais para tornar cotidiano o assédio de consumo, por *dark patterns*, o que pode causar a compulsão e o superendividamento. De outro modo, a exacerbação da homofilia e o estabelecimento de bolhas algorítmicas causam um desentrelace à realidade. A vivência digital não é a similitude do real, podendo causar consequências na esfera psicológica do consumidor.

O agravamento da vulnerabilidade pela catividade e pelo design da rede[41] impõe a relativização da liberdade e até mesmo da própria individualidade, configurando o dano existencial, inclusive em esfera coletiva, o que demonstra a necessidade de se avançar nesse debate.

Portanto, resta inegável que o determinismo, como forma de modulação comportamental forçada levada a efeito pelos algoritmos, constitui-se como prática abusiva ainda mais nociva que a apropriação clandestina dos dados pessoais, representando um nível mais sofisticado de interação nociva da inteligência artificial com o consumidor, exigindo um controle mais eficaz, seja no âmbito interno (governança algorítmica), como sobretudo no externo, por meio da repressão sancionatória do Estado.

Referências

BARBOSA, Fernanda Nunes. O dano informativo do consumidor na era digital: uma abordagem a partir do reconhecimento do direito do consumidor como direito humano. *Revista de Direito do Consumidor*, São Paulo, v. 28, n. 122, p. 203-266, mar./abr. 2019.

BRAMAN, Sandra. *Change of State and Information, Policy and Power*. London: MIT, 2006.

BRAMAN, Sandra. The Interpenetration of Technical and Legal Decision-Making for the Internet. *Information, Communication & Society*, v. 13, n. 3, p. 309-324, 2010.

BRASIL. *Decreto Federal n.º 7.962, de 2013*. Regulamenta a Lei nº 8.078, de 11 de setembro de 1990, para dispor sobre a contratação no comércio eletrônico. Brasília, DF: Presidência da República, 2013. Disponível em: https://www.planalto.gov.br/ccivil_03/_ato2011-2014/2013/decreto/d7962.htm. Acesso em: 03 jan. 2024.

BRASIL. *Lei nº 8.078, de 11 de setembro de 1990*. Dispõe sobre a proteção do consumidor e dá outras providências. Brasília, DF: Presidência da República, 1990. Disponível em: http://www.planalto.gov.br/ccivil_03/leis/l8078.htm. Acesso em: 12 jan. 2024.

BRASIL. *Lei nº 12.965, de 23 de abril de 2014*. Dispõe sobre o marco civil da internet. Brasília, DR. Presidência da República. 2014. Disponível em https://www.planalto.gov.br/ccivil_03/_ato2011-2014/2014/lei/l12965.htm acesso em 01 maio de 2024.

BURREL, Jenna. How machines 'thinks': understanding in machine learning algorithms. *Big data & Society*, jan./jun. 2015. Disponível em: https://papers.ssrn.com/sol3/papers.cfm?abstract_id=2660674. Acesso em: 08 jan. 2024.

DE OLIVEIRA, Grace Baêta. *O dano existencial decorrente da prática de alienação parental*. Rio de Janeiro: Lumen Juris, 2022.

[41] MARQUES, Claudia Lima; MUCELIN, Guilherme. Vulnerabilidade na era digital: Um estudo sobre os fatores de vulnerabilidade da pessoa natural nas plataformas a partir da dogmática de direito do consumidor. *In*: VERBICARO, Dennis; HOMCI, Janaina Vieira. *Relações Eletrônicas de Consumo*. Indaiatuba, SP: Ed. Foco, 2024.

DRUMOND, Indrona. Neutralidade de rede: finalidade, eficácia, efetividade e eficiência. *Revista de Direito Setorial e Regulatório*, Brasília, v. 1, n. 1, p. 117-144, maio 2015, p. 124. Disponível em: https://periodicos.unb.br/index.php/RDET/article/view/21541. Acesso em: 28 abr. 2024.

FAGUNDES, Jorge; MATTOS, César; DA ROCHA, Maria Margarete; LIMA, Marcos; NISHIJIMA, Marislei. Nota técnica: economia da neutralidade de rede. *Revista do IBRAC – Direito da Concorrência, Consumo e Comércio Internacional*, vol. 24/2013, jul./dez. 2013.

FERRARI, Isabela. *Discriminação algorítmica e poder judiciário*: limites à adoção de sistemas de decisão algorítmicas no judiciário brasileiro. Florianópolis: Emais, 2023.

FONSECA, Aline Klayse dos Santos. *Responsabilidade civil*: do dano à danosidade. Rio de Janeiro: Lumen Juris, 2019.

HOMCI, Janaina Vieira. *A proteção dos dados pessoais no consumo digital*. Editora Thoth, 2023.

LORENZETTI, Ricardo Luis. *Comércio eletrônico*. São Paulo: Revista dos Tribunais, 2004.

MARQUES, Cláudia Lima. *Confiança no comércio eletrônico e a proteção do consumidor*. São Paulo: Revista dos Tribunais, 2004.

MARQUES, Claudia Lima; MUCELIN, Guilherme. Vulnerabilidade na era digital: Um estudo sobre os fatores de vulnerabilidade da pessoa natural nas plataformas a partir da dogmática de direito do consumidor. *In*: VERBICARO, Dennis; HOMCI, Janaina Vieira. *Relações Eletrônicas de Consumo*. Indaiatuba, SP: Ed. Foco, 2024.

MARQUES, Rodrigo Moreno; GARCIA E SILVA, Hermann Bergmann. Adeus à utopia digital da internet: sonho acabou. *4ª Jornada Científica Internacional da Rede Mussi*: mediações da informação, democracia e saberes plurais. Jornadas Científicas Internacionais, Volume IV, Belo Horizonte, 2020.

MARTINS, Guilherme Magalhães. *Contratos Eletrônicos de consumo*. Barueri, SP: Atlas, 2023.

MIRAGEM, Bruno. Novo paradigma tecnológico, mercado de consumo digital e o direito do consumidor. *Revista de Direito do Consumidor*, São Paulo, v. 28, n. 125, p. 17-62, set./out. 2019.

MUNGER, K. All the news that's to click: the economics of clickbait media. *Political Communication*, v. 37, n. 3, p. 376-397, 2020.

NUNES, Rizzatto. *Curso de direito do consumidor*. 11. ed., rev. e atual. São Paulo: Saraiva, 2017.

SANTOS, Manoel J. Pereira dos; ROSSI, Mariza Delapieve. Aspectos Legais do Comércio Eletrônico – Contratos de Adesão. *Revista de Direito do Consumidor*, v. 36, out. 2000.

VALIM, Thalles Ricardo Alciati. Natureza jurídica e formação dos contratos eletrônicos. *Revista de Direito do Consumidor*, São Paulo, v. 28, n. 123, p. 251-288, maio/jun. 2019.

VERBICARO, Dennis. *Algoritmos de consumo*: Discriminação, determinismo e solução online de conflitos na era da inteligência artificial. São Paulo: RT, 2023.

VERBICARO, Dennis; ATAÍDE, Camille da Silva Azevedo; LEAL, Pastora do Socorro Teixeira. Fundamentos ao reconhecimento do dano existencial nos casos de superendividamento: considerações sobre o mínimo existencial, o valor do tempo e a concepção normativa de dano. *Revista de Direito do Consumidor*, São Paulo: Ed. RT, v. 120, ano 27, nov./dez. 2018.

VERBICARO, Dennis; CRUZ, Raíza. O dano existencial na sociedade de consumo. *R. Jur. FA7*, Fortaleza, v. 15, n. 1, p. 47-62, jan./jun. 2018.

VERBICARO, Dennis; HOMCI, Janaina Vieira; OHANA, Gabriela. Consumo digital, notícias falsas e o controle da (des)informação do consumidor à luz da modulação algorítmica. *Revista de Direito do Consumidor*, São Paulo: Ed. RT, vol. 143, ano 31, p. 285-314, set./out. 2022.

VIAL, Sophia Martini. A sociedade da (des)informação e os contratos de comércio eletrônico: do Código Civil às atualizações do Código de Defesa do Consumidor, um necessário diálogo entre fontes. *Revista de Direito do Consumidor*, São Paulo, v. 22, n. 88, p. 229-257, jul./ago. 2013.

WARDLE, Claire; DERAKHSHAN, Hossein. Information disorder – Toward an interdisciplinary framework for research and policymaking. *Council of Europe report*, p. 5, 2017. Disponível em: https://rm.coe.int/information-disorder-toward-an-interdisciplinary-framework-for-researc/168076277c. Acesso em: 28 abr. 2024.

WU, Tim. Network neutrality, broadband discrimination. *J. on Telecomm. & High Tech. L.*, 925, p. 77-90. 2003. Disponível em: http://heinonlinebackup.com/hol-cgibin/get_pdf.cgi?handle=hein.journals/jtelhtel2&section=9. Acesso em: 28 abr. 2024.

Informação bibliográfica deste texto, conforme a NBR 6023:2018 da Associação Brasileira de Normas Técnicas (ABNT):

HOMCI, Janaina Vieira; VERBICARO, Dennis. Determinismo algorítmico e desinformação nas relações eletrônicas de consumo: reflexões sobre a configuração do dano existencial. *In*: EHRHARDT JÚNIOR, Marcos; CATALAN, Marcos (coord.). *Entre riscos, danos e contratos*: a inteligência artificial nas relações patrimoniais. Belo Horizonte: Fórum, 2024. p. 239-255. ISBN 978-65-5518-837-0.

O PARADOXO DA FACILITAÇÃO TECNOLÓGICA: A EVOLUÇÃO DIGITAL COMO INSTRUMENTO DE VULNERABILIDADE DO CIDADÃO-CONSUMIDOR

GABRIEL HAMESTER

1 Introdução

Estou preso na rede
Que nem peixe pescado
É zap-zap, é like
É Instagram, é tudo muito bem bolado
O pensamento é nuvem
O movimento é drone
O monge no convento
Aguarda o advento de Deus pelo IPhone
Cada dia nova invenção
É tanto aplicativo que eu não sei mais não.
(GIL, 2023)

O que ele inventou foi uma grande tela sensível ao toque montada em um suporte que poderia ser instalada ao lado da cama de uma pessoa idosa. As pessoas mais velhas muitas vezes lutam para navegar pelas complexidades da internet ou para manipular os pequenos botões de um *smartphone*. Então, meu amigo fez tudo o mais simples possível. Incluía um botão que permitia que os usuários idosos ligassem diretamente para um agente de atendimento ao cliente para orientá-los no uso do dispositivo.[1] Retirada tal qual de trechos do livro de Kai-Fu Lee, *Inteligência artificial*, essas palavras poderiam ser e são a essência deste artigo.

A tecnologia, os dispositivos que a utilizam, os serviços e produtos criados em função desta evoluem de maneira exponencial. Desenvolvem-se a partir de si mesmos e/ou por ações humanas diretas e indiretas, por códigos avançados de programação, pela utilização de inteligência artificial, pelo aprendizado de máquina e até mesmo em razão de pesquisas científicas, grandes dígitos despendidos por entidades públicas e privadas que não apenas fomentam, mas se beneficiam destas. Parece óbvio – e é – que a tecnologia atualmente exerce um papel fundamental na vida do homem. Para onde iremos? Talvez fosse essa a pergunta a ser respondida pelo presente artigo. Mas não.

Assim como no exemplo desta introdução, o simples, ou melhor, o mais simples possível é tão importante quanto a mais sofisticada tecnologia. E é em busca disso que se caminha a partir do desenvolvimento dos próximos tópicos. Se a intenção do homem, representada a título meramente exemplificativo pelo filme *De volta para o futuro* (1985), é ir em busca do desconhecido, da evolução, do novo, do tecnológico, prescinde, então, que essa busca e os resultados desta sejam traduzidos em benefício ou, no mínimo, em melhoramento da condição do *status quo*. Não pode, sob pena de ir em direção ao passado, desenvolver barreiras, por vezes, intransponíveis, dada a sua complexidade inerente da tecnologia, afastar e/ou impedir o próprio criador da sua condição humana mais básica, ou melhor, da sua dignidade.

O presente artigo explora essa dinâmica complexa. Busca entender como podemos – devemos – moldar um futuro em que a tecnologia sirva como um instrumento de progresso e inclusão, não de exclusão. Onde a tecnologia exerça seu potencial efetivo, pois é capaz. Aliás, apresenta-se como instrumento fundamental de acesso às pessoas aos seus direitos, sejam eles quais forem, predominantemente

---

1 Ver mais em: LEE, Kai-Fu. *Inteligência artificial*. Globo Livros, 2019.

os fundamentais/básicos, especialmente àquelas que, em perspectiva tradicional e histórica, não os possuíam e/ou não os acessavam por dificuldades próprias de sua condição subjetiva, como a miserabilidade, deficiências várias, posição geográfica marginalizada, desfavorecida ou inacessível, escolaridade e competências cognitivas prejudicadas por fatores externos ou internos e que, a partir do ambiente virtual, que conjuga o tempo/espaço, contribuem para a superação desses e outros paradigmas.

Trazendo o aludido ao que se pretende, avancemos à compreensão da posição do indivíduo na Constituição Federal para que desta possamos extrair, em última análise, a finalidade de toda e qualquer tecnologia já desenvolvida e, principalmente, que venha a ser. Em leitura conforme, o diploma constitucional brasileiro não faz, acertadamente, distinção entre sujeitos outorgados de dignidade humana daqueles inaptos ou incapazes de tê-la. Ou seja, é atributo universal que todos tenham dignidade. Essa condição é, ao longo de todo o ordenamento jurídico brasileiro, tutelada em vários níveis, a partir de diversos mecanismos, objetivando sua efetividade e eficácia. Assim é, igualmente, quanto aos objetivos constitucionais, que buscam construir uma sociedade livre, justa e solidária, garantir o desenvolvimento nacional, erradicar a pobreza e a marginalização e reduzir as desigualdades sociais e regionais, promover o bem de todos, sem preconceitos de origem, raça, sexo, cor, idade e quaisquer outras formas de discriminação.

É dizer, em perspectiva kantiana, da qual decorre o espírito da norma constitucional brasileira, que todo ser racional, assim denominado o cidadão-consumidor, existe como fim em si mesmo e, em todas as suas ações, ele tem sempre de ter considerado simultaneamente como fim.[2] Compreende-se, portanto, que a tecnologia sirva à dignidade e ao cidadão-consumidor, pois ela é meio, e não o fim. Colocando esse imperativo em perspectiva atual, em que o indivíduo cumpre diversos papéis na sociedade – agora também *digital* –, regendo-se a partir do texto constitucional enquanto cidadão de direitos – dotado de dignidade –, atribuem-se a este, igualmente, condições jurídicas específicas que visam tutelar sua existência, ou melhor, seus atributos em situações em que sua dignidade – condição de indivíduo – é submetida a cenários que podem, facilmente, ferir sua dignidade.

A Constituição Federal, de maneira expressa, o chamou de consumidor. Esse indivíduo dotado de dignidade e igualmente de

---

2 KANT, Immanuel. *Fundamentação da Metafísica dos Costumes*. Tradução de Paulo Quintela - Lisboa: Edições 70, 2007.

direitos, aqui compreendido também como cidadão, deve possuir camadas de direitos específicos em razão da sua vulnerabilidade.[3] O diploma consumerista, por sua vez, destina-se a atuar em um terreno no qual a isonomia e a igualdade formal e material são raramente verificadas – em essência, porque, do outro lado da relação, há a presença daqueles que detêm capacidades econômicas, fáticas, jurídicas, científicas e informacionais superiores e que quase sempre ditam as regras do jogo. Eles ainda controlam os meios pelos quais os cidadãos-consumidores consomem e acessam serviços no ambiente virtual.[4]

Não bastassem os conflitos inerentes das relações humanas, as anomalias do mercado de consumo, o cidadão-consumidor coexiste, atualmente, com duas realidades que não se excluem, mas se complementam – o mundo físico e o virtual – e, nesse duplo existir, surgem necessidades próprias de cada ambiente (real e virtual), que encontram no direito um anacronismo que viola, pela própria natureza e velocidade de cada uma, direitos. Pensado e estruturado para uma sociedade analógica, em tempos em que a tecnologia sequer era cogitada como tal, a não ser em ficções cinematográficas ou em livros do gênero, o ordenamento jurídico convive diariamente com os desafios não apenas do avanço, mas da realidade volátil da tecnologia. Vive-se o fenômeno da plataformização da vida.[5]

A referida plataformização remete-nos, diretamente, ao conceito de plataforma digital, que pode ser definida de forma didática como um ambiente virtual, estruturado a partir de linguagem de programação. Embora essa linguagem não seja visível, é identificável por meio de formas, textos e símbolos interativos e desenvolvidos à interação do usuário. Essas plataformas conectam o cidadão-consumidor a uma

---

3 Definida em Cláudia Lima Marques como: "Um estado da pessoa, um estado inerente de risco ou um sinal de confrontação excessiva de interesses identificado no mercado, é uma situação permanente ou provisória, individual ou coletiva, que fragiliza, enfraquece o sujeito de direito, desequilibrando a relação". MARQUES, Claudia Lima. *Contratos no Código de Defesa do Consumidor*: o novo regime das relações contratuais. 4. ed. São Paulo: Revista dos Tribunais, 2002. p. 269-270.

4 Grande parte das plataformas disponíveis ao público são de empresas estrangeiras ou quando não são, estão dentro de uma arquitetura de rede em que é impossível ao cidadão-consumidor ter acesso e mesmo que tivesse, não teria capacidade técnica para identificar resultados ou potenciais resultados desfavoráveis a si mesmo.

5 Termo cunhado em diversos ramos da ciência e aqui compreendido como: a penetração de infraestruturas, processos econômicos e estruturas governamentais das plataformas digitais em diferentes setores econômicos e esferas da vida. Ela também envolve a reorganização de práticas e imaginários culturais em torno dessas plataformas. POELL, T.; NIEBORG, D.; VAN DIJCK, J. Platformisation. *Internet Policy Review*, v. 8, n. 4, 2019. DOI: https://doi.org/10.14763/2019.4.1425.

variedade de serviços e produtos, sejam eles de consumo ou não. Da mesma forma, podem ser compreendidas como sinônimo de aplicativos ou, de forma ainda mais sintética, de *apps*. Estruturadas e utilizadas a partir de *smartphones*, *tablets* e outros dispositivos tecnológicos conectados à internet, as plataformas digitais correspondem, atualmente, a grande parte do ambiente digital em que se inserem as mais variadas interações do cidadão-consumidor com o mercado[6] e com a sociedade.[7]

Eis que se descortina o cerne deste estudo: o cidadão-consumidor coexiste no mundo real e virtual e, por meio de plataformas digitais, interage com o mercado e com a sociedade, conectado à internet, a partir de dispositivos tecnológicos e, através deles, por razões da própria arquitetura de desenvolvimento dessas aplicações – e, em última análise, por escolha daquele que as desenvolveu –, acaba sendo o único canal virtual que dá acesso a direitos sociais, como a solicitação do FGTS.[8] Parte-se da premissa, equivocada, de que o letramento digital já chegou ao seu esplendor, que jovens e idosos estão conectados e informados.

Em um país de proporções continentais, com uma densidade populacional idosa altíssima vivendo no mundo real com escassez de infraestrutura de rede, saneamento, saúde, educação, segurança,[9] as ideias acima parecem não fazer sentido – e não fazem. Não há, atualmente, uma coexistência útil à finalidade máxima – garantir a dignidade – entre o desenvolvimento tecnológico pretendido e o resultado aferido. Distanciamo-nos dos direitos fundamentais e estamos causando violações diárias ao considerar a inserção da tecnologia em nosso cotidiano, em todas as áreas, inclusive nos serviços sociais públicos, dada a comodidade e facilidade do digital. Será? Devemos ao certo nos inspirar no amigo de LEE.

---

6 Apenas de exemplo, podemos citar as plataformas destinadas às transações bancárias conhecidas igualmente como "*internet banking*" e até mesmo as "*fintechs*", instituições bancárias que existem apenas por meio de plataformas digitais.

7 Entram nesse conceito, de maneira abreviada, todas as redes sociais existentes hoje, a exemplo do Facebook.

8 Dados extraídos do próprio *site* do governo federal expõem a realidade de que o cidadão possui o acesso *online* apenas por meio de *app* ou, então, de maneira presencial direta, nas agências da Caixa Econômica Federal.

9 Pesquisa realizada pela PWC concluiu que teremos grandes dificuldades de avançar no processo de digitização enquanto o acesso à internet permanecer amplamente desigual, os equipamentos disponíveis não forem adequados para a formação digital e o sistema de educação básica continuar a formar um grande contingente de brasileiros incapazes de interpretar textos, sem conhecimentos suficientes de matemática e do idioma inglês. Disponível em: https://www.pwc.com.br/pt/estudos/preocupacoes-ceos/mais-temas/2022/o-abismo-digital-no-brasil.html. Acesso em: 10 maio 2024.

2 O paradoxo da facilitação tecnológica e a evolução digital como instrumento de vulnerabilidade do cidadão-consumidor

Diversos são os autores que se debruçam sobre o momento atual em que vivemos enquanto sociedade. Dentre vários, destaca-se, apenas para fins metodológicos, a sociedade hipermoderna.[10] A economia, agora, é movida a partir dos dados, cujo modelo orienta-se pela captura de milhares de dados em um rápido processamento, possibilitando a técnica de previsões e reconhecimento de padrões.[11] Estamos, portanto, diante de uma nova categoria de vulnerabilidade: a vulnerabilidade digital. As interações do cidadão-consumidor com a sociedade são diretamente afetadas em sua forma e conteúdo dentro dessa perspectiva.

A doutrina cunhou de consumo simbiótico "inter-relações entre os agentes econômicos – consumidores e fornecedores – e entre eles e os objetos circundantes que captam a 'realidade' e a transformam em atributos virtuais na forma de dados".[12] A própria União Europeia, mesmo não possuindo uma presunção legal da vulnerabilidade do consumidor e tendo um sistema de regulamentação e, por consequência, de tutela do consumidor,[13] reconhece que há ambientes aos quais o cidadão-consumidor acaba se tornando mais vulnerável e, como visto, o digital, atualmente, é o principal deles. Vislumbra-se, pois, um novo paradigma tecnológico, cuja repercussão exige uma interpretação sistemática, vinculada à tutela da pessoa humana em toda a sua extensão e, em especial, na sua extensão enquanto ente virtual e *multiconectado*. As transformações operadas pelas novas tecnologias abrangem praticamente todas as dimensões da vida em sociedade.

É dizer, portanto, que a projeção externa e digital da personalidade do cidadão-consumidor deve estar tutelada a partir de boas práticas na utilização dos dados pessoais. Vislumbra-se, pois, um novo

---

[10] Ver mais em: LIPOVETSKY, Gilles. *A felicidade paradoxal*: ensaio sobre a sociedade do hiperconsumo. São Paulo: Companhia das Letras, 2007.

[11] FRAZÃO; MENDONÇA. Plataformas digitais e o negócio de dados: necessário diálogo entre o direito da concorrência e a regulação dos dados. *Direito Público*, [S. l.], v. 17, n. 93. 2020, p. 59.

[12] MARTINS, Fernando Rodrigues; LIMA, Thainá Lopes Gomes Lima. Da vulnerabilidade digital à curiosa "vulnerabilidade empresarial". *Revista de Direito do Consumidor*, [s. l.], v. 128, p. 119-161, mar./abr. 2020, p. 119.

[13] BERGSTEIN, Lais Gomes. A proteção do consumidor na União Europeia com a formação de um mercado único digital. *Campos Neutrais - Revista Latino-Americana de Relações Internacionais*, Rio Grande, RS, v. 2, n. 2, p. 26-46, 2021. p. 30. DOI: 10.14295/cn.v2i2.12318. Disponível em: https://periodicos.furg.br/cn/article/view/12318. Acesso em: 31 jul. 2024.

paradigma tecnológico, cuja repercussão exige uma interpretação sistemática, vinculada à tutela da pessoa humana em toda a sua extensão e, em especial, na sua extensão enquanto ente virtual e *multiconectado*. As transformações operadas pelas novas tecnologias abrangem praticamente todas as dimensões da vida em sociedade.

É uníssono que o ambiente digital gerou ao indivíduo uma ruptura integral no que se concebia até então em relação ao modo de vida individual e coletivo, em todas as áreas. Da mesma forma, há de se reconhecer numerosos benefícios advindos deste, superando carências, o que só foi possível em razão dessa nova forma de organização e de vida em sociedade. Podemos ver isso a partir do desenvolvimento da comunicação. Antes da era digital, as interações sociais eram predominantemente presenciais ou realizadas por meio de comunicação por telefone fixo ou carta, isso em camadas da sociedade em que tais meios eram acessíveis. Com o desenvolvimento da internet e dos meios de comunicação que surgiram desta, em especial a popularização dos *e-mails* e das redes sociais, mais recentemente, podemos dizer que o ato de se conectar e estar conectado, hoje, é um direito básico, ou melhor, que há um direito fundamental à conexão à internet.[14]

No entanto, essa evolução digital trouxe uma série de questões que merecem, ainda que de maneira sucinta, ser descortinadas. Para tal, cunhou-se neste artigo o que denominaremos de *paradoxo da facilitação tecnológica*. Tal paradoxo decorre da facilitação tecnológica gerada não apenas pelo desenvolvimento tecnológico, mas, principalmente, pelo modo de acesso – que se dá através de dispositivos tecnológicos, como *smartphones, tablets, notebooks, smartwatches,* etc. – e das competências subjetivas que se fazem necessárias para acessá-los. E mais: ações humanas complexas, que, facilitadas no ambiente digital, interferem significativamente na compreensão da extensão e do conteúdo, posto que a velocidade com que se expõem informações e se solicitam

---

[14] A PEC nº 8/2020, de iniciativa do Senado Federal, foi proposta em março de 2020 e também tem o condão de inserir o direito de acesso à internet no rol previsto no artigo 5º. A PEC nº 35/2020, também originada no Senado Federal, por sua vez, visa a alterar os artigos 5º, 6º e 215 da CF88, a fim de inserir o direito de acesso à internet no rol de direitos sociais, assim como o dever de assegurar acesso à internet a todos os residentes no país, tendo sido encaminhada ao plenário do Senado ainda em 2020. Na esfera infraconstitucional, registram-se os avanços já protagonizados pelo Marco Civil da Internet (Lei nº 12.965/2014) que reconhece, de modo expresso, o direito de acesso à internet a todos dentre os objetivos do uso da internet no Brasil (artigo 4º, inciso I, do Marco Civil da Internet). SARLET Ingo; SIQUEIRA, Andressa de Bittencourt. O direito humano e fundamental de acesso à internet. *Conjur*, 2021. Disponível em: https://www.conjur.com.br/2021-nov-12/direitos-fundamentais-direito-humano-fundamental-acesso-internet/. Acesso em: 10 maio 2024.

comandos, podem, facilmente, levar o cidadão-consumidor a realizar ações precipitadas e contraditórias à sua vontade real.[15] Neste estudo, portanto, revelam-se as camadas internas do que a doutrina chama de vulnerabilidade digital.

Para realizarmos efetivamente a inclusão digital plena e efetiva e, assim, democratizar o acesso à internet, é necessário que esses objetivos sejam alcançados, desde o início da arquitetura de rede (considerando aqui todos os fatores conhecidos na linguagem de programação como "*back-end*") até chegar ao "*front-end*",[16] possibilitando ao cidadão-consumidor o exercício livre e pleno do uso das aplicações no meio digital. Não podem as aplicações servir ao gozo do mercado, estabelecendo mecanismos de interpretação e predileção comportamental, colocando serviços complexos e de alta repercussão na vida das pessoas, como os financiamentos bancários, que atualmente são possíveis em poucos cliques. O produto dessa facilitação está sendo conhecido por todos: superendividamento,[17] perfilização, violação à privacidade, crimes cibernéticos, *fake news*, entre outros.

Um dos principais pontos de preocupação gerados nesse ambiente virtual é o fato dessas ferramentas (invisíveis) se apresentarem dentro de um ambiente de confiança, imparcialidade e com "garantias práticas e simbólicas de que suas avaliações são justas e precisas, livres de subjetividade, erro ou tentativas de influência",[18] quando, em verdade, são passíveis de falhas graves ao cidadão-consumidor. Assim, se faz necessária a garantia de proteção de direitos básicos, já que tais ferramentas podem comprometer sua liberdade de escolha, bem como sua própria soberania.[19]

---

15 A literatura é farta no assunto, em especial: FERREIRA, Vera Rita de Mello. *Decisões econômicas*: você já parou pra pensar? São Paulo: Saraiva, 2008; CARVALHO, Diógenes Faria; FERREIRA, Vitor Hugo do Amaral. *Consumo(mismo) e (super)endividamento (des) encontros entre dignidade e a esperança*. São Paulo: Revista dos Tribunais, 2016. p. 171.

16 Em definição livre, o front-end é o que seus usuários veem e inclui elementos visuais, como botões, caixas de seleção, gráficos e mensagens de texto. Ele permite que seus usuários interajam com sua aplicação. O back-end consiste nos dados e na infraestrutura que fazem sua aplicação funcionar.

17 HAMESTER, Gabriel. *Contratos bancários de crédito*: o superendividamento na sociedade do hiperconsumo. Porto Alegre: Editora Fi, 2019.

18 GILLESPIE, Tarleton. A relevância dos algoritmos. *Revista Parágrafo*, São Paulo, v. 6, n. 1, 2018. p. 97.

19 LIMBERGER, Têmis; HORN, Luiz Fernando Del Rio. Sociedade de consumo de plena conectividade: o novo padrão de vulnerabilidade complexa do consumidor a partir dos tecnodados. *Revista de Direito do Consumidor*, São Paulo, v. 135, p. 151-178, maio/jun. 2022.

3 A plataformização da vida (virtual): compatibilização das gerações frente à evolução tecnológica

O atual estágio de desenvolvimento social, econômico e tecnológico experienciado pela sociedade diverge se comparado ao tempo em que foi promulgado, por exemplo, o Código de Defesa do Consumidor, quando a internet ainda parecia – e era – algo distante. Todavia, a contrassenso do que poderia se esperar, o texto proposto à época estava à frente de seu tempo, de modo que, até os dias atuais, sua principiologia e fundamentos são plenamente aplicáveis às necessidades da *data driven society*.[20] Um dos grandes responsáveis por essa atualização permanente de seu espírito é o art. 7º, que viabilizou o diálogo das fontes. A previsão desse[21] dispositivo permite, se não a partir de novas inclusões ao próprio texto, mas igualmente por cada movimento legislativo alinhado à sua principiologia, a ampliação da tutela dos consumidores à sua constante evolução ao longo do tempo.

Cabe aqui trazer uma brevíssima contextualização da posição do mercado e da ordem econômica à luz da Constituição Federal de 1988. Diz o art. 219: "O mercado interno integra o patrimônio nacional e será incentivado de modo a *viabilizar o desenvolvimento cultural e socioeconômico, o bem-estar da população e a autonomia tecnológica do País,* nos termos de lei federal". Já o art. 170, que estabelece a ordem econômica, preceitua: "A ordem econômica, fundada na valorização do trabalho humano e na livre iniciativa, *tem por fim assegurar a todos existência digna, conforme os ditames da justiça social,* observados os seguintes princípios". Da leitura dos dispositivos constitucionais, destaca-se que tanto o mercado quanto a ordem econômica têm por sua finalidade última o desenvolvimento socioeconômico apto a garantir existência digna, bem-estar da população e autonomia tecnológica. Diante desse cenário, a compatibilização geracional que é pretendida aqui ancora-se, necessariamente, nessa lógica constitucional, que não pode – ou não deveria – ser interpretada de maneira diversa à pretendida.

O consumidor-cidadão convive atualmente, queira ou não, com novos modelos de mercado. Ao utilizar a internet, seja por meio de redes sociais, provedores de aplicativos, *e-commerce, web,* entre outros, são geradas, em detalhes, informações em larga escala. Esse significativo

---

20 WOLFF, Annika *et al.* Creating an understanding of data literacy for a data-driven society. *The Journal of Community Informatics*, v. 12, n. 3, 2016.

21 MARQUES, Claudia Lima. *Contratos no código de defesa do consumidor*: o novo regime das relações contratuais. 4ª ed. São Paulo: Revista dos Tribunais, 2002.

volume de dados, definido como *big data*, contém diversas informações sobre preferências pessoais que permitem entender e atender as necessidades e desejos dos usuários.[22] Extraídos por profissionais que buscam tomar decisões mais precisas, os dados colocados pelo consumidor-cidadão – consciente ou não –, com base em *big data*, em tempo real, impulsionam e otimizam o *marketing* de decisões. O cenário descrito parece mais com filmes do gênero *distópico*, mas é a realidade em que estão inseridos hoje milhões de cidadãos-consumidores brasileiros.[23]

Em meio ao processo evolutivo da tecnologia – cuja sexta onda, segundo estudos mais recentes, é a que estamos vivendo[24] –, parece termos nos esquecido do básico. Assim como pais mais prudentes, que verificam, antes de iniciar a viagem, se os filhos estão todos sentados de maneira correta na cadeira e com os cintos afivelados e certificando-se de que todas as necessidades básicas estão supridas até aquele momento, normalizamos o uso da internet – *como, quando e quem* – como se estivéssemos em igualdade formal e material para tal,[25] como se o Brasil fosse um país de densidade populacional predominantemente jovem[26] e que a internet é acessível a todos, sem distinção,[27] em uma nação plena de *nativos digitais*.

Tomando como objeto de estudo a população idosa, esse grupo pode e deve ser considerado não apenas como vulnerável, mas hipervulnerável,[28] nesse meio ambiente digital aqui amplamente dissertado, dadas as múltiplas razões subjetivas e objetivas. Destas,

---

22 MATZ, Sandra C.; NETZER, Oded. Using big data as a window into consumers' psychology. *Current Opinion in Behavioral Sciences*, v. 18, p.7-12.

23 MIRAGEM, Bruno. *Curso de Direito do Consumidor*. 8. ed. São Paulo: Thomson Reuters Brasil, 2023. p. 159.

24 Ver mais em FADEL, Bárbara; MORAES, Cássia Regina Bassan de. As ondas de inovação tecnológica. *FACEF Pesquisa-Desenvolvimento e Gestão*, v. 8, n. 1, 2010.

25 Conforme já apontado na introdução, 29 milhões de brasileiros não possuem acesso à internet.

26 Em última pesquisa realizada pelo IBGE, o número de idosos no Brasil cresceu 57,4% em 12 anos. Disponível em: https://www.gov.br/secom/pt-br/assuntos/noticias/2023/10/censo-2022-numero-de-idosos-na-populacao-do-pais-cresceu-57-4-em-12-anos. Acesso em: 10 maio 2024.

27 Pesquisa realizada pelo IDEC e já mencionada neste estudo infere que "o critério de classe social determina, sobremaneira, a distribuição da conectividade e das modalidades de conexão. Mas, para além disso, as estatísticas de usos online também confirmam que os mais ricos conseguem experiências online mais plenas, de conteúdos que demandam maior tráfego, enquanto os mais pobres ficam limitados a aplicações com menor demanda de dados". IDEC. *Série desafios para a universalização da internet no Brasil*, 2022. Disponível em: https://idec.org.br/pesquisas-acesso-internet. Acesso em: 10 maio 2024.

28 Ver mais em: SCHMITT, Cristiano Heineck. *Consumidores hipervulneráveis*: a proteção do idoso no mercado de consumo. São Paulo: Atlas, 2014. p. 286.

destaca-se que, dada sua idade avançada, consequências biológicas naturais do envelhecimento interferem, sobremaneira, a forma de se relacionar com a tecnologia e seus equipamentos. Exemplo disso temos na dificuldade e, às vezes, impossibilidade motora, de sentidos e até mesmo de toque – fundamental aos comandos de telas *touchscreen* –, que colocam a lógica dos processos informatizados – rápidos, dinâmicos – um anacronismo indelével e que muitas vezes não são levados em consideração em toda a cadeia de produção e execução dessas tecnologias; quando muito, apresentam-se em forma de mecanismos de "*acessibilidade*" dentro de equipamentos e/ou aplicativos, mas que se pressupõe, ainda assim, que os hipervulneráveis saberão ou terão como acessar tais recursos, o que novamente cai em um problema de *design* – estrutural e funcional – que deveria e poderia ser resolvido em conjunto com todas as outras questões que se colocam diariamente nesse processo evolutivo tecnológico.

Dentro do campo de estudos dedicados ao tema, dividem-se as gerações, *grosso modo*, entre *migrantes* e *nativos digitais*.[29] Diferentemente das imigrações territoriais, essas ocorrem entre tempos: os imigrantes digitais carregam na memória um antes e depois das transformações do digital. Nesse processo, a mudança muitas vezes é tão disruptiva que chega a ser alienante – onde deveria ter existido transição, houve simplesmente exclusão. Para os imigrantes digitais, em especial os idosos, estar conectado não depende apenas da sua vontade ou da sua possibilidade subjetiva (cognitiva e física), mas de uma série de fatores que são colocados em segundo e terceiro plano por todos que participam dessa evolução tecnológica.

Atualmente, existe uma lacuna a ser preenchida entre aquilo que preceitua o Marco Civil da Internet (MCI) e o que o cidadão-consumidor encontra à sua disposição na vida real. Ao reconhecer como fundamentos o desenvolvimento da personalidade e o exercício da cidadania em meios digitais (art. 2º, I) e ter como objetivo o acesso à internet a todos e acesso à informação, ao conhecimento e à participação na vida cultural e na condução dos assuntos públicos, o próprio MCI esqueceu-se de estabelecer direitos de forma expressa aos idosos, pois não há uma menção a estes no texto normativo. Verifica-se, pois, que, na busca do desenvolvimento tecnológico pretendido, criaram-se lacunas

29 COELHO, Patricia Margarida Farias; COSTA, Marcos Rogério Martins; MATTAR NETO, João Augusto. Saber Digital e suas Urgências: reflexões sobre imigrantes e nativos digitais. *Educação & Realidade*, v. 43, p. 1.077-1.094, 2018.

formais e materiais que precisam ser identificadas – e é neste ponto que reside o presente texto – e igualmente desenvolvidas por todos os entes (públicos e privados) para que possamos atingir os objetivos fundamentais da República.

Quando o próprio poder público coloca seus serviços sociais através de uma plataforma digital – a qual chamou de GOV.BR –, ele mesmo não se certificou de garantir amplo acesso a todos os grupos de cidadãos-consumidores, pois não levou em consideração, seja na estruturação ou na sua execução (*front-end* e *back-end*), elementos que garantissem isso. A partir da conta GOV.BR, permitiu-se o acesso a serviços públicos digitais. Novamente, rápido e fácil. Para se ter noção do quão complexa é a questão e que não foi levada em consideração em sua estruturação, para se ter acesso por meio digital ao Fundo de Garantia por Tempo de Serviço (FGTS) por meio desta plataforma, o cidadão-consumidor precisa, ao mesmo tempo, possuir requisitos objetivos como: um *smartphone* em pleno funcionamento, internet, chip de telefone ativo, cadastro para acesso à loja de aplicativos e espaço na memória para baixar a aplicação do FGTS. Já os subjetivos são: saber manusear um *smartphone*, ter conhecimento sobre como e onde baixar e instalar aplicativos e realizar todas as configurações e exigências da plataforma – tudo isso considerando que os aspectos objetivos estejam em pleno funcionamento.

Agora, considere que 29 milhões de brasileiros não possuem acesso à internet, segundo últimos dados da pesquisa TIC Domicílios realizada em 2023. Adicione às estatísticas apontadas pela pesquisa do IDEC o cenário extremamente desigual no acesso à internet no Brasil. Os mais ricos conseguem experiências *online* mais plenas, de conteúdos que demandam maior tráfego, enquanto os mais pobres ficam limitados a aplicações com menor demanda de dados. Adicionemos a esse caldo os dados apontados pelo SPC Brasil em que 81% dos brasileiros sabem pouco ou nada de suas finanças e vamos perceber que o rápido e fácil é, paradoxalmente, um dos maiores problemas do nosso tempo em se tratando de acesso a bens e serviços privados ou públicos por meio da internet e que precisamos urgentemente tratar sobre esse tema a partir de políticas públicas e de legislações específicas que tutelem de maneira expressa tais condições, em especial aos cidadãos-consumidores *hipervulneráveis*.

4 Conclusão

Leonardo da Vinci, desde o século XV, anunciava, acertadamente, que a simplicidade é o último grau da sofisticação. No entanto, ao analisarmos a história, percebe-se que, ao longo do desenvolvimento da sociedade, com a inserção do que hoje temos por comum, como a tecnologia e seus desdobramentos, modificou-se sobremaneira a forma como vivemos, consumimos e nos relacionamos uns com os outros. Ao contrário do que parece e até do que de fato deveria ser, essa nova forma de existir não trouxe apenas facilidades ou simplificações. Para além de vantagens inerentes, as quais não se negam ou refutam, surgiram dificuldades indissociáveis, como os aspectos subjetivos do analfabetismo digital e tantos outros fatores, como a necessidade de equipamentos eletrônicos por vezes de alto valor agregado e de difícil acesso à população vulnerável, dispositivos esses que, obrigatoriamente, devem estar conectados à internet, que, por sua vez, prescinde de uma infraestrutura de rede complexa e igualmente cara. Transformamos, então, a sofisticação tecnológica em um problema jurídico e social.

Exemplo melhor não poderíamos ter senão o da migração forçada para o ambiente *online* durante a pandemia de COVID-19 em 2020, que escancarou as desigualdades socioeconômicas e regionais de conectividade no Brasil e evidenciou um abismo digital em nossa sociedade, adicionando a emergência de tratarmos o tema do acesso à internet e suas mais variadas ramificações de utilização, a fim de que fossem efetivados à garantia de direitos. No avanço da conectividade no mundo e no Brasil, o acesso por dispositivos móveis assumiu caráter fundamental para a expansão das conexões às redes, mas trouxe consigo usuários, aqui igualmente entendidos como cidadãos-consumidores, inaptos a acessá-las, por razões várias, em especial os idosos, conhecidos mundialmente na literatura do tema como imigrantes ou refugiados digitais e, não raras vezes, analfabetos digitais, em alusão à sua incapacidade de compreensão desse ambiente.

Na esteira de simplificar, o mercado desenvolveu aplicativos de manuseio cada vez mais intuitivos, rápidos e fáceis. Bastam poucos cliques e estarão à disposição dos cidadãos-consumidores empréstimos das mais variadas naturezas, que os vinculam, ao contrário do ato de adesão, por longos anos. Assim também são nos demais produtos e serviços do mercado de consumo, transacionando por meio de cartão de crédito, PIX, moedas digitais ou boleto – este último quase analógico na perspectiva atual –, sem limitação de tempo/espaço, conectados aqui e agora, realizando atos de consumo por meio de plataformas, anúncios pagos, entre outras facilidades.

Diante desse cenário, torna-se imperativo que a sociedade e os órgãos governamentais adotem medidas efetivas para enfrentar os desafios colocados pela própria evolução tecnológica e que até o momento não foram enfrentados da maneira adequada, em todos os âmbitos. É necessário promover a educação digital em todas as faixas etárias, garantindo que todos tenham acesso às habilidades necessárias para utilizar a tecnologia de forma segura e eficaz. Além disso, políticas públicas voltadas para a inclusão digital e a redução das desigualdades de acesso à internet devem ser implementadas urgentemente, legislações que tratem sobre padrões mínimos de aplicações na *web* precisam surgir. Somente através de um esforço conjunto da sociedade e do Estado, poderemos mitigar os impactos negativos da transformação digital e garantir os preceitos constitucionais há muito expostos. Analógicos, mas fundamentais.

Finaliza-se o presente estudo com a intenção de que olhemos para o presente e caminhemos ao futuro observando o que o amigo de LEE inventou. Uma grande tela sensível ao toque montada em um suporte que poderia ser instalada ao lado da cama de uma pessoa idosa. As pessoas mais velhas muitas vezes lutam para navegar pelas complexidades da internet ou para manipular os pequenos botões de um *smartphone*. Então, meu amigo fez tudo o mais simples possível. Incluiu um botão que permitia que os usuários idosos ligassem diretamente para um agente de atendimento ao cliente para orientá-los no uso do dispositivo.

Referências

BERGSTEIN, Lais Gomes. A proteção do consumidor na União Europeia com a formação de um mercado único digital. *Campos Neutrais - Revista Latino-Americana de Relações Internacionais*, Rio Grande, RS, v. 2, n. 2, p. 26-46, 2021. DOI: 10.14295/cn. v2i2.12318.

DE MORAES, Bárbara; BASSAN, Cássia Regina. As ondas de inovação tecnológica. *FACEF Pesquisa-Desenvolvimento e Gestão*, v. 8, n. 1, 2010.

COELHO, Patrícia Margarida Farias; COSTA, Marcos Rogério Martins; MATTAR NETO, João Augusto. Saber Digital e suas Urgências: reflexões sobre imigrantes e nativos digitais. *Educação & Realidade*, v. 43, p. 1.077-1.094, 2018.

FRAZÃO; MENDONÇA. Plataformas digitais e o negócio de dados: necessário diálogo entre o direito da concorrência e a regulação dos dados. *Direito Público*, [S. l.], v. 17, n. 93. 2020, p. 59.

GILLESPIE, Tarleton. A relevância dos algoritmos. *Revista Parágrafo*, São Paulo, v. 6, n. 1, 2018. p. 97.

KANT, Immanuel. *Fundamentação da Metafísica dos Costumes*. Tradução: Paulo Quintela. Lisboa: Edições 70, 2007.

LEE, Kai-Fu. *Inteligência artificial*. Globo Livros, 2019.

LIMBERGER, Têmis; HORN, Luiz Fernando Del Rio. Sociedade de consumo de plena conectividade: o novo padrão de vulnerabilidade complexa do consumidor a partir dos tecnodados. *Revista de Direito do Consumidor*, São Paulo, v. 135, p. 151-178, maio/jun. 2022.

LIPOVETSKY, Gilles. *A felicidade paradoxal*: ensaio sobre a sociedade do hiperconsumo. São Paulo: Companhia das Letras, 2007. p. 35.

MARQUES, Claudia Lima. *Contratos no código de defesa do consumidor*: o novo regime das relações contratuais. 4ª ed. São Paulo: Revista dos Tribunais, 2002. p. 269-270.

MARQUES, Claudia Lima; MUCELIN, Guilherme. Novo mercado de consumo 'simbiótico' e a necessidade de proteção de dados dos consumidores. *In*: SARLET, Gabrielle Bezerra Sales; TRINDADE, Manoel Gustavo Neubarth; MELGARÉ, Plínio. *Proteção de dados*: temas controvertidos. Indaiatuba: Foco, 2021. p. 67-94.

MIRAGEM, Bruno. *Curso de Direito do Consumidor*. 8. ed. São Paulo: Thomson Reuters Brasil, 2023.

MARTINS, Fernando Rodrigues; LIMA, Thainá Lopes Gomes Lima. Da vulnerabilidade digital à curiosa "vulnerabilidade empresarial". *Revista de Direito do Consumidor*, [s. l.], v. 128, p. 119-161, mar./abr. 2020. p. 119.

MATZ, Sandra C.; NETZER, Oded. Using big data as a window into consumers' psychology. *Current Opinion in Behavioral Sciences*, v. 18, p. 7-12, 2017.

POELL, T.; NIEBORG, D.; VAN DIJCK, J. Platformisation. *Internet Policy Review*, v. 8, n. 4, 2019.

SARLET Ingo; SIQUEIRA, Andressa de Bittencourt. O direito humano e fundamental de acesso à internet. *Conjur*, 2021. Disponível em: https://www.conjur.com.br/2021-nov-12/direitos-fundamentais-direito-humano-fundamental-acesso-internet/. Acesso em: 10 maio 2024.

SCHMITT, Cristiano Heineck. *Consumidores hipervulneráveis*: a proteção do idoso no mercado de consumo. São Paulo: Atlas, 2014.

WOLFF, Annika *et al*. Creating an understanding of data literacy for a data-driven society. *The Journal of Community Informatics*, v. 12, n. 3, 2016.

Informação bibliográfica deste texto, conforme a NBR 6023:2018 da Associação Brasileira de Normas Técnicas (ABNT):

HAMESTER, Gabriel. O paradoxo da facilitação tecnológica: a evolução digital como instrumento de vulnerabilidade do cidadão-consumidor. *In*: EHRHARDT JÚNIOR, Marcos; CATALAN, Marcos (coord.). *Entre riscos, danos e contratos*: a inteligência artificial nas relações patrimoniais. Belo Horizonte: Fórum, 2024. p. 257-271. ISBN 978-65-5518-837-0.

POSSE DE BENS INCORPÓREOS: UMA POSSIBILIDADE?

MARCELO DE OLIVEIRA MILAGRES

1 Considerações iniciais

Em tempos de progressiva e emergente tecnologia, destacamos o sempre velho e renovado tema da (im)possibilidade da posse de bens incorpóreos.

A discussão parece retomada em razão de proposta de anteprojeto de atualização e revisão do Código Civil brasileiro[1] que acrescenta parágrafo único ao art. 1.196, nos seguintes termos: "A regra do *caput* se aplica aos bens imateriais no que couber, ressalvado o disposto em legislação especial".

Destarte, reconhece-se a possibilidade de a posse alcançar bens imateriais, sem, contudo, desconsiderar-se a legislação especial. Há, portanto, uma preocupação com o sistema jurídico.

A proposta, por óbvio, não é imune a críticas. O debate é bem-vindo.

José Carlos Moreira Alves já advertia que "não se pode construir teoria estritamente lógica, em que se estabeleça, como premissa,

[1] A Comissão de Juristas foi nomeada por Ato do Presidente do Senado Federal (ATS) nº 11, de 2023. A Subcomissão de Direito das Coisas foi integrada por Marco Aurélio Bezerra de Melo (presidente), Marcelo de Oliveira Milagres, Maria Cristina Paiva Santiago e Carlos Antônio Vieira Fernandes Filho.

concepção unitária da posse, e dela se extraiam conseqüências inelutáveis".[2]

António Menezes Cordeiro questiona: "Como é que uma ideia tão simples, tão natural, dá azo a 'um dos capítulos mais difíceis' do nosso Direito Civil?".[3]

A posse é dos mais antigos institutos e também figura um tanto quanto mal compreendida. Seu objeto e sua natureza jurídica são alvos de sérias e antigas controvérsias.

Enrico Finzi já afirmava ser antiga a discussão sobre a natureza jurídica da posse: fato ou direito?[4]

O propósito deste ensaio é apenas contribuir para o debate sobre o acerto ou desacerto da sublinhada proposta de modificação do Código Civil brasileiro. Ainda na ocasião dos debates na referida Comissão, propus pequena alteração do próprio *caput* do art. 1196, à guisa dos artigos 1.251º do Código Civil português, 1.140 do Código Civil italiano e 1.909 do Código Civil argentino, afirmando que a posse não se exterioriza somente pela propriedade, mas por outros direitos reais. Essa proposta, contudo, não foi aceita.

A questão não se apresenta meramente acadêmica, sobretudo quando vivenciamos a realidade de um mundo incorpóreo ou digital, com destaque para as mais diversas utilizações do *blockchain* (*v.g.*, criptomoedas), os contratos em formato eletrônico e os contratos automatizados (*smart contracts*).[5]

Nesse contexto, destacamos interessante debate ocorrido no Tribunal de Verona, aos 29 de dezembro de 2015, sobre a possibilidade – ou não – de pretensão possessória sobre o conteúdo de uma conta de *e-mail*. Concluiu-se, diante da ausência de materialidade do objeto, pela impossibilidade de manejo da ação possessória nos termos do art. 1.168 do Código Civil.[6]

---

2 ALVES, José Carlos Moreira. *Posse*: evolução histórica. Rio de Janeiro: Forense, 1997. p. 4.

3 MENEZES CORDEIRO, António. *A posse*: perspectivas dogmáticas actuais. 3. ed. Coimbra: Almedina, 2005. p. 8.

4 "La disputa sulla natura del possesso – fatto o diritto? – è antica quasi quanto l'istituto stesso. Già in diritto romano noi vediamo delinearsi le divergenze, almeno formali, dei giudizi su questa materia. Da una parte numerosi testi ci affermano essere il possesso un fatto, contrapponendolo nettamente al diritto [...] Dall'altra parte, però, una serie di leggi considera esplicitamente il possesso come diritto" (FINZI, Enrico. *Il possesso dei diritti*. Milano: Giuffrè Editore, 1968. p. 24).

5 No anteprojeto de atualização do Código Civil, na disciplina da proposta contratual (art. 435-A), reconhece-se que esta "pode ser oferecida para aceitação por aplicativos digitais interativos ou autoexecutáveis no ambiente da internet e sua existência, validade e eficácia dependem dos seguintes requisitos [...]".

6 Cf. DEL FEDERICO, Caterina. La titolarità dell'account di posta elettronica aziendale ed il suo utilizo non sono tutelabili com l'azione possessoria. Il corriere giuridico, nº 4, 2017, p. 491-500.

Nos tribunais brasileiros, a questão também não é nova. Como síntese, apresentamos os verbetes 193[7] e 228[8] da súmula do Superior Tribunal de Justiça (STJ).

A partir do debate sobre a posse imaterial, tendo em vista a realidade digital, apresentam-se manifestações – favoráveis ou não – da doutrina, prosseguindo para exemplos do denominado patrimônio integrado por bens incorpóreos.

2 Manifestações doutrinárias

A limitada possibilidade de direitos reais sobre as coisas (bens corpóreos) já era objeto da afirmação de Teixeira de Freitas:

> A possibilidade do *direito real,* com seu effeito essencialmente physico, só concebe-se em relação aos objectos corporeos – *cousas* – no sentido natural da palavra; e tal é a primeira limitação, que de necessidade restringe a idéa de *propriedade* em seu sentido mais extenso. Os objectos incorporeos, que não apreciaveis pelo denominador commum – moeda –, fazem parte do nosso patrimonio, mas não estão sob nosso domínio, não são susceptiveis de posse, nem dos effeitos do *direito real.*
>
> Ainda mais, o *direito real* recahe sobre objectos corporeos, que existem immediatamente submetidos ao agente do direito – *incidimos in eum* – , é affirmação do nosso poder sobre o objecto do direito; – *in re potestas plena,* se se trata do dominio; – *pro parte* –, se se trata dos outros direitos reaes; entretanto que os objectos, representados pelos factos, ou prestações, que se nos devem, terão de existir, depois que esses factos forem cumpridos por um intermediario passivo do direito – *nulla in re potestas* –.[9]

A propósito do tema, pode-se destacar, também, o valioso ensaio de Edmundo Lins, que ressalta a natureza complexa da posse:[10] "Si a teoria da posse é, talvez, a parte mais systematica do direito romano, si é a que tem sido mais aprofundada pelos interpretes, é também a que tem dado logar a maiores discussões e divergencias, tornando-se, por isso, a questão mais difficil e mais ardua do direito civil moderno".[11]

---

[7] 193 – O direito de uso de linha telefônica pode ser adquirido por usucapião.

[8] 228 – É inadmissível o interdito proibitório para proteção do direito autoral.

[9] FREITAS, Augusto Teixeira de. *Consolidação das leis civis*. Prefácio de Ruy Rosado de Aguiar. Brasília: Senado Federal. Conselho Editorial. 2003. Volume 1, p. LXXI.

[10] LINS, Edmundo. Ensaio sobre a posse. *Revista da Faculdade Livre de Direito do Estado de Minas Gerais,* volume IX, Belo Horizonte, 1914, p. 123- 255.

[11] LINS, Edmundo. Ensaio sobre a posse. *Revista da Faculdade Livre de Direito do Estado de Minas Gerais,* volume IX, Belo Horizonte, 1914, p. 124.

É relevante a sua contribuição ao defender uma possível noção de posse associada a poder, ao controle sobre a coisa, a "ideia geral contida em qualquer das eymologias [...] é a de uma relação de facto entre uma pessoa e uma cousa, de modo a poder utilizar-se da mesma: tèl-a debaixo dos pés (*pedum positio*) ou do assento (*sedium positio*), exercer um poder sobre ella (*posse*), conserval-a junto ou perto de si (*pos sedere*)".[12]

Percebe-se, outrossim, a materialidade do objeto da posse.

Igualmente, é a lição de Darcy Bessone. O autor defende que existem direitos mais fortes e mais fracos. "O direito real seria apenas *mais forte* do que o obrigacional, por ter atributos que não próprios do direito das obrigações. Tais atributos são, principalmente, o direito de *seqüela* e o de *preferência*".[13]

Como bem sintetiza Darcy Bessone, o que caracteriza o direito real é o poder imediato e direto sobre a coisa (*jus in re*), sem a intermediação de outro sujeito.[14] A sujeição passiva é universal. O direito real seria mais forte que o direito obrigacional, porquanto o titular do direito real, em razão da sequela, pode perseguir a coisa onde quer que esteja, estando ainda em uma posição de maior vantagem em relação a outros credores que não providos de garantia real (direito de preferência).

Em profunda análise acerca dos partidários e daqueles contrários à posse de direitos, afirmam Washington de Barros e Carlos Alberto Dabus Maluf:

> Ademais, prosseguem os partidários da extensão de posse aos direitos pessoais, o Código Civil de 2002, em vários artigos, alude expressamente à posse dos direitos. Assim, no art. 1.199, declara [...]. No art. 1.201 estabelece o Código Civil de 2002 que [...]. Finalmente, no art. 1.204, prescrito está que se adquire a posse [...]. A jurisprudência, depois de muita vacilação, firmou-se no sentido de que a posse não se aplica aos direitos pessoais, ou melhor, que esses direitos são estranhos ao conceito da posse.[15]

Segundo Pedro Marcos Nunes Barbosa, "a sociedade material-patrimonialista solidificou o conceito de posse como umbilicalmente vinculado a bens materiais, ao regime de poder físico e imediato sobre

---

12 LINS, Edmundo. Ensaio sobre a posse. *Revista da Faculdade Livre de Direito do Estado de Minas Gerais*, volume IX, Belo Horizonte, 1914, p. 129.

13 BESSONE, Darcy. *Direitos reais*. 2ª ed. São Paulo: Saraiva, 1996. p. 6.

14 BESSONE, Darcy. *Direitos reais*. 2ª ed. São Paulo: Saraiva, 1996. p. 4.

15 MONTEIRO, Washington de Barros; MALUF, Carlos Alberto Dabus. *Direito das coisas*. 43ª ed. São Paulo: Saraiva, 2013. p. 35-37.

os elementos corpóreos. Contudo, paradoxalmente, mesmo o direito romano comportava a perspectiva de elementos imateriais, tais como direitos sobre direitos".[16]

É reconhecida a inestimável contribuição do professor Caio Mário da Silva Pereira ao direito privado, com destaque para as suas *Instituições de direito civil*. Na esfera do direito patrimonial, podemos também trazer à memória a sua contribuição aos institutos do condomínio e da incorporação imobiliária.

O reconhecido autor defendeu a possibilidade de a posse alcançar bens incorpóreos:

> Não encontra a posse, na linguagem legal, limitação às coisas corpóreas. Seu objeto, portanto, pode consistir em qualquer bem. Os exegetas, reportando-se ao disposto no art. 485 do Código Civil de 1916 (que corresponde ao art. 1.196 do Código Civil de 2002), viam nas palavras com que o legislador conceituou o possuidor – aquele que exerce um dos poderes inerentes ao domínio ou propriedade – uma franca alusão a que abrange também os direitos, uma vez que o vocábulo 'propriedade' é usado em relação às coisas incorpóreas, enquanto a palavra 'domínio' é mais precisa na menção das *corporales res*. O Código Civil de 2002 aboliu a expressão 'ao domínio', que há muito já se reputava ociosa, adotando redação mais concisa, sem, contudo, expungir do espectro objetivo da posse qualquer espécie de bem.[17]

Para José Carlos Moreira Alves, é possível a posse de coisa (*possessio rei*) e a posse de direito (*possessio iuris*), mas a coisa é que é objeto de uma e de outra:

> [...] ambas não apresentam diferença quanto ao sujeito e ao objeto, mas divergem no tocante à relação entre aquele e este: na posse da coisa, o possuidor se utiliza da coisa de forma exclusiva como o faria se fosse proprietário; na posse de direito, essa utilização é mais restrita, limitando-se – à semelhança dos direitos reais limitados – a algumas utilidades da coisa. Por isso, tendo em vista o paralelismo com o direito real correspondente (direito de propriedade, que é o mais amplo deles; direitos reais limitados, que permitem utilizações mais restritas da coisa em comparação com o domínio), posse de coisa e posse de direito, no direito moderno, têm igual natureza, mas diferem no concernente à

---

16 BARBOSA, Pedro Marcos Nunes. *Direito civil da propriedade intelectual*: o caso da usucapião de patentes. 3ª ed. Rio de Janeiro: Lumen Juris, 2016. p. 23-24.

17 PEREIRA, Caio Mário da Silva. *Instituições de direito civil:* direitos reais. 26ª ed. Revista e atualizada por Carlos Edison do Rêgo Monteiro Filho. Rio de Janeiro: Forense, 2018. p. 18.

> extensão e à intensidade da relação entre o sujeito e o objeto; seus pressupostos, porém, são exatamente os mesmos: quem pode ser sujeito da posse da coisa pode sê-lo da posse de direitos, bem como a coisa, e só ela, é que é objeto de uma e de outra.[18]

Em conferência na *V Jornada de Direito Civil*, Moreira Alves ressaltou sua tese, segundo a qual:

> Em assim sendo, do conceito de posse reintroduzido no Código Civil de 2002, resultam implícitas as duas organizações da posse: a horizontal (posse da coisa e posse de direitos adstritos aos reais limitados vinculados à detenção de coisa corpórea, as quais têm ambas a coisa como objeto, mas diversos são seus conteúdos em face do conteúdo dos direitos a que correspondem) e a organização vertical (posse direta e posse indireta, quanto à proximidade material do possuidor com a coisa possuída).[19]

Essa parece ser, também, a posição de Orlando Gomes:

> Em suma, a solução do problema requer precisa definição da locução *direitos pessoais*. Designa, com efeito, não só os *direitos obrigacionais*, como aqueles que, tendo ou não cunho patrimonial, não integram uma relação jurídica de feição obrigacional, os que, numa palavra, não constituem *jus ad rem*. Os direitos *obrigacionais* são suscetíveis de posse. Os outros não. Mas, nem todos os direitos obrigacionais; tão somente aqueles "cujo exercício é ligado à detenção de uma coisa corpórea".[20]

O professor Ebert Chamoun, que cuidou do livro de direito das coisas no atual Código Civil e travou grande debate com Moreira Alves, considera que, na atual codificação:

> Eliminamos qualquer referência à posse de direito por entender que a posse não pode ter direitos por objeto. As razões que tornam inconcebível a posse de uma coisa incorpórea militam em desfavor da admissão de uma posse de direitos. Os efeitos da posse encontram-se vinculados essencialmente à existência de uma coisa, tais como o

---

[18] ALVES, José Carlos Moreira. *Posse*: estudo dogmático. 2ª ed. Rio de Janeiro: Forense, 1999. Vol. II. Tomo I. p. 150-151.

[19] ALVES, José Carlos Moreira. *Posse de direito no Código Civil brasileiro de 2002*. V Jornada de Direito Civil. Brasília: CJF, 2012. p. 19.

[20] GOMES, Orlando. *Direitos reais*. 20ª ed. Atualizada por Luiz Edson Fachin. Rio de Janeiro: Forense, 2010. p. 44.

usucapião, o direito aos frutos e às benfeitorias. Parece-nos também extremamente difícil imaginar a proteção possessória eficaz sem que se possar reportar a algo de material e é notório que só motivos de ordem política, vinculados à ausência de uma proteção tão eficiente quanto à possessória, é que determinaram a funesta extensão da posse a direitos pessoais – motivos que aliás atualmente não prevalecem.[21]

Luciano de Camargo Penteado defendeu que o "direito real e a posse podem se dar sobre bens incorpóreos, desde que intensamente determinados".[22] Para o autor:

> [...] posse de bens incorpóreos só se admite nos termos em que se admitem Direitos Reais sobre bens igualmente incorpóreos, ou seja, quando houver previsão de Direito Real sobre o bem em questão e de forma específica de transmissão de sua titularidade, ou em grau de determinação elevado.[23]

Bertrand Laronze propôs, inclusive, a discussão sobre o usufruto de direitos de propriedade intelectual.[24]

Entre nós, Denis Borges Barbosa discutiu as *nuances* sobre a hipótese de usucapião de direito de uso em face do titular de uma patente.[25] Por sua vez, Judith Martins-Costa, a partir de escorço histórico, também apontou a possibilidade de a posse incidir sobre direitos e bens imateriais,[26] assim destacando:

> [...] vivemos a sociedade da imagem, os bens incorpóreos têm, quantitativa e qualitativamente, mais importância social (e portanto, econômico e jurídica) que os bens corpóreos. Assim como já não mais é sustentável o antigo brocardo – *res mobilis, res vilis* – também não podemos confinar a idéia de 'coisa' àquilo que se pode, materialmente,

---

21 CHAMOUN, Ebert. *Arquivos do Ministério da Justiça*. Rio de Janeiro, ano 32, n. 134, abr./jun. 1975, p. 83.

22 PENTEADO, Luciano de Camargo. *Manual de direito civil*: coisas. 1ª ed. São Paulo: Revista dos Tribunais, 2013. p. 56.

23 *Op. cit.*, p. 97.

24 LARONZE, Bertrand. *L'usufruit des droits de proprieté intellectuelle*. Aix-en-Provence: Presses Universitaires d'Aix-Marseille, 2006.

25 BARBOSA, Denis Borges. *Usucapião de patentes e outros estudos de propriedade industrial*. Rio de Janeiro: Lumen Juris, 2006. p. 209-268.

26 MARTINS-COSTA, Judith. Usucapião de coisa incorpórea: breves notas sobre um velho tema sempre novo. *In*: TEPEDINO, Gustavo; FACHIN, Luiz Edson (coord.). *O direito e o tempo*: embates jurídicos e utopias contemporâneas: estudos em homenagem ao Professor Ricardo Pereira Lira. Rio de Janeiro: Renovar, 2008. p. 631-653.

tocar com a mão, pois o mundo *real* abrange, sem sombra de dúvidas, o que é *virtual*.[27]

Essa discussão decorre da contemporânea ampliação do conteúdo patrimonial.

À noção de patrimônio necessário ou especial, podemos acrescer o acesso às tecnologias do nosso tempo, aos negócios e às coisas que vão além do físico e do tangível. Se o conhecimento é a fonte do próprio desenvolvimento de cada um e da sociedade em geral, devemos expandir a noção de patrimônio essencial, ultrapassando até mesmo as características da intransmissibilidade e da indivisibilidade, embora, segundo José de Oliveira Ascensão, seja unânime, na doutrina portuguesa, que somente as coisas, bens corpóreos, são objeto dos direitos reais.[28]

3 Patrimônio e os bens incorpóreos

Como já sublinhado, podemos ampliar a noção de patrimônio, inclusive no aspecto de sua essencialidade. Podemos viver sem acesso à tecnologia digital? Essa possibilidade se afigura remota.

Em tempos digitais, discutem-se, inclusive, a tutela *post-mortem* da personalidade e a denominada sucessão, por exemplo, do patrimônio digital. Afirma-se a possível dissociação entre a existência biológica e aquela de natureza eletrônica que permanece na rede mundial de computadores com diversas consequências patrimoniais e não patrimoniais.[29]

---

[27] MARTINS-COSTA, Judith. Usucapião de coisa incorpórea: breves notas sobre um velho tema sempre novo. *In*: TEPEDINO, Gustavo; FACHIN, Luiz Edson (coord.). *O direito e o tempo*: embates jurídicos e utopias contemporâneas: estudos em homenagem ao Professor Ricardo Pereira Lira. Rio de Janeiro: Renovar, 2008. p. 644-645.

[28] ASCENSÃO, José de Oliveira. *Direito civil*: reais. 5. ed. Coimbra: Coimbra Editora, 2000. p. 38-40.

[29] Esso si colloca, evidentemente, sulla fronteira "tra il diritto delle successioni a causa di morte e i diritti dela personalità, ed è sollecitato da un dato fenomenologico di imediata evidenza: la dissociazione tra l'esistenza biologica di un individuo e la sua 'persona elettronica'. Questa non si dissolve con la morte, ma permane in rete, dispersa in una molteplicità di banche dati o custodita in diversi luoghi virtuali (si dirà più avante del profilo *Facebook* 'commemorativo'), per un lasso temporale indefinito. Di qui una serie di problemi di immediata rilevanza pratica – basti notare che, secondo alcune stime, ogni minuto muoiono in media tre utenti *Facebook* e che il 5% di tutti gli *account Facebook* attivi rappresentano degli "zombie digitali" –, i quali attengono in primo luogo alla tutela postmortale della dignità e dell'identità del defunto". Cf. RESTA, Giorgio. *La morte digitale*. Il diritto dell'informazione e dell'informatica, n. 6, 2014, p. 891-920, p. 894.

A sucessão do denominado patrimônio digital e, por extensão, a posse do incorpóreo já são objeto de abordagem da doutrina.

Laura Marques Gonçalves, na conclusão de sua dissertação de mestrado, defende que é "inconcebível e impraticável limitar a transmissão de bens digitais, simplesmente porque ofenderiam direitos de personalidade de usuários e falecidos, ou direitos de terceiro, quando não há tal preocupação no cenário analógico".[30]

A propósito, o mencionado anteprojeto de atualização do Código Civil propõe que se reconheçam como móveis os conteúdos digitais dotados de valor econômico, tornados disponíveis, independentemente do seu suporte material (art. 83, IV).

O anteprojeto vai muito além. Afirma-se que "os bens digitais do falecido, de valor economicamente apreciável, integram a sua herança" (art. 1791-A). Segundo o §1º, "compreende-se como bens digitais, o patrimônio intangível do falecido, abrangendo, entre outros, senhas, dados financeiros, perfis de redes sociais, contas, arquivos de conversas, vídeos e fotos, arquivos de outra natureza, pontuação em programas de recompensa ou incentivo e qualquer conteúdo de natureza econômica, armazenado ou acumulado em ambiente virtual, de titularidade do autor da herança".

Reconhece-se, pois, a posse de pontuação em programas de fidelidade ou de recompensa, como as milhas de viagem?

A ideia de posse de bem imaterial parece se ajustar ao exemplo da titularidade de criptoativos. A própria Receita Federal aponta a necessidade de declaração, no imposto de renda, da aquisição de criptoativos.

Segundo a Instrução Normativa RFB nº 1.888, de 3 de maio de 2019, com as alterações subsequentes, o criptoativo é "a representação digital do valor denominada em sua própria unidade de conta, cujo preço pode ser expresso em moeda soberana local ou estrangeira, transacionando eletronicamente com a utilização de criptografia e de tecnologias de registros distribuídos, que pode ser utilizado como forma de investimento, instrumento de transferência de valores ou acesso a serviços, e que não constitui moeda de curso legal". Observados critérios regulamentares, há obrigatoriedade de prestação de informações relativas às operações realizadas com esses criptoativos.

A própria Lei nº 14.478, de 21 de dezembro de 2022, dispõe sobre diretrizes a serem observadas na prestação de serviços dos denominados ativos virtuais.

---

[30] GONÇALVES, Laura Marques. *Bens digitais post mortem*: o jogo de interesses. Uberlândia: Marco Teórico, 2023. p. 252.

Com efeito, se não se debate a posse de moeda nacional ou estrangeira, pelo princípio da equivalência funcional, pode-se admitir a posse de moeda eletrônica e, também, dos denominados ativos virtuais.

Tradicionalmente, não se discute a posse de bens incorpóreos a partir da aplicação do instituto do usufruto. Como destaca Fernanda Valle Versiani,[31] "a teoria tradicional do usufruto foi elaborada em torno de bens que oferecem valor econômico direto e possibilidade de fruição imediata por parte do possuidor usufrutuário. Logo, trata-se de um instituto que pode ser aplicado a coisas corpóreas ou incorpóreas, como é o caso das participações societárias".

É conhecida, outrossim, a tese de Pedro Marcos Nunes Barbosa sobre usucapião de patentes. Segundo o autor, "ainda que se tome o argumento da literalidade como frágil, o disposto no art. 1.196 do Código Civil conceitua como possuidor aquele que tem '*de fato o exercício, pleno ou não, de alguns dos poderes inerentes à propriedade*'. Tal pode ocorrer no âmbito dos direitos de patente, *mutatis mutandi*, com relação ao *uso contínuo e reiterado* do objeto tecnológico alheio".[32]

Os vários exemplos parecem concluir pela possibilidade de posse de bens incorpóreos.

4 Conclusão

Como dito, o mundo real, cada vez mais, alcança o virtual, coexistindo dois mundos: o corpóreo e o incorpóreo.

Pelo princípio da equivalência funcional, a admissão da posse de coisas poderia compreender também bens imateriais.

Embora os exemplos trazidos possam permitir essa aceitação, a proposta de posse de bens incorpóreos não é imune a críticas e discussões. O debate está em aberto.

Não se busca a ruptura do sistema ou a superação injustificada das nossas tradições jurídicas, mas, ao revés, uma discussão, a partir da realidade digital, sobre a (im)possibilidade da posse dos bens incorpóreos.

A proposta do acréscimo do parágrafo único ao art. 1.196 – segundo o qual "a regra do *caput* se aplica aos bens imateriais no que

[31] VERSIANI, Fernanda Valle. *Usufruto de participações societárias*: uma visão de planejamento sucessório em empresas familiares. Belo Horizonte: Editora D'Plácido, 2017. p. 85.

[32] BARBOSA, Pedro Marcos Nunes. *Direito civil da propriedade intelectual*: o caso da usucapião de patentes. 3ª ed. Rio de Janeiro: Lumen Juris, 2016. p. 142.

couber, ressalvado o disposto em legislação especial" – parece dialogar com o ontem, o hoje e com a perspectiva do amanhã.

Não se buscam a defesa e o emprego de instrumentos possessórios a situações em que o direito obrigacional bem soluciona os problemas. A tentativa é ampliar horizontes, reconhecer a realidade que nos cerca, pensar em soluções para situações em que o direito obrigacional talvez não seja suficiente.

Em verdade, a dinamicidade do mundo digital contribui para a discussão sobre a provável superação da *summa divisio* entre direitos reais e direito das obrigações.

Referências

ALVES, José Carlos Moreira. *Posse*: estudo dogmático. 2ª ed. Rio de Janeiro: Forense, 1999. Vol. II. Tomo I.

ALVES, José Carlos Moreira. *Posse*: evolução histórica. Rio de Janeiro: Forense, 1997.

ALVES, José Carlos Moreira. Posse de direito no Código Civil brasileiro de 2002. V Jornada de Direito Civil. Brasília: CJF, 2012, p. 13-20.

ASCENSÃO, José de Oliveira. *Direito civil*: reais. 5. ed. Coimbra: Coimbra Editora, 2000.

BARBOSA, Denis Borges. *Usucapião de patentes e outros estudos de propriedade industrial.* Rio de Janeiro: Lumen Juris, 2006.

BARBOSA, Pedro Marcos Nunes. *Direito civil da propriedade intelectual*: o caso da usucapião de patentes. 3ª ed. Rio de Janeiro: Lumen Juris, 2016.

BESSONE, Darcy. *Direitos reais.* 2ª ed. São Paulo: Saraiva, 1996.

CHAMOUN, Ebert. *Arquivos do Ministério da Justiça.* Rio de Janeiro, ano 32, n. 134, abr./jun. 1975, p. 79-144.

DEL FEDERICO, Caterina. La titolarità dell'account di posta elettronica aziendale ed il suo utilizo non sono tutelabili com l'azione possessoria. *Il corriere giuridico*, nº 4, 2017, p. 491-500.

FINZI, Enrico. *Il possesso dei diritti.* Milano: Giuffrè Editore, 1968.

FREITAS, Augusto Teixeira de. *Consolidação das leis civis*. Prefácio de Ruy Rosado de Aguiar. Brasília: Senado Federal. Conselho Editorial. 2003. Volume 1.

GOMES, Orlando. *Direitos reais.* 20ª ed. Atualizada por Luiz Edson Fachin. Rio de Janeiro: Forense, 2010.

GONÇALVES, Laura Marques. *Bens digitais post mortem*: o jogo de interesses. Uberlândia: Marco Teórico, 2023.

LARONZE, Bertrand. *L'usufruit des droits de proprieté intellectuelle.* Aix-en-Provence: Presses Universitaires d'Aix-Marseille, 2006.

LINS, Edmundo. Ensaio sobre a posse. *Revista da Faculdade Livre de Direito do Estado de Minas Gerais*, volume IX, Belo Horizonte, 1914, p. 123-255.

MARTINS-COSTA, Judith. Usucapião de coisa incorpórea: breves notas sobre um velho tema sempre novo. *In*: TEPEDINO, Gustavo; FACHIN, Luiz Edson (coord.). *O direito e o tempo*: embates jurídicos e utopias contemporâneas: estudos em homenagem ao Professor Ricardo Pereira Lira. Rio de Janeiro: Renovar, 2008. p. 631-653.

MENEZES CORDEIRO, António. *A posse*: perspectivas dogmáticas actuais. 3. ed. Coimbra: Almedina, 2005.

MONTEIRO, Washington de Barros; MALUF, Carlos Alberto Dabus. *Direito das coisas*. 43ª ed. São Paulo: Saraiva, 2013.

PENTEADO, Luciano de Camargo. *Manual de direito civil*: coisas. 1ª ed. São Paulo: Revista dos Tribunais, 2013.

PEREIRA, Caio Mário da Silva. *Instituições de direito civil*: direitos reais. 26ª ed. Revista e atualizada por Carlos Edison do Rêgo Monteiro Filho. Rio de Janeiro: Forense, 2018.

RESTA, Giorgio. *La morte digitale*. Il diritto dell'informazione e dell'informatica, n. 6, 2014, p. 891-920.

VERSIANI, Fernanda Valle. *Usufruto de participações societárias*: uma visão de planejamento sucessório em empresas familiares. Belo Horizonte: Editora D'Plácido, 2017.

Informação bibliográfica deste texto, conforme a NBR 6023:2018 da Associação Brasileira de Normas Técnicas (ABNT):

MILAGRES, Marcelo de Oliveira. Posse de bens incorpóreos: uma possibilidade?. *In*: EHRHARDT JÚNIOR, Marcos; CATALAN, Marcos (coord.). *Entre riscos, danos e contratos*: a inteligência artificial nas relações patrimoniais. Belo Horizonte: Fórum, 2024. p. 273-284. ISBN 978-65-5518-837-0.

EXPLORANDO TÉCNICAS DE MANIPULAÇÃO DIGITAL NO MERCADO DE CONSUMO: UM ESTUDO SOBRE O IMPACTO JURÍDICO DO *ASTROTURFING* E DAS FAZENDAS DE CLIQUE

GABRIELA BUARQUE

Introdução

O mercado digital transformou significativamente a dinâmica de consumo, oferecendo novas oportunidades para as empresas alcançarem e engajarem os consumidores. Essa ascensão também trouxe à tona práticas obscuras, que podem desafiar os princípios éticos e legais, ameaçando a integridade do ambiente digital e distorcendo a percepção pública. Dentre essas práticas, destacam-se o *astroturfing* e as fazendas de clique, técnicas de manipulação que exploram as redes sociais e os mecanismos de busca para influenciar a opinião pública e distorcer a realidade do mercado.

Este artigo visa investigar o impacto jurídico do *astroturfing* e das fazendas de clique no contexto do mercado de consumo. Por meio de metodologia dedutiva de revisão bibliográfica, será procedida uma análise detalhada da dinâmica dessas práticas, avaliando-se os desafios jurídicos enfrentados por reguladores, empresas e consumidores diante desses fenômenos digitais na garantia de transparência, equidade e proteção aos direitos dos consumidores.

A compreensão desse panorama torna-se imprescindível para um debate multissetorial que promova os interesses envolvidos de uma maneira equilibrada em um ambiente digital mais ético. Nesse sentido, busca-se não somente lançar luz sobre as complexidades dessas práticas manipulativas, mas também destacar a necessidade de categorização jurídica desse fenômeno para proteger a integridade do mercado de consumo em uma era cada vez mais digitalizada.

1 O campo digital e as estratégias de manipulação

A questão da manipulação não é nova na história da humanidade. No entanto, o advento dos meios de comunicação de massa no século XX pode ser visto como um divisor marcante para a compreensão do fenômeno, na medida em que mostrou não apenas a maior facilidade de divulgar conteúdo para um grande número de pessoas, como também o poder que resulta dessa capacidade.[1] Daí a importância do controle da informação e das diversas formas pelas quais se pode exercer poder informacional, tais como a definição das pautas dos assuntos considerados relevantes (*agenda setting*), a omissão dos assuntos inconvenientes e a "moldura" das informações que seriam transmitidas ao grande público (*framing*).[2]

O ambiente digital possibilita uma série de fluxos informacionais personalizados, momentâneos e nem sempre rastreáveis, induzindo o usuário a um ritmo frenético comunicacional. Outra característica do ambiente informacional digital é que este traz uma falsa sensação de anonimato, possibilitando a ação cada vez mais intensa e constante de agentes interessados em explorar a desinformação, bem como em distorcer o espaço público por meio de diversas táticas, incluindo robôs, contas e perfis falsos, que se utilizam de técnicas de manipulação para, por meio de simulações de interações naturais, criar distorções no fluxo comunicativo e as chamadas "bolhas" informacionais.[3]

---

1 FRAZÃO, Ana. Direito ao livre pensamento na era digital: a necessária proteção das pessoas contra as múltiplas e variadas estratégias de manipulação. *In*: MENEZES, Joyceane Bezerra de; BARBOSA, Fernanda Nunes. *A prioridade da pessoa humana no Direito Civil-Constitucional*. São Paulo: Editora Foco, 2024. p. 3-21. p. 5.

2 FRAZÃO, Ana. Direito ao livre pensamento na era digital: a necessária proteção das pessoas contra as múltiplas e variadas estratégias de manipulação. *In*: MENEZES, Joyceane Bezerra de; BARBOSA, Fernanda Nunes. *A prioridade da pessoa humana no Direito Civil-Constitucional*. São Paulo: Editora Foco, 2024. p. 3-21. p. 5.

3 FRAZÃO, Ana. Direito ao livre pensamento na era digital: a necessária proteção das pessoas contra as múltiplas e variadas estratégias de manipulação. *In*: MENEZES,

O cerne de muitas das estratégias de manipulação é o desrespeito à autonomia do destinatário da informação e a tentativa de instrumentalizá-lo, seja por meio da exploração de heurísticas, vieses, limitações de racionalidade, fadiga informacional e estados mentais sensíveis, seja por meio do engano e da desinformação ou, até mesmo, pela subversão do seu processo decisório com base em técnicas que agem sobre o seu subconsciente.[4]

Desde a disseminação das redes sociais e de sua expansão em diversos setores sociais, a internet tem convivido com a criação de perfis falsos. Apesar de muitos perfis falsos serem criados com o intuito de cometer crimes contra a honra, sob o pretenso anonimato da internet, há também aqueles cadastrados para encontrar determinado público-alvo nas redes sociais, como robôs, bem como influenciar hábitos de consumo.

Essa influência pode surgir não meramente nas tarefas automatizadas que enviam publicidade, mas também em estratégias de manipulação das mais variadas ordens. É possível, por exemplo, que existam opiniões camufladas nas redes sociais sobre um produto ou serviço consumido que, todavia, não aconteceu de fato.[5] Algumas empresas criam nas redes sociais movimentos artificiais, embora rotulados de espontâneos, com o fito de promover a marca de maneira enganosa ou refrear uma marca concorrente, estratégia publicitária chamada de *astroturfing*.[6]

Quando detectado, o *astroturfing* também pode trazer impactos deletérios para as empresas autoras. Nesse ponto, os consumidores podem recorrer às ações colaborativas para denunciar o responsável pela manipulação digital, acarretando descrédito na marca. As empresas passam, então, a se preocupar com o desenvolvimento de uma profilaxia

---

Joyceane Bezerra de; BARBOSA, Fernanda Nunes. *A prioridade da pessoa humana no Direito Civil-Constitucional.* São Paulo: Editora Foco, 2024. p. 3-21. p. 9.

4 FRAZÃO, Ana. Direito ao livre pensamento na era digital: a necessária proteção das pessoas contra as múltiplas e variadas estratégias de manipulação. *In*: MENEZES, Joyceane Bezerra de; BARBOSA, Fernanda Nunes. *A prioridade da pessoa humana no Direito Civil-Constitucional.* São Paulo: Editora Foco, 2024. p. 3-21. p. 9.

5 MARTINEZ, Regina Célia; QUEIROZ, Maurício Veloso; MELLO, Cristiane Maria Freitas de. Da necessidade de intervenção estatal para combater o astroturfing nas relações cibernéticas de consumo. *Revista Jurídica da Presidência*, Brasília, v. 21, n. 123, fev./mar., p. 183. Acesso em: 12 mar. 2020.

6 MARTINEZ, Regina Célia; QUEIROZ, Maurício Veloso; MELLO, Cristiane Maria Freitas de. Da necessidade de intervenção estatal para combater o astroturfing nas relações cibernéticas de consumo. *Revista Jurídica da Presidência*, Brasília, v. 21, n. 123, fev./mar., p. 178. Acesso em: 12 mar. 2020.

para repelir falsas opiniões de usuários contratados pelos concorrentes que desejam atacá-la, recorrendo à prestação de serviços de profissionais que oferecem assessoria digital, especializados em monitorar o engajamento da marca perante os internautas, rastreando indícios de difamações externadas por possíveis usuários ou que circulam de maneira anônima no universo *on-line*, objetivando denunciá-las para as empresas que administram o sistema no qual foi encontrado o conteúdo ilegítimo ou autoridades que deverão investigar o caso e retirar o conteúdo da internet.[7]

Reunir um número expressivo de pessoas – ainda que fantasiosamente e com o compartilhamento de opiniões forjadas – em torno de comunidades virtuais é um instrumento forte para influenciar os hábitos no mercado de consumo, seja para adquirir determinado produto ou serviço, seja para rejeitá-los, caso o consumidor não identifique de imediato a artificialidade.[8] A dificuldade nessa percepção e a ausência de instrumentos cibernéticos para coibir a prática de *astroturfing* fizeram com que a prática integrasse abertamente a prateleira das agências publicitárias especializadas em *marketing* nas redes sociais.[9] Nesse ponto:

> Por meio do *astroturfing*, a publicidade induz, por exemplo, que um grupo massivo de pessoas está de fato consumindo determinado produto ou serviço para apoiar um movimento popular, porém o movimento falso possui, na realidade, uma única conotação: vender.[10]

Essa estratégia cibernética gera contornos arriscados, não só por publicar dados falsos, como também por impor uma concorrência desleal, ao produzir publicidade a partir de falsos comentários

7 REZENDE, Heitor Pinheiro de; FARIAS, Luis Alberto Beserra de. Astroturfing e suas aplicações na internet. *In*: Simpósio Nacional da ABCiber, 8ª edição, 2014, São Paulo. *Anais*. São Paulo: 2014. Disponível em: https://abciber.org.br/simposio2014/anais/GTs/heitor_pinheiro_de_rezende_19.pdf. Acesso em: 11 mar. 2024.

8 MARTINEZ, Regina Célia; QUEIROZ, Maurício Veloso; MELLO, Cristiane Maria Freitas de. Da necessidade de intervenção estatal para combater o astroturfing nas relações cibernéticas de consumo. *Revista Jurídica da Presidência*, Brasília, v. 21, n. 123, fev./mar., p. 184. Acesso em: 12 mar. 2020.

9 MARTINEZ, Regina Célia; QUEIROZ, Maurício Veloso; MELLO, Cristiane Maria Freitas de. Da necessidade de intervenção estatal para combater o astroturfing nas relações cibernéticas de consumo. *Revista Jurídica da Presidência*, Brasília, v. 21, n. 123, fev./mar., p. 184. Acesso em: 12 mar. 2020.

10 MARTINEZ, Regina Célia; QUEIROZ, Maurício Veloso; MELLO, Cristiane Maria Freitas de. Da necessidade de intervenção estatal para combater o astroturfing nas relações cibernéticas de consumo. *Revista Jurídica da Presidência*, Brasília, v. 21, n. 123, fev./mar., p. 186. Acesso em: 12 mar. 2020.

favoráveis gerados por programas específicos para valorização da marca ou dos objetos da relação de consumo.[11]

Nesse contexto, atos simples, como curtidas em *posts* e seguidores nas redes sociais, são potencialmente práticas de manipulação quando não utilizadas de forma orgânica por consumidores de conteúdos digitais. Há pessoas que passam o dia curtindo, comentando e seguindo perfis em plataformas de mídias sociais como atividade de trabalho a mando de outras plataformas.[12] São as empresas responsáveis pela venda de curtidas, as chamadas fazendas de cliques.[13]

Uma das primeiras iniciativas nesse sentido foi o *site* gettingbooksreviews.com, fundado em 2010, que cobrava 99 dólares por uma avaliação positiva de um livro na Amazon, 499 dólares por 20 avaliações positivas e 99 dólares por 50 avaliações positivas.[14] Nesse sentido, as fazendas de cliques agem como parasitas de microtrabalho no que tange ao funcionamento das redes sociais e, normalmente, atuam por meio de trabalho plataformizado com gerenciamento algorítmico e extração de dados como forma de capital.

Contemporaneamente, as decisões dos consumidores são normalmente baseadas em comentários e classificações avaliativas sobre o produto e o serviço disponível nas plataformas de mercado. Nesse cenário, normalmente os consumidores utilizam o método da colaboratividade de informações transmitidas nas redes sociais para criar uma opinião sobre as marcas concorrentes. No contexto de distorção das plataformas de mercado, a contratação implica na "compra" de comentários de um grupo de pessoas que avaliou positivamente o

---

11 MARTINEZ, Regina Célia; QUEIROZ, Maurício Veloso; MELLO, Cristiane Maria Freitas de. Da necessidade de intervenção estatal para combater o astroturfing nas relações cibernéticas de consumo. *Revista Jurídica da Presidência*, Brasília, v. 21, n. 123, fev./mar., p. 192. Acesso em: 12 mar. 2020.

12 GROHMANN, Rafael *et al.* Plataformas de fazendas de cliques: condições de trabalho, materialidades e formas de organização. *Galáxia* (São Paulo, online). ISSN: 1982-2553. v. 47, 2022, p. 1-24. Disponível em: https://www.scielo.br/j/gal/a/kW4Xg4Y4jQBcfmYcQq34vmQ/. Acesso em: 04 mar. 2024.

13 SILVA, André Duarte da *et al.* O impacto do Astroturfing nas relações midiáticas: uma análise a partir de Click Farms e da Publicidade. *In*: *Congresso de Ciências da Comunicação na Região Nordeste*, 23ª ed., *Anais*, 2023, Campina Grande. Disponível em: https://sistemas.intercom.org.br/pdf/submissao/regional/6/05272023170700647262e4e05ff.pdf. Acesso em: 06 mar. 2024.

14 ALVES, Fabricio Germano *et al.* El Astroturfing como una estrategia publicitaria enganosa y abusiva en las plataformas de mercado. *Rev. Cad. Comun.*, Santa Maria, v. 25, n. 2, maio/ago. 2021. p. 1-27. p. 12. Disponível em: https://periodicos.ufsm.br/ccomunicacao/article/view/63615. Acesso em: 07 mar. 2024.

produto ou serviço do fornecedor ou negativamente a comercialização do concorrente.[15]

A expressão *gig economy* é utilizada para se referir ao uso crescente de plataformas digitais para execução de trabalhos. A *gig economy* é o histórico norma na economia da América Latina, de modo que o trabalho informal é uma característica na classe trabalhadora latino-americana muito antes do advento das tecnologias digitais.[16] A novidade é a subordinação algorítmica dos trabalhadores às plataformas digitais e seus mecanismos no contexto de plataformização: o trabalho de plataforma intensifica e renova o antigo trabalho informal mediante novos modos de controle e exploração.[17]

Assim, a internet abriu espaço para uma configuração diferenciada da opinião pública, ao passo que criou uma gama de novas possibilidades de colaboração e participação popular. No mesmo panorama, criou um novo mercado de trabalho, com características específicas e precarizadas, que impactam na formação de perspectivas digitais.

2 O funcionamento das fazendas de cliques e do *astroturfing*

Não há como se pensar o mercado de comunicação digital sem compreender o papel das fazendas de cliques. Na América Latina, há um intenso mercado envolvendo as plataformas de microtrabalho, envolvendo especialmente Venezuela, Argentina e Brasil:

> Podemos classificar as plataformas de microtrabalho, em geral, em três tipos: 1) cujos trabalhadores treinam e produzem dados para processos de inteligência artificial, como alimentar algoritmos de reconhecimento facial, abastecer bancos de dados, e classificar/anotar imagens. São exemplos: *Amazon Mechanical Turk*, *Appen* e *Lionbridge*, todas vindas do

---

15 ALVES, Fabricio Germano *et al.* El Astroturfing como una estrategia publicitaria enganosa y abusiva en las plataformas de mercado. *Rev. Cad. Comun.*, Santa Maria, v. 25, n. 2, maio/ago. 2021. p. 1-27. p. 12. Disponível em: https://periodicos.ufsm.br/ccomunicacao/article/view/63615. Acesso em: 07 mar. 2024.

16 GROHMANN, Rafael *et al.* Click farm platforms and informal work in Brazil. *Future of Work(ers) SCIS Working Paper Number* 34. Southern Centre for Inequality Studies, Wits University. Disponível em: https://wiredspace.wits.ac.za/server/api/core/bitstreams/0e06ad71-37b6-4d11-8ee2-873a1bc15a61/content. Acesso em: 15 mar. 2024.

17 GROHMANN, Rafael *et al.* Click farm platforms and informal work in Brazil. *Future of Work(ers) SCIS Working Paper Number* 34. Southern Centre for Inequality Studies, Wits University. Disponível em: https://wiredspace.wits.ac.za/server/api/core/bitstreams/0e06ad71-37b6-4d11-8ee2-873a1bc15a61/content. Acesso em: 15 mar. 2024.

Norte global; 2) cujos trabalhadores atuam como moderadores de conteúdo, terceirizados de grandes empresas de tecnologia/plataformas de mídias sociais, como *Twitter, Google* e *Facebook,* responsáveis por "limpar" manualmente todo o conteúdo considerado nocivo ou proibido. São exemplos *Cognizant* e *Pactera;* 3) fazendas de cliques, cujos trabalhadores são pagos para curtir, comentar e seguir perfis e vídeos/fotos em mídias sociais como *Instagram, TikTok* e *YouTube.* Desta forma, as plataformas de fazendas de cliques são um tipo de plataforma de microtrabalho, e, entre elas, a menos conhecida da literatura até o momento.[18]

As primeiras fazendas de clique surgiram nos primeiros anos da década passada, em países do Sudeste da Ásia, atendendo a mercados externos e, no Brasil, têm ganhado tração nos últimos anos, com uma clientela 100% nacional, que abrange *influencers,* políticos e artistas:[19]

> Neste percurso exploratório, detectamos a presença de políticos, músicos, apresentadores de televisão e jogadores de futebol. Contudo, consideramos sua quantidade pequena, quase anedótica. Mesmo que a amostra tenha seus limites, podemos afirmar que a maioria dos clientes são influenciadores. Isso passa por perfis verificados e não verificados, com alcance e tamanho distintos. Entretanto, destacamos uma forte presença de perfis de influenciadores da área da saúde, como personal trainers e instrutores de crossfit.[20]

Observa-se, ainda, que a maioria das fazendas de cliques focadas em plataformas de mídia social dos EUA está baseada em países asiáticos, como Indonésia, Filipinas, Bangladesh e Índia, enquanto a maioria dos compradores de cliques está concentrada na América do Norte e na Europa.[21] As principais plataformas de fazendas de cliques sediadas

[18] GROHMANN, Rafael *et al.* Plataformas de fazendas de cliques: condições de trabalho, materialidades e formas de organização. *Galáxia* (São Paulo, *online*). ISSN: 1982-2553. v. 47, 2022, p. 1-24. Disponível em: https://www.scielo.br/j/gal/a/kW4Xg4Y4jQBcfmYcQq34vmQ/. Acesso em: 04 mar. 2024.

[19] DUVANEL, Talita. Fazenda de cliques: como funciona o esquema de compra e venda de engajamento nas redes sociais. *O Globo.* Disponível em: https://oglobo.globo.com/cultura/noticia/2022/05/fazenda-de-cliques-como-funciona-o-esquema-de-compra-e-venda-de-engajamento-nas-redes-sociais.ghtml. Acesso em: 09 mar. 2024.

[20] GROHMANN, Rafael *et al.* Plataformas de fazendas de cliques: condições de trabalho, materialidades e formas de organização. *Galáxia* (São Paulo, *online*). ISSN: 1982-2553. v. 47, 2022, p. 1-24. Disponível em: https://www.scielo.br/j/gal/a/kW4Xg4Y4jQBcfmYcQq34vmQ/. Acesso em: 04 mar. 2024.

[21] LINDQUIST, Johan. Illicit economies of the internet. *Made in China Journal.* Disponível em: https://madeinchinajournal.com/2019/01/12/illicit-economies-of-the-internet-click-farming-in-indonesia-and-beyond/. Acesso em: 12 mar. 2024.

no Brasil são GanharNoInsta,[22] Dizu,[23] FarmarSocial[24] e SigaSocial,[25] em cidades como Goiânia/GO e Santa Rosa/RS.[26] A maioria delas se define como empresas de *marketing* digital voltadas para redes sociais que, em síntese, atuam no engajamento artificial de personalidades ou marcas.

As plataformas mais comumente apontadas como alvo nesse momento são Instagram, TikTok, Kwai e Facebook, sendo o Instagram a mais utilizada.[27] O perfil dos trabalhadores – verificado em pesquisas conduzidas por meio de entrevistas, observações em grupos de WhatsApp e Facebook – é de pessoas em relação de trabalho informal, fora das plataformas, inclusive como catadores de latinha.[28] Esse fenômeno é também fomentado porque todas as tarefas são realizadas em português e podem ser desenvolvidas por meio de celulares, atraindo uma demanda de trabalhadores. Impende ressaltar que os trabalhadores apenas são pagos pelas tarefas que possam ser checadas pela plataforma. Ou seja, quando um perfil é bloqueado, a fazenda de cliques não consegue fazer a checagem e o trabalhador não recebe pela tarefa:

> Na interface da plataforma para o trabalhador, há um menu chamado "dicas e tutoriais", cuja chamada principal afirma: "dicas para ter menos bloqueios no Instagram" – a principal plataforma utilizada. Ali, há inclusive vídeos de YouTube para "criação de contas de alta qualidade" e "evitar/resolver bloqueios". Uma das dicas é: "recomendamos que crie as contas em navegador no modo anônimo, preferencialmente no celular, utilizando a rede 3G/4G. Caso você queira criar mais de uma

---

22 GANHAR NO INSTA. Disponível em: https://ganharnoinsta.com.br/category/marketing-digital/. Acesso em: 24 mar. 2024.

23 DIZU. Disponível em: https://www.instagram.com/_dizu.oficial/. Acesso em: 24 mar. 2024.

24 FARMAR SOCIAL. Disponível em: https://www.facebook.com/groups/345146029968499/. Acesso em: 24 mar. 2024.

25 SIGASOCIAL. Disponível em: https://www.sigasocial.com/. Acesso em: 24 mar. 2024.

26 GROHMANN, Rafael *et al.* Plataformas de fazendas de cliques: condições de trabalho, materialidades e formas de organização. *Galáxia* (São Paulo, *online*). ISSN: 1982-2553. v. 47, 2022, p. 1-24. Disponível em: https://www.scielo.br/j/gal/a/kW4Xg4Y4jQBcfmYcQq34vmQ/. Acesso em: 04 mar. 2024.

27 GROHMANN, Rafael *et al.* Plataformas de fazendas de cliques: condições de trabalho, materialidades e formas de organização. *Galáxia* (São Paulo, *online*). ISSN: 1982-2553. v. 47, 2022, p. 1-24. Disponível em: https://www.scielo.br/j/gal/a/kW4Xg4Y4jQBcfmYcQq34vmQ/. Acesso em: 04 mar. 2024.

28 GROHMANN, Rafael *et al.* Plataformas de fazendas de cliques: condições de trabalho, materialidades e formas de organização. *Galáxia* (São Paulo, *online*). ISSN: 1982-2553. v. 47, 2022, p. 1-24. Disponível em: https://www.scielo.br/j/gal/a/kW4Xg4Y4jQBcfmYcQq34vmQ/. Acesso em: 04 mar. 2024.

conta, reinicie o celular antes de proceder para a criação da próxima conta. Uma quantidade considerada segura com base no feedback de nossos usuários é de 30 ações por hora".[29]

IMAGEM 1 – Fazenda de cliques "turbina" vendas

Fonte: PORTINARI, 2017.

Esse cenário contribui para uma condição laboral incompatível com princípios de trabalho decente, uma vez que, para tentar atingir os ganhos prometidos, alguns trabalhadores acabam tendo rotinas e horários insalubres, com cerca de 12 horas diárias de atividades que envolvem as fazendas de cliques.[30] Esse circuito também envolve a criação de perfis e o trabalho com *bots*, o que acarreta uma jornada excessiva. Rafael Grohmann detalha que uma das trabalhadoras entrevistadas afirmou que, "se você fizer corpo mole, você não vai ganhar. Então essa imagem 'ah, vou trabalhar pouco' engana, porque eu trabalho mais do que se estivesse trabalhando com CLT".[31]

---

[29] GROHMANN, Rafael *et al.* Plataformas de fazendas de cliques: condições de trabalho, materialidades e formas de organização. *Galáxia* (São Paulo, *online*). ISSN: 1982-2553. v. 47, 2022, p. 1-24. Disponível em: https://www.scielo.br/j/gal/a/kW4Xg4Y4jQBcfmYcQq34vmQ/. Acesso em: 04 mar. 2024.

[30] GROHMANN, Rafael *et al.* Plataformas de fazendas de cliques: condições de trabalho, materialidades e formas de organização. *Galáxia* (São Paulo, *online*). ISSN: 1982-2553. v. 47, 2022, p. 1-24. Disponível em: https://www.scielo.br/j/gal/a/kW4Xg4Y4jQBcfmYcQq34vmQ/. Acesso em: 04 mar. 2024.

[31] GROHMANN, Rafael *et al.* Plataformas de fazendas de cliques: condições de trabalho, materialidades e formas de organização. *Galáxia* (São Paulo, *online*). ISSN: 1982-2553. v. 47,

A maioria dos trabalhadores entrevistados afirma que conheceu as fazendas de cliques por meio de canais do YouTube prometendo renda extra e renda fácil, de propriedade de pessoas que se apresentam como estrategistas de *marketing* digital e empreendedores digitais. O apelo presente nos vídeos é principalmente no foco em ganhos ou nas promessas de rendimento e de riqueza:

> Nos grupos de *Facebook* e *WhatsApp*, observamos como os anúncios para trabalho de apenas clicar, atrelado à promessa de ganhar dinheiro fácil atrai muitas trabalhadoras com baixa escolaridade e que, muitas vezes, nem computador ou celular próprio têm. Elas começam a trabalhar com um celular emprestado e, com o dinheiro que ganham nas plataformas, conseguem comprar o primeiro aparelho. Este não é um exemplo isolado: os relatos de novas aquisições, no grupo – seja de um celular, seja um cosmético ou comida –, são frequentes. Em um caso compartilhado em um grupo de Facebook, uma trabalhadora dessas plataformas afirmou que ficou chateada porque outros trabalhadores falaram que ela apenas reclama que precisa de dinheiro logo e está ansiosa para receber seu pagamento. Quando ela finalmente foi paga, postou uma foto de sua geladeira cheia de comida, agradecendo à plataforma pelo dinheiro, a Deus por poder comprar comida e especialmente por ter essas plataformas para trabalhar. Esses relatos de agradecimento a Deus e às plataformas são muito frequentes também em comentários de vídeos do YouTube. Segundo essa trabalhadora, mesmo com os problemas gerados por esse tipo de atividade/trabalho, essas plataformas ajudam muito quando não há outro trabalho.[32]

Verifica-se, portanto, que tais plataformas têm obtido certo espaço de mercado, a partir da precariedade do microtrabalho e da sensação de "oportunidade" e "empreendedorismo" gerada pelas plataformas. Isso desenvolve o engajamento artificial nas redes sociais de personalidades e de marcas, o que, por sua vez, influencia a percepção do consumidor no campo digital. Considerando que a remuneração por tarefa é muito baixa, os trabalhadores recorrem à criação de múltiplos perfis para ter rentabilidade:

2022, p. 1-24. Disponível em: https://www.scielo.br/j/gal/a/kW4Xg4Y4jQBcfmYcQq34vmQ/. Acesso em: 04 mar. 2024.

32 GROHMANN, Rafael *et al.* Plataformas de fazendas de cliques: condições de trabalho, materialidades e formas de organização. *Galáxia* (São Paulo, *online*). ISSN: 1982-2553. v. 47, 2022, p. 1-24. Disponível em: https://www.scielo.br/j/gal/a/kW4Xg4Y4jQBcfmYcQq34vmQ/. Acesso em: 04 mar. 2024.

Isso significa, na visão deles, dilemas éticos na criação de e-mails temporários e contas falsas para trabalhar para as plataformas. Uma das trabalhadoras entrevistadas afirmou que tem táticas para a criação desses perfis: ou cria contas de celebridades ou de parentes próximos (e pede permissão a eles), pois tem medo de ser processada judicialmente pela criação de perfis falsos. Outro trabalhador afirma que não teria coragem de comentar e seguir contas com seu próprio perfil, e precisa separar a vida pessoal que está em seu Instagram da renda extra que ganha com as plataformas. Alguns chegam a criar rostos falsos por meio da inteligência artificial em sites como *This Person Does Not Exist*. Há trabalhadores que atuam com até 200 perfis ao mesmo tempo, com vários e-mails temporários. Uma trabalhadora entrevistada afirma: "nós criamos perfis falsos, sim; do contrário, você não faz dinheiro". Muitas vezes é necessário utilizar mais de um aparelho – celular ou computador de mesa para conseguir gerenciar todas as contas. Em um canal do *YouTube*, um trabalhador pergunta nos comentários se essas práticas são legais, ao que o *youtuber* responde: "não é ilegal, mas o *Instagram* não gosta".[33]

Outra tática é a automatização de tarefas por meio de *bots*, robôs que comportam até 300 contas simultâneas e automaticamente curtem, comentam e seguem as páginas solicitadas pelas plataformas:

> Em suma: a) clientes compram fazendas de cliques em busca de seguidores reais; b) as tarefas são terceirizadas para uma multidão mal paga de trabalhadores; c) cansados das condições, os trabalhadores terceirizam mais uma vez o serviço, desta vez para *bots* (justamente o que os clientes não gostariam de comprar). Assim, com o uso de *bots*, se há contas bloqueadas, pelo menos elas não foram manuseadas com a força de trabalho das pessoas. Uma das trabalhadoras entrevistadas afirma: "Houve um tempo que era errado usar *bots*. Nós éramos bloqueados. Atualmente, a gente só consegue fazer dinheiro com o uso de *bots*. Quem só faz trabalho manual não está conseguindo".[34]

---

33 GROHMANN, Rafael *et al.* Plataformas de fazendas de cliques: condições de trabalho, materialidades e formas de organização. *Galáxia* (São Paulo, *online*). ISSN: 1982-2553. v. 47, 2022, p. 1-24. Disponível em: https://www.scielo.br/j/gal/a/kW4Xg4Y4jQBcfmYcQq34vmQ/. Acesso em: 04 mar. 2024.

34 GROHMANN, Rafael *et al.* Plataformas de fazendas de cliques: condições de trabalho, materialidades e formas de organização. *Galáxia* (São Paulo, *online*). ISSN: 1982-2553. v. 47, 2022, p. 1-24. Disponível em: https://www.scielo.br/j/gal/a/kW4Xg4Y4jQBcfmYcQq34vmQ/. Acesso em: 04 mar. 2024.

Há, portanto, uma necessidade de multiplicação de perfis:

IMAGEM 2 – Fazenda de cliques

Fonte: OLHAR DIGITAL, 2017.

Os grupos de WhatsApp são as infraestruturas facilitadoras desses mercados paralelos, como lugares para comércio, comunicação e organização entre trabalhadores:

> Um dos anúncios diz: "boa noite, amigos! Compre contas boas no Instagram por R$ 1,50. Tenho clientes que estão rodando há duas semanas sem bloqueio. Tenho indicações! Contas vem com bio, 100 seguidores, 5 fotos, like em todas". Os vendedores prometem alto desempenho, e vendem desde contas vazias (por cerca de R$ 0,70) até o que chamam de contas alto padrão. Quanto mais seguidores, fotos e detalhes a conta tiver, mais alto padrão ela será, e, consequentemente, mais difícil de ser bloqueada pelas plataformas de mídias sociais. Essas contas são usadas somente com a finalidade de seguir e comentar perfis para as fazendas de cliques.[35]

---

[35] GROHMANN, Rafael *et al.* Plataformas de fazendas de cliques: condições de trabalho, materialidades e formas de organização. *Galáxia* (São Paulo, *online*). ISSN: 1982-2553. v. 47, 2022, p. 1-24. Disponível em: https://www.scielo.br/j/gal/a/kW4Xg4Y4jQBcfmYcQq34vmQ/. Acesso em: 04 mar. 2024.

Nesses grupos, os trabalhadores anunciam que têm "mentorias abertas" e pedem aos interessados que enviem *inbox* para mais informações.[36] Um exemplo é o *e-book Como lucrar com a venda de seguidores no Instagram: estratégias simples, fáceis e sem investimento para transformar seu tempo livre em uma máquina de vendas*, de autoria de um revendedor presente em vários grupos de WhatsApp e que faz parte de uma empresa "focada na formação de empreendedores e aspirantes com foco em serviços para mídias sociais", em uma mistura de neoliberalismo e trabalho informal.[37]

A aquisição desses serviços costuma ser barata. Um pacote para ganhar mil seguidores brasileiros "reais" em até 24 horas no Instagram custava, em média, R$35,00 em um dos *sites* que oferecem esse tipo de serviço, enquanto o lote de mil curtidas saía por R$5,00; cem comentários com emojis numa postagem, R$16,00.[38] Desse montante, quase nada resta para os "clicadores": em um grupo de WhatsApp que reúne 218 participantes, de diversas partes do Brasil, uma integrante contava na sexta-feira à tarde que "lucrou" R$1,30 após ficar "trabalhando" por cinco horas.[39]

---

36 GROHMANN, Rafael *et al.* Click farm platforms and informal work in Brazil. *Future of Work(ers) SCIS Working Paper Number* 34. Southern Centre for Inequality Studies, Wits University. Disponível em: https://wiredspace.wits.ac.za/server/api/core/bitstreams/0e06ad71-37b6-4d11-8ee2-873a1bc15a61/content. Acesso em: 15 mar. 2024.

37 GROHMANN, Rafael *et al.* Click farm platforms and informal work in Brazil. *Future of Work(ers) SCIS Working Paper Number* 34. Southern Centre for Inequality Studies, Wits University. Disponível em: https://wiredspace.wits.ac.za/server/api/core/bitstreams/0e06ad71-37b6-4d11-8ee2-873a1bc15a61/content. Acesso em: 15 mar. 2024.

38 DUVANEL, Talita. Fazenda de cliques: como funciona o esquema de compra e venda de engajamento nas redes sociais. *O Globo*. Disponível em: https://oglobo.globo.com/cultura/noticia/2022/05/fazenda-de-cliques-como-funciona-o-esquema-de-compra-e-venda-de-engajamento-nas-redes-sociais.ghtml. Acesso em: 09 mar. 2024.

39 DUVANEL, Talita. Fazenda de cliques: como funciona o esquema de compra e venda de engajamento nas redes sociais. *O Globo*. Disponível em: https://oglobo.globo.com/cultura/noticia/2022/05/fazenda-de-cliques-como-funciona-o-esquema-de-compra-e-venda-de-engajamento-nas-redes-sociais.ghtml. Acesso em: 09 mar. 2024.

IMAGEM 3 – "Fazenda de cliques": o que são e como funcionam?

Fonte: OLHAR DIGITAL, 2024.

A existência das fazendas de clique já significa um sintoma de um problema mais amplo, que envolve certamente o papel da comunicação e de organizações/trabalhadores da área da comunicação.[40] Alguns indícios dessa responsabilidade também estão presentes no alto número de pessoas e plataformas intitulando-se da área de *marketing* digital e na apresentação da missão de uma das empresas, que se coloca a favor de sanar a "dor" de pessoas que desejam se tornar famosas.[41]

Alguns dos anúncios nos grupos virtuais diziam: "Eu ensino as pessoas como obter dados de outras pessoas. Poderia ser por telefone, e-mail, nome ou matrícula"; "Vender cartões de crédito em nome de outras pessoas. Não é um cartão clonado, não é um cartão perdido.

---

[40] GROHMANN, Rafael *et al.* Plataformas de fazendas de cliques: condições de trabalho, materialidades e formas de organização. *Galáxia* (São Paulo, *online*). ISSN: 1982-2553. v. 47, 2022, p. 1-24. Disponível em: https://www.scielo.br/j/gal/a/kW4Xg4Y4jQBcfmYcQq34vmQ/. Acesso em: 04 mar. 2024.

[41] GROHMANN, Rafael *et al.* Plataformas de fazendas de cliques: condições de trabalho, materialidades e formas de organização. *Galáxia* (São Paulo, *online*). ISSN: 1982-2553. v. 47, 2022, p. 1-24. Disponível em: https://www.scielo.br/j/gal/a/kW4Xg4Y4jQBcfmYcQq34vmQ/. Acesso em: 04 mar. 2024.

Você paga US$ 120 e ganha um cartão de US$ 1.300"; "Revendo Netflix ilimitado"; "Venha ver meus golpes e golpistas"; "Venha conhecer meus revendedores na Bet365, Lacoste, internet ilimitada e telas falsas de banco"; e "Falso promoção de dinheiro. Aproveite que o material é muito bom, com preço baixo", sugerindo o desenvolvimento de golpes, falsificações e fraudes como uma camada profunda de trabalho nas plataformas.[42]

Nesse contexto, verifica-se que as fazendas de clique podem funcionar como um instrumento de concretização do *astroturfing*. *Astroturfing* é uma terminologia gerada do nome *Astroturf*, marca de uma empresa norte-americana fundada em 1964, na cidade de Dalton, no estado da Georgia, que produz grama sintética para estádios de futebol americano.[43] A empresa utiliza como mote para suas campanhas publicitárias o primor da grama sintética que produz, considerando-a próxima à natural.[44] A origem do *astroturfing* é datada de 1985 e surge a partir da desconfiança do senador americano Lloyd Bentsen, um democrata do Texas, de que estaria sendo vítima de uma ação semelhante à descrita pelo dramaturgo inglês William Shakespeare no século XVII, na peça *Júlio César*:[45]

> Na obra em questão, César desconfia que estaria sendo vítima de golpe de estado na República Romana, na qual sua oposição tem intenções de dimensionar uma ação tática para influenciar e persuadir o povo romano e a opinião pública contra seu governo. Sendo assim, a expressão citada anteriormente é aplicada para denominar condutas publicitárias ou políticas que incentivam movimentos populares. Compreendendo a força e a dinamicidade deste movimento, a sua aplicação se faz presente

---

42 GROHMANN, Rafael *et al.* Click farm platforms and informal work in Brazil. *Future of Work(ers) SCIS Working Paper Number* 34. Southern Centre for Inequality Studies, Wits University. Disponível em: https://wiredspace.wits.ac.za/server/api/core/bitstreams/0e06ad71-37b6-4d11-8ee2-873a1bc15a61/content. Acesso em: 15 mar. 2024.

43 REZENDE, Heitor Pinheiro de; FARIAS, Luis Alberto Beserra de. Astroturfing e suas aplicações na internet. *In*: Simpósio Nacional da ABCiber, 8ª edição, 2014, São Paulo. *Anais*. São Paulo: 2014. Disponível em: https://abciber.org.br/simposio2014/anais/GTs/heitor_pinheiro_de_rezende_19.pdf. Acesso em: 11 mar. 2024.

44 REZENDE, Heitor Pinheiro de; FARIAS, Luis Alberto Beserra de. Astroturfing e suas aplicações na internet. *In*: Simpósio Nacional da ABCiber, 8ª edição, 2014, São Paulo. *Anais*. São Paulo: 2014. Disponível em: https://abciber.org.br/simposio2014/anais/GTs/heitor_pinheiro_de_rezende_19.pdf. Acesso em: 11 mar. 2024.

45 SILVA, André Duarte da *et al.* O impacto do Astroturfing nas relações midiáticas: uma análise a partir de Click Farms e da Publicidade. *In*: *Congresso de Ciências da Comunicação na Região Nordeste*, 23ª ed., *Anais*, 2023, Campina Grande. Disponível em: https://sistemas.intercom.org.br/pdf/submissao/regional/6/05272023170700647262e4e05ff.pdf. Acesso em: 06 mar. 2024.

> em campanhas publicitárias para Astroturfistas, ou seja, pessoas que usam as propagandas como ferramenta para validação de comentários virtuais sem comprovações e veracidade. Em consequência disso, esses movimentos populares alcançam diferentes pessoas como fator tendencioso, perpetuando nos locais acesso às informações de cada usuário. Como mencionado anteriormente, a influência do *Astroturfing* também está situada nas relações midiáticas, um exemplo muito famoso ocorreu em 1990 com a inauguração do primeiro restaurante do *Mcdonald's*, em Moscou, na Rússia. O evento contou com a participação de milhares de cidadãos, a fila quilométrica evidenciava o desejo das pessoas em conhecer o novo estabelecimento, como mostra no "*Queue to first McDonalds in Moscow in 1990*", em português, "Fila para o primeiro McDonalds em Moscou". Entretanto, o que se sabe a respeito é que as 100 primeiras pessoas eram atores contratados pela empresa, cujo intuito era influenciar os reais clientes.[46]

Com efeito, em 1985, o senador Bentsen envolveu-se em um debate acerca do aumento do benefício nos seguros de vida, o que poderia afetar as principais seguradoras do país. Nesse contexto, o senador recebeu em seu escritório centenas de cartas que teriam supostamente sido escritas pelos cidadãos americanos e que defendiam um posicionamento similar ao das seguradoras americanas: o de que o prêmio não deveria aumentar.

Bentsen foi à imprensa e suas suspeitas vieram a público quando, por meio do jornal *The Washington Post*, em agosto de 1985, ele disse: "Uma pessoa do Texas sabe dizer a diferença entre *grassroots* e *Astro Turf* (...) isso é correspondência criada".[47] A partir dessa declaração, que comparou *grassroots* e *astro turf* – manifestações populares espontâneas nos Estados Unidos e marca de grama artificial criada pela *Monsanto* na década de 1960, respectivamente –, o termo *astroturfing* passou a ser incorporado pela mídia norte-americana no decorrer da década de 1990.

Astroturfing é, então, uma estratégia desenvolvida, sobretudo, *online*, por indivíduos ou grupos de pressão organizados, em regra utilizando falsas identidades e/ou falsos endereços de IP, com o

---

[46] SILVA, André Duarte da *et al.* O impacto do Astroturfing nas relações midiáticas: uma análise a partir de Click Farms e da Publicidade. *In*: *Congresso de Ciências da Comunicação na Região Nordeste*, 23ª ed., *Anais*, 2023, Campina Grande. Disponível em: https://sistemas.intercom.org.br/pdf/submissao/regional/6/05272023170700647262e4e05ff.pdf. Acesso em: 06 mar. 2024.

[47] SOUSA, Pedro Henrique da Mata Rodrigues *et al.* Stealth marketing: captura ilícita do consumidor por meio de estratégias sociopsicológicas. *Revista Direito, Estado e Sociedade*, 2013, p. 18. Disponível em: https://revistades.jur.puc-rio.br/index.php/revistades/article/view/1466. Acesso em: 14 mar. 2024.

objetivo, por exemplo, de manipular informação, atacar ou humilhar um concorrente ou de criar a impressão de grande apoio para uma política, um indivíduo ou um produto, uma marca, etc., onde esse apoio não existe.[48]

3 Do ato ilícito e da publicidade

O *astroturfing* passou a ser um dos principais gargalos no mercado de consumo das plataformas de *marketplace* e comércio eletrônico. Um dos fatores de disseminação de tal prática é a sensação de anonimato que surge no meio virtual. Os fornecedores podem usar diversas estratégias de simulação de um movimento popular positivo para os seus produtos/serviços ou negativo para a marca dos concorrentes – *v.g.*, fóruns *online*, caixas de comentários das vendas propiciadas pelas grandes plataformas de *marketplace*, petições, abaixo-assinados etc. –, com o fito de ludibriar os consumidores por meio desse tipo de publicidade abusiva e fazê-los adquirir os produtos ou serviços da sua marca.[49]

Um caso emblemático sobre o tema foi veiculado no jornal *USA Today*, em 10 de maio de 2011, aduzindo que o Facebook teria contratado a empresa americana *Burson-Marsteller*, uma consultoria de comunicação corporativa e relações públicas, para persuadir grandes veículos de comunicação a divulgar suas denúncias contra a ferramenta de mídia social Google Play – Circle, da empresa Google.[50] A agência *Burson-Marsteller* visava lançar notícias contra a Google, acusando-a de violar a privacidade dos norte-americanos usuários da mídia social, abalando a sua credibilidade perante a opinião pública.[51]

Também cumpre sublinhar o caso da Samsung. A corporação foi demandada judicialmente pela Comissão de Comércio de Taiwan (*Fair Trade Commission of Taiwan*) por pagar funcionários e contratar empresas

---

[48] CÁDIMA, F. Rui. O (des)controlo da Internet: bad bots, astroturfing e flogging. *Revista Brasileira de História da Mídia*, vol. 05, nº 02, jul./dez. 2016, p. 209.

[49] SOUSA, Pedro Henrique da Mata Rodrigues *et al.* Stealth marketing: captura ilícita do consumidor por meio de estratégias sociopsicológicas. *Revista Direito, Estado e Sociedade*, 2013, p. 18. Disponível em: https://revistades.jur.puc-rio.br/index.php/revistades/article/view/1466. Acesso em: 14 mar. 2024.

[50] FOGEL, Stefanie. Google deflects PR firm's attack of Gmail privacy. *Tampa Bay*. Disponível em: https://www.wtsp.com/article/news/google-deflects-pr-firms-attack-of-gmail-privacy/67-387713234. Acesso em: 27 mar. 2024.

[51] REZENDE, Heitor Pinheiro de; FARIAS, Luis Alberto Beserra de. Astroturfing e suas aplicações na internet. *In*: Simpósio Nacional da ABCiber, 8ª edição, 2014, São Paulo. *Anais*. São Paulo: 2014. Disponível em: https://abciber.org.br/simposio2014/anais/GTs/heitor_pinheiro_de_rezende_19.pdf. Acesso em: 11 mar. 2024.

terceirizadas de *marketing* digital para divulgar nas mídias sociais, *blogs*, fóruns e *sites*, falsos elogios do aparelho Galaxy Y Duos GTS6102, bem como incluir comentários negativos das ofertas dos concorrentes, como a High Tech Computer Corporation, fabricante taiwanesa que competia com a Samsung na categoria de *smartphones*.[52]

As mídias sociais também têm manifestado insatisfação em relação às fazendas de cliques. Nesse teor, a Meta processou empresas brasileiras que vendiam seguidores no Instagram, tais como InstaBrasil, Seguidoresgram, InstaCurtidas, SMM Revenda e Seguidores Brasil, sob o fundamento de que tal prática viola os termos de uso da comunidade.[53] Em agosto de 2022, a Meta teria processado as empresas MGM Marketing Digital e Igoo Networks, alegando um esquema de venda de seguidores, curtidas e visualizações nas redes sociais e, além das duas ações judiciais, a empresa teria enviado notificações extrajudiciais a outras 40 empresas que atuavam tanto no Instagram como no Facebook.[54]

Compete evidenciar que a prática da manipulação digital pode caracterizar ilícito civil. Isso porque as comunidades de redes sociais usualmente estabelecem termos de uso e de serviço, nos quais constarão todos os direitos e deveres das partes interessadas, de modo que o descumprimento das cláusulas ou diretrizes por parte do usuário o torna inadimplente no que tange à observância de seus deveres contratuais.

No mesmo contexto, é de se ressaltar a incidência da cláusula da boa-fé objetiva e dos deveres anexos de cooperação e lealdade, que tornam necessária a observância dos ditames contratuais pelo usuário antes, durante e após a execução do negócio jurídico. O princípio da boa-fé, sob um viés objetivo, se reporta a um mínimo padrão de conduta e de deveres anexos de cooperação na relação jurídica que conferem estabilidade às partes, baseando-se na confiança enquanto valor fundante. Para Marcos Ehrhardt Júnior, o princípio:

---

52 O'REILLY, Lara. Samsung fined for posting fake HTC reviews. *Marketing Week*. Disponível em: https://www.marketingweek.com/samsung-fined-for-posting-fake-htc-reviews/. Acesso em: 27 mar. 2024.

53 BARROS, Matheus. Meta processa empresas brasileiras que vendiam seguidores no Instagram. *Olhar Digital*. Disponível em: https://olhardigital.com.br/2022/08/17/internet-e-redes-sociais/meta-processa-empresas-brasileiras-que-vendiam-seguidores-no-instagram/#:~:text=Meta%20processa%20empresas%20brasileiras%20que%20vendiam%20seguidores%20no%20Instagram,-Por%20Matheus%20Barros&text=A%20Meta%2C%20empresa%20dona%20do,e%20seguidores%20falsos%20no%20Instagram. Acesso em: 12 mar. 2024.

54 TUNHOLI, Murilo. Fazenda de Clique: como escapar da prática que mira desempregados. *Giz_br*. Disponível em: https://gizmodo.uol.com.br/fazendas-de-clique-como-escapar-da-pratica-que-mira-desempregados/. Acesso em: 19 mar. 2024.

> É atendido quando as partes desempenham suas condutas de modo honesto, leal e correto, evitando causar danos ao outro (dever de proteção) e garantindo o conhecimento de todas as circunstâncias relevantes para a negociação (dever de informação) – comportamento que faz florescer laços de confiança entre os contratantes. A boa-fé, por conseguinte, exige a adoção de uma postura proativa, traduzida em esmero, dedicação e cooperação na relação obrigacional, enfim, tudo o que se espera de uma fraterna convivência.[55]

Entre as cláusulas que muitas vezes o usuário anui sem sequer ler, pode constar a condição de que o contratante se compromete a não criar perfis inautênticos ou que finjam ser outra pessoa, o que torna ilícita qualquer conduta contrária à disposição nessa relação. Essa previsão consta nos termos de uso do Instagram, por exemplo:

> *Como Não Podes Utilizar o Instagram.* Para podermos fornecer um Serviço seguro e aberto a uma vasta comunidade, é necessário que todos façamos a nossa parte.
> *Não podes fazer-te passar por outra pessoa nem fornecer informações incorretas.* Não tens de divulgar a tua identidade no Instagram, mas tens de fornecer-nos informações precisas e atualizadas (incluindo informações de registo), o que pode incluir fornecer dados pessoais. Além disso, não podes fazer-te passar por outra pessoa ou por algo que não és e não podes criar uma conta para outra pessoa, a menos que tenhas permissão expressa da mesma.
> Não podes fazer nada ilícito, enganador ou fraudulento ou com qualquer finalidade ilegal ou não autorizada.
> *Não podes infringir (ou ajudar ou encorajar outros a infringir) os presentes Termos ou as nossas políticas, incluindo, em particular, as Normas da Comunidade do Instagram, as* Políticas para Programadores e os Termos da Plataforma da Meta *e as Normas Musicais.* Se publicares conteúdos de marca, tens de cumprir as nossas Políticas de Conteúdos de Marca, o que requer que utilizes a nossa ferramenta de conteúdos de marca. Sabe como denunciar condutas ou conteúdos no nosso Centro de Ajuda.
> *Não podes fazer nada que interfira ou prejudique o funcionamento pretendido do Serviço.* Isto inclui a utilização incorreta de qualquer denúncia, contestação ou canal de recurso, como o envio de relatórios ou recursos fraudulentos ou infundados.

---

[55] EHRHARDT JÚNIOR, Marcos Augusto de Albuquerque. *Responsabilidade civil pelo inadimplemento da boa-fé enquanto dever geral de conduta.* 2012. 178 f. Tese (Doutorado em Direito) – Centro de Ciências Jurídicas, Universidade Federal de Pernambuco PPGD/UFPE, Recife, 2012. p. 85.

> *Não podes tentar criar contas nem aceder ou recolher informações de formas não autorizadas.* Isto inclui a criação de contas ou a recolha de informações de forma automática sem a nossa permissão expressa.[56]

Impende ressaltar que, para Marcos Bernardes de Mello,[57] a ilicitude importa sempre em contrariedade ao direito, porquanto configura a não realização dos fins da ordem jurídica, implicando violação das suas normas. As práticas de manipulação digital podem se caracterizar, portanto, como um ato ilícito relativo, isto é, aquele que "se configura pela violação de deveres resultantes de relações jurídicas de direito relativo, nascidas de negócio jurídico ou ato jurídico *stricto sensu*", por violarem os termos de uso das plataformas.[58] No mesmo sentido, Paulo Lôbo afirma:

> O ilícito civil é relativo quando viola direito relativo, cujo titular é sujeito determinado. Há ilícito relativo principalmente no âmbito do inadimplemento negocial, quando a lesão decorre do não cumprimento de obrigação convencional pela outra parte, objeto do direito das obrigações. Nesse sentido, o ilícito é relativo a pessoa determinada, ou seja, à parte inadimplente.[59]

Quando do tratamento dos efeitos do ato ilícito relativo, Marcos Bernardes de Mello argumenta:

> Do ato ilícito relativo em geral nasce pretensão à indenização das perdas e danos. Pode, no entanto, ter outros efeitos, como, por exemplo, gerar a pretensão à desconstituição do negócio jurídico ou da relação jurídica, como nos casos de pretensão à resolução, resilição, denúncia, ou também de exigir o desfazimento de resultado fáctico do descumprimento de obrigação de não fazer (CC, art. 883).[60]

Mas não é somente sob o prisma do ilícito relativo que as práticas de manipulação se apresentam. Isso porque também existem repercussões

---

[56] INSTAGRAM. *Termos de utilização*. Disponível em: https://help.instagram.com/581066165581870/?locale=pt_PT&hl=pt. Acesso em: 10 abr. 2024.

[57] MELLO, Marcos Bernardes de. *Teoria do fato jurídico*: plano da existência. 17. ed. São Paulo: Saraiva, 2014. p. 279.

[58] MELLO, Marcos Bernardes de. *Teoria do fato jurídico*: plano da existência. 17. ed. São Paulo: Saraiva, 2014. p. 307.

[59] LÔBO, Paulo. *Direito civil*: parte geral. 5. ed. São Paulo: Saraiva, 2015. p. 299.

[60] MELLO, Marcos Bernardes de. *Teoria do fato jurídico*: plano da existência. 17. ed. São Paulo: Saraiva, 2014. p. 307.

no campo consumerista no que tange às vedações legais. Nesse contexto, a oferta, enquanto proposta de fornecimento de produto e de serviço, pode se concretizar na forma de apresentação, informação e, principalmente, publicidade, ferramenta que incita à aquisição e à utilização de produtos e de serviços. Para Leonardo Garcia, "o termo publicidade expressa o fato de tornar público (divulgar) o produto ou serviço, com intuito de aproximar o consumidor do fornecedor, promovendo o lucro da atividade comercial".[61]

Um dos pilares da defesa do consumidor é precisamente a tutela contra a propaganda enganosa e abusiva, um dos direitos básicos insculpidos no artigo 6º, IV, do Código de Defesa do Consumidor (CDC). Nesse contexto, a tutela considera a vulnerabilidade inerente à condição de consumidor. Tradicionalmente, aponta-se a existência de vulnerabilidades técnicas, jurídicas e fáticas.[62]

Contemporaneamente, argumenta-se bastante sobre a vulnerabilidade informacional quando a condição das informações é capaz de influenciar o processo decisório de compra. Na contemporânea sociedade de informação, a vulnerabilidade marcante do consumidor é a informativa. Nesse sentido, inclusive, o Superior Tribunal de Justiça, no Recurso Especial nº 1.195.642/RJ, em voto de relatoria da ministra Nancy Andrighi, reconheceu que:

> O que antes podia ser considerado uma espécie de vulnerabilidade técnica, ganhou importância e individualidade com a denominada era da informação ou era digital, período que sucede a era industrial e que se caracteriza pela troca de informações de maneira globalizada e em tempo real. Isso, de um lado, implicou amplo acesso à informação, mas, por outro, conferiu enorme poder àqueles que detêm informações privilegiadas.[63]

Contudo, argumenta-se, ainda, que a vulnerabilidade também se caracteriza sob a perspectiva técnica e fática, sob o fundamento de que as redes sociais podem apresentar elementos tecnológicos com

---

61 GARCIA, Leonardo de Medeiros. *Direito do consumidor*. 5. ed. Niterói: Impetus, 2009.

62 SUPERIOR TRIBUNAL DE JUSTIÇA. *REsp 1.196.951-PI*, DJe 9/4/2012, e *REsp 1.027.165-ES*, DJe 14/6/2011. *REsp 1.195.642-RJ*, Rel. Min. Nancy Andrighi, julgado em 13/11/2012.

63 BRASIL. Superior Tribunal de Justiça. *Recurso Especial nº 1.195.642/RJ*. Relatora Ministra Nancy Andrighi, Terceira Turma, julgado em 13/11/2012, DJe de 21/11/2012. Brasília, 2012. Disponível em: https://processo.stj.jus.br/SCON/jurisprudencia/toc.jsp?livre=%28RESP.clas.+e+%40num%3D%221195642%22%29+ou+%28RESP+adj+%221195642%22%29.suce. Acesso em: 21 mar. 2024.

os quais o usuário não está suficientemente familiarizado.[64] Assim como o reconhecimento da vulnerabilidade, a informação é parte dos princípios da Política Nacional das Relações de Consumo e direito básico do consumidor, nos termos do artigo 4º, IV, e artigo 6º, III, ambos do CDC, consagrando, também, a transparência como um dos objetivos dessa política.

Nesse contexto, o art. 36 do CDC determina que a publicidade deve ser organizada no mercado de consumo de maneira fácil e imediata para que o consumidor possa identificá-la. No mesmo sentido, o art. 28 do Código Brasileiro de Autorregulação Publicitária determina que a publicidade deve ser claramente distinguível em relação à sua natureza, independentemente de sua forma ou meio de veiculação.

O princípio de identificação publicitária, também chamado de princípio de ostentação, é o encarregado de orientar as relações pré-contratuais que as campanhas publicitárias proporcionam.[65] Nesse ponto, a publicidade deve ser transmitida de maneira que permita sua plena identificação por parte do consumidor. Essencialmente, o *stealth marketing*, também denominado de *marketing* furtivo ou invisível, é uma campanha publicitária disfarçada, cujas proporções desenvolvem-se em larga escala no mercado de consumo.[66] A finalidade do *astroturfing*, no caso, é precisamente ocultar opiniões e modificar o verdadeiro aspecto do produto/serviço, contrariando o princípio apontado.[67]

Quando a divulgação é disfarçada, a mensagem desperta um grau de confiança maior, pois, teoricamente, o consumidor não sabe que está diante de uma estratégia comercial e, nesse tipo de publicidade, o córtex órbito-frontal é ativado – onde ocorrem os julgamentos

---

[64] SILVA, José Aparecido Brandolfo e *et al. Vulnerabilidade do consumidor frente à manipulação de dados na internet.* Disponível em: https://ambitojuridico.com.br/cadernos/direito-do-consumidor/vulnerabilidade-do-consumidor-frente-a-manipulacao-de-dados-na-internet/. Acesso em: 16 mar. 2024.

[65] ALVES, Fabricio Germano *et al.* El Astroturfing como una estrategia publicitaria enganosa y abusiva en las plataformas de mercado. *Rev. Cad. Comun.*, Santa Maria, v. 25, n. 2, maio/ago 2021. p. 1-27. p. 12. Disponível em: https://periodicos.ufsm.br/ccomunicacao/article/view/63615. Acesso em: 07 mar. 2024.

[66] SOUSA, Pedro Henrique da Mata Rodrigues *et al.* Stealth marketing: captura ilícita do consumidor por meio de estratégias sociopsicológicas. *Revista Direito, Estado e Sociedade*, 2013, p. 10. Disponível em: https://revistades.jur.puc-rio.br/index.php/revistades/article/view/1466. Acesso em: 14 mar. 2024.

[67] ALVES, Fabricio Germano *et al.* El Astroturfing como una estrategia publicitaria enganosa y abusiva en las plataformas de mercado. *Rev. Cad. Comun.*, Santa Maria, v. 25, n. 2, maio/ago 2021. p. 1-27. p. 12. Disponível em: https://periodicos.ufsm.br/ccomunicacao/article/view/63615. Acesso em: 07 mar. 2024.

morais.[68] Ou seja, em razão de o *stealth marketing* ser um ato deliberado de adentrar, operar ou sair de um mercado de maneira furtiva, sigilosa ou imperceptível, ou, pelo menos, uma tentativa de fazê-lo, o cérebro do consumidor dá passe livre para a informação – publicidade –, a qual, supostamente, o influenciará muito mais do que a advinda de meios tradicionais.[69]

Sendo assim, quando o consumidor é exposto à comunicação de natureza publicitária sem estar ciente disso, pode ser influenciado psicologicamente a adquirir hábitos de consumo sem que haja uma aferição racional acerca da necessidade de obtenção de determinados produtos ou de serviços.[70] É nesse teor que o art. 37 do CDC estipula que é proibida toda publicidade enganosa ou abusiva, ao passo que o §1º determina que é enganosa qualquer modalidade de informação ou comunicação de caráter publicitário, inteira ou parcialmente falsa, ou, por qualquer outro modo, mesmo por omissão, capaz de induzir em erro o consumidor a respeito da natureza, características, qualidade, quantidade, propriedades, origem, preço e quaisquer outros dados sobre produtos e serviços.

A publicidade abusiva está descrita no art. 37, § 2º, do CDC, compreendida como aquela que é discriminatória, que incite à violência, explore o medo ou a superstição, se aproveite da deficiência de julgamento e experiência da criança, desrespeite valores ambientais ou seja capaz de induzir o consumidor a se comportar de forma prejudicial ou perigosa à sua saúde ou segurança.

Impende considerar que a legislação consumerista estabeleceu uma definição geral de abusividade publicitária, tendo em vista que "entre outras" é uma expressão utilizada para abarcar outras espécies de publicidade que possam surgir, mesmo que não estejam expressamente previstas. Trata-se, portanto, de rol meramente exemplificativo, que permite a caracterização da abusividade quando princípios de ordem

---

68 SOUSA, Pedro Henrique da Mata Rodrigues *et al.* Stealth marketing: captura ilícita do consumidor por meio de estratégias sociopsicológicas. *Revista Direito, Estado e Sociedade*, 2013, p. 11. Disponível em: https://revistades.jur.puc-rio.br/index.php/revistades/article/view/1466. Acesso em: 14 mar. 2024.

69 SOUSA, Pedro Henrique da Mata Rodrigues *et al.* Stealth marketing: captura ilícita do consumidor por meio de estratégias sociopsicológicas. *Revista Direito, Estado e Sociedade*, 2013, p. 11. Disponível em: https://revistades.jur.puc-rio.br/index.php/revistades/article/view/1466. Acesso em: 14 mar. 2024.

70 SOUSA, Pedro Henrique da Mata Rodrigues *et al.* Stealth marketing: captura ilícita do consumidor por meio de estratégias sociopsicológicas. *Revista Direito, Estado e Sociedade*, 2013, p. 22. Disponível em: https://revistades.jur.puc-rio.br/index.php/revistades/article/view/1466. Acesso em: 14 mar. 2024.

publicitária são violados, tais como o princípio da identificação da publicidade.[71]

A dificuldade de identificação da prática também pode ser um obstáculo ao combate adequado. A prática é enganosa porque gera um movimento de opinião infundado e é abusiva porque impede que o consumidor identifique uma espécie de publicidade, já que é difícil diferenciar um comentário verdadeiro de um falso nas plataformas do mercado.

Apesar da menção ao engano, cumpre sublinhar que o ato de indução representa o dolo, ou seja, a atuação maliciosa com o intuito de enganar outrem e obter benefício próprio, sugerindo o paralelo, em diálogo de fontes, com o tratamento do vício de consentimento descrito nos arts. 145 a 150 do Código Civil.[72]

Além de adquirir alimentos, vestuário e produtos de higiene, ou seja, de se abastecer de bens materiais para sobreviver, o consumidor busca com o ato de consumo se identificar na sociedade por meio do que compra, a fim de obter um controle das condições de vida, ao mesmo tempo em que almeja se inserir em microgrupos, com o escopo de experimentar emoções e sensibilidades comuns aos outros indivíduos.[73] O que fez do Facebook uma empresa bem-sucedida senão a reunião em um único banco de dados das informações pessoais e das preferências de consumo de uma parcela tão significativa dos consumidores cibernéticos?[74]

Esse campo digital, portanto, demanda cautela no que tange às dinâmicas de *marketing* para não haver abuso ou excesso na liberdade empresarial. Impende ressaltar, ainda, que a conduta abusiva se

---

[71] SOUSA, Pedro Henrique da Mata Rodrigues *et al.* Stealth marketing: captura ilícita do consumidor por meio de estratégias sociopsicológicas. *Revista Direito, Estado e Sociedade*, 2013, p. 18. Disponível em: https://revistades.jur.puc-rio.br/index.php/revistades/article/view/1466. Acesso em: 14 mar. 2024.

[72] SILVA, José Aparecido Brandolfo e *et al. Vulnerabilidade do consumidor frente à manipulação de dados na internet.* Disponível em: https://ambitojuridico.com.br/cadernos/direito-do-consumidor/vulnerabilidade-do-consumidor-frente-a-manipulacao-de-dados-na-internet/. Acesso em: 16 mar. 2024.

[73] MARTINEZ, Regina Célia; QUEIROZ, Maurício Veloso; MELLO, Cristiane Maria Freitas de. Da necessidade de intervenção estatal para combater o astroturfing nas relações cibernéticas de consumo. *Revista Jurídica da Presidência*, Brasília, v. 21, n. 123, fev./mar., p. 182. Acesso em: 12 mar. 2020.

[74] MARTINEZ, Regina Célia; QUEIROZ, Maurício Veloso; MELLO, Cristiane Maria Freitas de. Da necessidade de intervenção estatal para combater o astroturfing nas relações cibernéticas de consumo. *Revista Jurídica da Presidência*, Brasília, v. 21, n. 123, fev./mar., p. 183. Acesso em: 12 mar. 2020.

subsome no art. 187[75] do Código Civil, que preconiza o instituto do abuso de direito. Nesse contexto, Nelson Rosenvald, Cristiano Chaves e Felipe Peixoto discorrem que:

> Em tais situações, bastará à imputação do dano que o agente tenha exercitado um direito – subjetivo ou potestativo – de forma excessiva, frustrando a boa-fé objetiva, os bons costumes ou a função econômico-social para a qual aquela situação jurídica lhe fora concedida. Isto é, abstrai-se o elemento volitivo do causador do dano, sendo suficiente o exame de proporcionalidade entre o ato de autonomia e a finalidade perseguida pelo agente.[76]

O abuso de direito, portanto, se consubstancia como uma cláusula geral que denota um ilícito a partir do confronto entre o exercício formal do direito e o fundamento valorativo que o embasa. Os princípios mencionados configuram efetivos limites à conduta de qualquer agente, de modo que sua inobservância acarreta inexorável abuso de direito por parte do titular. Nessa modalidade de ilícito, o agente não desrespeita frontalmente uma estrutura normativa, mas vulnera princípios que fundamentam a disciplina jurídica.

Outrossim, tratando da axiologia do abuso de direito e de sua aplicabilidade, o Enunciado nº 414, do Conselho da Justiça Federal, estabelece que "a cláusula geral do art. 187 do Código Civil tem fundamento constitucional nos princípios da solidariedade, devido processo legal e proteção da confiança e aplica-se a todos os ramos do direito". Assim, verifica-se que há abuso no direito de publicizar produtos, serviços ou marcas quando o promovente se utiliza de estratégias de manipulação digital que induzem o usuário a acreditar que determinado perfil possui comentários, engajamentos ou audiências que, na realidade, são inexistentes ou fabricadas.

Também cumpre ressaltar o impacto na concorrência desleal, especialmente quando as marcas criam comentários negativos falsos sobre seus concorrentes. Uma concorrente da Uber, por exemplo, foi acusada de ter criado 90 mil contas através das quais foram feitos 400

---

[75] Art. 187. Também comete ato ilícito o titular de um direito que, ao exercê-lo, excede manifestamente os limites impostos pelo seu fim econômico ou social, pela boa-fé ou pelos bons costumes.

[76] FARIAS, Cristiano Chaves; ROSENVALD, Nelson; BRAGA NETTO, Felipe Peixoto. *Curso de Direito Civil*: Responsabilidade Civil. 3ª ed. São Paulo: Atlas, 2016. p. 183.

mil pedidos de transporte falsos.[77] A própria Uber também já havia sido acusada de efetuar a mesma prática contra outra concorrente, ocasião em que cerca de 177 funcionários teriam feito 5.560 pedidos falsos de transporte.[78]

Ademais, impende refletir sobre a responsabilidade dos provedores em relação ao conteúdo publicado por terceiros, especialmente nas hipóteses em que o usuário utiliza perfil ou identificação falsos. Nesse diapasão, o art. 19[79] da Lei nº 12.965/14 (Marco Civil da Internet) está sob análise do Supremo Tribunal Federal no Tema nº 987 de Repercussão Geral, que discute a constitucionalidade do artigo ao determinar a necessidade de prévia e específica ordem judicial de exclusão de conteúdo para a responsabilização civil de provedor de internet, *websites* e gestores de aplicativos de redes sociais por danos decorrentes de atos ilícitos praticados por terceiros. Trata-se de discussão que impactará na dinâmica dessas práticas nas redes sociais, especialmente se houver alguma modificação no regime de responsabilidade.

Considerações finais

A análise detalhada do funcionamento das fazendas de clique e do *astroturfing* revela uma realidade preocupante no mercado de consumo digital e no mercado de trabalho. Essas práticas não apenas distorcem a percepção pública e influenciam as decisões de compra dos consumidores, mas também violam uma série de normas legais e éticas fundamentais.

Nesse diapasão, constata-se que tais práticas podem caracterizar, além do ilícito relativo, as figuras da publicidade enganosa ou abusiva e, ainda, o instituto do abuso de direito, o que torna premente a necessidade de discussão sobre a questão. É imprescindível que a

---

[77] COSTA, Alexandre. Concorrente da Uber acusada de fazer 400 mil pedidos de transporte falsos. *Expresso.* Disponível em: https://expresso.pt/internacional/2016-03-24-Concorrente-da-Uber-acusada-de-fazer-400-mil-pedidos-de-transporte-falsos. Acesso em: 22 mar. 2024.

[78] COSTA, Alexandre. Concorrente da Uber acusada de fazer 400 mil pedidos de transporte falsos. *Expresso.* Disponível em: https://expresso.pt/internacional/2016-03-24-Concorrente-da-Uber-acusada-de-fazer-400-mil-pedidos-de-transporte-falsos. Acesso em: 22 mar. 2024.

[79] Art. 19. Com o intuito de assegurar a liberdade de expressão e impedir a censura, o provedor de aplicações de internet somente poderá ser responsabilizado civilmente por danos decorrentes de conteúdo gerado por terceiros se, após ordem judicial específica, não tomar as providências para, no âmbito e nos limites técnicos do seu serviço e dentro do prazo assinalado, tornar indisponível o conteúdo apontado como infringente, ressalvadas as disposições legais em contrário.

regulação jurídica esteja atenta às novas formas de manipulação digital, sob pena de perpetuação de uma série de abusos.

Para as empresas, a transparência e a integridade devem ser prioridades ao desenvolver estratégias de *marketing* digital. Ademais, é imprescindível conjugar esforços na construção de uma cultura cibernética que valorize a educação digital e conscientize o mercado acerca da necessidade de verificação de autenticidade e confiabilidade de informações *online*. O risco da adoção de práticas manipulativas não se restringe à perda de confiança do público, caracterizando-se também no enfrentamento de implicações jurídicas severas.

Em última análise, o *astroturfing* e as fazendas de clique configuram um fenômeno que demanda a reflexão pela integridade e equidade no mercado de consumo digital. Essa reflexão, por sua vez, demanda esforços colaborativos entre órgãos governamentais, empresas, consumidores e academia, em uma perspectiva multissetorial, para que seja possível garantir que o ambiente digital tenha mínimo grau de transparência e confiança para todos os envolvidos.

Referências

ALVES, Fabricio Germano *et al*. El Astroturfing como una estrategia publicitaria enganosa y abusiva en las plataformas de mercado. *Rev. Cad. Comun.*, Santa Maria, v. 25, n. 2, maio/ago 2021. p. 1-27. p. 12. Disponível em: https://periodicos.ufsm.br/ccomunicacao/article/view/63615.

BARROS, Matheus. Meta processa empresas brasileiras que vendiam seguidores no Instagram. *Olhar Digital*. Disponível em: https://olhardigital.com.br/2022/08/17/internet-e-redes-sociais/meta-processa-empresas-brasileiras-que-vendiam-seguidores-no-instagram/#:~:text=Meta%20processa%20empresas%20brasileiras%20que%20vendiam%20seguidores%20no%20Instagram,-Por%20Matheus%20Barros&text=A%20Meta%2C%20empresa%20dona%20do,e%20seguidores%20falsos%20no%20Instagram.

BRASIL. *Lei nº 8.078/90*. Código de Defesa do Consumidor. Disponível em: https://www.planalto.gov.br/ccivil_03/leis/l8078compilado.htm.

BRASIL. Superior Tribunal de Justiça. *Recurso Especial nº 1.195.642/RJ*. Relatora Ministra Nancy Andrighi, Terceira Turma, julgado em 13/11/2012, DJe de 21/11/2012. Brasília, 2012. Disponível em: https://processo.stj.jus.br/SCON/jurisprudencia/toc.jsp?livre=%28RESP.clas.+e+%40num%3D%221195642%22%29+ou+%28RESP+adj+%221195642%22%29.suce.

CÁDIMA, F. Rui. O (des)controlo da Internet: bad bots, astroturfing e flogging. *Revista Brasileira de História da Mídia*, vol. 05, n. 02, jul./dez. 2016.

CONSELHO NACIONAL DE AUTORREGULAMENTAÇÃO PUBLICITÁRIA. *Código Brasileiro de Autorregulamentação Publicitária*. Disponível em: http://www.conar.org.br/pdf/codigo-conar-2021_6pv.pdf.

COSTA, Alexandre. Concorrente da Uber acusada de fazer 400 mil pedidos de transporte falsos. *Expresso*. Disponível em: https://expresso.pt/internacional/2016-03-24-Concorrente-da-Uber-acusada-de-fazer-400-mil-pedidos-de-transporte-falsos.

DIZU. Disponível em: https://www.instagram.com/_dizu.oficial/.

DUVANEL, Talita. Fazenda de cliques: como funciona o esquema de compra e venda de engajamento nas redes sociais. *O Globo*. Disponível em: https://oglobo.globo.com/cultura/noticia/2022/05/fazenda-de-cliques-como-funciona-o-esquema-de-compra-e-venda-de-engajamento-nas-redes-sociais.ghtml.

EHRHARDT JÚNIOR, Marcos Augusto de Albuquerque. *Responsabilidade civil pelo inadimplemento da boa-fé enquanto dever geral de conduta*. 2012. 178 f. Tese (Doutorado em Direito) – Centro de Ciências Jurídicas, Universidade Federal de Pernambuco PPGD/UFPE, Recife, 2012. p. 85.

FARIAS, Cristiano Chaves; ROSENVALD, Nelson; BRAGA NETTO, Felipe Peixoto. *Curso de Direito Civil*: Responsabilidade Civil. 3ª ed. São Paulo: Atlas, 2016.

FARMAR SOCIAL. Disponível em: https://www.facebook.com/groups/345146029968499/.

FOGEL, Stefanie. Google deflects PR firm's attack of Gmail privacy. *Tampa Bay*. Disponível em: https://www.wtsp.com/article/news/google-deflects-pr-firms-attack-of-gmail-privacy/67-387713234.

FRAZÃO, Ana. Direito ao livre pensamento na era digital: a necessária proteção das pessoas contra as múltiplas e variadas estratégias de manipulação. *In*: MENEZES, Joyceane Bezerra de; BARBOSA, Fernanda Nunes. *A prioridade da pessoa humana no Direito Civil-Constitucional*. São Paulo: Editora Foco, 2024. p. 3-21.

GANHAR NO INSTA. Disponível em: https://ganharnoinsta.com.br/category/marketing-digital/.

GARCIA, Leonardo de Medeiros. *Direito do consumidor*. 5. ed. Niterói: Impetus, 2009.

GROHMANN, Rafael *et al*. Click farm platforms and informal work in Brazil. *Future of Work(ers) SCIS Working Paper Number* 34. Southern Centre for Inequality Studies, Wits University. Disponível em: https://wiredspace.wits.ac.za/server/api/core/bitstreams/0e06ad71-37b6-4d11-8ee2-873a1bc15a61/content.

GROHMANN, Rafael *et al*. Plataformas de fazendas de cliques: condições de trabalho, materialidades e formas de organização. *Galáxia* (São Paulo, *online*). ISSN: 1982-2553. v. 47, 2022, p. 1-24. Disponível em: https://www.scielo.br/j/gal/a/kW4Xg4Y4jQBcfmYcQq34vmQ/.

INSTAGRAM. *Termos de utilização*. Disponível em: https://help.instagram.com/581066165581870/?locale=pt_PT&hl=pt.

LINDQUIST, Johan. Illicit economies of the internet. *Made in China Journal*. Disponível em: https://madeinchinajournal.com/2019/01/12/illicit-economies-of-the-internet-click-farming-in-indonesia-and-beyond/.

LÔBO, Paulo. *Direito civil*: parte geral. 5. ed. São Paulo: Saraiva, 2015.

MARTINEZ, Regina Célia; QUEIROZ, Maurício Veloso; MELLO, Cristiane Maria Freitas de. Da necessidade de intervenção estatal para combater o astroturfing nas relações cibernéticas de consumo. *Revista Jurídica da Presidência*. Brasília, v. 21, n. 123, fev./mar. Acesso em: 12 mar. 2020.

MELLO, Marcos Bernardes de. *Teoria do fato jurídico*: plano da existência. 17. ed. São Paulo: Saraiva, 2014.

O'REILLY, Lara. Samsung fined for posting fake HTC reviews. *Marketing Week.* Disponível em: https://www.marketingweek.com/samsung-fined-for-posting-fake-htc-reviews/.

OLHAR DIGITAL. *"Fazenda de Cliques"*: o que são e como funcionam? Disponível em: https://olhardigital.com.br/2024/03/17/seguranca/fazenda-de-cliques-o-que-sao-e-como-funcionam/.

OLHAR DIGITAL. *Imagens revelam como funcionam as "Fazendas de Cliques" na China.* Disponível em: https://olhardigital.com.br/2017/05/29/noticias/imagens-revelam-como-funcionam-as-fazendas-de-cliques-na-china/.

PORTINARI, Natália. "Fazenda de Cliques" turbina vendas em venda clandestina de popularidade. *Folha de S. Paulo.* Disponível em: https://m.folha.uol.com.br/tec/2017/06/1889127-comercio-de-curtidas-em-fazendas-de-cliques-ainda-prejudica-o-facebook.shtml.

REZENDE, Heitor Pinheiro de; FARIAS, Luis Alberto Beserra de. Astroturfing e suas aplicações na internet. *In*: Simpósio Nacional da ABCiber, 8ª edição, 2014, São Paulo. *Anais.* São Paulo: 2014. Disponível em: https://abciber.org.br/simposio2014/anais/GTs/heitor_pinheiro_de_rezende_19.pdf.

SIGASOCIAL. Disponível em: https://www.sigasocial.com/.

SILVA, André Duarte da *et al.* O impacto do Astroturfing nas relações midiáticas: uma análise a partir de Click Farms e da Publicidade. *In*: *Congresso de Ciências da Comunicação na Região Nordeste*, 23ª ed., *Anais*, 2023, Campina Grande. Disponível em: https://sistemas.intercom.org.br/pdf/submissao/regional/6/05272023170700647262e4e05ff.pdf.

SILVA, José Aparecido Brandolfo e *et al. Vulnerabilidade do consumidor frente à manipulação de dados na internet.* Disponível em: https://ambitojuridico.com.br/cadernos/direito-do-consumidor/vulnerabilidade-do-consumidor-frente-a-manipulacao-de-dados-na-internet/.

SOUSA, Pedro Henrique da Mata Rodrigues *et al.* Stealth marketing: captura ilícita do consumidor por meio de estratégias sociopsicológicas. *Revista Direito, Estado e Sociedade*, 2013. Disponível em: https://revistades.jur.puc-rio.br/index.php/revistades/article/view/1466.

TUNHOLI, Murilo. "Fazenda de Clique: como escapar da prática que mira desempregados. *Giz_br.* Disponível em: https://gizmodo.uol.com.br/fazendas-de-clique-como-escapar-da-pratica-que-mira-desempregados/.

Informação bibliográfica deste texto, conforme a NBR 6023:2018 da Associação Brasileira de Normas Técnicas (ABNT):

BUARQUE, Gabriela. Explorando técnicas de manipulação digital no mercado de consumo: um estudo sobre o impacto jurídico do *astroturfing* e das fazendas de clique. *In*: EHRHARDT JÚNIOR, Marcos; CATALAN, Marcos (coord.). *Entre riscos, danos e contratos*: a inteligência artificial nas relações patrimoniais. Belo Horizonte: Fórum, 2024. p. 285-313. ISBN 978-65-5518-837-0.

Ana Carla Bliacheriene
Professora de Direito da EACH/USP. Livre-docente em Direito Financeiro (USP). Mestre e Doutora em Direito (PUC-SP) Coordenadora do Grupo de Pesquisas SmartCitiesBr (USP). Advogada. ORCID: https://orcid.org/0000-0002-5705-3950. *E-mail*: acb@usp.br.

André Luiz Arnt Ramos
Doutor e Mestre em Direito das Relações Sociais pela Universidade Federal do Paraná, com experiência pós-doutoral concluída na mesma instituição. Associado ao Instituto dos Advogados do Paraná e ao Instituto Brasileiro de Estudos de Responsabilidade Civil. Cofundador do Instituto Brasileiro de Direito Contratual. Membro do Núcleo de Estudos em Direito Civil-Constitucional da Universidade Federal do Paraná (Grupo Virada de Copérnico). Advogado.

Arthur Pinheiro Basan
Doutor em Direito da Universidade do Vale do Rio dos Sinos (UNISINOS). Mestre em Direito da Universidade Federal de Uberlândia (UFU). Pós-graduado em Direito Constitucional Aplicado da Faculdade Damásio. Especialista em Hipnose na Sociedade Brasileira de Hipnose (SBH). Professor Adjunto da Universidade de Rio Verde (UNIRV). Associado Titular do Instituto Brasileiro de Estudos em Responsabilidade Civil (IBERC). ORCID: orcid.org/0000-0002-0359-2625_. *E-mail*: arthurbasan@hotmail.com.

Cláudia Fialho
Possui graduação em Direito pela Pontifícia Universidade Católica de Minas Gerais (2001), mestrado em Direito Privado pela Pontifícia Universidade Católica de Minas Gerais (2012) e doutorado em Direito pela Pontifícia Universidade Católica de Minas Gerais (2017). É professora Adjunto I da Pontifícia Universidade Católica de Minas Gerais e leciona na Faculdade Mineira de Direito (FMD) da Pontifícia Universidade Católica de Minas Gerais em Direito Privado. Tem experiência em Contratos, Sucessões, Família, Responsabilidade Civil e Direito das Coisas. Coordenadora da pós-graduação em Regularização Fundiária e em Direito 4.0: estratégias com Inteligência Artificial no IEC, PUC Minas. É Coordenadora de Eventos na PUC Minas, Unidade Praça da Liberdade. É associada do Instituto Brasileiro de Estudos em Responsabilidade Civil (IBERC). É integrante da Comissão de Responsabilidade Civil da OAB/MG. Graduanda em Psicologia pela Pontifícia Universidade Católica de Minas Gerais. Autora de artigos científicos. ORCID: https://orcid.org/0009-0000-5397-3509.

Dennis Verbicaro
Pós-Doutor (*Visiting Scholar*) na Universidad Complutence de Madrid (UCM) e Universidad de Salamanca (USAL). Doutor em Direito do Consumidor pela Universidad de Salamanca (USAL). Mestre em Direito do Consumidor pela Universidade Federal do Pará (UFPA). Professor da Graduação e da Pós-Graduação *Stricto Sensu* (Mestrado e Doutorado) da Universidade Federal do Pará (UFPA) e do Centro Universitário do Pará (CESUPA). Procurador do Estado do Pará. Advogado. *E-mail*: dennis@verbicaro.adv.br.

Gabriel Hamester
Doutorando e Mestre em Direito pela PUCRS (Bolsista CAPES). Especialista em Direito do Consumidor pela Universidade de Coimbra. Professor da Pós-Graduação da PUCRS. Diretor da CJA/RS, Membro da Comissão de Direito do Consumidor da OAB/RS e OAB/SP. Coord. do Grupo de Estudos em Direito do Consumidor – ESA OAB/RS. Pesquisador CNPq vinculado à UFF-RJ no grupo de pesquisa A Proteção da Pessoa Humana na Sociedade da Informação. Membro Titular do IBERC. Membro Titular do BRASILCON. Advogado inscrito na OAB/RS nº 119.233. *E-mail*: gfragahamester@gmail.com.

Gabriela Buarque
Advogada. Mestra em Direito pela Universidade Federal de Alagoas (UFAL). Coordenadora no GT de Inteligência Artificial e Novas Tecnologias no Laboratório de Políticas Públicas e Internet (LAPIN). Secretária-Geral da Comissão de Inovação, Tecnologia e Proteção de Dados da OAB/AL. ORCID: https://orcid.org/0000-0002-9418-241X. *E-mail*: gabrielabuarqueps@gmail.com.

Geraldo Frazão de Aquino Júnior
Doutor em Direito pela Universidade Federal de Pernambuco – UFPE. Graduado e Mestre em Direito e em Engenharia Elétrica pela Universidade Federal de Pernambuco – UFPE.

Gustavo Simões Pioto
Tabelião de Notas e Protesto de Títulos em Goiás. Especialista em Direito Processual Civil pela UNIVEM – SP. Especialista em Direito Notarial e Registral pela Faculdade Ibmec – SP e Instituto Damásio de Direito. Mestrando em Direito. Pós-graduando em Direito Imobiliário. 1º Secretário do Colégio Notarial do Brasil – Seção Goiás. Membro do IBDFAM, IBDCivil e IBRADIM. Advogado entre 2000 e 2009 / 2011 e 2014. Assistente do Ministério Público de Goiás entre 2009 e 2011.

Henrique Silveira Nogueira
Especialista em Direito do Consumidor e Responsabilidade Civil pela EMERJ. Pesquisador – Grupo de Estudos de Direito do Consumidor/IDP.

Izaac Duarte de Alencar
Mestre em Modelagem Computacional de Conhecimento pela Universidade Federal de Alagoas (UFAL), Maceió, AL, Brasil. Mestrando em Direito pela Universidade Federal de Alagoas (UFAL), Maceió, AL, Brasil. Professor de Ciência da Computação no Centro Universitário Tiradentes (UNIT/AL), Maceió, AL, Brasil. Advogado e Analista de Sistemas em Maceió, AL, Brasil. *E-mail*: izaac.alencar@fda.ufal.br.

Janaina Vieira Homci
Doutoranda e Mestra em Direito pelo PPGD-UFPA. Especialista em Direito aplicado aos serviços de saúde – Estácio. MBA em Direito Civil e Processo Civil pela FGV Rio. Pesquisadora (CNPq) vinculada ao Grupo de Pesquisa "Consumo e Cidadania". Professora Universitária da Faculdade de Direito da UFPA e FEAPA. Advogada. *E-mail*: janainanasvieira@gmail.com.

Jhéssica Ferreira dos Santos
Graduanda no curso de Direito da Universidade Federal do Paraná (5º ano). Membra do Núcleo de Estudos em Direito Civil-Constitucional da Universidade Federal do Paraná (Grupo Virada de Copérnico).

José Henrique de Oliveira Couto
Mestrando em Direito pela UFU. Bacharel em Direito pela UFU. Advogado no escritório Attie, Brito e Bastos Advogados Associados. ORCID: orcid.org/0000-0002-1941-7143. *E-mail*: juridico@jadvogados.com.br.

José Luiz de Moura Faleiros Júnior
Doutor em Direito Civil pela Universidade de São Paulo – USP/Largo de São Francisco. Doutorando em Direito, na área de estudo Direito, Tecnologia e Inovação, pela Universidade Federal de Minas Gerais – UFMG. Mestre e Bacharel em Direito pela Universidade Federal de Uberlândia – UFU. Especialista em Direito Digital. Advogado. Professor.

Joseane Suzart Lopes da Silva
Promotora de Justiça do Consumidor do Ministério Público da Bahia. Professora Adjunta da Faculdade de Direito da Universidade Federal da Bahia. Pós-Doutora pelo Instituto Jurídico da Universidade de Coimbra. Diretora do BRASILCON de apoio ao Ministério Público. Supervisora Científica do Projeto de Extensão Universitária ABDECON/FDUFBA.

Marcelo de Oliveira Milagres
Professor Associado de Direito Civil na Universidade Federal de Minas Gerais (UFMG). Desembargador no Tribunal de Justiça de Minas Gerais. ORCID: https://orcid.org/0000-0003-4007-6416.

Nelson Rosenvald
Parecerista e Advogado inscrito na OAB/MG. Sócio de Rosenvald Advogados. Possui Graduação em Direito pela Universidade do Estado do Rio de Janeiro (1988), Mestrado em Direito pela Pontifícia Universidade Católica de São Paulo (2004), Doutorado em Direito pela Pontifícia Universidade Católica de São Paulo (2007), Pós-Doutorado em Direito Civil na Universidade Roma Ter, Itália (2011) e Pós Doutorado em Direito Societário pelo Universidade de Coimbra (2015). *Visiting Academic* na Faculdade de Direito da Universidade de Oxford no período de 2016 a 2017. Professor Visitante na Faculdade de Direito da Universidade Carlos III de Madrid (2017). Atualmente, é Professor Permanente do Programa de Pós-Graduação *Stricto Sensu* em Direito do IDP/DF. Ex-Procurador de Justiça do Ministério Público do Estado de Minas Gerais.

Marcos Ehrhardt Jr.
Doutor em Direito pela Universidade Federal de Pernambuco (UFPE). Professor de Direito Civil dos cursos de mestrado e graduação da Universidade Federal de Alagoas (UFAL) e do Centro Universitário CESMAC. Editor da Revista Fórum de Direito Civil (RFDC). Vice-Presidente do Instituto Brasileiro de Direito Civil (IBDCIVIL). Presidente da Comissão de Enunciados e Vice-Presidente da Comissão de Família e Tecnologia do Instituto Brasileiro de Direito de Família (IBDFAM). Associado do Instituto Brasileiro de Estudos em Responsabilidade Civil (IBERC) e Membro Fundador do Instituto Brasileiro de Direito Contratual (IBDCont). Cofundador da Rede de Pesquisas Agendas de Direito Civil Constitucional. ORCID: https://orcid.org/0000-0003-1371-5921. *E-mail*: contato@marcosehrhardt.com.br.

Patrícia Corrêa Sanches
Doutora em Ciências Jurídicas e Sociais. Docente na Escola da Magistratura do Tribunal de Justiça do Estado do Rio de Janeiro – EMERJ e nos Cursos de Pós-Graduação do IBDFAM, PUC-PR e ESA-SP. Presidente da Comissão Nacional de Tecnologia do IBDFAM. Advogada e encarregada de dados e privacidade na Pellon & Associados Advocacia.

Ricardo Morishita Wada
Doutor em Direito pela PUCSP. Professor de Direito/IDP. ORCID: https://orcid.org/0000-0002-9358-4038.

Ricardo Schneider Rodrigues
Professor de Direito do Centro Universitário Cesmac (Graduação e Mestrado). Pós-Doutorando pela EACH/USP e Doutor em Direito (PUCRS). Integrante do Grupo de Pesquisas Direito, Contemporaneidade e Transformação Social (Cesmac). Integrante do Grupo de Pesquisas SmartCitiesBr (USP). Procurador do Ministério Público de Contas de Alagoas. ORCID: http://orcid.org/0000-0003-0856-4161. *E-mail*: prof.ricardo.schneider@gmail.com.

FSC
www.fsc.org
MISTO
Papel | Apoiando uma gestão florestal responsável
FSC® C092828

2023
CARBON NEUTRAL
SAVE cerrado

Esta obra foi composta em fonte Palatino Linotype, corpo 10
e impressa em papel Offset 75g (miolo) e Supremo 250g (capa)
pela Formato Artes Gráficas.